# 读懂黄姚

胡庆生 主编

中国书籍出版社
China Book Press

**图书在版编目（CIP）数据**

读懂黄姚 / 胡庆生主编. -- 北京：中国书籍出
版社, 2021.9
　　ISBN 978-7-5068-8653-6

　　Ⅰ.①读… Ⅱ.①胡… Ⅲ.①乡镇－地方文化－昭平
县 Ⅳ.①G127.675

中国版本图书馆CIP数据核字(2021)第177968号


**读懂黄姚**

胡庆生　主编

| | |
|---|---|
| 责任编辑 | 韩景峰　杨铠瑞 |
| 责任印制 | 孙马飞　马　芝 |
| 出版发行 | 中国书籍出版社 |
| 地　　址 | 北京市丰台区三路居路97号（邮编：100073） |
| 电　　话 | （010）52257143（总编室）（010）52257140（发行部） |
| 电子邮箱 | ec@chinabp.com.cn |
| 经　　销 | 全国新华书店 |
| 印　　刷 | 成都兴怡包装装潢有限公司 |
| 开　　本 | 710毫米×1000毫米　1/16 |
| 字　　数 | 453千字 |
| 印　　张 | 25.5 |
| 版　　次 | 2022年1月第1版 |
| 印　　次 | 2022年2月第1次印刷 |
| 书　　号 | SBN 978-7-5068-8653-6 |
| 定　　价 | 98.00元 |

《读懂黄姚》编纂委员会

总　策　划：李剑思

执 行 策 划：汤松波　　邓少华　　贝国良　　李　雄

　　　　　　　周刚志　　钟世萍　　黎祖灿　　曾繁奕

编委会主任：汤松波

副　主　任：胡庆生　　钟世萍

编委会委员：（按姓氏笔画为序）

　　　　　　　古冬凑　　刘贤约　　叶景松　　汤松波

　　　　　　　杨志贵　　邱少忠　　陈继任　　罗　瑛

　　　　　　　罗建勇　　孟　菲　　胡庆生　　钟世萍

　　　　　　　黄运化　　常凤云

主　　　编：胡庆生

副　主　编：刘贤约　　邱少忠

装 帧 设 计：孟　菲

# 目录

序

# 序

中共贺州市委书记　李宏庆

　　贺州，据五岭萌渚之阳，北连湖南，南接广东，地当要冲。为桂粤湘三省交通孔道，铁路、公路、水路，网络辐辏。往来商旅，络绎不绝。

　　贺州，方域广袤，百里膏腴。在1.1万平方公里的土地上居住着240万汉、瑶、壮、苗等各族群众。人们和睦相处，历代勤劳经营创业。

　　贺州，河山襟带。以钟山百里画廊为代表的喀斯特地貌上，峰丛林立，山水清秀。以姑婆山、大桂山为代表的崇山峻岭气势磅礴，景观壮美。境内还有桂江东西纵横，贺江、富群江、思勤江南北贯穿。

　　贺州这方河山热土孕育了源远流长的千秋文史，溯自春秋战国已与中原交往，西汉设县，三国置郡，自隋代迄今沿称贺州。深厚的底蕴使得贺州大地上散布大量古城、古镇、古村等历史遗珠。在浩如烟海的文明长河中，它们虽为吉光片羽，却展现了贺州先民的深邃智慧，帮助人们深窥我贺州历史之浩瀚、文化之斑斓。

　　特别是黄姚古镇，它位于昭平县东北，富群江上游。自东汉马援开富群江以来，两千多年间，一直是潇贺古道重要节点。明万历四年开埠后，成为南岭群峰间一座特色浓郁的文化重镇。古镇核心区的明清古建筑分布面积1.7万平方米，古亭、古桥、古井、古庙、古宅与石峰、溶洞、河溪、田园、修竹、茂林比邻而处，自然与人文完美结合，是一部历史胜迹与秀美山水共舞的乐章。黄姚古镇现为中国历史文化名镇、全国特色景观旅游名镇、国家4A级旅游景区。

　　习近平总书记说："要让收藏在博物馆里的文物、陈列在广阔大地上的遗产、书写在古籍里的文字都活起来。"为了深入贯彻落实习总书记"建设壮美

广西 共圆复兴梦想"重要题词精神，贺州正在以建设广西东融先行示范区为契机，抢抓机遇，全力保护黄姚的文化和自然遗产，提升黄姚文化旅游景区的服务质量。

在黄姚的历史上，尽管开埠以来的400余年间，时事变更，治乱迭嬗，当中不乏可传之事，可纪之人。但由于年湮代远，风雨侵蚀，有关于黄姚的史料散佚颇多。又加上历史以来，黄姚的最高行政建制只是乡镇级别，这就使得包括方志在内的各种典籍有关于黄姚的记载都只是片言只语。没有历史信息的史存只是一具没有灵魂的躯壳，无法讲述其间的故事。近些年来，在开发建设过程中，尽管对中共广西省工委和一批民主进步人士在黄姚合作抗日的史料做了较为详尽的搜集，但有关于黄姚整体发展的完整史料却空白甚多。因为这种空白，使得人们无法深入解读黄姚的文化内涵，无法准确把握黄姚文化的价值和特色所在，无法清晰地描绘出黄姚文化的发展轨迹。而这，不仅会使得未来实施项目建设时可能会因为无知而造成对黄姚文化遗产不可逆转的破坏，而且在对外发布消息、实施导游讲解时还往往会出现望文生义、随意杜撰等现象，致使黄姚的文化信息鲁鱼亥豕，讹舛良多，极其不利于黄姚文化形象的树立，不利于黄姚景观品牌的打造。

当前，贺州市委、市政府正带领全市人民统筹推进稳增长、促改革、调结构、惠民生、防风险、保稳定等各项工作，在全力东融的道路上阔步前行，经济社会发展也跑出了东融加速度。在这发展正酣，人文蔚起的时候，我们决不能一任文献凋零、史实散佚、文物消磨。我们一定要不遗余力搜集黄姚相关的图书册籍、断碣残碑和各种文化史证，以期史实翔实，减少遗漏；一定要通过严格考证，建立黄姚的发展史纲，以图信史之昭；一定要通过开展深入的研究去发掘和发现黄姚的文化价值，述史之源，记事之实；一定要通过展示真实的文化成果去展现黄姚文化独有的魅力。

为了留住乡愁，让黄姚的景观更美，让历史和文化传承在血脉中，融入人们日常生活，广西黄姚古镇旅游文化产业区管理委员会组织文化学者们以求真务实的态度，以科学有据的办法编撰《读懂黄姚》一书，我认为，这对还原黄姚的真实史貌，真正地讲好黄姚故事迈出了可喜可贺的坚实步伐。我相信，在大家的共同努力下，黄姚，中国的黄姚，世界的黄姚，必将在历史与未来之间以其独具的文化魅力，绽放光芒，卓尔不群！

是为序。

2020年10月

# 第一章

# 沿革历史

# 一、明万历三年（1575年）开埠前

黄姚古为百越地，秦始皇三十三年（前214年），置番禺郡，境属番禺。汉初90年，属南越国；

汉元鼎六年（前111年），武帝平南越，置苍梧郡，境属苍梧郡临贺县；

南朝梁武帝普通元年（520年），析临贺县地置静州，辖梁寿、静慰二郡，并在二郡中设龙平、安乐、宁新、博劳、荡山五县，黄姚境属荡山县；

隋炀帝大业三年（607年），属始安郡龙平县；

唐武德四年（621年），属静州安乐县；

唐武德九年（626年），属静州龙平县；

唐贞观八年（634年），属岭南道富州龙平县；

后梁开平二年（908年），属后楚富州龙平县；

南汉乾和六年（948年），属南汉富州龙平县；

宋开宝五年（972年），属广南路昭州龙平县；

宋至道三年（997年），属广南西路昭州龙平县；

宋熙宁八年（1075年），属广南西路梧州龙平县；

宋元丰八年（1085年），属广南西路昭州龙平县；

宋宣和六年（1124年），属广南西路昭州招平县（后改为昭平县）；

宋淳熙六年（1179年），属广南西路昭州龙平县；

元至元十三年（1276年），属湖广行中书省广西道昭州龙平县；

元元贞元年（1295年），属湖广行省广西两江道昭州龙平县；

元大德五年（1301年），属湖广行省广西两江道平乐府龙平县；

元至正间（1341—1370年），属广西行中书省平乐府龙平县；

明洪武十八年（1385年），属平乐府平乐县马江里；

明嘉靖三年(1524年)，黄姚宝珠观建成；

明万历三年（1575年），黎天龙率众于黄姚镇界塘村五指山起义。

# 二、明万历四年（1576年）至民国

明万历四年（1576年），设平乐府昭平县，黄姚属之。当时，将昭平全县分设九里半，其中宁化里治所设于黄姚，辖十排；同年，两广总督殷正茂、昭平营参将王承恩在黄姚设营堡黄姚小营。宁化里和黄姚小营是目前所知黄姚最早的官方建制。

明万历年间（1573—1620年），黄姚文明阁建成；

清代早中期，黄姚属平乐府昭平县宁化里；

至迟在道光年间，樟木巡检分司已迁入黄姚古镇；黄姚街行政地位得到了进一步加强。

清代咸丰十一年（1861年），太平天国运动打乱了清廷的统治，地方多会党，清廷在地方兴办团务。昭平县改里为团，将原有的九里半改为十个团区。其中，宁化里改为关团区，辖黄姚街、客塘、巩桥、西坪、裕路、白山、宝善（凤凰、营盘、太平、三江）、文洞、界塘、北莱、篁竹、巩桥、潮江等地。关团区治所亦设于黄姚古镇内；

清光绪二十四年（1898年），昭平县乐区的凤律洞、罗孟洞、龙冲、表洞等地划入关区。关区下设黄姚和西坪二座团务分局。黄姚分局辖十个团：保善、安善、太平、北莱、界塘、永宁、平安、同安、万安、共庆。局署设于黄姚古镇内鲤鱼街；

1911年，樟木巡检分司裁撤；

民国初，黄姚街属广西省桂林道平乐府昭平县关团区；

1916年，成立钟山县。将昭平县的防、乐二区割隶钟山。昭平县只余预、备、财、恒、足、关、太、平八个区，而且，黄姚所在的关区其凤律洞、罗孟洞、龙冲、表洞等地也划归钟山县；

1922年，旧桂系军阀桂林梁华堂纠众三千人自称广西公民自治军总司令，占据桂东各县，委任叶青钱为第十三路司令驻巩桥、黄姚等地。8月，沈鸿英取代梁华堂盘踞桂东，叶钱青仍任原职，滥发广西军用纸票，并加倍征收军饷；

1925年，昭平县知事潘宝疆于巩桥圩诱诛叶青钱部叶馥、李福，黄姚境内兵匪之患稍息；

1929年，推行保甲制度，昭平县原有的八个区合并为明源、马江、关区三个大区。其中黄姚所在的原关团区改为关区，辖黄姚镇、巩桥乡、界塘乡、西坪乡、潮江乡、樟木林乡、宝善乡等一镇六乡。由此成立黄姚镇。关区为三等区，治所亦设于今黄姚古镇内，设有区长、办事员和书记各一名；

1930年，属广西省平乐民团区昭平县关区；

1931年，关区改为黄姚第十一区，辖110村（街）、411甲；

1932年，属广西省桂林民团区昭平县；

1933年，属广西省平乐民团区昭平县；

1934年，属广西省平乐行政督察区昭平县；

1936年，划钟山清塘乡凤律村归昭平管辖，现属黄姚；

1949年，属平乐专员公署桂东军政区昭平县黄姚区，辖西平乡、黄姚镇、界塘乡、巩桥乡、保善乡、潮江乡、樟木林乡，共79村（街），747甲。

# 三、新中国成立后

1949年11月，黄姚解放，属广西省人民政府平乐专区昭平县；

1950年4月，撤黄姚区，设黄姚镇，属昭平县巩桥区；

1951年，设昭平县第4区治黄姚，辖黄姚镇、界塘乡、巩桥乡；

1958年3月，属广西壮族自治区平乐专区昭平县。6月，改昭平县第4区为东方红公社，治设黄姚。8月，属梧州专区昭平县。11月，改东方红公社为黄姚公社；

1961年，分黄姚公社为黄姚公社、巩桥公社、篁竹公社、樟木公社、太平公社；

1962年9月，昭平县恢复区乡建制，设黄姚区，辖界塘乡、篁竹乡、文洞乡、北莱乡、巩桥乡、笔头乡、中洞乡、古碌乡、崩江乡、凤律乡、白山乡、黄姚镇等乡镇；

1968年到1979年，改黄姚区为黄姚公社，原黄姚区所辖乡镇改为黄姚公社的大队；

1971年，属梧州地区昭平县；

1972年，在黄姚东潭岭成立东潭林业试验站，为昭平县第一个林业科研机构，后改为林科所；

1980年至1984年6月，黄姚公社新建立四望、岩头、杨村三个大队；

1984年7月，撤公社建乡镇。黄姚公社被拆为黄姚镇和巩桥乡。其中黄姚镇辖白山、新寨、春甫、崩江、阳朔、黄姚街六个村街委员会；

1987年7月至1989年，改村委会为村公所，黄姚镇所辖村白山、新寨、春甫、崩江、阳朔、黄姚街六个村委全部改所；

2003年，黄姚古镇景区正式成立；

2007年，黄姚古镇被国家文物局列为第三批"中国历史文化名镇"；

2009年，黄姚古镇被国家旅游局批准为4A景区；

2015年，广西黄姚古镇旅游文化产业区管理委员会成立。

# 第二章

## 自然环境

任何文化都离不开自然环境的滋养，无论城乡建筑选址、水陆交通路径、军事攻防设施、家族变迁、聚落离合，还是生产方式、文化习俗，都和自然环境息息相关。所以，任何一个区域单元，文化和自然之间都是一个不可分割的整体，有着众多的关联。只有明确了区域内的自然环境，才能更好地理解区域文化的产生、发展、变迁与特质。

影响黄姚历史文化走向的自然要素主要有气候与地质两大方面。其中气候上，黄姚属亚热带南部季风气候，年平均气温20℃，年平均降雨量1800毫米，气候温和，光照充足，雨量充沛。这种气候不仅促成了黄姚的亚热带植被景观，也深深地影响着黄姚的农事活动。

在地质环境上，黄姚为岩溶洼地地区，境内岩质多石灰岩。在界塘、北莱、白山、黄姚街、笔头、中洞等黄姚镇所辖村庄到周边的巩桥、新华、四各等地，呈纵带状分布着一条峰林——槽谷岩溶地带和一条孤峰——溶蚀平原岩溶地带。在岩溶地区，地貌往往多变，域内石峰、溶洞、暗河、山溪、井泉、瀑布和大山所表现出的气韵各不相同。往往大山雄伟壮丽，石峰清奇娟秀，溶洞神秘多姿，河溪蜿蜒多变，井泉清澈甘冽。各种自然美景与田园风光、节气变化汇聚在一起，给黄姚带来了山奇水秀、洞多泉清的四时风光。可以说，黄姚古镇能够成为桂东名镇，完美的山水与南岭特色的人居家园组合是根本原因。

黄姚古镇的石灰峰丛

# 一、名　山

　　黄姚西部多泥山，不仅雄浑高大，而且山顶多有石峰裸露。山石在雨水、山岚、溪水的长期侵蚀和冲刷下，成为孤峰、断岩、瀑布、崖厦等地貌，其所表露出来的景观就是雄、奇、险。黄姚东部地区多喀斯特石山，山岭虽不高大，但山峰形状变化多样，融清秀与奇特于一身。因此，黄姚自古多名山。它们有的因地理位置重要，有的因山中所出产的资源品质好，有的因为景观奇特，还有的则因为与传说、名寺等人文元素长期融合。

黄姚山水，近处是泥山，远处是石峰

# （一）五指山

五指山风光。左侧山头有五柱石峰者为五指山

　　五指山位于黄姚古镇东北面约10公里的界塘村。在一座泥山上发育出五柱石灰岩孤峰，像一只伸出五根指头的手掌，其中，掌心是一座泥岭。从西往东看，五柱突兀的石峰高耸入云，像撑开手掌的五根指头。从东往西看，大部分石峰已经隐埋于地，只能看见两柱石峰，像一只巨大的蟹钳，又像一把巨大的剪刀。

# （二）东潭岭

东潭日出

　　东潭岭位于黄姚古镇西南7公里大风坳南侧，因为地处县域东部并有水潭而得名，海拔716米。岭上最为知名的植被是东潭水库旁大批百年以上的古茶树。它们以突肋茶品种为主，分布面积约66.7公顷。其中以1号和6号野生茶树龄最

老，约1000年。1号野生茶树位于东潭岭海拔725米处，树根直径1.08米，地茎分枝两个主干，茎围分别0.55米和0.47米。6号野生茶位于海拔492米，属广西茶群体种，生长在石崖边，有6枝树干。近年来有不少登山客、背包客前来采摘品尝。为了更好地研究这些古茶树，政府在山上建立了东潭林科所。

东潭岭的集雨均向北流入思勤江。为了增加灌溉面积，1965年冬，昭平县政府组织力量在山谷中修建了东潭水库，这也是昭平县内海拔最高的人工湖泊。水库周长约20公里，水域面积约19平方公里，日常水深80余米。水库坐落在群山之间，水清见底，倒映着青山、蓝天和白云，仿如山水画作。

## （三）仙殿顶

仙殿顶

仙殿顶位于黄姚古镇西面，是黄姚镇与北陀镇九龙村的分界线。因清代古庙而得名。海拔1223.4米，是昭平县最高峰。山坡东缓西陡，800米以下多松树和杂木，至海拔1100米处有一狭长台地。台上有一座清朝康熙元年（1662年）建的仙殿古庙，庙左侧有一井，泉水四季不竭，是古代黄姚乡民求雨的地方[1]。仙殿庙后的山坡就是仙殿顶的主峰。山巅狭长但平整，西坡山背是万丈悬崖。站立仙殿顶，向西远眺，群山连绵起伏，壮丽景色眼底尽收。

---

[1] 〔民国〕《广西省昭平县志》，中国方志丛书第21号，成文出版社1966年影印，第28至29页。

每年五月初，海拔500米以上的山岭，漫山遍野开满了一丛丛杜鹃花。关于仙殿顶的来历，当地还有一个美丽传说。相传汉代马援开辟富群江水道后，留下一位得力将领带领士兵在黄姚一带开田垦地，兴修水利，为南征交趾提供后援。马援凯旋回朝后，便向朝廷请求把这些新垦出来的田地分给南征的将士们屯垦。这可苦了这些南来的将士们。他们从中土远道而来，适应不了南方潮湿闷热的气候，许多人因为水土不服死在了这南方的异乡。将士们思家心切，都有一个愿望：回到故乡。但回乡的机会十分渺茫。无奈，只得想出一个可慰乡愁的好办法，就是死后，把自己葬在仙殿顶上。一来仙殿顶最高，最近天堂。二来可以登高望远，眺望中原故土。后来，将士们的儿孙为了祭奠先辈，就筹资在山上合建了一座庙堂，取名仙殿，希望先辈们的灵魂可以在此得到诸神保佑，升天为仙。从此，仙殿顶也就得名了。再后来江山易主，朝代更迭，将士们的后裔逐渐散迁各地，上山祭祀的人越来越少，山顶的仙殿也荒芜坍塌了。但人们始终记得，仙殿背后的大山就是将士们的血骨所化。

## （四）纱帽山

位于黄姚镇巩桥村巩桥圩对河，其形酷肖官员头上的乌纱帽，故名。宋代樊相国的祖墓保留在这座山上。[2]

## （五）马鞍山

位于黄姚街西北，也称接米岭，绵亘数里。古代此山之南为宁化里，北是上五都的凤律洞，也就是今天的黄姚凤律村。此山高数千仞，古时皆羊肠鸟道，最为惊险的地方是马头和石峡，石壁陡立，道路难通。受此岭阻隔，古代昭平县东北的文化、宁化、招贤、见龙诸里及上五都、二五都到县城交租只能水陆迂回，绕岭而行，路途增加了数倍之远。清代乾隆十六年（1751年），昭平县令钱兆沣捐俸开凿通道，化险为夷，从此昭平县东北诸乡里与县城的联系也大大加强[3]。因此马鞍山是扼守黄姚至县城的咽喉之地，地理位置相当重要。如今，黄姚镇、樟木林镇和凤凰乡等乡镇往昭平县城亦必经此岭。

---

[2] [3]　〔民国〕《广西省昭平县志》，中国方志丛书第21号，成文出版社1966年影印，第27页。

## （六）马鞍坳

在黄姚镇下白村的独正山之侧，因形似马鞍而得名。用这座山的石头烧造石灰肥田，肥力远超其他地方同类产品。下白村人世代在此山采石烧灰。[4]

## （七）松雾山

又称桐浸山、碗山。距黄姚古镇西约7公里，与走马镇东坪村交界。南北走向，海拔985米，常有雾云罩蔽，同行之人相隔数米在云雾中亦会忽不相见。相传古代有一樵夫登山采薪，被狂风卷起数丈高，顺风而下，居然身无伤损。此山出土人参，还产白胶泥。民国时，曾经有人集股，在此烧造陶瓷器，但因为缺乏技术，虽然多次转换股东，仍收效甚微。现在山上仍有古代陶窑遗迹。[5]

## （八）真武山

真武山

在黄姚古镇东北，宝珠江畔。由东西两座山峰组成。东山如龟，西山如蛇，故称真武，为一方之镇。在民俗中，真武山是黄姚古镇的圣山，人们相

[4] 〔民国〕《广西省昭平县志》，中国方志丛书第21号，成文出版社1966年影印，第27页。

[5] 〔民国〕《广西省昭平县志》，中国方志丛书第21号，成文出版社1966年影印，第29页。

信，只要有山上真武仙人的守护，就会平安幸福。[6]真武山山形多变，从不同的角度观看，可看出不一样的胜景。在迎秀街眺望，像童子合掌朝拜。在郭家大院观望，似一支如椽大笔。在巩桥圩观望，又仿似一只龙头。

## （九）天堂山

在黄姚街南，三峰鼎峙，四壁悬崖，仅一小路可达山巅。古人形象地称其为登上天堂的升仙之路。山名亦因此而得。[7]

## （十）螺　山

位于黄姚古镇南面，介于天堂和天马二山之间，靠近文明阁。其外形好似一只田螺。螺山秋云曾是黄姚八景之一。[8]

## （十一）蚌　山

在黄姚街西南侧，山形如蚌，故名。[9]

## （十二）金瓶山

在黄姚街北的金瓶寨后，形状如瓶。[10]

## （十三）大　山

在黄姚街北的白山村。内有溶洞，古称覆地岩，今称吊伞岩。秉烛入游，通达数里。仙田、玉柱之类的石乳和石笋比比皆是，洞中之景与桂林七星岩约略相似。[11]

[6][7][8][9][10][11]〔民国〕《广西省昭平县志》，中国方志丛书第21号，成文出版社1966年影印，第29页。

## （十四）隔江山

在黄姚古镇西侧龙畔街背后，山上有聚仙岩，相传八仙曾在这里相聚，题刻甚多。[12]

## （十五）宝珠山

在黄姚街宝珠观背面，小珠江河心中。因形状如宝珠而得名，虽名为山，实际上是江心小岛。山上的古树颇多。

## （十六）柳　山

位于界塘村南2.5公里。古树环绕，参天耸立，小溪盘旋而过，常年水声潺潺。山下是柳山古寨，民居古朴。乾隆二十五年（1760年）《昭平县志》载："文化里柳山为祖，其水自王龙而来，环绕回旋资灌溉焉，天门山即其水口也。宋名太平乡，旧有巡检司镇守，废圮已久，失考。宁化里去县城二百里，与文化里绣壤相连，脉同柳山，水汇天门，皆自贺县分入昭平者。"因柳山之水为桂江支流富群江之源，犹被文人墨客所推崇。

## （十七）白鸽崆山

白鸽崆山

位于黄姚镇篁竹村的桂梧高速路口前。在同一山基上耸立着两座形似鸽子的石峰，两只鸽子像是在互相梳理羽毛，又像是在互相凝视，当地人称这两座小山为白鸽崆。

[12]　〔民国〕《广西省昭平县志》，中国方志丛书第21号，成文出版社1966年影印，第29页。

## （十八）观音山

在中洞村前，因山形似坐禅观音而得名。山上有岩洞。

## （十九）佛子坳

一侧在黄姚镇凤律村北，是通往钟山县的山坳；另一侧在凤凰乡莲塘村西，是大同、四和通往巩桥的主要通道。

## （二十）萝卜岭

在黄姚镇罗望村西，是黄姚通往走马镇东坪村的必经之路。今东坪村仍有人从此路到巩桥圩买卖货物。

## （二十一）陆翰山

在黄姚镇六蒙村后，地势险要。上山五里有一大草坪，可容纳数百户人家。四面悬崖陡峭，仅有一条路上下，险固异常，易守难攻。

## （二十二）三丫山

位于巩桥圩南，是黄姚镇重要山脉，山顶排牙如笔架，故名三丫山，又名笔架山。半山有一处平坦的山坳，可容纳数千人，过去村民经常到此躲避匪患。

## （二十三）狮子山

在黄姚镇春甫村左侧，因形似狮子而得名。山脚有汉代墓葬和新石器遗址。

## （二十四）凤凰山

在黄姚镇春甫村前，与狮子山相对面，山顶右端排列四峰，形如凤凰之冠。

## （二十五）天马山

山上有文明阁，山形似一匹奔腾之马。

## （二十六）老鼠山

在黄姚镇篁竹寨西面，山形似鼠。山对面有一巨石，酷似猫。山与石组合成猫捉老鼠景观，十分逗趣。

## （二十七）虎头山

在黄姚街沙塘村南，形似一只伏虎。过去虎口内有一石牙。后来虎牙被人敲断时，相传山脚下的溪水变红，三日方清。

## （二十八）五魁山

在黄姚镇中洞村，石山如五座相连的屏风。山上有岩洞常年往外吹风，也称风洞。

## （二十九）犀牛山

在黄姚镇岩头村，山似犀牛。山中有一洞，春天时而汩汩喷水，时而滴水不泻，村民称之为犀牛翻身戏水。山下的犀牛寨亦因之得名。

## （三十）金鸡山

在界塘村龙脊桥遗址右岸，山上有一块岩石酷似打鸣的公鸡。山后是北莱村张家寨。

## （三十一）猴　山

在北莱村胡家寨，山形似一只蹲着的猴子。

# 二、溪流瀑布

　　黄姚位于贺州境内桂江水系的三大支流之一富群江上游。史载汉代名将马援曾经疏浚富群江。因此，富群江作为贺州域内重要水路交通的历史颇为悠久。富群江从马江镇三合渡汇入桂江，也称马江。古代黄姚与梧州、广州等地的商贸及人员往来，大都先由黄姚陆路至砂子码头，然后从砂子登船经富群江水路入桂江。[13]

　　黄姚镇境内河溪纵横，但贯穿黄姚古镇的溪流只有四条：姚江、宝珠江、小珠江、兴宁河。其中姚江是干流，其他三条河溪是其上游支流。此外，在黄姚古镇西北面的马鞍山和东潭岭等崇山峻岭中还建造有周家水库和东潭岭水库。

---

[13]　〔民国〕《广西省昭平县志》，中国方志丛书第21号，成文出版社1966年影印，第33页。

# （一）姚　江

　　姚江水系源出界塘村五箭冲，东南流经杨村、篁竹，于真武山麓进入黄姚老街。在龙门潭与小珠江（锡巩水）汇合，汇合前称宝珠江，汇合后称姚江。小珠江从锡巩桥进入黄姚古镇，流经三星门、宝珠山，然后进入龙门潭。姚江继续向西南蜿蜒，至护龙桥与兴宁河汇合。兴宁河源出龙塘寨石穴中，由天然桥至兴宁庙前与姚水合流而南。[14]姚江继续向南，在文明峡流出黄姚古镇，然后一路向南经过巩桥、笔头、中洞，于樟木林乡潮江村汇入招贤河。潮江村古称夏管村，《昭平县志》载："姚江，源出宁化里水岩村，经篁竹寨下黄姚至夏管村与招贤河达于马江。"[15]

　　在宝珠江、小珠江、兴宁河等溪河的上游共有五箭冲、老虎冲、水岩、大岩、北莱冲、篁竹河、春甫冲、六一冲、龙冲、罗望冲、标洞冲、鸡蛋冲、对步河、阳洞冲、三曲水、武田河、塘头河、牛冲等19条小支流。

---

[14] [15]　〔民国〕《广西省昭平县志》，中国方志丛书第21号，成文出版社1966年影印，第34页。

周家水库

姚江

# （二）马尿峡瀑布

　　马尿峡瀑布在黄姚镇西南面的古碌村，距黄姚街约10公里，又名马尿爽瀑布。古碌村背靠仙殿顶，瀑布就在仙殿顶的山腰上，是古碌村大冲水库的源头。瀑布飞泉四时不竭，落差在40米以上，轻薄的瀑面宛如一股流沙。从潭底仰观，有如马在撒尿，因而得名。昭平县志有载。[16]

　　[16]　〔民国〕《广西省昭平县志》，中国方志丛书第21号，成文出版社1966年影印，第34页。

# 三、池　泉

　　黄姚为石灰岩地区，地表高低不平，低洼之处容易积水成塘。地底还有阴河潜流。尤其是中洞村的孔明岩、白山村的关刀岩等岩洞内，阴河较大。深入洞中，水声潺潺可闻。阴河在有些地段外露于地表，又成为井泉，这使得黄姚古镇及其周边地区分布有较多的古井。其中，仅是黄姚古镇内就有五口井泉，分别是锡巩井、龙泉井、仙人井、天然井、桂花井，都比较著名。例如东宁社旁的龙泉井，电影《面纱》即以此为外景地。

电影《面纱》在龙泉井的取景

## （一）石　泉

　　今名桂花井。在黄姚街南塘湖畔，吴家祠堂对面。水从石缝中流出，清冽可烹茗。清乾隆年间，村民分其泉为内外池。清代中期，驰名中外的黄姚豆豉多取此泉泡渍。[17]

---

　　[17]　〔民国〕《广西省昭平县志》，中国方志丛书第21号，成文出版社1966年影印，第34页。

## （二）湾冲泉

在黄姚古镇外的巩桥村下白寨。水从湾冲内涌出，清冽可口，溉田数百亩。这口井泉的水质比别的地方要重，当地人取此井之水制作豆腐，口感上佳。[18]

## （三）牛嗦塘

在黄姚镇界塘村柳山寨。塘东有溶洞穿山底而过，塞之可淤积成塘，挖开则水流去。过去居民蓄鱼种植，越年更换，获利甚厚。现在已改造成水库。[19]

## （四）仙人古井

仙人古井

位于黄姚古镇内仙山寺旁的兴宁河北岸。古井占地约50平方米，共分内外两个部分。井水从内池流向外池，然后流入兴宁河。其中内池又分为东、西两口井池，用于汲取饮用水。外池则分为西、中、东三口小水池。西外池中的水从西内池流来，用于洗菜。东内池的井水分别流入中、东两个外池，这两个外池用于洗衣。每个井池深1米余，井壁和井栏均为石制。无论旱涝，古井的泉水清澈，常年不涸。传说有一年的农历七月七日，曾有人看到八仙从隔江山聚仙岩里出来在井旁游嬉，"仙人古井"因此得名。传至今日，每年的七月初七，黄姚每家每户还一定到泉中取水，据说能放置三年不腐，人饮后百病不生。故而此井井水也被称为"神仙水"。

---

[18] 〔民国〕《广西省昭平县志》，中国方志丛书第21号，成文出版社1966年影印，第34页。

[19] 同上。

# 四、溶　洞

喀斯特地貌赋予黄姚镇很多岩溶洞穴，主要分布在北莱村、杨村、中洞村、界塘村、巩桥村、笔头村和文洞村，迄今已发现的大小洞穴50余个。这些洞穴，既有地面的，也有地下的。有的溶洞穴室宽阔，可容纳万余人众。有的非常幽深，延伸数里之遥。洞内各种钟乳石、石笋、石柱、石幔等晶体石奇幻多姿，色彩缤纷，玲珑剔透，美丽异常。由于洞穴内都是恒温，许多洞穴亦是旅游避暑的好去处。

## （一）孔明岩

孔明岩总长两千余米，一共穿过五座小石山。洞口位于中洞村三宝山，洞尾位于笔头村阳洞寨硝泥磅。由于尚未开发，现如今入洞探秘，行程耗时约三个小时。孔明岩的支洞很多，岩内大洞套小洞，小洞连支洞，洞洞相通，如同迷宫，好比是诸葛亮布下的八卦阵，故此得名"孔明岩"。洞内有一处石笋，神似一尊端坐的大佛。

## （二）聚仙岩

位于龙畔街隔江山北面，从山脚向上走几步石级即达洞口。因相传古代八仙曾到此欢聚饮酒而得名。清朝顺治年间，昭平县令陈定国在洞前留有"聚仙岩"三字摩崖。洞口悬吊钟乳石三条，常年滴水，并有藤蔓攀生。岩洞共有上中下三级。入洞走数步，是第一级，面积约30平方米。往后转一小弯，向上登数步进入第二级。二级洞的石壁上刻有七律诗一首和"石壁垂帘"四字楷书，均系县令陈定国之作。在第二层石洞驻足向岩外四眺，近可见黄姚街道屋宇及姚江流水，远可览青秀群峰，有"翠嶂环空眼自舒"之慨。第二级石洞的左侧有一支洞，高约2米，人在其中可直立而行。向前走约7米，又见一个支洞，较矮，只可容一人匍匐而上。穿过这个支洞后，岩口豁然开朗。沿路向下继续行走，即可到神仙聚会的第三级石洞，长15米，宽2米，高10米。第三级石洞的洞壁四周陡峭，人不可攀。

## （三）风岩

位于中洞村南公路边的一座石山脚下。该洞四季有风自穴中吹出，当地村民又称其为"风洞""风窟"。洞口向东，分外洞和内洞。外洞较宽，可坐10余人。进入约2米后，便是只容一人而入的内洞。风洞的风冬暖夏凉，而且天气愈热风愈凉，天气愈冷风愈暖。炎夏季节，路过行人多有到洞口歇息乘凉者。

## （四）中洞吊岩

位于中洞村江南寨象山尾端。洞口在半山腰上，旁皆峭壁，无路可循，进洞须从岩顶吊梯子而下，故名"吊岩"。该洞入口处称浅岩，像一个开口式的大厅，内建有贝氏宗祠一座。浅岩顶部的岩洞为吊岩的主体，长约300米，宽约90米，高约35米。洞内宽敞明亮，地面平整光滑。洞口有千奇百态的钟乳石。向左走30米，两边石壁的石笋较多。跨过右侧的石屏风，又有一个呈圆形、直径约300米的内洞，正中处有一石块似一头立着的大猪。四周石钟乳密挂，石笋丛生，滴水声声，晶莹剔透，犹如人间仙境。再往洞左走数级石梯，从里到外是狭长的大石棚，棚的末端有一排顶天立地石柱，如同棚门。

## （五）龙吊岩

位于杨村，岩洞既宽且长，多分岔。洞中有河，钟乳石绚丽多姿。太平天国末期，太平军余部数百人曾在洞中长期驻扎。2018年，广西自然博物馆在此洞中发掘出熊猫、剑齿象等多种约20万年前的动物化石一批。

## （六）犀牛洞

在巩桥村岩头坪寨白马山麓。白马山有上下两个岩口，均四季流水不竭。上岩口旁有一座小石山，山上有一洞。春天时，洞穴时而喷水，时而滴水，有如犀牛翻身戏水。故而老百姓把这座小山称为"犀牛山"，把山上的这个岩洞称为"犀牛洞"，小山旁的寨子称为"犀牛寨"。

## （七）踏碓岩

在岩头村，山洞里有几座石磨和石碓。雨季，农妇挑稻谷进洞，磨谷、舂米都挺方便。踏碓岩由此得名。

# 五、奇　石

黄姚的山石奇形怪状，有许多石头极度像形，或者像动物，或者像人物，或者像日常生活中常见的其他事物。对于这些高度传神的石头，民间认为是神圣之物，会像对待神仙一样给予顶礼膜拜。人们在修街建寨时，对这些奇石都会小心保护，绝对不会破坏。这种保护奇石的民俗使得黄姚街平添了许多自然的景观小品。黄姚有八大景和二十四小景，其中二十四小景几乎都是奇石。

## （一）新妇石

在文洞村东，山上有一石屹立，如同一妇人。

## （二）九牛石

在界塘村龙脊桥下游，河岸有大小九块石头，两边是田垌，九块石头如同九只在田园中休息睡觉的水牛。

## （三）南蛇石

黄姚古镇二十四小景之一，位于古镇内带龙桥南面的姚江东岸。有"南蛇出洞"之美誉，神态逼真如蟒蛇，黄姚方言蟒蛇又名南蛇，故名。此蛇藏身，只露出头尾，蛇头在一民居墙根下的青石板旁，眼睛、鼻子和嘴巴栩栩如生，蛇尾隐藏在江边。

## （四）金鸡石

黄姚古镇二十四小景之一，位于带龙桥北的东宁社旁。它外形如同一只侧卧在地上晒太阳的鸡，露出胸脯，鸡身和鸡头栩栩如生，又名"金鸡晒肚"。

## （五）乌龟石

黄姚古镇二十四小景之一，位于带龙桥南的南蛇石对面。一堆乱石就如一

南蛇石

金鸡石

蝙蝠石

龟头礅

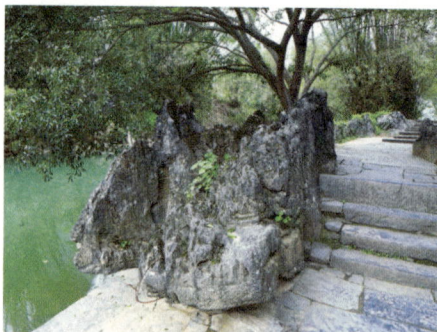

鳌鱼石

群准备下水的乌龟，又称"龟头礅"。[20]这片小石林的每块石头都长得奇形怪状，且离地不高，也称"鬼头礅"。

## （六）蝙蝠石

黄姚古镇二十四小景之一，位于龙畔街守望楼大门外的石板路面。石头酷似一只振翅飞翔的蝙蝠，翅膀和头部都活灵活现。因蝙蝠与"福"谐音，这块

[20] 龟头礅：《道光十年（1830年）祠亭碑》对此地名有载，碑存见龙祠。

鲤鱼石

石门

禹门石

夜鹰石

圣箸石

外露于地面的奇石又名"地蝠"石，寓意遍地是福。逢年过节古镇街民均来此焚香祭祀。

## （七）鳌鱼石

黄姚古镇二十四小景之一，位于龙畔街仙山祠北的姚江边。两块露明在河岸的石头如同两只正在遨游的鳌鱼。鳌鱼有"独占鳌头"的寓意，古代黄姚参加科举的学子均到此祭祀。

## （八）鲤鱼石[21]

　　黄姚古镇二十四小景之一，位于鲤鱼街。青石板街中有一块高出路面的石头，像一条栩栩如生的鲤鱼，长约2尺，鲤鱼街也因此得名。由于鲤鱼石当街而卧，此景又称"盘道石鱼"。

## （九）石　门

　　黄姚古镇二十四小景之一，位于姚江与兴宁河交汇处的北侧。两块垂直耸立的石块高约1.5米，间隔约1.2米。一条连通龙畔街和仙人古井的小路从两石之间穿过，使得这两块巨石就如一扇大门的左右两个门框。

## （十）禹门石[22]

　　黄姚古镇二十四小景之一，位于双龙桥前。一方巨石上突出一块小石，状如鲤鱼，奋力前游。巨石顶上长有一株古榕，树根盘曲遒劲，在鲤鱼石前弯成拱门。拱门与鲤鱼石相对的一侧是小珠江。石上的鲤鱼作势要跳过拱门，游往江中。这个自然景观形象地阐释了鱼跃龙门的故事，人们将那条石形鲤鱼称为"鱼化龙"。龙门也称"禹门"，于是人们又将藏有鲤鱼的整个巨石称为"禹门石"。

## （十一）夜鹰石

　　黄姚古镇二十四小景之一，位于古镇龙爪榕旁的姚江边。夜鹰即鱼鹰，巨石酷似一只蹲在江边守候的鱼鹰，又名"夜鹰守鱼石"。

## （十二）圣筶石

　　黄姚古镇二十四小景之一，位于宝珠山旁。一奇石形如算命先生卜卦用的圣筶，又名"筶杯石"。在《道光十年（1830年）祠亭碑》中对此地名有记载。

---

　　[21]　鲤鱼石：1966年成文出版社影印的民国23年版《昭平县志》第58页有诗赞盘道石鱼："已美龟蛇护武峰，石鱼偏又现临冲；莫言伏矣非神物，一变终当是化龙。"

　　[22]　禹门石：景观现存，1966年成文出版社影印的民国23年版《昭平县志》第58页有载。

# 六、古树名木

　　黄姚100年以上树龄的古树名木共60株，其中在古镇街上的共26株，镇外村上的34株。与当地气候相适应，这些古树名木的树种均为亚热带季风气候下的阔叶木，有樟树、榕树、桂花树、枫香树、乌桕树和黄连木等。黄连木又称龙鳞树，树皮有如鱼鳞，植株高大雄壮，特别喜欢在石灰岩石山上生长。黄姚的地标性古树是宝珠观前的龙爪榕，其树型之奇，世所罕见。这些婆娑的古树与翠竹巧妙散落于古镇之内，或扎根于江畔，苍翠盘郁；或耸立于山头，枝干遒曲。为古镇增添了不少景致。

黄姚镇古树名木一览表

| 序号 | 树名 | 树龄（年） | 树高（米） | 胸围（地围）（米） | 冠幅（平方米） | 位置 |
|---|---|---|---|---|---|---|
| 1 | 榕树 | 150 | 14 | 400 | 21 | 古镇内天然亭旁 |
| 2 | 樟树 | 250 | 18.6 | 560 | 25 | 古镇内天然亭旁 |
| 3 | 樟树 | 200 | 16.5 | 380 | 21 | 古镇内市场边 |
| 4 | 樟树 | 350 | 16.8 | 510 | 18 | 古镇内天然门边 |
| 5 | 樟树 | 300 | 18 | 700 | 25.5 | 古镇内天然门边 |
| 6 | 樟树 | 150 | 19 | 500 | 19 | 古镇内金兰居旅馆对面 |
| 7 | 樟树 | 180 | 18 | 415 | 24.5 | 黄姚风景区管委会大院办公室 |
| 8 | 樟树 | 200 | 14.5 | 325 | 24.5 | 古镇内风景区管委会大院背 |
| 9 | 枫香 | 150 | 23 | 350 | 21.5 | 古镇内三星楼前桥边 |
| 10 | 樟树 | 150 | 16 | 280 | 14 | 古镇内回龙庙 |
| 11 | 枫香 | 120 | 23 | 320 | 19.5 | 古镇内回龙庙 |
| 12 | 枫香 | 200 | 19 | 320 | 21 | 古镇内回龙庙 |
| 13 | 枫香 | 150 | 25 | 340 | 15 | 古镇内回龙庙 |
| 14 | 乌桕 | 250 | 14.5 | 280 | 17 | 古镇内古氏宗祠背 |
| 15 | 榕树 | 250 | 17 | 710 | 28.5 | 古镇内黄姚原中心小学 |
| 16 | 樟树 | 120 | 15.6 | 365 | 13 | 古镇内景区钱兴烈士塑像旁 |
| 17 | 榕树 | 450 | 18 | 750 | 35.5 | 古镇内省工委旧址院内 |
| 18 | 榕树 | 850 | 17 | 1100 | 32.5 | 古镇内双龙桥边（佐龙亭前） |
| 19 | 榕树 | 200 | 13 | 450 | 25 | 古镇内永安门前 |
| 20 | 桂花 | 110 | 6 | 54 | 6 | 古镇内兴宁庙右侧 |
| 21 | 桂花 | 110 | 5 | 31 | 3.9 | 古镇内兴宁庙左侧 |

| 22 | 榕树 | 250 | 18 | 730 | 31 | 古镇内东门楼前 |
|---|---|---|---|---|---|---|
| 23 | 榕树 | 250 | 13 | 300 | 15.5 | 古镇内永安门对面 |
| 24 | 黄连木 | 150 | 18 | 240 | 12.5 | 古镇内永安门对面 |
| 25 | 榕树 | 250 | 17 | 360 | 27.5 | 古镇内永安门对面 |
| 26 | 黄连木 | 150 | 19 | 240 | 15 | 古镇内永安门对面 |
| 27 | 樟树 | 300 | 23 | 580 | 22 | 黄姚街村十里坪小组 |
| 28 | 樟树 | 250 | 18 | 530 | 26.5 | 崩江村板良小组板良寨背 |
| 29 | 樟树 | 250 | 18 | 270 | 24.5 | 崩江村板良小组板良寨背 |
| 30 | 樟树 | 250 | 17 | 670 | 22.5 | 崩江村板良小组板良寨背 |
| 31 | 樟树 | 200 | 16 | 430 | 25.5 | 笔头村阳洞小组阳洞坳 |
| 32 | 樟树 | 200 | 15 | 330 | 11.5 | 笔头村阳洞小组阳洞坳 |
| 33 | 樟树 | 200 | 17 | 440 | 21.5 | 笔头村阳洞小组阳洞坳 |
| 34 | 榕树 | 200 | 17 | 830 | 31 | 笔头村阳洞小组阳洞坳 |
| 35 | 樟树 | 200 | 15 | 310 | 11.5 | 笔头村阳洞小组阳洞坳 |
| 36 | 榕树 | 400 | 17 | 1080 | 28.5 | 中洞村高坡小学旁 |
| 37 | 枫香 | 200 | 23 | 330 | 16.5 | 界塘村高良寨背路边 |
| 38 | 樟树 | 200 | 15 | 360 | 16.5 | 界塘村高良寨岭背 |
| 39 | 樟树 | 200 | 18 | 370 | 16.5 | 界塘村高良寨岭背 |
| 40 | 樟树 | 200 | 14 | 280 | 18 | 界塘村高良寨岭背 |
| 41 | 枫香 | 200 | 20 | 310 | 18.5 | 界塘村高良寨岭背 |
| 42 | 樟树 | 200 | 22 | 470 | 24 | 界塘村高良寨岭背 |
| 43 | 樟树 | 200 | 22 | 470 | 24 | 界塘村高良寨岭背 |
| 44 | 樟树 | 250 | 16 | 485 | 17 | 界塘村高良寨岭背 |
| 45 | 樟树 | 250 | 17 | 520 | 14.5 | 界塘村高良寨岭背 |
| 46 | 樟树 | 200 | 18 | 390 | 21 | 界塘村新民寨背 |
| 47 | 枫香 | 150 | 24 | 275 | 15 | 界塘村新民寨背 |
| 48 | 樟树 | 150 | 20 | 250 | 16 | 界塘村新民寨背 |
| 49 | 樟树 | 200 | 17 | 305 | 18 | 界塘村水母塘寨背 |
| 50 | 樟树 | 300 | 20 | 370 | 17 | 界塘村新颖小组 |
| 51 | 樟树 | 500 | 18 | 770 | 27.5 | 界塘村新颖小组 |
| 52 | 樟树 | 110 | 16 | 240 | 16.5 | 凤立村立寺寨 |
| 53 | 樟树 | 150 | 17 | 400 | 22.5 | 凤立村立寺寨 |
| 54 | 樟树 | 200 | 18 | 320 | 20.5 | 凤立村立寺寨 |
| 55 | 樟树 | 200 | 19 | 395 | 21 | 凤立村立寺寨 |
| 56 | 樟树 | 120 | 13 | 275 | 21 | 凤立村立寺寨 |
| 57 | 樟树 | 200 | 15 | 465 | 18 | 凤立村立寺寨 |
| 58 | 樟树 | 120 | 16 | 390 | 18 | 凤立村立楼寨岭背 |
| 59 | 枫香 | 150 | 22 | 380 | 16 | 凤立村东壮小组东山寺庙边 |
| 60 | 枫香 | 110 | 19 | 326 | 13 | 凤立村东壮寨山背 |

## （一）龙爪榕

龙爪榕即表中的18号榕树，树干粗壮，气根下垂有如龙爪，树龄850年，造型独特，姿态优美，为黄姚古镇的地标性景观。

## （二）龙门榕

即表中的17号榕树，位于佐龙祠东北面的禹门石上，其西为佐龙祠、双龙桥等建筑。禹门又称"龙门"，故称"龙门榕"。

## （三）变色榕

即表中的22号榕树，树龄150多年，位于东门楼南面。每当大旱大涝天气剧变年份，树叶在春季时就会变成枯黄色。如是风调雨顺好年景，树叶一年四季苍翠碧绿。居民每年春季根据这株古榕叶子的变化来判断当年的天气情况，尽早做好预防。这株变色榕由两棵紧邻的榕树合而为一长成。在靠近根部处观察，仿佛只有一个树干。但高出地面一米之后，会发现它实际上是两棵独立的榕树。这两棵榕树就像是紧紧相偎的一对夫妻，所以又被称为"夫妻树"。

## （四）睡仙榕

即表中的23号榕树。在鲤鱼街东南方，宝珠江西岸。为细叶榕。树的造型苍劲曲折，遒枝纵横交错。树干不是垂直向上生长，而是躺倒横生在距地面约1.5米的高度，形似睡态仙翁，故名"睡仙榕"。民间关于"睡仙榕"得名缘由还另有一说，相传八仙在隔江山相聚时，被这里的奇山秀水所迷。他们一边欣赏美景，一边大碗喝酒，以致酩酊大醉。吕洞宾倒头睡在这棵榕树上，醉得很沉，醒来时，榕树已随着他的睡姿长成了倒卧状。

## （五）石上榕

位于天然石门东侧，宝珠江西岸。尽管树龄已有50余年，但因其根须全在岩石上盘错，难于吸收泥土养分，树形长得娇小玲珑，表现了强大的生命力。

龙门榕

龙爪榕

变色榕

石上榕

# 第三章

# 社会变迁

黄姚很早就有人类在此生息繁衍。1963年12月，广西壮族自治区文物工作队在黄姚地区开展考古调查，在巩桥村西北500米的狮子山洞穴及周边山上，采集到磨制石斧3件、打制石器1件、夹砂陶片5片、鼎足4件以及饕餮纹、夔纹、水波纹、方格纹等陶片30余件。这些文物的时间跨度很大，磨制石斧是新石器时代的典型器物，夔纹陶片是战国时期的，饕餮纹、水波纹、方格纹等陶片是汉代的。1963年和1976年，广西文物工作队还在黄姚镇北面的岩头村两次发现东汉古墓，出土有陶鼎、陶釜、陶纺轮、陶灯、陶杯、五珠钱、银戒指、铁刀等一批器物。近年，考古人员又在巩桥村狮子山麓四周发现一批汉代至宋代的古墓葬。这些考古发现都说明，黄姚地区至迟从六千年至一万年前的新石器时代开始，就已经有人类生活。此后经先秦、汉代至宋代，人类在这里的活动一直延续不断。

直到明万历四年（1576年）之前，黄姚还是不为人知的小村屯。明万历四年（1576年）设宁化里，其治地建于黄姚古镇内。同年，黄姚古镇还成为"黄姚小营"的驻兵之地。从此，黄姚正式开始了从村寨向城镇演化的历史进程。

# 一、黄姚建里之前的贺州瑶族历史概述

设立宁化里之前，黄姚境内主要是瑶族人口。由于缺乏史料，万历之前黄姚的瑶族生活情况目前已经无法梳理。但同一时期同一地区的瑶族历史情况大体相似，透过这时期贺州瑶族的发展情况，能够基本明了同一时期黄姚社会的基本风貌。

唐末五代的战乱促使华中南部地区大量瑶族进入五岭群峰，寻找安身立命之所，岭南地区瑶族分布日广。《宋史·蛮夷列传三》："广西所部二十五郡，三方邻溪峒，与蛮、瑶、黎、蛋杂处。"到宋代，岭南已是无山不有瑶。《续资治通鉴长编》卷一四七载，唐宋时期岭南一些瑶族聚居区动辄"峒所聚千余人"。

从五代至元初，持续的南迁浪潮使得瑶族在贺州所处的萌渚岭山区反复迁移，贺州逐渐成为瑶族从湖南、广东进入广西、贵州、云南这一民族迁徙走廊上的重要路段。这些从走廊上移来的人口最大特征是不服徭役，不纳税。史载："蛮僚者居山谷间，其山自衡州常宁县，属桂阳、郴、连、贺四州，环行千余里。蛮居其中，不事徭役，谓之瑶人。"[23] 随着瑶族人口越来越多地迁入，贺州的各大山谷特别是大桂山山脉，成为瑶族重要聚居区。宋代《评皇卷牒》[24] 称：瑶族当时在贺州及其周边的分布地点是"古置（至）东南西山，置（至）广东海连山，广西怀集山，右成（又至）铜钟山，北置（至）通儒乡，继聚南山，广西程家八峒山，南木山，又置（至）流眉山，又置（至）大罗等山……桂东桂南八面山。"其中程家八峒即大桂山中的八步区步头镇双程八山，南木山即今大桂山中的八步区贺街镇楠木峒。大罗山对应大桂山中的罗岭。位于大桂山余脉的黄姚地区为此成为瑶族人口聚居区。这些唐宋时期进入大桂山的瑶族至今仍有后裔生活在黄姚西面和南面的深山之中，如昭平县走马乡玉洞村、庇江乡联安村、昭平镇古站村等地。其中，古站村盘姓瑶族族谱明确记载，其始祖盘管七原籍广东青州巷口石榄村，于北宋淳化年间（990—994年）受诏剿盗有功，赐地落藉昭平。

宋代瑶族内部已分化成以酋长为代表的统治者和以土丁为代表的普通百姓

---

[23] 〔元〕脱脱：《宋史》卷493《蛮夷列传》。

[24] 《评皇卷牒》，南宋理宗景定元年（1260年）11月11日赐予瑶族，现存于中央民族大学民族研究所。

两个阶层。酋长与土丁的户籍都不纳入官府，酋长掌有较多土地，他们将田地出租给百姓，不向承租户收取租金，但要求承租户提供劳役。同时，酋长还拥有裁定诉讼的权力，宋代文献称：峒中"男丁受田于酋长，不输租而服其役，有罪则听其所裁，谓之草断。"[25]

宋代官府对瑶族主要采取羁縻制，《桂海虞衡志》：瑶人"其人物犷悍，风俗荒怪，不可尽以中国教法绳治，羁縻之"。除了免除瑶人徭役之外，羁縻制度还另有三项重要内容：

一是对已入籍的瑶民采取给田以耕的办法，实行"计口给田"。《宋史》："峒丁等皆计口给田，多寡阔狭，疆畔井井。擅鬻者有禁，私易者有罚。"[26]《宋会要集稿》也称："夫熟户、山瑶、峒丁有田，不许擅鬻。不问顷亩多寡，各有界至，任其耕种。"[27]这种计口田"一夫岁输租三斗，无他徭役，故皆乐为之用"[28]。

二是在瑶区设立抚瑶土官。所谓抚瑶土官其实就是在瑶人中"诏补"愿为朝廷效力的瑶族土豪或酋长作为瑶官，这种瑶官可以世袭。溪峒中的土地为瑶官所有，瑶官招聘所属部下，将土地贡献给朝廷，朝廷再将这些土地赐封给瑶官。瑶官按籍户登记的人口，将土地分给辖区内的瑶户或峒民，并均定租赋。峒民要交一定的赋税给官府，还要为瑶官服役。瑶民有罪也听瑶官裁定。抚瑶土官制不等同于土司制，瑶官只是协助朝廷处理瑶族政务，而土司则拥有很大的自治权力。

三是严控瑶民土地交易，防止瑶民土地被山外豪强侵夺，这是一种扶瑶限民的制度。即鼓励瑶人向民人购买土地，但禁止民人购买瑶人的土地，也禁止瑶人向民人出卖土地。

对于那些分布在特别偏僻深山之中的瑶民，官府甚至放任自流，不要求其纳户入籍："二广居山谷间，不隶州县，谓之瑶人。"[29]

黄姚位于山区与平地交界之处，从宋代制度看，其时黄姚的平原地区应该属于官府管理下"给田以耕"的熟瑶区或者抚瑶土官区。而山区的瑶族应该属于不入户籍的生瑶区。宋朝的土官理瑶制度兴起于北宋晚期，清代学者汤彝称："呜乎，蛮患自昔为然矣！然唐以前尚不甚剧，以省民熟户居内，山瑶峒

---

[25] 〔宋〕洪迈：《容斋四笔》卷16。

[26] 〔元〕《宋史·蛮夷列传二》卷494。

[27][28] 〔宋〕《会要集稿》卷5·71。

[29] 〔宋〕陈师道：《后山谈丛》。

丁居外，有所捍蔽也。自宋熙崇间拓地之议兴，各献款内附请吏，于是民与蛮乃相接。多辟径路，深入溪洞，通市易，渐典鬻田土，仆赁其孥。"[30]也就是说，土官制度兴起于北宋的熙宁至崇宁年间。也就是在这个时候，在今公会（招贤里）、樟木（文化里）、巩桥与黄姚（合称宁化里）等乡镇熟瑶区出现了理瑶土官樊氏家族。这个家族在当地有较大的声威，共建有四个村屯。四寨住户较多，号称万家寨。并且家族中的头面人物还兼任官办机构太平巡检司巡检。巡检司的衙署设在今黄姚镇岩头村都里岩前。《昭平县志》就载："文化里昔为宋朝樊相国族业。"[31]《广西通志》也载："龙脊桥在县东南宁化里，宋樊相阁造"[32]"宋樊相阁墓在宁化里"[33]。

由于有田可耕，生活安定，宋代绝大部分时间里，贺州民族关系十分和睦："去州二十里深山大泽间多瑶人，所居民俗耕种。虽无资积，亦不饥寒。自九疑之南崇山峻岭，高排霄汉，绵亘数百里，皆贺之境也。贺之为州，士知为学，民知力田，虽溪洞蛮瑶，亦皆委顺服役。而无剽悍之患，风清气淑，与中州等。"[34]

随着瑶区人口的持续增加，贺州山区的土地承载能力逐渐不堪重负。北宋以来一直实行的禁售瑶田制度到南宋时已经难能执行，瑶田私售的情况逐渐泛滥："比年防禁日驰，山瑶、峒丁得私售田。"[35]土地供应紧张，又私售瑶田，许多瑶民无田可耕，成为贫民。从北宋后期开始，包括整个南宋时期，贺州瑶民多有起义。思勤江谷地的何氏族谱就记载，今昭平县森冲、走马、马圣、文竹等地散布的何氏均以何璋为进入贺州的第一代开山祖。而何璋进入贺州的原因就是因为南宋绍定年间（1228—1233年），昭平府江一带发生了民族起义，何璋奉文在黄姚西面的思勤江流域屯垦入籍。随着南宋末年起义日趋激烈，作为管理者的樊氏家族其所在村屯亦被起义者攻破，樊家的族业全被起义者占没，担任太平巡检司巡检的樊家最高首领樊相阁也在动荡中毙命。乾隆版《昭平县志》称："文化里昔为宋朝樊相国族业，后因瑶壮叛，屠樊族，杀巡检，而数十里之地尽为蛮丑所据。"宋末元初的朝代更迭，使得朝廷无力对黄姚地区的瑶区实施正常管理。樊氏家族倒台后，整个元代，黄姚一带的瑶区出

---

[30] 〔清〕汤彝：《盾墨》卷1。

[31] 〔民国〕《昭平县志》卷4《职官部·附兴除》。

[32] 〔清雍正〕《广西通志》卷18。

[33] 〔清雍正〕《广西通志》卷44。

[34] 〔宋〕《舆地纪胜》卷123《广南西路贺州·风俗形胜》。

[35] 〔元〕《宋史》卷494《蛮夷列传》。

现权力真空，进入无政府状态。各种势力在这里占山为王。明洪武年间，对这个地区进行了一次大征剿，并设立了招贤里（治在今公会镇）来管辖这一片区。但很快，民间势力再度聚集，招贤里的施治措施并不能得到执行。其中民间组织中声势最为浩大的一支应该是狗儿巢（在今樟木林镇九如村附近）。雍正《平乐府志》载："招贤里，即元时狗儿巢贼薮也。"[36]据乾隆版《昭平县志》载，狗儿巢这支力量作为维持黄姚地区的主要政治势力一直持续到明万历二十六年（1598年）。这一年，明朝官兵平息了狗儿巢，之后设立了下宁和中宁两个巡检司来管理这一片区域。其中下宁巡检司位于今黄姚镇中洞村下宁寨。中宁巡检司位于今平桂区公会镇石塔村。这两个巡检司一直到清代康熙时期才被裁撤。[37]

元代对瑶区实施行政和军事双重管理。瑶族地区多为穷乡僻壤，生活条件十分艰苦。行政管理上，由于蒙古贵族不愿到瑶区为官，于是多择瑶族头人治理瑶区，以土司代替羁縻州。元朝还在瑶区设安抚司，对瑶族进行救济。特别是对边疆民族地区实行轻赋制度："所定荆南、淮西、江西、海南、广西之地，凡得州五十八，峒夷山僚不可胜计。……又取其民悉定从轻赋。"[38]军事上，元朝开始在重要交通节点上的瑶区设巡检司，以镇压反叛。其中昭平县的瑶区元代核心巡检司是位于今钟山县公安镇的白霞巡检司，《钟山县志》就称"县（钟山）西北之花山及西南之桔芬[39]，南区之义安，皆层峦叠嶂，林青幽阻。当元明时，向为瑶、壮所据，叛变无常，梗化难治。明季各设兵戍守，剿抚兼施，更置巡检司于白霞，居中控御"[40]。

元代对瑶区的松散管理，导致瑶族地区动荡不已。在98年的元代历史上，见诸史载的贺州瑶族起义就有元初"狗儿巢"（今黄姚东北侧的凤凰乡、樟木林、公会等乡镇）瑶族起义[41]、元统元年（1333年）十二月起义[42]、元统二年（1334年）三月起义[43]、元统二年（1334年）九月富川瑶族领袖唐七和唐廿

---

[36]　〔清雍正〕《平乐府志》卷10。

[37]　〔民国〕《广西省昭平县志》，中国方志丛书第21号，成文出版社1966年影印，第103页。

[38]　〔明〕宋濂：《元史》卷28。

[39]　花山、桔芬：明万历四年（1576年）建昭平县，两地属昭平县。民国六年（1917年）成立钟山县，被划归钟山县。

[40]　民国潘宝疆著《钟山县志·瑶壮》载，白霞在元代属富川县，明万历后划归昭平县，民国六年（1917年）划归钟山县。

[41]　昭平县《樟木林镇志》。

[42][43]　永州档案局编《永州大事记》。

十一率众起义[44]、至元元年（1335年）四月瑶族起义[45]、至正三年（1343年）九月起义[46]等六次，平均约15年发生一次起义事件。

元末农民战争后，建立了明朝政权。明朝行政上也在瑶区设抚瑶官和瑶官专管瑶事。抚瑶官不是土司，在流官机构中工作，以招抚瑶族入籍为职任，招抚越多被授予的官职就越大："拘集瑶首，推保有能抚管五百户以上者授以副巡检，一千户以上者授以典史，二千户以上者授以主薄，就于流官衙门，专抚瑶人。"[47]瑶官不是土司，是由官方任命负责管理瑶族内部事务的瑶族头人，职务可以世袭，多由有军功或招抚瑶人有功的瑶族头人担任。

土地上，元末明初农民战争导致人口大量减少，土地富余，因此明初鼓励瑶民开垦无人耕种的土地，对入籍的瑶户减免徭赋，对编户入籍的瑶族"薄赋轻瑶，示以羁縻而已"[48]。这种制度颇受瑶区欢迎："土民瑶僚，莫不悦服。"[49]瑶区百姓有田可耕，瑶区社会比较稳定。

[44]　〔明〕宋濂：《本纪第38·顺帝1》，《元史》。

[45]　〔明〕宋濂：《顺帝本纪2》，《元史》卷8。

[46]　〔明〕宋濂：《本纪第41·顺帝4》，《元史》。

[47]　〔明〕《明英宗实录》，《明实录》卷167。

[48]　〔清〕屈大均：《广东新语》卷7。

[49]　〔清〕赤玉麟：《广东通志》卷40。

# 二、黄姚设里建营的历史背景

明中期以后，由于人口快速增长，瑶区土地再次成为稀缺资源。瑶族常为争夺近山的水旱田土与毗邻的汉、壮族发生矛盾，这引发了岭南地区大量的山场、田土纠纷，瑶民"占耕内地"[50]、汉瑶混居地区"居民被扰"[51]，"瑶寇不时出没……近山多荒田，为贼占耕"[52]。

明代瑶族继续实行刀耕火种的游耕方式："刀耕火种，食尽一山则移一山"[53]"今岁此山，明年又别岭矣"[54]。

瑶族移到新的迁入地之后，常会因为需要对土地使用权和所有权重新分配而导致社会矛盾进一步激化。为稳定瑶区，中期以后明朝廷开始在瑶区实施驻兵屯田制度。就是以从广西西北面调集的大量壮族俍兵为主，从全国其他地方调集的汉族屯兵为辅到瑶区屯田。钟山县壮族的韦氏族谱记载，其先祖居住在庆远府东兰州，明朝年间有梧州反乱，太祖忠英、忠良奉旨征服……奉上司明文安扎岩口清塘一带；万历四年（1576年）拨入昭平里第一排……钦赐桔芬四哨以作剿贼酬劳之功。族谱中同时还说当地壮族覃氏亦是来源于桂西北。这时，就有吴、邓、蒙、邹、黄等姓氏的屯兵在黄姚真武山脚建立了牛腒寨。牛腒寨也是目前所知黄姚古镇内最早的村寨。屯兵们来到贺州瑶区后，其酋长成为管理一方的土司，其下设有土目、土舍等中下层官员。

一般的普通驻兵为土丁，在人身上严重依附土司。土司及其所率人员所屯之田主要来源于征剿起义地区所获得的田土。明朝将起义农民的土地称为"贼田"，剿平起义之后，就将取得的土地分给屯兵耕种："隆庆六年（1572年），巡抚郭应聘破府江贼，以三峒、东西岸、仙回（今贺州市昭平县仙回乡）、高天各田，分给土目领种。"[55]各支屯兵的土司根据战功大小和所率人员的多寡领取不同数量的土地，率领部属进行耕种。广西巡抚郭应聘将隆庆六年（1572年）从府江起义地区夺获的土地分给屯兵的方案是："上中峒属之把总齐凯，领田一万三千三百八十亩有奇；下峒属之土舍覃文举，领田

---

[50] [51] 〔明〕《明太宗实录》，《明实录》卷190。

[52] 〔明〕《明英宗实录》，《明实录》卷35。

[53] 〔明〕戴璟：《广东通志初稿》卷35。

[54] 〔清〕陈梦雷：《古今图书集成》卷1415。

[55] 〔清〕汪森：《粤西丛载》卷26。

八千六百六十亩有奇；东岸属之土族岑仁，领田一万五千二百亩有奇；西岸龙头矶诸兵领田五千一百九十亩有奇；仙回诸兵领田八千二百六十亩有奇；永安、高天、古带诸兵领田二千二百亩有奇。"[56]通过征剿起义地区所获得的土地，凡是民人的，拨还给土地原主人。非民人的或是无主田则划归屯兵及土司耕种："万历元年（1573年）题准广西清出瑶壮占据田土，除平乐、荔浦、永安原系民田，拨还耕种、办纳赋役外，其余具拨今立土司募兵领种，每兵给田十亩，其大小头目酌量加添，三年后方行起科，每亩上征三升，一应差徭，悉行蠲免。"[57]

屯兵之外，明代还在瑶区大量驻兵，强化瑶区的军事力量，弱化行政管理。洪武十八年（1385年），废除昭平县前身龙平县，将龙平县的行政管理职能并入平乐县。别建昭平堡，用军事营堡来管理昭平。弘治九年（1496年），调上林知县黄琼、归德知州黄通率领土兵1000人驻昭平堡。成化年间（1465—1487年），总督朱英在今昭平县治筑土城防瑶。弘治十年（1497年），为弹压境内二十四冲瑶壮，两广总督邓廷瓒题奏设置昭平巡检司，驻昭平。直到清康熙十年（1671年）才裁撤。正德三年（1508年），两广总督陈金题设昭平营，移平乐守备于昭平，府江道副使郑岳迁昭平堡于东岸，设守备署，调柳州、庆远、田州三府壮勇三四千人驻防。这些军事力量继续侵蚀瑶族土地。特别是明代中期以后，朝廷所能支配的土地已经没有，用来奖赏、分封有功之臣、官员和屯兵的土地也只能依靠兼并基层农民的土地。嘉靖二十五年（1546年）六月，巡按御史冯彬在筹谋镇压瑶族起义对策时就说："广西之患，莫甚于瑶壮，克敌制胜要在有兵。广西兵不满万而贼数万，每岁必召募以剿贼……据其巢，耕其土……盖贼之所穴，皆美田肥土，我兵无不愿得之者，因其愿而令之，蔑不胜矣。"[58]

屯田和驻兵对瑶区土地的大量兼并使得瑶族可耕之地迅速减少，生存空间受到严重挤压。从明代正统开始，贺州与整个华南瑶区一样，瑶族起义接连不断。

从成化开始，明朝廷还对瑶族实行食盐封锁政策。《粤西诗载》说："山深路远不通盐，蕉叶烧灰把菜腌。"为了获得食盐，昭平山区的瑶族时常结群到府江截击广东向广西运盐的官船："府江（今阳朔至昭平一带的桂江称府江），上接漓水，下达苍梧，为广右咽喉江道，绵亘五百余里。两岸诸瑶壮，

---

[56] 〔清〕汪森：《粤西丛载》卷26。

[57] 〔清〕谢启昆：《广西通志》卷155。

[58] 〔明〕瞿景淳：《嘉靖实录》卷12。

依凭险阻，时常出没。"[59]《明实录》也有记载："广西府江，北抵桂林，南连梧州，而平乐府界乎其中，上下八百余里，两广舟船必由之路。民夷杂居，无城廓藩篱之限。苗贼据险出没，江道阻塞。"[60]隆庆五年（1571年），为了防止瑶壮起事，广西巡抚右佥都御史殷正茂不得不提出"犒赏瑶壮鱼盐，以息劫夺"[61]的建议。瑶壮起义使得明代更加需要依靠土司屯田，为此，不断在有需要的地方增设土司。到明代万历初年，黄姚地区出现了至少四个土司分治的局面，其中下五都即今黄姚凤立、昭平走马北部、钟山英家、清塘、燕塘、公安及城厢镇的部分地区，由土司潘积让管理；上五都即今钟山县的同古、凤翔、珊瑚、石龙、回龙及黄姚的界塘等地由土司黎福庄管理；界塘以南到篁竹村地区包括今黄姚街由土司李道清[62]管理；篁竹以南以西地区由土司黎宗远管理。

　　随着时间的推移，招兵屯田的瑶壮土司职权逐渐膨胀。有些土司甚至为了个人或小集团利益阻碍地方官府推行朝廷政策。这又使得一些地方被迫裁撤土司，将元朝和明初以来在瑶区执行的土司制度改为流官制度。民国版《昭平县志》记载，明弘治九年（1496年），总督邓廷瓒题奏改换府江两岸土司。这种"改土归流"的变革在理论上有利于封建王朝的国家统一，但因为剥夺了土司的权利，部分上层贵族不甘心利益受损，便挑唆土民，制造矛盾，甚至发动叛乱。另外，在昭平府江和其他一些瑶族起义激烈且持续时间长的地方，由于土司的作用大于巡检司，也会裁撤巡检司改设土司，用土司、土目兵、土舍兵来管理瑶区治安。《府江善后疏》[63]载，明隆庆年间广西巡抚郭应聘也曾上疏用土司代替巡检司作为基层组织管理府江两岸的壮、瑶社区。他认为，土司在地方上有较大的家族利益，可以更好地维护当地治安。但他同时认为，应另设参将，并授予参将等流官制军政首脑更大权利以制约土司。他说，昭平原来只有坐镇都指挥使一人，但事权较轻，对他的各种约束规章也较多。改设参将后，就能够调集桂平、蒙山、昭平、平乐等府江沿岸的土兵来防患叛乱。

　　改土归流、瑶区屯田驻兵、禁盐制度、土地兼并、瑶区人口快速增长等系列因素导致明朝中期以来贺州地区连续爆发瑶壮反抗斗争："明代……三江诸蛮遂桀骜不可制，而环贺之富、昭、苍、怀，有群起响应者。贺治东逼连山排

---

[59]　〔清〕汪森：《粤西丛载》卷28。

[60]　〔明〕吕柟：《正德实录》卷162。

[61]　〔明〕于慎行：《隆庆实录》卷56。

[62]　李道清：黄姚镇界塘村山岩寨人，原籍广东阳山，明万历三年（1575年）奉平乐府台御批千夫长职，揭榜镇压黎天龙起事，后在界塘五指山安居。

[63]　《府江善后疏》：载于《平乐府志》卷38《艺文篇》。

瑶，北则江华壮寇，二百余年中，六里受其扰害，兵戈不已。"[64]

昭平黄姚与钟山同古交界地带，属明代富川县上四屯。明万历初年，上四屯土司黎福庄与其子黎天龙于五指岩（今昭平县黄姚镇界塘村）和白帽岩（今钟山县燕塘镇黄宝村白帽山）举事，队伍迅速发展到一万多人。在今黄姚镇界塘村三元寨后背山，仍有一座石城遗址。从三元寨后背的龙凤山沿崎岖山道攀登而上，经过三道石门即到石城。石城内部平地面积约13000平方米，四周群山罗列，南端的绝岩峭壁间有一洞穴称为"石唝嘹"，意为只可弓身而入的石逢。洞口隐蔽，仅容一至二人出入，是石城对外交通的唯一出入口。这座石城就是黎天龙起事的总部旧址。万历二年（1574年），黎福庄率众围攻邓塘、廖屋（今属钟山县公安镇）二村，抓获富豪欧孝廉，势力直逼富川县府。万历三年（1575年），大中丞广西巡抚吴文华在给府江兵部副使徐作的檄文中惊呼："定百粤，必先定昭平。"[65]

万历四年（1576年），黎天龙又率众千余出击贺县桂岭。广西巡抚调兵拦阻，天龙兵败，潜归五指岩。然后与白帽（今钟山花山）友军互为声援，转攻平乐府江。广西巡抚增兵镇压，黎福庄被擒受降做官。官府招降黎天龙，被拒。黎天龙扎寨土龙村（今钟山同古），竖黎天朝大旗。五指岩的东面是连续

---

[64] 〔民国〕玉昆山：《信都县志》卷二，台湾成文出版社。

[65] 《昭平平山寇碑》，碑存现桂林市平乐县城东的珠山迎仙洞中。

三个盆地，只有一条路与外界联系。盆地空阔，能容万人，四面石壁陡绝，但有溪水穿流于内，易守难攻，官府多次用兵都师出无功。

长期的征战使得明朝的一些官员认识到，加强昭平瑶区社会情况普查以明确家底十分必要。隆庆末年，广西兵备佥事茅坤献策说："至则各图其山川道里以出，某贼巢为左，某贼巢为右，某巢枕某隘，某巢控某江。某巢与某巢相姻党，当别为行间；某巢与某巢相仇杀，可遗金钱使之相夹击……不二三月间，而府江所辖诸夷寨，其最狡且险者八十二处，稍次者亦不下百余处，大略并如掌股间矣！"[66]在掌握情报并实施土司分化后，万历四年（1576年），府江道徐作、参将吴京复征五指山。二五都千夫长潘积让、委官王铜多方探取攻岩之策。黄姚水岩村土司李道清和篁竹村土司黎宗远亦协力配合防剿五指山黎天龙军。[67]黎天龙军中有告密者，其在领取官军五十两白银后，泄露了进入五指山盆地要路的情报信息。[68]不久，官军即占领福村、茅花、大梁、五指。黎天龙在土龙的大寨和在界塘的五指岩驻地均被攻破，被迫退至韦峒。[69]十二月，官军又取铁钉、穿水、黄祈、大洞、捧岩。然后集中兵力攻下五指二、三盆地。翌年正月黎天龙兵败。

对动荡地区征战完毕后，如何治理这些地区的问题又提上了议事日程，于是一批官员开始策划设立昭平县。早在隆庆年间广西巡抚郭应聘就已向朝廷上奏《府江善后疏》[70]，谋划将原属平乐县的昭平、马江二里，原属富川县的上五都[71]、二五都[72]，原属贺县招贤乡的上下半里[73]合成昭平县。经过地方官员的不懈努力，万历四年（1576年），终于分平乐、贺县和富川三县地复置昭平县。任命粤西干吏凌东京为昭平知县。

凌东京上任伊始即组织分疆、划界、建置、营造等工作。[74]他从贺县划入的土地包括公会河西岸至马鞍山以西，北到界塘，南到樟木林南部等地区，即今黄姚镇、凤凰和樟木林三个乡镇；从富川县划入的土地南起今昭平县凤立

---

[66]　〔明〕茅坤：《府江纪事》，汪森：《粤西文载》卷35，第三册第69页。

[67]　〔民国〕《广西省昭平县志》，中国方志丛书第21号，成文出版社1966年影印，第137页。

[68]　〔民国〕《广西省昭平县志》，中国方志丛书第21号，成文出版社1966年影印，第218页。

[69]　韦峒：今钟山县清塘镇桔芬村。

[70]　《府江善后疏》：载于《平乐府志》卷38《艺文篇》第32页。

[71]　上五都：即今钟山县的珊瑚、石龙、回龙三个乡镇。

[72]　二五都：即今钟山县的清塘、英家、公安、两安和燕塘五个乡镇。

[73][74]　招贤乡上下半里：即今昭平县樟木林、黄姚、凤凰等乡镇。

村、黄姚镇罗望村、界塘村以北山区，北到珊瑚河以南地区，具体包括今钟山县的凤翔镇、同古镇、珊瑚镇全部及石龙镇、回龙镇、清塘镇、燕塘镇、英家镇、公安镇、两安镇一部。把所需土地从周边各县划入昭平后，又将全县分为九里半，即昭平里、马江里、招贤里、二五都、文化里、宁化里、恩来里、上五都、见龙里、王羌里。每里十排，唯王羌里仅五排。其中，今黄姚镇属宁化里，从贺县划入，治设在黄姚古镇内。"宁化里，去县城二百里，与文化里绣壤相连，脉同柳山，水汇天门，皆自贺县分入昭平者也"，而且，黄姚古镇还单独设置成一个排，排下再设甲，今黄姚古镇范围至少有九个甲，其中一甲在真武山脚新兴街一带，九甲在金德街至天然街。[75]宁化里的范围大致包括今黄姚镇界塘村以南至文明峡以北地区。界塘村以北为见龙里，宁化里之南为文化里，即今樟木林镇和凤凰乡："文化里，柳山为祖，其水自王龙而来，环绕回旋，资灌溉焉，天门山即其水口也，宋名太平乡，旧有巡检司镇守，废圮久已，失考。"[76]同古镇、凤翔镇属见龙里。珊瑚镇、回龙镇、石龙镇属上五都："上五都，县东一百五十里，原与二五都分立而成里也，六七两排系招贤出户，一二三四五排民人错杂相处，至万历间梁相宝陈告三院立户出里，而上五都立焉"[77]；清塘镇、燕塘镇、英家镇、公安镇、两安镇属二五都："二五都旧隶富川，至钟山镇仅二十里，自葫芦山发脉，其支龙则凤凰山、苏石山、塘台山。"[78]

凌京东在划分完昭平县的行政分区之后，接着又着手军事建设。在昭平全境重要关隘遍设营堡，共设营21座、堡22座。在黄姚设立的军营称为"黄姚小营"，属松柏营管辖。

黄姚小营和宁化里均把治所设在黄姚古镇当中。万历年间广西巡抚杨芳所纂的《殿粤要纂》中附有《昭平县图》，图中清楚地标注了黄姚小营的位置。当时，黄姚小营也称黄窑埠。《昭平县志》也记载："小营，在宁化里黄姚埠，明末时，壮瑶猖獗，千户李道清率官兵扎营于此，至今壁垒犹存，依稀可见也。"[79]黄姚小营和宁化里的设立使得黄姚正式启动了城镇化建设，从此，黄姚快速成为昭平县东北地区的重要商埠。

[75][76][77][78]　〔民国〕《广西省昭平县志》，中国方志丛书第21号，成文出版社1966年影印，第24页。

[79]　〔民国〕《广西省昭平县志》，中国方志丛书第21号，成文出版社1966年影印，第56页。

# 三、关于黄姚得名的讨论

黄姚得名的起源现在已经无法说清。民间大致有两种说法：一说是起于宋将狄青征侬智高事件。侬智高反，狄青先锋杨文广率部先期到达广西参与征剿，来到如今黄姚这个地方。发现这里是无名之地，不方便军事指令的遂行。于是以这里的居民黄姓和姚姓合成一个地名，称为"黄姚"。这一说也是今黄姚导游词中最常采信的说法。

二说是早期黄姚这地方住有大量瑶族，民间传说瑶族为盘王之后，自称"皇瑶""王瑶"。于是人们以"皇瑶""王瑶"作为这里的地名。岭南方言中"皇""王""黄"三字读音相同，再加上明代府江瑶族起事后，大量瑶族外迁，除深山老林之外，平原地区到清代已罕见瑶族踪迹。随着人们对瑶族文化的记忆逐渐淡化，于是便谐音将"皇瑶"改为"黄姚"。

但从史料所载看，最早记载黄姚地名的史书是明代广西巡抚杨芳所纂的《殿粤要纂》，在书中他称黄姚营为"黄窑营"。无独有偶，清康熙十五年（1676年），广东名士屈大均游历黄姚所写的绝句《自秧家至黄窑道中所见》也称黄姚为黄窑。因此，至迟到康熙时期，仍仅见"黄窑"地名。直到乾隆年间，"黄窑"之名才被"黄姚"代替。而且"黄窑"与"黄姚"所指的意义还不完全相同。在史载中，"黄窑"仅指黄窑营，它既是军事机构黄窑小营的代名词，也是黄窑小营所在地的地名。"黄窑"所指代的区域其范围并不大，仅指真武山脚，即今新兴街、中兴街及牛腩寨这一片黄姚小营所在的区域。至于为什么称这里为"黄窑"，目前暂无准确史证。但从地名本身的词义推测，估计"黄窑"之地曾经设有窑口，即砖瓦窑、石灰窑、炭窑或陶瓷窑。

从乾隆开始，无论是《昭平县志》还是碑刻都已经有"黄姚"这个地名出现。如《乾隆二十一年（1756年）立严禁真武山碑》中就有"盖黄姚之东，有名山为号曰真武"的记载。又如民国版的昭平县志也引用乾隆版的县志称："小营，在宁化里黄姚埠。"[80]从这些早期关于"黄姚"的记载中不难看出，"黄姚"地名从一开始出现即是指代"黄姚埠"，这个黄姚埠的东边界线应到达真武山。

---

[80] 〔民国〕《广西省昭平县志》，中国方志丛书第21号，成文出版社1966年影印，第56页。

# 四、开埠之后黄姚地区的民族人口变化

连年的社会动荡使得昭平及府江沿岸瑶族要么纳户入籍，接受县府管理，成为民人；要么外迁，转移到云南、贵州、交趾和海南等地。迁往交趾的瑶族，发现那里不仅政策相对宽松，而且有肥美土地可耕，纷纷给家乡传寄信歌，邀请更多的人迁出贺州。八步区民委干部邓元东收录的《瑶歌品汇》中有瑶歌诉说了迁到交趾的好处：一是买盐便宜："交趾地头细盐贱，一两银钱无数斤。"二是土肥地美，耕种有余粮，不愁饥饿："交趾地头向东口，九冬十月也无霜。也无青霜也无雪，一年四季见花行。辣椒年年树不死，匾姜薯芋不收归。交趾地头本当好，不忧冻着不忧饥。人话交趾山头好，可然得见好青山，一年耕种二年吃。"[81]该书收录的另一首信歌《交趾山头多广阔》中叙述了瑶族想要迁出贺州的原因是官府腐败，难住难安："一片乌云四边慌，大朝众偶共商量。齐共商量了，渐了就离乡。得见大朝官反烂，十分难住又难安。出路无盘费，也着走交趾。"歌中对交趾的好处也作了描述："一片乌云四边宽，齐齐定下万言山。又住猛洞山头好，竹瓦盖屋好安居。修山斩岭种禾熟，收禾收得万和千，一世不愁忆，三仓未了四仓添。寄书传报大朝偶，齐到交趾世不忧。乌鸦飞来郎寄信，燕子飞来郎寄言。寄信传报大朝偶，齐到交趾好过年。"

大量瑶族人口转籍为民人和外迁使得黄姚地区瑶族人口急剧下降。到明代万历时，整个昭平地区除了特别偏僻的深山老林还有零星瑶族分布外，其他绝大多数地方的瑶族已经绝迹。《夷情志》称："自府江洗甲之后，（到万历晚年，瑶族）几无遗种。"[82]而前来屯田的壮族人口则急剧增长。曾经主要是瑶族人口的黄姚地区变成了主要是民人和壮人分布区。清代乾隆十五年（1750年）黄姚举人林作楫称："宁化里（辖黄姚）民壮杂处，民居其二，壮居其一焉。固无瑶人与苗人、狼人也。"[83]说明明末清初黄姚地区已罕有瑶人，而壮族人口则约占黄姚地区人口总数的30%。在瑶族大量外迁的同时，一些汉人则开始从珠三角地区迁入黄姚。据黄姚古氏族谱记载，迁入黄姚的第一批古氏先祖

---

[81]　昭平县富罗公社瑶山大队磨刀冲社员陈贵应1964年手抄本瑶族信歌《交趾国上寄歌回》，邓元东：《瑶歌品汇》，香港天马出版有限公司2012年10月第一版。

[82]　〔明〕柯寿恺：《夷情志》，民国《昭平县志》卷7，《中国方志丛书》第1390册，第194页。

[83]　〔民国〕《夷民部·瑶壮》，民国《昭平县志》卷7，《中国方志丛书》第1390册，第192页。

人数较多，至今仍有姓名可查的共有古含真、古泰真、古直我、古灿我、古明我、古国一、古汝波七人。他们于明末清初的天启至顺治年间由广东新会古劳村迁入。

　　尽管黄姚地区的瑶族人口已经大量外迁，但黄姚地区至今依然保留有一些瑶族文化的痕迹。黄姚街和周边的一些村寨，至今仍然像瑶族一样，有过"盘王节"的习俗。今黄姚镇潮江村的"山儿脚"地名也是从原地名"山瑶角"演变过来的。山儿角村的唐氏村民在追寻族谱时甚至发现，他们与富川县的唐氏瑶族同源。

# 五、明代黄姚埠经济社会情况

黄姚街的最早开埠首领是李道清。昭平县水岩村的李氏族谱载，李道清，字寿生，原籍广东阳山县，明隆庆年间为广西平乐府衙教头。明万历三年（1575年），为镇压黎天龙起事，他回乡招募阳山族人、亲戚及结拜义弟黎宗远等2000多人，揭榜参战。五年后动荡平定，因军功获分封五指山（今界塘村五指山）一带的水塘田地，并在水岩寨屯兵开垦，还被封为黄姚小营的千户，成为当地炙手可热的人物。民国《昭平县志》也说："李道清，关区水岩村人。与黎宗远相友善。万历初，匪首黎天龙啸聚党类于五指山之岩峒，屡为民患。道清与宗远同心协力，集团防剿，历年余始勘定。之后，嗣念其功，塑像奉祀于振都祠。"[84] 他的这种强势有助于黄姚地区的稳定，因此他受到当地人的拥戴，后人们甚至在黄姚街建立"安乐寺"祭祀他："安乐寺，在黄姚街中，清顺治间建。先是瑶壮猖獗，千户李道清等率官兵讨平之，遂立此祠，故名安乐。"[85]

此外，在平定黎天龙之战中的其他有功人员也在黄姚得到了屯垦的土地。如总兵张之勋被分到今春甫村一带屯垦，成为这里的张姓开基祖。今黄姚镇杨村的冯姓和黎姓、崩江村的潘姓和巩桥村的周姓等家族，其先祖也是因为得到分封的田地才落籍黄姚。今昭平县马江镇的东坪、凤立、罗望等壮族村寨，都是明代在黄姚地区屯田的官兵后裔。特殊的地形地貌让黄姚在昭平县的九个半里中有着利于农业发展的优势。黄姚南面是大桂山群峰，包括昭平县境的五岭山、浪伞山、五点梅花山、状元山、五马山、三县顶、仰天头、罗岭等山体，山峰海拔大都在500米以上，这些山脉在昭平县境全长73公里。西部是从钟山县伸入的都庞岭余脉，包括仙殿顶、碗山、棕帽顶、东潭岭、三托楼、香炉岭、鱼赛岭、旱螺潮露岭、梅花岭、观牛顶、斑鱼岭、大脑山、四方山、铅山、石柱顶、横冲顶、大石顶、古对顶、九十九顶等山体。这一片山区海拔更高，多在700米以上。黄姚恰好位于南部和西部两大山系交汇的山麓裙边，虽为喀斯特岩溶地带，但海拔较低，多在200米以下，有较多的洼地可供发展农业。

黄姚还有较好的区位优势，它东与昭平县凤凰乡、平桂区公会镇毗邻；西与昭平县走马乡相依，西南距县城70公里；北与钟山县同古镇、清塘镇接壤；

---

[84] 〔民国〕《广西省昭平县志》，中国方志丛书第21号，成文出版社1966年影印，第137页。

[85] 〔民国〕《昭平县志》，《中国方志丛书》第1390册，第42页。

南与昭平县樟木林乡、富罗镇交界。从黄姚街出发,向西走陆路经接米岭、马鞍山可到昭平县城。今昭平县的凤凰、樟木林,平桂区的公会、大平、水口,钟山县的同古、珊瑚、凤翔等乡镇通往昭平县的道路都必须途经黄姚;黄姚南面和西面等地包括今昭平县走马、庇江、九龙、北陀、富罗、马江等乡镇都是大山,这些地区的山地居民下山向北往钟山、向东往平桂区、八步区和贺州市等地,也必须以黄姚街为集散地。这些陆上通道使得黄姚地区成为昭平县东北地区的交通枢纽。

此外,富群江还为黄姚街带来较好的水上交通。贯穿黄姚街的姚江往南注入富群江。富群江在马江渡口汇入桂江后,西北上溯可至广西桂林,东南下行可达广东首府广州。黄姚是富群江上游第一个商埠。新中国成立初期,在桂江上跑船的船工中流行一首《桂江行船歌》,歌中描述了从梧州经昭平到桂林的航程和地名:"梧州开船大沥口,一蓬长缆到三塘……吴城北去深龙舞,榄水砂冲尽属昭。大漓千年见大滩,马江水口入黄姚……"说明富群江水道上转运货物的上游目的地就是黄姚。也正因为水上交通的便利,公会、大平、水口、同古、凤翔、凤凰、樟木、珊瑚、黄姚等黄姚古镇周边乡镇通过富群江实施交易的货物也都先在黄姚街集散。万历年间广西巡抚杨芳在《殿粤要纂》中称:"盖马江上通埠头村庄,贩鱼盐,以易麻絮。今方议榷税资饷,则此江所关重矣。然道路连亘崎岖,人烟屏绝,不设屯兵,何以便商市往来。由马鞍山度米岭以达思勤江,乃排民输赋至县城必经者,其岭道巉岏,极目窅黢,不可以无备也。"[86]杨芳所述的马江水路上游埠头就包括黄姚,而其所述的马鞍山度米岭达思勤江的排民输赋通道始点也是黄姚,因而黄姚是接米岭陆上通道和马江水道的交汇点。强化对黄姚埠的建设和管理,能在水路上帮助昭平县控制马江水道的鱼盐和麻絮贸易,获得榷税资饷。在陆路上方便排民将税赋运至昭平县城。

开埠成功为黄姚的后续发展带来了史无前例的契机。小营驻兵和文化里的设立,强化了明朝对黄姚地区的军事和行政管理,使得府江征瑶战事所带来的持续近二百年动乱在黄姚逐渐进入尾声。明末,除零星的小规模战事之外,黄姚地区的社会稳定逐渐恢复,人们开始专注于发展生产。为了有利于战后瑶区的恢复,明朝官府原来严厉限制甚至禁止进入瑶山的铁器、大米、食盐、布匹等物资逐渐开禁,鼓励刚刚恢复平稳的地区"各设圩市,招致诸徭,贾易货

---

[86] 〔明〕杨芳:《殿粤要纂》卷2《昭平县图说》,广西民族出版社,1993年,第234页。

物，一月二举。"[87]这恰好促使黄姚充分发挥其地缘和交通优势，成为昭平县东北地区进入瑶山的物资集散地。而且，明代昭平县官府还鼓励黄姚地区兴办义学，发展教育。明万历年间的富户朱承松就积极捐献学田帮助昭平和黄姚办学，直到民国，黄姚盘古村仍保留有朱承松所捐学田，每年可收租银一百二十元。[88]长期的战乱曾经使得黄姚地区大量土地无人耕种。开埠之后，官府又开始招人屯田，按田亩定赋税。通过募兵屯田，官府的税收也有了增加。万历四十四年（1616年）的昭平知县柯寿恺就说："招之开垦，乐耕输租，已四十年矣。"[89]

开埠之后，黄姚的城镇建设也日新月异。中新街、龙畔街、平秀街等街区在明末都已经建好。每一条街都建有一座社坛作为本街居民祭祀社稷的公共场所。所以，保存至今的一些黄姚碑刻就记载，中新街和新兴街的东社[90]、平秀街的西宁社[91]、龙畔街的兴宁祠[92]全部建成于明代。今仍然居住黄姚的古氏其族谱亦记载，明朝天启年间，古氏第一批先祖从广东新会迁入黄姚后，即在隔江山下筑墙建立茶山根、山根、云庄根等三寨，这三寨用一条石板街连接，后来就形成了龙畔街。目前已有资料显示，龙畔街、平秀街、中兴街是黄姚古镇内三条最早的街区。此外，黄姚古镇两座最大的庙宇宝珠观[93]、文明阁[94]和连通中区与东区的桥梁带龙桥[95]等建筑物和构筑物也都在明代修建成功。

[87]　〔明〕田汝成：《炎徼纪闻》卷2。

[88]　〔民国〕《广西省昭平县志》，中国方志丛书第21号，成文出版社1966年影印，第73页。

[89]　〔明〕柯寿恺：《夷情志》，民国《昭平县志》卷7，《中国方志丛书》第1390册，第194页。

[90]　《光绪三十二年(1906年)重修东社见龙祠碑》，碑存见龙祠。

[91]　《西苑李挺然作重修西宁社序》，民国《广西省昭平县志》，中国方志丛书第21号，成文出版社1966年影印，第214页。

[92]　《道光二十三年(1843年)重建兴宁庙碑》，碑存兴宁庙友月亭。

[93]　《道光八年(1828年)吴志修宝珠观捐田碑》，碑存宝珠观。

[94]　《道光庚子年（1840年)黄可学撰重建文明阁碑》，碑存文明阁。

[95]　〔明〕柯寿恺：《夷情志》，民国《昭平县志》卷7，《中国方志丛书》第1390册，第194页。

# 六、明代晚期屯田制度在黄姚地区引发的社会矛盾

府江战事之后，官府大量招募人员前往黄姚屯田。在这些受募而来的屯垦人员中，其一是壮人。至清初，壮户已占黄姚地区人口总数的40%以上。乾隆二十五年（1760年）恩贡生潘文成描述当时黄姚南部文化里的情况是："文化里离城二百二十五里，前属王化未及。至万历六年（1578年）始征平伏，一里分为十排，丈田定赋，招壮耕输。 一、二、三、四、五、十排为邻省迁居之民开户立籍。 六、七、八、九排系平伏招抚之壮人开户立籍。文化一里而有六民四壮之说，其此之谓也乎。"[96]壮族人口在明末清初的大量增加，使得壮族文化在今黄姚地区的民俗之中仍有流传。如黄姚街最重要的节日有正月初一、三月三、七月十四。其中正月初一最重要的活动为游鱼龙，三月三为北帝出游，七月十四是鬼节。鬼节这天，家家户户做柚子灯放到河里，祈求"鬼"保佑民众平安。这些活动都具有浓厚的"壮人"色彩。其二是邻省移民。但这些前来屯田的邻省民户不局限于与贺州相邻的湖南、广东等两省，事实上全国各地都有。黄姚街《麦氏族谱》在叙述其先祖源流时就说："我始祖世居南京苏州，当奉调由南入粤剿平余寇。随征后代竟分居于南海、东莞、顺德各县立籍。未久，西江流域及四川等地苗寇作乱，必华公奉调四川，必达公出发西江，复回西江立籍。纪传等四代其中，散聚亦难详解。传至智德公，籍在东隅头，又传至应海公，以后林运公，由下帅而至贺县桂岭，在必龙州中至洞，后至鸭窝立籍。"[97]说明黄姚麦氏是从西江流域某地迁贺县，然后再迁黄姚。北陀《吴氏家谱》称："明万历年间，粤西昭平之北陀移民梗化，上命陈龙崖率师剿之。事平，招良民承垦。我麒麟公奉叔祖命选北陀可安。"[98]北陀镇位于黄姚镇的南部，吴氏来自福建，既然北陀有湘粤之外的福建籍屯兵，则黄姚也会有来自湘粤之外其他省份的屯兵。

受招而来的屯民其所屯之田来源战事平息后的无主田。《万历武功录》记载，万历元年（1573年）朝廷曾"题准广西清出瑶壮占据田土。除平乐、荔浦、永安原系民田，拨还耕种，办纳赋役外，其余俱拨令立土司，募兵领种。

[96] 〔民国〕《昭平县志》卷7《夷民部·瑶壮》，《中国方志丛书》第1390册，第1952页。

[97] 黄姚《麦氏族谱》，手抄本。

[98] 北陀《吴氏家谱》，油印本，第10页。

每兵给田十亩，其大小头目酌量加添，三年后方行升科，每亩止征米三升，一应差役悉行"[99]。招徕的屯田人员像军士一样被统一纳入军籍，通称"军户""军"。由于军户以壮族人口为主，也称壮户。他们不得出籍为民户，成为自耕农。也不得买受土地，只能世袭屯兵。子弟还不能参加科举考试。军户不能纳入地方户籍管理，主要由土司管辖。土司是领受某一地区屯垦土地的总负责人，土司所受的土地按其招来屯丁的人数拨付。由于不同地方的荒田数量各不相同，各地土司所领到的屯土多寡也不相同。有的每名屯丁可得十亩，有的则可获得四十亩。如是，土司属下的头目还可以按照级别适当增加配额。郭应聘在隆庆六年（1572年）的《善后疏》中提道："两岸三峒，核贼遗田四十万亩有奇……各令土司屯种。人给田四十亩，兵领加有差。"[100]

屯兵一般以三分的人员守营，七分的人员屯种。也有按二八、一九、四六、中半等比例来分配的。屯兵有时需要换防，由于管理不善，先驻屯兵在把所耕之田移给继驻屯兵时，有的会将屯田变更到自己名下。也有的会将屯田偷卖一部分，导致继屯之兵无田可耕。[101]即使是有田可耕，屯兵所得的待遇也较差，所屯之田不归所耕之兵，所有屯田收获全部由土司支配。一人月俸仅有银二钱五分。[102]

屯田制度虽然一定程度上使得荒芜的土地得到开发，社会暂趋平稳。但随着时间推移，壮户后代不停繁衍，家庭人口不断增多，由于不能买受土地，壮户家庭仅靠屯田月俸是无法生存的，于是就只能批租民户的田地耕种。明代官府向民户收取每亩土地税仅三升，即30斤米（谷）。而民户田主向租地耕种的壮户所收取的租额是每亩100斤米（谷）。如此，作为田主的民户每亩可从承租者处获得70斤米（谷）的实际利差。这种盘剥导致民户与承租户之间的矛盾始终无法消除。承租户一直想方设法规避交租，造成包括黄姚在内的整个昭平地区诉讼不断。明万历末年，昭平县令柯寿恺在其修撰的《昭平县志》中记录了一个案例："黄姜水村有壮人王朝章者，先附吴天恩户下纳粮，续告出户自纳。（吴天恩）不知王朝章原实有壮田者也……韦公信欲援为例，纠合群蛮将所佃三排民田认为己产，陈告立户办粮。不知万历廿六年大征之后，已奉抚按履亩踏勘，民田还民，壮田还壮，册籍炳据，而三排实系民田，且各有壮人

---

[99]　〔明〕瞿九思：《万历武功录》卷2《广西》，《中国野史集成》第26册，巴蜀书社，2000年，第176页。

[100]　〔明〕郭应聘：《府江善后议》，〔清〕汪森：《粤西文载》卷8《奏疏十一首》，第211页。

[101]　〔清〕胡醇仁：《平乐府志》卷27《屯田》，第13页至15页。

[102]　〔清〕胡醇仁：《平乐府志》卷26《营制》，第20页。

租契可查，并建县时黄册昭然，则壮人之占民田了然矣。乃前任署知府不知何故，断应纳钱粮民壮各纳一年，而更以凌轹等字加杖良民，于是奸人得志，告扰不休矣……"[103]在官府判决承租者必须向民户交租时，一些壮户甚至通过向桂林靖藩纳租的办法来求得庇护。桂林的靖江王府权势大，地方官府无法处置王府。在王府支持下，昭平各地有更多的承租户不仅拒交田租，甚至还直接把所租来的土地据为己有。出租土地的民户一方面收不到地租，另一方面由于明代田亩税按造册登记的田地征收，所以还得帮承租户向官府交纳田税。民户不服，反复告状，但遭到王府打压，甚至有民户冤毙狱中。以至于昭平生员王承聘不得不进京告御状。雍正《广西通志》载：崇祯十年（1637年），"昭平生员王承聘进京上疏崇祯皇帝，状告壮占民田"[104]。王承聘在给崇祯皇帝的状纸中写道："崇祯五年，蠹棍唐绍尧等复派佃银三千余两，连结叠诳，具照前案审断。突遭署印知府抚夷同知王重纲听义宾子何东凤过付银二千两，大翻前案，断为壮田，陷臣等五载不得粒租，而知县照册追粮……又伙陈公法等叠派银三千余两，厚贿何东凤银一千两，假称投献捏侵膳租，贿串典仪潘学文不行。启明世子殿下，肆行狐假，称为膳田，灭没版籍四十户。且执臣与生员姚炳虞、何朝鼎等淹禁半载，致生员朝鼎毙狱……伏乞皇上敕下户部备查膳册，敕下该抚按备查县册，或归田膳册，豁三百石之赔粮；或归县册，定数百年之版籍。"[105]王承聘通过状告署印知府抚夷同知王重纲与桂林靖江王府典仪潘学文，间接起诉靖江王长子朱亨嘉。朱亨嘉推责昭平知县甘文奎："知县甘文奎受王承聘等贿，嘱不收壮户纳粮，并将藩府典仪潘学文从役侯八当场殴毙，现停棺该县。"[106]他污蔑知县甘文奎收受王承聘贿赂，不让壮户纳税改为民户，以维护王承聘的利益。甘文奎予不愿背锅，申辩道："夫自设昭县以来，六十三年之黄册并无壮户也，即自平乐立府以来二百七十余年亦无壮户也。既无壮户，安得收粮？ 则是有县以来原无收壮粮之官，而敢自卑一人始乎？"[107]甘文奎认为，自昭平设县以来，就不允许壮户改为民户。因此，昭平官府从来也就没有收缴壮户的税收。自己不收壮粮只是秉公守则，而不是收受贿赂维护个别人的私利。最后，崇祯皇帝判决："奉旨断田归王承聘等。王重

---

[103] 〔明〕柯寿恺：《夷情志》，民国《昭平县志》卷7，《中国方志丛书》第1390册，第194页。

[104][106][107] 〔雍正〕《广西通志》卷 83《卓行》，《景印文渊阁四库全书》第566册，台湾商务印书馆，1983 年版，第 406 页。

[105] 〔民国〕《昭平县志》卷 7《夷民部·瑶壮》，《中国方志丛书》第1390 册，第195页。

纲同知拿问。壮人韦公信等十六名各发边卫，永远充军。典仪潘学文、藩甥何东凤等分别治罪。靖藩亨嘉长子降旨贬斥。"[108]

当壮户向民户租田成为黄姚地区土地垦耕的一种普遍局势时，黄姚地区的民众就出现了两个阶层。其中，上层是出租土地的土司与民户，底层是批租土地的军户也即是壮户与佃户。屯田的壮户期望转变身份成为自由民，让所屯之田成为个人财产，除向官府交纳租赋外，不需要另向土司输租。于是经济矛盾中又往往交织有民壮之间的阶层矛盾。但他们的这些要求得不到政策支持，开埠后的黄姚地区局势依然动荡。万历二十六年（1598年），黄姚南边的北陀壮人首领黄朝田与把总曾唯发生冲突："黄朝田，北陀抚壮也。万历二十六年（1598年），副使林廷升出巡。适把总曾唯与朝田有隙，中以蜚语，遂下朝田于狱。其部数千人，率中怀不安，遂鼓噪围城。"[109]本来是壮户土司与官府把总之间的私人矛盾，最终却演变成了壮户与民户之间的社会矛盾，造成大规模冲突，随后引发昭平地区大规模社会动荡。黄姚镇界塘村五指山的黎天龙也借机再次率部起事。明朝廷在平定这次黎天龙的事变之后，调集俍兵于万历二十六年（1598年）在黄姚的北边即今钟山县同古镇特设"土龙"巡检司。黄姚镇界塘村峰门北的接官坪古道就是连接土龙巡检司（治今钟山县同古镇）与黄姚小营的通道。土龙巡检司下辖骑龙、丁狗、鸭公、松柏、高粱五营。这条古道现存总长6000米，宽约0.8米，多以片石或鹅卵石铺砌。

---

[108] 〔雍正〕《广西通志》卷83《卓行》，《景印文渊阁四库全书》第566册，台湾商务印书馆，1983年版，第406页。

[109] 〔嘉庆〕《广西通志》卷203《前事略二十四》，第5384页。

# 七、清朝早期的政策改革与黄姚的快速发展

明末清初，改朝换代的战争使得较多难民涌入包括黄姚在内的民族地区避难，甚至在桂林的明朝权贵和南明遗臣亦是如此。因为当时的广西首府在桂林，而昭平距桂林不远，又有水路可达，当清兵攻陷桂林后，这些人员便纷纷由桂江水路进入。《南疆逸史》就记载，南明重臣何腾蛟和瞿式耜的幕宾严玮在何、瞿失陷后，便隐身昭平壮洞。[110]还有《小腆纪传》[111]也记载，瞿式耜的幕僚刘远生、刘湘客等人亦隐于贺州瑶洞。

## （一）清朝康熙改革

康熙十三年（1674年）至十八年（1679年）间，定南王孔有德之婿孙延龄响应吴三桂在广西叛乱，黄姚再次陷入战乱。[112]吴三桂战事平息后，清政府即行改革，一方面下令承认民户所取得的土地，并开始对土地和人口重新登记入籍。宣布免除一切杂派和"三饷"[113]，永不加赋。康熙三十三年（1694年）甚至出台政策，蠲免广西地区民户应纳粮税。如此，民户对土地的拥有权不仅获得清朝官府的重新认证，负担也减轻了许多。

康熙免征粮赋政策的终端获利人只是有田户。但有田户在出租土地时，并没有因此而减轻向承租户收取的租金。实质上，承租户在此项改革中并未获利，于是承租户纷纷抗租，引发系列田产纠纷案。《昭平县志》记载："康熙三十三年蠲免民粮。有壮人许灵官等遂称既恩免租，亦应免抗不输租。昭平里三、八、十排民萧洪元、何汉昆等随赴督抚呈告，蒙断壮佃民田，每工追租一百斤，与民收领，结案。"康熙四十四年（1705年）又有"壮人韦应元、闭扶福等复在各宪呈告，遁称既已免粮，民户不应收足租，一百斤止愿三七称输。时何汉昆亦将租佃户不交足租的情由逞诉平乐府。戴锦审明断定，壮不得隐民之租。其壮人抗欠者仰昭平县杨一漳追给"。

为了彻底解决广西等地壮户不能享受朝廷免租红利的问题，康熙五十年

---

[110]　〔清〕温睿临：《南疆逸史》卷44。

[111]　〔清〕徐鼒：《小腆纪传》卷32。

[112]　〔民国〕《广西省昭平县志》，中国方志丛书第21号，成文出版社1966年影印，第218页。

[113]　三饷：明末实施的辽饷、剿饷与练饷等三种加派田赋的合称。

（1711年），清廷终于出台政策，允许壮户向官府纳粮立籍，成为民人，而且壮田所纳税赋不仅大大低于民田，还低于官租田。按《昭平县志》记载："上等官田每亩征银九厘，科米五升三合五勺，征本色米一升六合一勺九抄零，征折米三升七合三勺，每石折银五钱正。上等民田每亩征银九厘，科米五升三合五勺，每石征四差银六钱七分零二毫零，补征鱼胶生铜银七厘三毫，补征翎毛黄麻熟铁银五毫四丝，补垫水脚银五毫五丝，每石折银五钱，内征本色米。上等壮田每亩征银九厘，折色米三升三合五勺，每石征公费四钱折银三钱五分正。"[114]由此可知，壮田不仅被免除官民两田的科米、本色米税，还免除了许多民田杂赋。康熙五十年（1711年）的改革还允许壮户子弟参加科举。《昭平县志》载："奉部行文：各壮人有粮立户，读书应试，使知王化。"[115]这些改革受到广大壮户的热烈拥护，明代以来民壮之间的土地矛盾也得以彻底解决，黄姚地区更趋平稳。

康熙还十分注重发展民族地区的教育。康熙四十一年（1702年），"定义学·小学之制"，五十一年（1712年）又着"令各省府州县多立义学，聚集孤寒，延师教读"。义学也称"义塾"，是用官款、地方公款或地租设立的对贫寒子弟实行免费启蒙教育的小学。可由官民义捐创立，也可由官府创建，还可以个人单独私设。学生年龄在六岁至十一岁之间，学习读书写字。甚至还将教育发展快慢当作考量地方官员政绩的重要指标。义学制度的出台推动了清代全国义学的快速发展。"义学初由京师五城各立一所，后各省府州县多所设立。教孤寒生童或苗、蛮、黎、瑶子弟秀异者，规制简陋。"[116]清康熙昭平县令钱洮丰在执行办学政策方面的力度较大，他亲自组织在黄姚设立西宁社社学，延请良师教习民众之弟。使得黄姚地区"凡民之秀者多所成就，时人比之文翁云"[117]。在此背景下，黄姚地区的私塾逐渐兴起，其中黄姚街廪生林廷干在今樟林村的穿岩中开办私塾尤为成功，史载："林廷干，博学能文章，尤工音韵。为诸生试，辄冠军。生平好诱掖后进，时文、宁、招三里人鲜知学，干振臂疾呼，而士之出其门者皆彬彬有文雅风，旧俗为之一变。"[118]

---

[114]　〔民国〕《广西省昭平县志》，中国方志丛书第21号，成文出版社1966年影印，第91页。

[115]　〔雍正〕《广西通志》卷83《卓行》，《景印文渊阁四库全书》第566册，台湾商务印书馆，1983年版，第406页。

[116]　〔民国〕赵尔巽等：《清史稿》卷705。

[117]　〔民国〕《广西省昭平县志》，中国方志丛书第21号，成文出版社1966年影印，第110页。

[118]　〔民国〕《广西省昭平县志》，中国方志丛书第21号，成文出版社1966年影印，第143页。

## （二）清朝康熙至嘉庆年间黄姚的鼎盛发展

从明朝正统年广西瑶变开始到清康熙二十年（1681年）平定三藩之乱，经过近200年的战争，整个广西都像黄姚一样，人口大量减少，土地大量丢荒，各种资源的开发亟需人力、资金和技术的投入。而广东经过长期的稳定发展和广州十三行外贸的带动，已经积累了雄厚的人力、财力和技术，需要向外拓展市场。巨大的需求互补，使得黄姚地区先后出现清初和清代中晚期两次大规模广东移民的迁入潮流。

### 1. 黄姚人口民族成分的改变

明代晚期，黄姚地区人口的民族成分主要是壮人和民人。到了清代的康熙、乾隆时期，随着大批广东新移民的到来，黄姚的壮人和民人有了新的定义。清代乾隆时期的黄姚举人林作楫说："宁化里民壮杂处，壮为土著，余皆来自粤东。" [119] 说明康乾时期的黄姚人已经把明代以来一直在黄姚居住的人口统称为壮人，而把新从粤东迁来的人口称为民人。

广东移民的到来，改变了黄姚地区的语言结构。黄姚原来主要流行壮语，到清初之后，黄姚街上开始流行街话。黄姚街外的村寨则主要流行阳山话、连滩话和客家话。阳山话源于广东阳山县，连滩话源于广东郁南县，街话源于广东南海。街话又称鹤山话，由于这支移民更多地居住在黄姚街上，于是他们的方言便被重新冠名为街话。

清朝广东向黄姚移民共分两个阶段。其中清初到康熙年间为第一阶段。迁入的人群主要使用广府粤语，即阳山话、连滩话和街话，只有极少部分是客家人。今黄姚共有莫、古、劳、吴、林、梁、黄、郭、叶九大宗族。其中莫姓的鼎元公支、古姓的天佑公支、梁氏、劳氏、林氏、郭氏六个家族都是清顺治年间从广东南海、高明等广府语分布区迁来。仅吴氏和叶氏二姓分别由福建和广东梅州两个客家语地区迁入。这些新移民进入黄姚街后，黄姚街居民的家族组成发生了较大变化。原先的许多居民，如伍、宋、宾等姓开始搬离黄姚街，导致如今黄姚街上已没有伍、宋、宾等姓氏的居民。第二阶段是乾隆及其之后的清代中晚期。这时期迁入的移民主要是讲"哎话"的客家人。当时，广东客家地区人口呈爆炸式增长，客家人与本地人之间因土地问题时常发生大规模械

[119] 〔民国〕《广西省昭平县志》，中国方志丛书第21号，成文出版社1966年影印，第185页。

斗。为了稳定广东形势，清廷鼓励客家人向广西移民。受政策支持，这时期广东客家人迁入贺州者络绎于途。立于见龙祠中的《道光十年（1830年）祠亭碑》记载，"自新兴、带龙一截，居住客民，派属一甲。"说明至迟到道光年间，黄姚新兴街和带龙桥以北地区，客家人建立有聚落点。立于金德街的《道光十三年（1833年）集福门黄姚九甲山场碑》也记载："诚恐土客杂处，日久湮没。"说明金德街等地黄姚九甲片区是本地人和客家人的混居地区。

客家人来到黄姚主要从事农田耕种。清代道光之后黄姚的商业有了较大的发展，受产业结构调整的影响，到清代咸丰之后，客家人逐渐搬出黄姚街，分散到圩镇附近的村寨居住。至今黄姚周边仍分布有大量的客家村寨。客家人来到之后，最好的土地已被本地人占有，但原住民的耕作方式比较粗犷，更多采用刀耕火种方式。而客家人擅长精耕细作，其生产技术大大优于原住民。故此客家人所到之处常常是客人进而原住民退。黄姚镇南面的樟木林乡义塘村清初杂居着赵、钱、黎、吴、莫、龙、全、梁、曹、唐诸姓原住民。叶姓客家人于清朝乾隆六年（1741年）前后从粤迁入，自此土著各姓渐减。如今，当地基本上都是叶姓客家人。

清朝嘉庆至道光年间继续推行改革。一是继续推进改土归流。由于康熙五十年（1711年）以来，壮瑶各族人口均可通过纳税成为民户，此时土司已经得不到土丁拥护。清朝的改土归流工作推进得很是顺利，没有引发一丝社会动乱，嘉庆年间，昭平县的玉洞、联安、古站等地的盘氏瑶族开始接受流官管理。到道光前后，土司制度已在黄姚周边完全消失。二是设立理瑶行署，用行政机构代替明代以来的抚夷同知这一军事加行政机构管理民族事务。理瑶行署并不一定设于府治所在地，管辖范围也不仅限于本府，可根据实际跨府而治。清道光十四年（1834年），移平乐理苗通判至钟山专司瑶族、苗族、壮族等方面的民族事务管理。黄姚地区的壮瑶等民族事务亦交由钟山理苗通判官辖。

## 2. 黄姚经济发展成就

康熙至乾隆时期的励精图治，使得黄姚从清代乾隆到道光早期出现一个发展高峰期，取得了不俗成就。

### （1）黄姚产业品牌快速形成

黄姚地区有许多得天独厚的资源，得益于广东移民带来的资金和技术，至迟在清代乾隆时期就已经形成了一系列的品牌产业。其中，黄皮糖、佛手柑蜜饯等特产加工名闻华南；石灰烧制业全昭平最优。黄姚地区是喀斯特石山分布区，有大量的石灰岩可供石灰烧造。《昭平县志》载，关平两区石山多，可烧灰，色甚白。可粉墙，砌砖，粪田亦优[120]；棉花出产大宗。黄姚地区的花田多沙泥土，特别适合棉花种植，不仅所产花朵肥大，而且绒头较厚，织制衣被温暖如火，销路最远[121]；榨油业繁荣。黄姚为石山地区，地底多溶洞暗河，土不藏水，田土干旱，不适合发展水田生产。但适合黑豆、黄豆、玉米、花生、棉花、红薯、高粱、茶籽、油桐等耐旱作物的种植。当时的市场对油料需求旺盛，为此，黄姚地区出现了许多油榨作坊。花生油、茶油、桐油、桐麸、花生麸、茶麸等都是大宗出产，商人以此获利不少[122]；豆制业兴旺。黄姚地区的地下河水、井泉水特别适合豆腐、腐竹、腐乳、豆豉等制品的生产加工，出产的豆腐特别嫩滑，豆豉则特别香软。

黄姚腐竹

---

[120]　〔民国〕《广西省昭平县志》，中国方志丛书第21号，成文出版社1966年影印，第182页。

[121]　〔民国〕《广西省昭平县志》，中国方志丛书第21号，成文出版社1966年影印，第181页。

[122]　〔民国〕《广西省昭平县志》，中国方志丛书第21号，成文出版社1966年影印，第185页。

黄姚镇巩桥下白村从湾冲朱泉中汲水制作的豆腐[123]，黄姚街民从石泉中取水制作的豆豉都是远近闻名的特产。特别是黄姚豆豉更是驰名中外。昭平县志载："豆豉以邑东黄姚街之出品为最得地道，因其炊浸洗豆时俱利用宝珠江水，故制成豆豉透心柔软，无核，香甜异味，物质精良，名驰中外，诚特产也。"[124]黄姚豆豉以黑豆为原料，豆豉业的发展带动了今黄姚、公会、同古、界塘及贺县、钟山、昭平三县附近乡村的黑豆种植。《昭平县志》说："黑豆，色黑，《本草》云滋肾，制豆豉以之。豆豉为黄姚特产，远近驰名，他处制者远不及"[125]；从康熙前后起，黄姚还出现了一批知名的豆豉产销业店铺，如古国一经营的"连记"，古明我经营的"绵记"，莫氏经营的"立记"，郭家的"恒珍"，林家的"明昌"等。豆豉厂的老板既是屋主、铺主，也是制作师傅，还要负责采购、销售等业务。他们的商铺和厂房都在带龙坊（即鲤鱼街）。

黄姚豆豉

[123] 〔民国〕《广西省昭平县志》，中国方志丛书第21号，成文出版社1966年影印，第34页。

[124] 〔民国〕《广西省昭平县志》，中国方志丛书第21号，成文出版社1966年影印，第182页。

[125] 〔民国〕《广西省昭平县志》，中国方志丛书第21号，成文出版社1966年影印，第167页。

这时期，黄姚的黄精加工业也是声名卓著。黄精是一种药用植物，食味甜，能温中补血。黄姚也适宜旱地作物黄精的种植。《昭平县志》称："黄精，以关区黄姚出产最出良，其制法先将山姜洗净置于锅内，用宝珠江水煮以终日，捞起，晒稍干，再用木甑蒸，九蒸九晒，故称九制黄精。"[126]

### （2）交通和灌溉等基础设施条件持续改善

康熙之前，同古、黄姚、巩桥、樟木林去往昭平县城一定要翻越铜鼓岭出邬家、东坪到西坪或上船或继续走陆路。铜鼓岭道路险峻，还有老虎出没。康熙五十八年（1719年），浙江贡生钱兆沣出任昭平县令。他带头捐俸，首倡开修接米岭险路30多里。黄姚地区的文化、宁化、招贤等三里到昭平县城的交通得到极大改善。三里之民往昭平县城输送租赋方便了许多。[127]乾隆年间，人们再次集资，开修马鞍山道路，使之北与接米岭相接，南与黄姚街相连。"（马鞍山）在黄姚街北，绵亘数里。岭南为宁化里，岭北则上五都凤律洞。三里赴县者必经此，乾隆十六年（1751年）修路。"[128]到道光年间，昭平知县徐士珩又再次集资重修接米岭道路，历数年改造黄姚马鞍山到西坪路段，将泥路改造成石级。[129]新中国成立后，随着黄姚至昭平县城公路的开通，如今这条古道已全部荒毁。仅在凤律村马鞍山上保存一段徐士珩倡修的石阶路，长约25米，由青石块铺设，拾级而上，当地群众也称之为百步梯。

到乾隆时期，天马山下的峡谷和木兰庙前的宝珠江也都建起了水坝。河里的水位被抬高之后，许多曾经的旱地因为能够引水灌溉而成了水田。古镇中因为开挖石材而形成的两个水坑在街民古赐碧的带领下，也被改造成了蓄水灌溉的水坝。还在水坝中建水碓。古赐碧，名锡华，号赐碧。因为这个大坝是他建的，于是人们就以他的号来命名水坝，称为"赐碧坝"。在黄姚街民的粤语方言中"坝"谐音"碑"，"赐碧"谐音"四八"，于是"赐壁坝"也称"四八碑"。天然街接龙楼的外联是"门近接龙水流四八，桥横走马景足西南"。其中的"四八"即指"四八碑"。这座水坝位于吴家祠堂之前，因为地处黄姚古镇的南面，如今又称"南塘"。

---

[126] 〔民国〕《广西省昭平县志》，中国方志丛书第21号，成文出版社1966年影印，第182页。

[127] 〔民国〕《昭平县志》卷2《舆地部·山》，《中国方志丛书》第1390册，第27页。

[128] 〔民国〕《广西省昭平县志》，中国方志丛书第21号，成文出版社1966年影印，第27页。

[129] 〔民国〕赵尔巽等：《清史稿》卷705。

已被改造为农趣园的南塘

### （3）商业贸易快速发展

黄姚地处钟山、贺县、昭平三县的交界地带。历史上，这片区域方圆三十公里内曾经长期没有固定集镇。随着清初以来，财力雄厚又善于经商的粤语系客商逐渐进入黄姚街，重点开发圩市，推动了黄姚商业的发展，使黄姚在该地理单元内的商贸交易功能日渐强化。从此，黄姚所担负的主要功能从军事营堡和乡镇级治地转变为贸易圩市。地处富群江上游的黄姚，其商贸业的发展也带动了富群江水上交通的繁荣。当时，人们以富群江中游的砂子街作为黄姚商贸货物对接桂江水路的中转地。把黄姚出产的豆豉、棉花、花生油、桐油、黄精等商品先用人力搬运至砂子，在这里集中装上大船，然后水运南下梧州和珠三角，换回鱼、盐及其他工商品。为此，黄姚还产生了一批被称为"黄姚担"的挑夫。而且，这些以挑货担为谋生职业的人口数量还比较大，按1992年版《昭平县志》记载，成圩于乾隆时期的砂子圩每圩人数可达5000人左右。繁忙的商贸活动使得富群江流域从清代早中期开始就成为昭平县的主要税源地。清乾隆二十四年（1759年），昭平县在富群江与桂江交汇处的马江渡口专设马江税厂。从此之后，富群江一直保持昭平县重要税源地的地位，马江税厂也一直延续到民国十六年（1927年）广西省府通令全省撤销税厂方才结束。

　　到清代嘉庆前后，黄姚的商贸和手工作坊已经门类齐全、体系完备。其中聂家、岑家的木工铺，古家、莫家的铁匠铺，古家[130]、梁家、麦家、莫家[131]、林家[132]、郭家[133]的豆豉厂，古家的中药铺[134]，古家[135]、覃家的染布坊，古家的榨油坊[136]，吴家的首饰银器铺，劳家[137]、郭家[138]的杂货铺和饮食店都是著名商号。此外，银器首饰、布鞋、棕绳木板鞋、布料、农具、服装、乐器、黄精、软糕、黄糖、米粉、红薯粉、木薯粉、豆腐、腐竹、头菜、萝卜干、腌酸菜、酸藠头、酸萝卜等商品在黄姚亦有销售。与此同时，黄姚街还聚集了一批能工巧匠。木匠陈家能制作的桌、椅、台、柜、桶、谷磨、风柜、木盆等家具样式多种，美观实用。沙棠寨的竹编匠人，每天生产制作竹椅、睡篮、菜篮、篓、簸箕、筛、畚箕、箩筐等大大小小的竹器。一批来自湖南的石匠加工石质门窗、柱楚、门槛、石磨、石碓、石狮、石碑等器物，供应房屋建设。郭家、梁家、古家、蒙家的裁缝师四乡六寨的群众都来料加工。阮家、郭家的能工巧匠提供狮子、鱼龙、走马灯等文娱道具的制作服务。

　　黄姚出产的特产也很多，除豆豉外还有酒、酱料和糖饼。其中所酿造的酒类以酒饼米酒、糯米酒为主，还有黄精酒、黑豆酒、金樱子酒、桔梗酒、稔子酒、万寿果酒、枇杷果酒、酸梅酒等杂粮水果酒。酱料类有辣椒酱、豆酱、腐乳和豆豉熬出的豉油。糖饼有姜糖、薄荷糖、冬瓜糖、裂口枣、绿豆饼、米粉饼、莲花框、油炸角、明公饼、麻通（芝麻制品）、云母糕、冬瓜糖、月饼、米花糖、花生糖、芝麻糖等。

　　黄姚的饮食业亦有很大的发展，各饮食铺主要经营河粉、九层糕、葱角、鞋底糍、竹叶包、白糍、芋头糍、油炸糍、油煮角、糖糕糍、艾糍、萝卜糍、剪刀口糍、鸡颈糍、落水狗等小食。

　　通过商业积累财富后，黄姚街民又开始购买土地，有些大户人家每年有

---

[130]　清代中期之前黄姚古家豆豉厂有绵记和连记两个厂铺。

[131]　清代中期之前黄姚莫家豆豉厂是立记铺。

[132]　清代中期之前黄姚林家豆豉厂是明昌铺。

[133]　清代中期之前黄姚郭家豆豉厂是恒珍记。

[134]　清代中期之前黄姚古家中药铺是回春堂。

[135]　清代中期之前黄姚古家染坊是万安号。

[136]　清代中期之前黄姚古家榨油坊分别在白鸽崆和沙棠寨各设一厂。

[137]　清代中期之前黄姚劳家杂货和饮食铺是同记铺和欣如铺。

[138]　清代中期之郭家杂货和饮食铺是有昌铺。

数百亩田用于出租。其中，山根寨（即今龙畔街东端）莫氏家族中每一房都有一间商铺建在安乐街。用经营所得，莫家在燕塘、清塘、界塘、笔头、盘古、罗望、阳洞、六香等地买入上千亩的田土。每到收割季节，这个家族同时使用四十八杆大秤收租。还在英家、燕塘、清塘、同古、凤律、笔头、崩江、盘古等地建有谷仓。古家在潮江、中洞、笔头、盘古、凤律等地也有许多水田。

商业的快速发展，也促使黄姚的街区快速扩大。清朝顺治之前，黄姚古镇中区的街道还只有中兴街、龙畔街、鲤鱼街、平秀街等并不相连的四条街道。从清康熙开始，扩展出金德街、迎秀街、安乐街和天然街。

### （4）人口快速增加

食盐需求增量的快速提升反映黄姚人口的增加。清朝对广西、广东两省的售盐政策是不同的。广东放开市场，允许食盐自由买卖。广西实施配盐制，由官方以县为单位根据需求设定供盐的额度指标。康熙三十二年（1693年）给昭平县的食盐配额是小引365道，每道小引重200斤，合计73000斤。康熙四十八年（1709年），昭平县原有配额已经不能满足需求，于是将贺县富余配额小引568道，富川县富余配额小引115道全部拨归昭平县，使得昭平县的食盐增加了136600斤。从食盐的配额数量推算，从康熙三十二年（1693年）至康熙四十八年（1709年），短短16年的时间里，包括黄姚在内的昭平县人口增加了将近两倍。

### （5）桥梁和庙宇等公共设施得到较大的完善

随着黄姚街民的财富增长，人们已经有能力对街上的基础设施进行提质优化。为此，黄姚古镇内原有的木梁桥纷纷改为石梁桥。其中，雍正间林之梧重修锡拱桥[139]；乾隆二十三年（1758年）乡饮[140]古知先率众将木梁带龙桥改为石拱桥[141]；乾隆五十二年（1787年）开始在吕公社架设三星桥，初为木桥，嘉庆十一年（1806年）易为石拱桥[142]。又由于人口增多，街巷不停向外拓展，为了

---

[139]　〔民国〕《广西省昭平县志》，中国方志丛书第21号，成文出版社1966年影印，第54页。

[140]　乡饮：即乡酒礼的宾介。乡饮酒礼历代为士大夫所遵用，道光二十三年（1843年）废止。

[141]　清代中期之郭家杂货和饮食铺是有昌铺。

[142]　嘉庆十一年（1806年）《鼎建三星桥碑》，碑存黄姚三星桥边。

满足需求，一方面增建了一批桥梁，如乾隆二十年（1755年）新建了兴宁庙前的护龙桥[143]，乾隆四十五年（1780年）增建了黄姚街南的福德桥[144]。由此，由带龙桥连通东区和中区，由护龙桥和福德桥连通西区和中区的黄姚跨江交通工程全面完成。另一方面还对一些桥梁做了拓宽，如双龙桥，乾隆二年（1737年）乡饮古知先等率先筹建佐龙桥，当时仅有一个拱梁。[145]乾隆五十三年（1788年），佐龙桥被拓宽，拥有两个并列的石拱梁，也因为双拱，被人们称为双龙桥。[146]

宝珠观原有规模较小，为满足三月三庙会活动需求，人们将宝珠观从一进扩建到了两进。[147]而且随着黄姚居民积累财富的增多，人们向宝珠观捐献的庙产也不断增多[148]，黄姚已经开始有了供和尚晒稻谷的专用晒坪"和尚坪"。

## 3. 黄姚的文化发展成就

### （1）科举文化的兴盛

清代康熙以来，为了在民族地区发挥儒学的教化功能，出台了系列改革措施支持地方兴办学馆。为此，昭平县府拨出了一批专用土地作为学田，交官办学校收取田租。[149]受益于文化和政策的引领，科举功名者在黄姚有着较高的社会地位，致仕的官员往往被优先选为乡饮之宾。如乾隆十九年（1754年）正月春饮介馔时，黄姚年高的学人古知先就被推荐为昭平县的乡饮大宾参加祭孔。[150]民众的这种尊儒向学之风反过来又成为黄姚发展教育事业的重要推力，使得黄姚民众都尽量支持子弟一心向学，参加科考。黄姚乾隆举人林作楫在描写黄姚的风俗时就说："士读书能文章。"[151]按《昭平县志》记载，就连壮族亦是"壮人名为抚民，今沐教化日久，渐革旧习，有读书游泮而中武举

[143] 〔民国〕《广西省昭平县志》，中国方志丛书第21号，成文出版社1966年影印，第42页。

[144] 〔民国〕《广西省昭平县志》，中国方志丛书第21号，成文出版社1966年影印，第56页。

[145] 清代中期之郭家杂货和饮食铺是有昌铺。

[146] 《乾隆五十三年（1788年）双龙桥桥头碑》，碑存双龙桥南。

[147] 《嘉庆癸酉年即嘉庆十八年（1813年）重建宝珠观准提阁碑记》，碑存宝珠观。

[148] 《嘉庆十九年（1814年）献田碑记》，碑存宝珠观。

[149] 三饷：明末实施的辽饷、剿饷与练饷等三种加派田赋的合称。

[150] 〔明〕田汝成：《炎徼纪闻》卷2。

[151] 〔民国〕《广西省昭平县志》，中国方志丛书第21号，成文出版社1966年影印，第118页。

者"[152]。从康熙开始，黄姚街民不断有人中选贡生，如黎中和、梁广韬、林之梧等。乾隆开始，又不断有人中选举人，如林作楫、黎兰光等。这些科举子弟中榜之后往往成为官员，掌握政权。如林之梧中榜之后任职广西思恩府迁江县（今广西来宾市）教谕[153]，梁广韬任职容县教谕[154]，林作楫出任江西安远县知县[155]。

### （2）地脉体系的形成

黄姚一带地貌复杂多变，山岭、坡地、平地、谷地、河流等各种地貌相互交织，在道家风水理论的影响下，黄姚民绅通过联想地貌、龙及其生活形态之间的关系，赋予不同地形地貌以不同的风水意义，最终形成了黄姚自成体系的地脉文化。这种地脉文化是黄姚民众天人合一思想的重要源泉和理论基础，曾经指导街民保护自然环境、规划工程建设，使得黄姚古镇的历史风貌达到了自然与人文相互协调的理想状态，美化了黄姚人居环境，而且，这种地脉文化还经历了一个变迁的历程。它从明代万历开埠以来即开始兴盛，到清代乾隆年间经过古峻、古齐治、郭中宝、林作楫……一群士人、国学、庠生、贡生和举人的大力弘扬，黄姚街的地脉文化体系在架构上已基本成形。这个体系认为：真武山、金瓶山、酒壶山、旗鼓山、金鸡山、天马山、天堂山、螺峰山（又称螺山）、隔江山、蚌山等山峰是黄姚祥瑞的守护地，宝珠江、小珠江、兴宁河是黄姚的龙脉。要让龙气进入黄姚的街巷给人们降福，就要建带龙桥把龙带入街道，建佐龙桥、接龙桥、见龙桥等桥梁护佑龙脉。为了防止进入古镇的龙气外泄，古镇四周的山岭、山岭上的植被、进入黄姚的溪流，都要受到保护。而要保护环境，第一要务是要控制好项目选址。黄姚人关于建筑选址有一首四句口诀："阳宅需教择地形，背山面水人称心。山有龙来昂秀发，水须环抱作环形。"就是说建房选址要背靠着山，面对着水。背靠山脉就是背靠龙脉，就会人杰地灵，财阜民兴。要保护龙脉和龙的毛发，就不能胡乱开挖山石，不能胡乱砍伐山上的树木。水要合抱是因为水具有"荫地脉、养真气、聚财富"的功效，村旁和街边的溪流如果弯曲合抱，就可以留住财富。反之，如果家门口的

---

[152]　〔民国〕《广西省昭平县志》，中国方志丛书第21号，成文出版社1966年影印，第192页。

[153]　〔民国〕《广西省昭平县志》，中国方志丛书第21号，成文出版社1966年影印，第110页。

[154]　〔民国〕《广西省昭平县志》，中国方志丛书第21号，成文出版社1966年影印，第115页。

[155]　〔民国〕《广西省昭平县志》，中国方志丛书第21号，成文出版社1966年影印，第110页。

溪水是直的，会把财气冲走。因此，河道不能截弯取直，也须保护好。尽管风水之说有迷信成分，但却催生了黄姚人保护山水，敬畏自然的优良传统。乾隆时期的《牛岗坪禁碑》就利用地脉风水作为法理依据，保护环境："窃惟牛岗之坪，原系龙脉风水之所关，又系牧养之地。春来田野遍耕，牛马无寄足之区，籍此地以为抚字之原则。春耕有赖，国赋从出。迩来年湮世远，多有贪利之徒籍耕久为业主，甚而驱逐古冢为平地，以至栽植遍壤，他若忧近要地，无知者在此锄挖，以伤阴阳气脉，目击心伤……今春合议，复立严规，嗣后倘有不遵乡约，仍行侵占，往耕种锄挖、任从牛马践踏餐食，斥辱不得恶言詈骂。如敢逞刁，众议扭禀鸣官，究惩决不徇情。"[156]

黄姚向有崇儒尊学民风，由于受到社会的普遍尊崇，从清代康熙开始，黄姚的一些文化人就已经深度参与黄姚公共事物的管理。在规划建设项目时，这些拥有科举功名的人士特别喜欢用文人特有的审美观来审视项目计划，熟练地把诗词意境和园林造景等艺术手法应用到项目的建设中，最终使得追求审美与讲究地脉成为黄姚城镇建设中的两大核心要求。《乾隆五十年（1785年）文明阁祀田碑》[157]载，乾隆五十年（1785年）黄姚人莫昌祖倡修文明阁，众姓合资向文明阁捐赠祀田，其目的一是让文明阁中的僧徒获得生活来源，以便有人打扫寺庙，即"假祀田不设，则僧徒无由而聚，祀典于何而明？"二是让文明阁成为美景以吸引更多客人来此抒发雅兴："使客玩游于斯，靡不登高作赋，临流咏诗。诚见诗中有画，画中有诗，而名山胜概，宁有穷乎？"说明景观建设是对文明阁修建工程的核心要求。《道光庚子年（1840年）黄可学撰重建文明阁碑》[158]也称："远眺奇峰翠岫，浅濑澄波，厘然在目，飘飘乎恍若置身云霄间也。阁之胜景，至斯而观止矣。若夫楼阁重新，山川生色，所以妥神灵者于斯，所以培风水者亦于斯！"这段碑文对文明阁的建设工程同样强调了美景与风水两大要求。

自从康乾盛世文人将审美纳入黄姚城镇规划及其设计，此后数百年间，地脉与审美这两个设计指标在古镇的建设规划中一直拥有相同的权重。但到了晚清，审美的权重甚至已经逐渐超越地脉。光绪年间，黄姚街的绅民为了保护宝珠观壁背防洪堤的山石，留住黄姚街的美丽，甚至发起了一场关于如何修建

---

[156] 乾隆四十五年(1780年)《牛岗坪禁碑》，碑存宝珠观。

[157] 《乾隆五十年(1785年)文明阁祀田碑》，碑存文明阁首第亭左侧，横宽91厘米，高163厘米。碑额横排右读、剔地阳文；正文竖排右读、阴刻。

[158] 《道光八年（1828年）吴志修宝珠观捐田碑》，碑存宝珠观。

防洪堤的全街大讨论。《光绪二十年（1894年）甲午重修宝珠观壁背并通宝珠山碑》[159]："前贤慎重，恐江水逼近后殿，甃以石，筑以土，而灵迹因之隐伏焉……先乡辈亦虑河涨冲激照墙，因增砌数尺以广余□。时喜谈风水，家遂有填实不美之论，其后不旋踵……然事关祖庙风水，工程甚巨，一误何可再误？"在这篇碑文中，作者描述了宝珠观四周环境之美。并说先人因为风水，曾在庙背的山脚处筑土镶石，防止小珠江冲刷宝珠观墙基。光绪二十年（1894年），又有人想在庙前照壁下增砌数尺宽的防洪堤。但黄姚家家户户都说这些工程填实了山石的丘壑，会导致风景不美，最终使得宝珠观防洪堤工程一误再误。这说明，至迟到光绪年间黄姚人对项目建设中的山水景观保护已经十分重视，宁可不修庙，也要先保护好环境。

## 4. 清代乾隆时期的黄姚民俗

到清代乾隆，黄姚地区的瑶族人口进一步减少，他们主要分布于山区，人口无法统计。壮族人口则进一步增多，达到总人口的40%以上，汉族人口只占50%多。因此，清代乾隆时期，黄姚民风习俗中同时保留有瑶、壮、汉三种风情。

### （1）瑶族风俗

乾隆时期黄姚地区的瑶族以种山为业，多姓盘。每隔三年举办一次盛大的祭祖大会，祭祀共祖盘古神。大会期间，人们会把三年以来所有蓄养的禽畜全部屠宰，用作祭礼。其时，瑶族妇女服饰是头上顶着一块半月形的盖板，帽板前后悬挂五颜六色的珠子。衣服的袖、裾、襟、领等地方都用五色绒线绣花装饰。男子蓄长发，头裹绒绣花帕，并束红带，衣服也如女装加饰有许多五彩图案。每年春节，瑶族会组织歌舞队到昭平县的县堂及各衙门唱山歌，音韵悠扬动听。县令和官员们用彩色绒线、盐、烟等物品奖赏表演队。当时的瑶族婚姻，配偶之间可以是同姓，婚礼较为简单，聘金先交一半，至生育小孩后再交剩下的一半。至于丧葬，则多用火化。[160]

---

[159]　《光绪二十年(1894年)甲午重修宝珠观壁背并通宝珠山碑》，碑存宝珠观。

[160]　〔民国〕《广西省昭平县志》，中国方志丛书第21号，成文出版社1966年影印，第118页。

### （2）壮族风俗

按照黄姚举子林作楫的记载，黄姚壮族的民居建筑较为完备。多为土壁茅檐，也有架木成楼的。凡楼上住人楼下畜兽的木楼，壮语称之为"栏华"，即杆栏式建筑，而且，壮族村外或家庭园落多设竹木藩篱以防盗。壮族也颇好客，但凡有客人到访，不问相识与否，都会酒肉相待。每到秋冬，人们都喜欢围在火炉旁谈天说地，对唱山歌。[161]

壮族比较重视文化，士子们能读书作文。少年男子长至成年，要举办加冠礼。届时，会请亲戚中生子较多、长寿而且富贵者帮助佩戴礼冠。男孩儿在成长过程中如果有巫师说"八字不好""命带魁罡"，父母会为孩子举办跌楼仪式。即父母先为孩子搭建一座高三四丈的木楼，然后请巫师敲打铜鼓，父母带着孩子登上楼台，一跃而下。这种仪式有些像道家的度戒或佛家的剃度礼。[162]壮族婚姻不像汉族有奠雁礼，但不论亲家双方富有程度，只要定亲，男方必须按约定送给女方猪肉，如不履约则无法成亲。每于迎亲前一日，男家担酒肉前往女方家，女家则遍饮亲友。出嫁当天，媒婆前导，新妇手执装饰有彩色琉梳的油纸伞步行前往男家。亲戚接踵而送，男方鼓乐相迎。[163]三日后新郎新娘回外家探亲，外家也用鼓乐相迎。新娘回到娘家探亲要给舅、姑等近亲送鞋子，名曰"贺裔"。对于稍疏远的亲戚，则送手帕、槟榔等。亲戚们回礼的厚薄由各人根据情况自行决定，一般是头钗或手镯。新妇生子百日后，外婆要送婴儿母亲围裙和背带各一条，谐音"带子围群"，以此表达多子多福的祝愿。

每年二月二日、三月三日、六月六日、十月十六日是壮族的重大节日，届时会宰牲具礼，做糍粑祭庙。祭毕，切礼肉分给众人，醉饮而归。黄姚的壮族还分大壮和小壮两个支系，在三月三以乌米饭祭庙的称为大壮，一般都是壮族土司及其后裔。在四月初八才举办祭庙礼的为小壮，一般都是土丁的后裔。[164]春节前，黄姚街的壮胞还要于腊月廿四夜祭灶，称为小年。街外村寨中的壮胞不过小年节，仅于除夕夜举办团年礼。至于元旦和元宵张灯放炮，端午节包角粽、饮菖蒲酒，中秋节赏月等习俗与汉族无异。但乾隆时的黄姚壮族不过冬至节。[165]

---

[161]　〔民国〕《广西省昭平县志》，中国方志丛书第21号，成文出版社1966年影印，第193页。

[162][163]　〔民国〕《广西省昭平县志》，中国方志丛书第21号，成文出版社1966年影印，第118页。

[164]　〔民国〕《广西省昭平县志》，中国方志丛书第21号，成文出版社1966年影印，第118页。

[165]　〔民国〕《广西省昭平县志》，中国方志丛书第21号，成文出版社1966年影印，第143页。

# 八、清道光年间开始黄姚的衰退

清道光晚年，朝廷对地方的控制已经有所减弱，当时设于钟山的理苗通判甚至在昭平县府之外再出台采米法税收条款，要求昭平地区的民众在完成税收之后再向通判厅交纳粮米。县府与通判的双重税收让百姓不堪其苦。政令多出，必造成朝纲混乱，诉讼纷起。黄姚邑庠生莫粹然逼迫无奈，只得领头联合乡绅梁朝鼎共同到抚署力陈其害，最后终于说服抚署通判免除了黄姚的采米款项。[166]

也就是在道光时期，洪秀全在两广客家人中广泛宣传天国思想，富群江流域的客家人开始谋划起事，土客之争在黄姚地区变得日趋激烈。黄姚居民对于人身财富的安全普遍担忧。《道光十三年（1833年）集福门黄姚九甲山场碑》[167]就称，黄姚九甲街民害怕祖产山场会在争讼中产权易手于客民："所有前人永远掌管伙食山场五处，概九甲内樵牧山场，系各姓子孙世守。诚恐土客[168]杂处，日久湮没。"为了自保，民众开始建立帮会。因洪秀全之姓，当时的帮会都把入会称为"归洪"，洪字左偏旁是三点水，故而会党大都冠名为"三点会"。三点会的出现，使得黄姚开始进入帮会与官府共治的时代。《道光十三年（1833年）集福门黄姚九甲山场碑》的碑文在落款时甚至不使用道光年号作为纪年，而是以洪门会的年号"天运癸巳年"署款。

咸丰元年（1851年），洪秀全进攻与昭平相邻的永安县（今梧州市蒙山县）。不久，其部又进发到昭平县仙回乡。同年十月，为了响应太平天国，客家妇女叶天娘、萧群英率领一支队伍在黄姚南部地区的沙子天门岭举旗对抗官军。[169]黄姚马鞍村监生邓思恭便在乡中举办团练，保卫黄姚。他派遣在樟林巡检司（址设黄姚街）任职的三弟邓思朝率领团练直接与叶天娘军对峙。听说清朝大将蒋益沣部已到平乐，又派二弟武生邓思焉抄小道前往求援。[170]随着太平

---

[166]　〔民国〕《广西省昭平县志》，中国方志丛书第21号，成文出版社1966年影印，第142页。

[167]　《道光十三年（1833年）集福门黄姚九甲山场碑》，碑存黄姚古镇金德街集福门遗址旁。

[168]　土客：持广府方言的本地人和持客家方言的客家人。

[169]　〔民国〕《广西省昭平县志》，中国方志丛书第21号，成文出版社1966年影印，第187页。

[170]　〔民国〕《广西省昭平县志》，中国方志丛书第21号，成文出版社1966年影印，第143页。

天国主力退出昭平远征南京，叶天娘的这支队伍很快就平息了。但这次事件却动摇了官府对乡里基层的统治，加剧了黄姚地区的动荡局势。从此，黄姚进入多事之秋。1851年，黄姚龙畔街云庄根的一户加工罾、网、棕绳、麻绳等产业的古姓商户遭土匪洗劫，全家被害。更为甚者，就连昭平县府所收取的税赋都难以完成，同治乙丑年（1865年）知县张秉铨甚至亲自到黄姚收催科捐。

咸丰年间，三点会广东怀集陈金刚部建立了大洪政权。他们越过贺县，先遣在荔浦的首领张高友率部于咸丰七年（1857年）进入昭平、钟山[171]。咸丰八年（1858年），再遣司马陈金亮驻扎黄姚。[172]昭平县木格乡古池村的古今四响应陈金亮，在藤县、木格一带占山自立，队伍有2000余众。为此，清军将领蒋益沣率军于黄姚岩头坪村设立营寨，实施征剿。现如今，岩头营遗址依然保存。[173]大洪政权消弭后，罗老母、黄桂林、莫昌文、马铃哥等人率领的三点会又多次攻占昭平县城。直至民国，黄姚及其昭平的帮会组织仍然强大。[174]

为了对抗会党，加强社区管理，在县令沈芬的倡议下，昭平县府开始兴办团务，设立昭平县团务总局，指导管理全县各地民团。各团区设团务公局。团务总局长官为千总。团区公局及各里团练长官为团总。为此，黄姚片区的宁化里、文化里和招贤里分别办起了各自的民团，并分别推举古绍先、陈懋书，李秉绅为团总。里下的各个村也都办起了民团。黄姚街的古、莫、梁三姓绅民联合起来，亦大举操办团练。[175]这些民团以保护乡里为名，四下捕捉会党。黄姚街邑庠生古传扬于咸丰六年（1856年）六月率团练前往珠投岩征剿会党时，与街民劳绍凌、吴亚秋等一起遭会党袭击至死。[176]黄姚下白村邑庠生李士能也在参加团练行动时身亡。[177]

为求自保，有条件的村寨还纷纷修建城堡。黄姚周边村寨至今仍保留有许多石城，富竹冲的山马巢石城、三元寨的石贡嗉石城、山根村的石寨石城、中洞村的矮山石城等都是在这一背景下修建起来的。这些石城选择石山凹地为城址，以四周陡峭的山壁为城墙，仅在石山豁口处设置人工城墙和多重石门，易守难攻。

[171]　〔民国〕《广西省昭平县志》，中国方志丛书第21号，成文出版社1966年影印，第222页。

[172]　〔民国〕《广西省昭平县志》，中国方志丛书第21号，成文出版社1966年影印，第139页、142页。

[173]　〔民国〕《广西省昭平县志》，中国方志丛书第21号，成文出版社1966年影印，第58页。

[174]　〔民国〕《广西省昭平县志》，中国方志丛书第21号，成文出版社1966年影印，第143页。

[175]　〔民国〕《昭平县志》卷五《人物部》，成文出版社1985年影印，1390册第142页。

[176]　〔民国〕《广西省昭平县志》，中国方志丛书第21号，成文出版社1966年影印，第136页。

[177]　〔民国〕《昭平县志》卷五《人物部》，成文出版社1985年影印，1390册第142页。

中洞村矮山石城城门

正因为黄姚团务办得好，到咸丰末年至同治初年，黄姚岁贡生莫汝功被昭平县令吴国梁选为昭平县团务总局局长，襄办全县团务。由于黄姚三里到处都有会党，百姓该交纳的粮税很难清查实数，当地的一些里胥和豪绅便借机舞弊，胡乱加收税款。同治二年（1863年），莫汝功联合古绍先、陈懋书、李秉绅[178]等禀请县令批准，由民团清丈土地，统计税粮实数。从此，黄姚片区乱收粮款的事件才得以杜绝。[179]

为了方便团务管理，进一步厘清治安责任，清咸丰十一年（1861年）在县令沈芬的主持下，昭平实施行政区划改革。将明代万历以来一直沿用的里级建制改设为团。昭平全县原有的九里半被改为预、备、财、恒、足、关、防、乐、太、平十个团区，原黄姚片区的见龙里、宁化里、文化里和招贤里全部撤销，共同组合成关字区，设治所于黄姚古镇中[180]，黄姚政区管理范围首次扩大。其所辖之地包括了现今的黄姚街、客塘、巩桥、西坪、裕路、白山、宝善（凤凰、营盘、太平、三江）、义洞、界塘、北莱、篁竹、巩桥、潮江等地。

光绪初，樟木巡检分司先迁黄姚街古氏宗祠左厢，后移准提阁。宣统三年（1911年）樟木巡检分司被最后裁撤。

清光绪二十四年（1898年），再次扩大关区管理范围，将上五都的凤律洞、罗孟洞、龙冲、表洞等地由原来的乐区划归关区。[181]至此，关字区的管理范围扩大到东界贺县公会墟，西界走马圩，南界沙子圩，北界钟山铜鼓圩，东西相距四十里，南北距五十里。

关区下设黄姚和西坪二座团务分局。黄姚分局辖十个团：保善、安善、太平、北莱、界塘、永宁、平安、同安、万安、共庆。这时候，被称为土著或本地人的广府人和客家人是黄姚团务分局辖区的主要居民，共有人户3000家。10家1甲，共300甲，合计人口30000余。境内设有圩市5个，其中以巩桥圩最大。西坪分局仅管理一个团，但这个团的面积很大，东西相距35里，南北相距30里。由团局东至黄姚街65里，西至走马圩55里，南至九龙局75里，北至桔芬100

[178]　李秉绅（1799—1887）：清道光间客塘圩太和堂药铺的坐堂医生，下白寨人。下白寨李氏从开基以来，世代从医。李秉绅秉承祖上医德医术，看病不分贫富，多有善举，在地方上有较大号召力。同治七年（1868年），治好昭平知县江正本顽症，获授"名高和缓"匾。不仅参与黄姚公局建设，咸丰六年（1856年）还被推举为招贤里民团忠恕大团团长，带领乡保境安民。

[179]　〔民国〕《广西省昭平县志》，中国方志丛书第21号，成文出版社1966年影印，第139页。

[180]　〔民国〕《广西省昭平县志》，中国方志丛书第21号，成文出版社1966年影印，第24页。

[181]　〔民国〕《广西省昭平县志》，中国方志丛书第21号，成文出版社1966年影印，第85页。

里，有人口848户，共3856人。[182]

清咸丰和光绪对行政区划的调整，扩大了黄姚的政区面积，黄姚由此正式成为昭平县东北的区域中心。黄姚的经济文化和社会在动荡中缓慢发展，仍然取得了一些成绩。

康熙至乾隆时期黄姚商贸的发展惯性使得黄姚的社会发展在嘉庆末年达到了顶峰。商贩请挑夫把特产挑到沙子码头上船，运送到梧州、广州。又从广州、梧州贩回黄姚所缺的物品如生盐、丝绸等。黄姚与周边圩市的联系也日益紧密，今平乐县的源头圩，钟山县的英家、回龙、同古圩，平桂区的公会圩，昭平县的西坪圩等与黄姚都有十分密切的商贸往来。为此，宁化里公局主事为了发展黄姚地方经济，增加税收，筹划在黄姚街东门楼外或大石坪外扩建圩场。但黄姚商绅认为，扩建圩场容易引来不轨之徒抢掠，使得黄姚来往人员复杂化，会加重防匪任务。于是否定了公局主事关于增设圩场的意见。迫不得已，公局官员只好选择在客塘寨开圩。客塘圩的防御力弱，果然遭受多次匪患，客商们都不敢前往赶集。无奈，客塘圩又搬到巩桥桥头。巩桥开圩之后，由于地处交通要道，又更加接近平原地区，圩市迅速旺盛。巩桥圩取得成功后，周边其他的村社也都纷纷办起了圩市。这使得黄姚地区出现一批新的圩场。其中，樟木街于清光绪成圩，每圩约15000人；界塘街于清光绪成圩，每圩约4000人；巩桥街于清宣统成圩，每圩约20000人。圩场的增加，为昭平官府带来新的税源。咸丰时，昭平县在主要商贸集镇对坐商开征营业税，称坐厘。起初只有昭平县城能征收此税。未几，随着圩镇的不断繁荣，坐商店铺不断增多，马江、黄姚两镇亦相继开征坐厘。由此，黄姚片区成为昭平县三大税源地之一。此外，清代同治至光绪年间，黄姚还与县城一起是昭平县祭孔税的两个仅有税源地。其时，昭平县每年举办的文庙祭孔活动其花费都来源于昭平县城和黄姚圩的屠宰税，每年能各收税捐数十个银元，祭孔礼中的祭品也较丰富。到民国后，黄姚屠户捐停缴，昭平县祭孔活动中的许多礼节就被迫降低规模。[183]

周边乡村新兴圩场的建立也分散了黄姚古镇的许多市场资源，从此，黄姚古镇圩场的客商和铺位增速放缓。据黄姚古镇居民各支族谱记载，到光绪年间，黄姚继续营业的老字号和新开商号等坐商总共只有25家，分别是鲤鱼街

[182] 〔民国〕《广西省昭平县志》，中国方志丛书第21号，成文出版社1966年影印，第21页。

[183] 〔民国〕《广西省昭平县志》，中国方志丛书第21号，成文出版社1966年影印，第70页。

莫家的立记[184]，劳家的同记[185]，古家的绵记[186]；金德街郭家的诚珍[187]、苏杭[188]，古家的连记[189]，黄家的继和[190]；寺观巷口劳家的杂货铺；安乐街劳家的顺兴[191]、达三[192]，古家的均泰[193]、回春堂[194]，苏家的悦泰兴[195]，邓林生的友三[196]，郭家的南记[197]、共和[198]、有益[199]，莫家的饮食店、车缝店，梁家的梁福记[200]和梁奕芳银器首饰铺，杨和壁银器首饰铺，梁阿祥与梁植财、梁积金父子的银器首饰铺；大贵巷吴忠璠的银器首饰铺；新兴街梁宗昌的怡安豆豉厂、梁炳辰父子豆豉厂、梁水秀铺号[201]，梁泽洪铺号[202]。从这些商号的分布可知，晚清黄姚街的商业中心是金德街、安乐街和新兴街。

晚清黄姚的科举亦取得不俗成就。通过对黄姚现存碑刻的统计，康熙、雍正、乾隆三朝参与捐款的人员中，有国学、监生、廪生、增生、贡生、举人、庠生等功名的人员共计64人。而道光至光绪年间则增长到86人。而且，对不同姓氏科举功名人员的统计结果还显示，到清代晚期，有子弟获得科举功名的姓氏家族较清代中期有了一定的增长。清代中期的康熙至乾隆，黄姚有子弟取得功名的姓氏只有14个，而清代晚期的道光至光绪，则增加到了19个。

---

[184] 立记：光绪年间莫家立记商铺主营豆豉，兼营黄精、腐乳、豉油。

[185] 同记：杂货铺，经营豆豉、杂货、香烛、腐乳、豉油、典当等。铺在永安门左前方。

[186] 绵记：豆豉产销作坊。

[187] 诚珍：郭诚珍经营的商铺，铺面从劳家买入，经营丝绸、布匹，兼营中药。

[188] 苏杭：黄姚郭家经营丝绸的商铺。

[189] 连记：经营豆豉的商铺。

[190] 继和：经营丝绸、杂货和饮食的商铺。

[191] 顺兴：经营杂货。

[192] 达三：杂货铺。

[193] 均泰：又名“古均泰”，黄姚街古姓人家经营丝绸布庄。门面位于安乐街，从劳家买入。

[194] 回春堂：中药铺。民国时，经营人是古秀彦。黄姚古家具有家传的医药技艺，自清代古忠汉开始创堂，经古绍先、古传琮、古崑生、古振五，致古秀彦，代代治病救人，妙手回春。其中古崑生、古振五两人是昭平名医。

[195] 悦泰兴：主营糖饼的商铺，兼营日杂。从民国23年（1934）开始，又兼营黄姚的邮政代办业务。

[196] 友三：客栈，铺主邓林生。

[197] 南记：杂货铺，由林家转手给郭家，店主郭有朋。

[198] 共和：杂货铺，贩卖特产到梧州，带商品回黄姚。

[199] 有益：杂货铺。

[200] 梁福记：晚清至民国时黄姚街梁姓人家经营的打银铺，位于安乐街。

[201] 梁水秀铺号：经营磨剪刀、补瓷缸。

[202] 梁泽洪铺号：经营碗碟钵的凿字刻花。

晚清黄姚古镇的居民人口约为2000人，但前后有86人拥有科举功名，说明黄姚古镇的科举教育还是比较兴盛的。但由于黄姚士子的科举功名全部在举人以下，能够外出为官的人数并不多。这些士子留在家乡或继续耕读，或办馆教学，或参与家庭经商，又进一步推动了黄姚儒学文化的传播，使得黄姚的儒学氛围格外浓厚。

**康熙至嘉庆黄姚碑刻所载科举功名统计情况（单位：人）**

| 功名＼姓氏 | 黄 | 莫 | 古 | 劳 | 郭 | 李 | 左 | 黎 | 梁 | 杨 | 钟 | 韦 | 陈 | 林 |
|---|---|---|---|---|---|---|---|---|---|---|---|---|---|---|
| 国学 | 1 | 1 | 5 | 2 | 2 | 2 |  |  |  |  |  |  |  |  |
| 庠生 |  | 9 | 10 | 2 | 3 | 1 | 1 | 3 | 4 | 2 | 1 | 1 |  |  |
| 监生 |  |  | 2 |  |  | 1 |  |  |  |  |  |  | 1 |  |
| 增生 |  | 2 |  |  |  |  |  |  |  |  |  |  |  |  |
| 贡生 |  | 3 |  |  |  |  |  |  |  |  |  |  |  |  |
| 举人 |  |  |  |  |  |  |  | 1 |  |  |  |  |  | 1 |
| 廪生 |  | 1 | 1 |  |  |  |  | 1 |  |  |  |  |  |  |
| 合计 | 1 | 16 | 18 | 4 | 5 | 4 | 1 | 4 | 4 | 2 | 1 | 1 | 1 | 1 |
| 共计 | 64 | | | | | | | | | | | | | |
| 所统计的碑刻 | 清康熙四年（1665年）陈定国题"石帘垂碧摩崖"、清康熙四年（1665年）陈定国题《游聚仙岩并跋摩崖》、康熙四年（1665年）陈定国题《枕漱并跋石刻》、清代乾隆年林之梧刻《林廷干遗诗摩崖》、乾隆十三年(1748年)《重修宝珠观碑》、清乾隆二十一年（1756年）《严禁真武山碑》、乾隆二十六年（1761年）《新建西宁台路碑》、乾隆三十年（1765年）文明峡《禁山石碑》、乾隆三十六年（1771年）《修建石跳桥码头碑》、乾隆四十五年(1780年)《牛岗坪禁山碑》、乾隆五十年（1785）《文明阁祀田碑》、乾隆五十三年(1788年)《双龙桥桥头碑》、乾隆五十五年（1790年）《吕公社神位碑》、乾隆五十六年（1791年）立《修文明阁路并跋碑》、乾隆六十年（1795年）《天溪凹禁山碑》、嘉庆十一年（1806年）《鼎建三星桥碑》、嘉庆十一年（1806年）《会龙神碑》、嘉庆十六年（1811年）《重砌珠江石跳碑》、嘉庆十八年（1813年）《重建宝珠观准提阁碑》、嘉庆十九年（1814年）《莫启祥捐宝珠观祀田碑》、嘉庆二十三年戊寅岁（1818年）《重建石台新建社亭碑》。 | | | | | | | | | | | | | |

## 道光至光绪黄姚碑刻所载科举功名统计表（单位：人）

| 功名＼姓氏 | 莫 | 古 | 劳 | 郭 | 李 | 黎 | 梁 | 陈 | 林 | 刘 | 吴 | 董 | 廖 | 陶 | 钱 | 陆 | 邓 | 全 | 罗 | 汤 |
|---|---|---|---|---|---|---|---|---|---|---|---|---|---|---|---|---|---|---|---|---|
| 国学 | 3 | 1 |  | 2 | 1 |  |  |  | 1 | 2 | 1 | 1 | 2 | 1 | 1 |  |  |  |  |  |
| 庠生 | 11 | 3 | 2 | 2 | 3 | 8 | 5 |  | 2 |  |  |  |  |  |  | 1 | 1 | 1 | 1 | 1 |
| 监生 | 2 | 6 | 2 | 3 |  |  | 1 |  |  |  |  |  |  |  |  |  |  |  |  |  |
| 增生 |  |  |  |  |  |  |  |  |  |  |  |  |  | 1 |  |  |  |  |  |  |
| 贡生 | 3 |  |  | 1 | 2 |  |  | 1 |  | 1 |  |  |  | 1 |  |  |  |  |  |  |
| 举人 |  |  |  |  |  |  |  |  |  |  |  |  |  |  |  |  |  |  |  |  |
| 廪生 | 1 | 2 |  |  | 1 |  |  |  | 1 |  |  |  |  | 1 |  |  |  |  |  |  |
| 合计 | 11 | 12 | 4 | 5 | 6 | 10 | 8 | 1 | 4 | 2 | 2 | 1 | 2 | 1 | 1 | 1 | 1 | 1 | 1 | 1 |
| 共计 | 86 | | | | | | | | | | | | | | | | | | | |

**所统计的碑刻**

道光庚子年（1840年）《黄可学撰重建文明阁碑》、道光庚子年（1840年）《陈洪鋆撰重建文明阁新建魁星楼并建亭台碑》、道光二十年（1840年）《墨香斋新尊神相并神龛碑》、道光三十年（1850年）《莫蔼然撰恭和心台招司马原韵碑》、道光三十年（1850年）《招敬常撰登文明阁游记石刻》、同治四年（1865年）张秉铨撰《文明阁五古并序摩崖》、同治庚午年（1870年）《重修文明阁客厅碑》、同治十年（1871年）徐显荣题《文峡碑》、光绪二十五年（1899年）李祖培撰《余五至黄姚碑》、民国五年（1916年）《重阳登高联咏并跋摩崖》、民国七年（1918年）《重修文明阁碑》、民国七年（1918年）《鸢飞鱼跃并跋摩崖》、民国七年（1918年）《小西湖并跋摩崖》、民国二十五年（1936年）何武等人题《蔚然森秀并跋摩崖》、古歧生《文明阁题壁诗摩崖》、道光八年（1828年）吴志修《宝珠观捐田碑》、道光十年（1830年）《祠亭碑》、道光十三年（1833年）《集福门黄姚九甲山场碑》、道光癸卯年（1843年）《重建吕公社碑》、道光二十三年（1843年）《重建兴宁庙碑》、道光二十五年（1845年）徐士珩撰《开修接米岭并马鞍西坪路碑》、道光二十八年（1848年）冬《重建宝珠观照壁石台碑》、光绪二年（1876年）《重修东社见龙祠碑》、光绪十七年（1891年）《重修兴宁庙碑》、光绪二十年(1894年)《重修宝珠观壁背并通宝珠山碑》、光绪二十七年（1901年）《新筑石墙上下闸水闸更楼碑志》、光绪三十二年(1906年)《重修东社见龙祠碑》、光绪三十二年(1906年)《鲤鱼化龙石摩崖碑》、宣统元年（1909年）《寔贴黄姚粮局晓谕碑》、民国十三年(1924年)吴姓《宝珠观捐田碑》、民国十年（1921年）《徐世昌题"竹孝松贞"碑》、民国十年（1921年）内务部发证碑、民国十年（1921年）《大总统褒文碑》《汤德辉祭母宋氏碑》、清光绪三十三年（1907年）《李祖培书小栖霞洞石刻》、清代同治十年（1871年）《叶鹤珊题诗并序碑》、清代光绪十一年（1885年）《叶鹤珊题"小娜嬛"摩崖》《叶炳章题读书岩摩崖》、民国六年（1917年）《谢庆勋题游读书岩摩崖》。

# 九、民国时期的黄姚社会

民国时，黄姚古镇居民都是半商半农。一方面，大多人家都有数亩田地可供自耕，人手不够就请短工。大户人家田土多，就出租田地，以收取地租为家庭收入的主要来源。贫穷人家无自主产权田土，只好租地耕种。另一方面，在耕田之余，大部分街民又都参与经商或开设手工作坊。由于从明代开埠以来，黄姚即已成市，在数百年的历史进程中，黄姚商人也总结了一些经营之道：一是讲究商品质量。二是讲究诚信。三是资金丰厚，可以赊销。但即使到了民国，黄姚商业仍然全为个体经营，各自为政，没有成立行业协会等相关组织。商业出现纠纷，由族长出面协商解决。

| 表一：1934统计的黄姚镇人口状况表[203] | | | | | | | | | | | | | | | | | | | | | | | | |
|---|---|---|---|---|---|---|---|---|---|---|---|---|---|---|---|---|---|---|---|---|---|---|---|---|
| 乡镇 | 村街数 | 甲数 | 户数 | 人口总数 | | 学童 | | 丁壮 | 残疾 | | 现住 | | 他住 | | 职业 | | | | | | 教育程席 | | | | |
| | | | | | | | | | | | 有 | | 无 | | 高等 | | 中等 | | 初等 | | | | | |
| | | 男 | 女 | 男 | 女 | 男 | 女 | | 男 | 女 | 男 | 女 | 男 | 女 | 男 | 女 | 男 | 女 | 男 | 女 | 男 | 女 | 男 | 女 |
| 黄姚 | 8 | 64 | 464 | 1139 | 957 | 145 | 90 | 493 | 3 | 2 | 1052 | 938 | 87 | 19 | 727 | 564 | 41 | 36 | 3 | | 23 | | 734 | 12 |

民国时，昭平县共有三个大区，其中黄姚区管辖县北面的六乡一镇，即樟木林乡、宝善乡、潮江乡、巩桥乡、黄姚镇、界塘乡、西坪乡。黄姚镇之外其他乡镇中的圩市在这个时期发展较快，特别是巩桥圩，已在集市功能方面取代黄姚古镇，成为昭平县北面地区的集市中心。古镇外围的圩市发展起来以后，古镇内一些商家的经营方式也随之发生了变化。此前，商家都是在古镇内经营，或以自家屋场为经营地，或者租用别人的屋场作铺面。现在古镇外的圩市

---

活跃了，古镇内的商家也会到周边各圩去赶集摆摊。例如，每到巩桥圩期，黄姚的昆泰铺、诚珍铺等商号就把丝绸（当地俗称苏杭）、布匹等货物请人挑到巩桥圩摆卖。据1934年出版的《广西各县概况》统计，其时昭平县共有大型圩市9个，其中六个在黄姚区，即巩桥圩、樟木林圩、界塘圩、西坪圩、潮江圩、三江圩。因此从圩场数量反映，黄姚区是当时整个昭平县圩场贸易最为活跃的地区。但从表二中所列赶圩人数看，黄姚古镇每圩只有500人，只能算是中等规模。与巩桥圩每圩二万人相比，黄姚古镇的集市规模显然相去甚远。

| 表二：1934年统计的黄姚古镇圩市状况[204] | | | | | | | | |
|---|---|---|---|---|---|---|---|---|
| 圩别 | 建筑情形 | 户数 | 整洁及卫生 | 圩期 | 赶圩人数 | 交通情形 | 贸易概况 | 主要商品 |
| 黄姚 | 旧式铺户20余间 | 约120户 | 整洁 | 每日夜均开市 | 约500人 | 不便利 | 多系摊贩 | 油盐米菜布匹牲口 |

由于黄姚古镇是大关区的行政中心，黄姚全镇的城镇化水平较其他乡镇要高出许多。从表一可以看到，当时黄姚镇的人口是464户共两千多人，其中约1/4的人口即120户住在古镇内的街上。而巩桥乡在全乡居民多于黄姚镇的情况下，圩场内的住户数却只有三十户多户，其城镇化的人口比例较黄姚低出3倍以上。此外，相对于巩桥圩以游商为主的情况，黄姚街上还有较多经营规模较大的坐商。而且，除黄姚古镇为天天圩外，周边其他各乡镇均为错日圩，其中樟木林圩为三六九，巩桥圩为二五八，潮江圩为一四七，西坪圩为三六九，界塘圩为一四七。因此，到民国时期，黄姚镇仍然保持昭平县经济文化和行政副中心的地位。

民国六年（1917年），广西省府委任徐世铎任钟山县知事，成立钟山县。将昭平县的防、乐二区割隶钟山。[205]昭平县只余预、备、财、恒、足、关、太、平八个区。从此，原属大关区的二五都如同古、珊瑚镇、回龙镇、凤翔镇、石龙镇、清塘镇，上五都的燕塘、英家、清塘、凤律、罗望、表洞、周

---

[204] 《广西各县概况》第3册，1934年，南宁大成印书馆，第46页。

[205] 〔民国〕《广西省昭平县志》，中国方志丛书第21号，成文出版社1966年影印，第24页。

家、龙冲、崩江等地因为划入钟山县，不仅在行政上与昭平县逐渐远离，在经济上也逐渐与黄姚疏离。而且，由于原属黄姚团务分局所辖的凤立、罗望两村割隶钟山后，横亘在关区中间，将关区分割成东西两个部分，增加了关区的管理难度。[206]从昭平县划入钟山的都是水土丰肥之地。从此昭平县除关区为平地外，其余各区均是山地。因此，昭平县的税收就主要来源于昭平县城、马江码头和关区三个地方。而关区的政务公局设于黄姚，从这时起，黄姚在昭平县的权重反而变大，其作为昭平县副中心的地位也继续加强。

与全国一样，民国时的黄姚持续动荡。天灾人祸使得黄姚一批老字号商铺先后倒闭。民国五年（1916年）春，水灾，鲤鱼街和龙畔街临江民宅和商铺倒塌得只剩一间铁匠铺。[207]这年中秋，状元山土匪进入鲤鱼街古家的绵记豆豉厂，将商铺洗劫一空，家中一位老人也被抓了当人质。这家从清代早期开始一直延续200余年的绵记老字号因缺乏投入，经营业绩从此江河日下。到民国七年（1918年），绵记又因家中一位刚过门的梁姓媳妇自杀，被娘家人来"吃人命"[208]，最后被弄得倾家荡产，商号最后只得无奈关停。同时，另一间百业老店莫家立记豆豉厂也因世道变故而无法经营，最终于民国年间倒闭。

尽管发展路上困难重重，但由于近代工业的推动，民国时期的黄姚社会和经济建设仍然缓慢向前。特别在通讯方面，黄姚实现了电讯零的突破。民国二十年（1931年），昭平县在黄姚、五将、马江等地共设三个电话分站，黄姚第一次有了自己的电话站；晚清以来，由于第一次世界大战的缘故，与黄姚相距不远的八步其所产锡矿成为军火工业中的重要原材料，八步产锡成为外贸宠儿。一业兴百业旺，在锡矿业的带动下，八步迅速成为桂东重镇。为了承接八步产业外溢所带来的红利，民国二十三年（1934年），昭平在黄姚添设邮政代办所，让昭平多了一条通往贺县八步的邮路，黄姚的邮递业由此变得便利。[209]

在交通方面，为了加强同相邻各镇的联系，民国时期，修通了黄姚经界塘到钟山同古的道路。至此，黄姚与外界联系的五条通道均已打通。这五条通道分别是：

一、黄姚至珊瑚、凤翔线。它起自黄姚，经北莱、义五、珊瑚岭等地，到达钟山县的珊瑚镇和凤翔镇。

---

[206] 〔民国〕《广西省昭平县志》，中国方志丛书第21号，成文出版社1966年影印，第21页。

[207] 〔民国〕《广西省昭平县志》，中国方志丛书第21号，成文出版社1966年影印，第191页。

[208] 吃人命：一种了结人命纠纷的方式，受害方整个家族每天到施害方家庭问责，并自行使用施害方财物开筵，直到把施害方吃得倾家荡产。

[209] 〔民国〕《广西省昭平县志》，中国方志丛书第21号，成文出版社1966年影印，第51页。

二、黄姚至英家、源头线。它从黄姚起，经由十八山、桔芬、清塘，到达到钟山县的英家镇、平乐县的源头镇。英家和源头在民国时都是农贸物资集散地。康熙前，黄姚商品要运往昭平县城，也可先用人力挑到桔芬上船。然后沿思勤江水路直下昭平。这条线路还可向北经榕津镇、平乐县由陆路去往桂林。

三、黄姚至昭平县城线。康熙前，走山路去昭平，先经表洞、铜鼓岭、邬家、华龙东坪、西坪。然后上船或走山路到达昭平县城。康熙后，经百步梯、凤律大风坳、翻越接米岭出东坪、西坪后走山路或乘船到达昭平县城。

四、黄姚至梧州线。先由人力挑货至潮江，翻越天门岭后到富罗镇沙子码头。或先是人力挑货至巩桥村茶埠，乘小船至富罗镇沙子码头。然后坐大船到马江镇入桂江通往梧州、广州。天门岭是黄姚、樟木、贺县、公会等地通往马江圩的必经之路。历代以来，贺江水位浅、湾多，枯水季行船易触礁。而马江经桂江至梧州的水位深，冬季通航率更高。因此今八步区、平桂区、钟山县、富川县、江华县、江永县等地很多盐商在枯水期都愿意到马江来做贩盐生意。他们通过西江、桂江、富群江运到富罗镇沙子码头，然后雇佣挑夫挑到八步、公会、黄姚、巩桥、英家等地转卖。由于黄姚是富群江上游的中心圩镇，对商贸的综合服务能力在周边最强。挑夫们都会先在黄姚集中，然后再散向各方。

五、黄姚至贺县线，从文洞、太平、公会，一路步行到达沙田，然后步行或乘船到八步或贺县县城贺街。历史上，至少在元代推广急递铺时，黄姚已经是梧州至桂林驿道上的重要节点。元代以来，梧州至桂林急递铺的路线是从梧州出发，经今八步区的铺门、信都、步头、八步等镇后，进入平桂区的沙田、公会两镇，然后转入昭平县的凤凰、黄姚两镇，再由钟山县的英家镇进入平乐县的同安镇直上桂林。特别是在冬季桂江干涸时，桂林至梧州水道不通，这条通道便成为替代干道，担负盐、茶、油料等大宗货物的运输职能。

黄姚商家都主动联络各交通线上的客户，在沿途圩场设立代销点。例如回龙（大卜）、英家、燕塘、清塘、公安（大桥、凤尾）、石龙、凤翔、珊瑚、同古、公会、沙田、黄田、西坪、樟木等圩，老板每季度收货款一次。

因此，民国时期，黄姚的商铺已经走上了从古镇向外扩展的道路，而且行业分工也日趋明显。据各家族谱所载统计，民国早中期黄姚古镇中成行成市的行业共有23种。1944年日军进犯昭平前，黄姚前后共出现作坊及商铺60家。它们分别是：

榨油坊：麦家榨油坊。

砖瓦坊：麦家砖瓦坊[210]。

糖饼店：古传荣、古丁祖、古其林、古录生、阮林在自有房屋开设的铺面，苏家的悦泰兴[211]。

豆豉厂：古家的连记厂[212]、信义厂，林家的明昌[213]厂，梁家的怡安厂，杨家的晋记厂，莫家的"乃昌"厂，麦家厂[214]。

银器首饰铺：天然街郭超群开的聚珍铺，梁家梁福记、梁奕芳、梁积金，古家的古转和[215]。

丝绸布庄：郭家的诚珍[216]、古家的昆泰、黄家的振兴。

杂货店：郭恒珍的有昌、郭泽发的振兴[217]、郭能守[218]和郭能正俩兄弟开的有益、郭能导和郭能光俩兄弟开的共和、林家的明昌[219]、古廷杬的有和、劳家的正记[220]、同记[221]、欣如[222]"，陈家的陈存合，黄家的振记[223]、继合[224]，麦家的有昌[225]，郭献祖杂货店，古鸿志的中安[226]。

车缝店：阮新妹、蒙席松车缝店[227]，梁鸿泳车缝店[228]，兼营染布、衣服。

酒铺：振兴酒铺[229]。

---

[210] 麦家砖瓦坊：从清初开始一直在黄姚的湖南泥水匠、建筑师等最终于民国初年全部撤离。此后为满足市场所需，麦家开始在黄姚开设砖瓦坊。

[211] 悦泰兴：主营糖饼的商铺，兼营日杂。从民国23年（1934）开始，又兼营黄姚的邮政代办业务。

[212] 连记豆豉厂：民国连记豆豉厂的经营者是古传合、古定和、古端和等人。

[213] 明昌：商号位于羊巷，租赁安乐街郭大昌房屋为门面。

[214] 麦家豆豉厂：由麦泳宗父亲创办。

[215] 古传和：兼营杂货和豆腐加工。

[216] 诚珍：郭诚珍经营的商铺，铺面从劳家买入，经营丝绸、布匹，兼营中药。

[217] 振兴：商铺在金德街，由郭泽发租用麦德兴家房屋开店。

[218] 郭能守：曾任黄姚街长，黄姚镇成立后，又出任第一任镇长。

[219] 明昌：商号位于羊巷，租赁安乐街郭大昌房屋为门面。

[220] 正记：主营香纸蜡烛，兼营杂货，豉油。

[221] 同记：杂货铺，经营豆豉、杂货、香烛、腐乳、豉油、典当等。铺在永安门左前方。

[222] 欣如：店主劳作乐，又名劳欣如，是黄姚名医。欣如铺也兼营中医、诊病。

[223] 振记：店主黄振兴。

[224] 继合：店主黄姚继，出售食盐，兼营饮食。相传其在贩盐时，曾在盐包中得到黄金。

[225] 有昌：商铺位于金德街。

[226] 中安：在安乐街。

[227] 阮新妹、蒙席松车缝店：在金德街。

[228] 梁鸿泳车缝店：在安乐街，兼营染布。

[229] 振兴酒铺：店主郭阿伐，店面位于金德街南门。

染坊：万安屋染坊[230]。

货郎担：邓林生[231]、黄五枝[232]、莫有福[233]。

打铁铺：贝朝连[234]打铁铺。

香烛坊：寺观巷张家香烛坊。

理发铺：鲤鱼街三角屋理发铺。

电信：郭能福在镇公所负责电信，带徒弟郭有开、劳昭明。

客栈：林可元客栈、三友客栈。

当铺：岑家估衣店。

补缸摊：梁泽洪补缸摊。

刻瓷摊：梁水秀凿碗摊，主营碗碟凿字。

医药铺：古秀彦的回春堂[235]。

熟食店：郭家熟食店、李家熟食店、黄家熟食店。

手作坊：郭能万工坊，制作棕绳木板鞋、走马灯、狮子、鱼龙、锣鼓、二胡、油纸伞、布伞等。

屠宰铺：莫光凯肉铺、古秩生肉铺、梁培珠肉铺、古胜常铺。

在以上众多的商家中，以梁家、麦家、莫家、郭家四家经营最为成功，成为黄姚的四大家族。民间至今仍然流传"梁家钱，麦家银，莫家谷，郭家屋"的民谚，就是说当时梁家的田租多，蒸尝田所收的租金办祭祖礼时用不完。剩余的钱很多，族内各户每年都可分得丰厚红利。莫家的田地也很多，每年收租超过万担，是广西知名的大户员外。麦家的存银很多，经商往来所用之钱动辄使用托盘来盛装。郭家的房子很大，直至今天，郭家大院仍是黄姚古镇内最豪派的私宅大院。

1944年秋日军进犯桂林，从香港、广东、湖南、桂林等地疏散到黄姚的难民高达7000～8000人，是黄姚街2000多居民总人数的近4倍。人口的剧增，促进了黄姚商业的发展，而且，原隶广西省府的一批企事业单位于同年冬从桂林

[230]　万安屋染坊：在安乐街，坊主古新年、古鹤年、古碧年三兄弟。

[231]　邓林生：除作货郎外，还是友三客栈的店主。

[232]　黄五枝：其货郎担贩售生盐、豆豉、糖饼、红丝线、火柴、儿童、玩具、香烛、纸炮等。

[233]　莫有福：其货郎担贩卖落水狗、鸡颈糍、油炸糍等黄姚小吃。

[234]　贝朝连：客塘人，外号打铁连，租用黄姚古镇东门口莫光凯、莫光文家的"元珍"铺开设铁铺。

[235]　回春堂：中药铺。民国时，经营人是古秀彦。黄姚古家具有家传的医药技艺，自清代古忠汉开始创堂，经古绍先、古传琮、古崑生、古振五，致古秀彦，代代治病救人，妙手回春。其中古崑生、古振五两人是昭平名医。

经昭平县城迁移黄姚，如广西建设印刷厂、桂林文化公司、广西日报社昭平版等。这些近代企业的到来使得黄姚工贸的提升更为快速。例如文化供应社职员沈守忠[236]在黄姚办起了南华书店。香港哥伦比亚电影公司负责人曹泽先生在安乐街租屋开办了"曹泽记"粥店。特别是张锡昌、周匡人、徐寅初等工商人士带领中国工业合作社桂林事务所来到黄姚后，开设工合黄姚联营处，开展农副产品运销业务，更是极大地增加了黄姚的商贸活力。1945年2月，工合组织在黄姚召开桂东工合会议，决定建立桂东工合站，并在八步、黄姚、公会、北陀、钏山设工作点，推销工合产品，促进地方工商合作事业的发展。黄姚的商贸站点在桂东地区得到了很大的扩张。工合组织除了开办商贸点之外，还在黄姚办起了一些实体企业。1945年元月，租用金德街劳景汉的房子办起了万国鞋厂。引导天然街居民郭依祖开办了缝制西装、唐装的服装厂。这次难民的进入，使得黄姚古镇进入有史以来人口最多、商贸最旺盛时期。1945年8月抗战胜利，疏散到黄姚的人员和机构开始大量回撤。至11月左右，已经基本走完。由此，黄姚的工商业又快速枯萎。到1949年新中国成立时，黄姚街的商铺仅在安乐街、金德街两街有集中分布，在迎秀街、鲤鱼街和天然街有零星分布。

黄姚的教育事业在民国时期也有了不少的起色。民国开始倡办新学，一些旧的学馆逐渐关闭。1926年，黄姚镇兴办了第一所高级小学校，租用黄姚街的民房作为校舍。1928年，昭平县同意以黄姚片区交纳的五千元粮赋附加建筑费为资本，将准题阁中的樟木分司衙署旧址改建为学校，同时将黄姚街的朝水庵、宝珠观、锡福庵三座庙观的庙产及屠捐公秤捐、桐茶花生捐等税赋共计一千四百元作为常年的办学经费，支持黄姚高级小学的发展。[237]1945年，从桂林转移来到黄姚的一批文化知名人士如何香凝、千家驹、欧阳予倩等人联合民众，又在黄姚办起了中学，这使得黄姚成为当时昭平县除县城之外唯一拥有中学的乡镇。

到1934年，黄姚因为商业贸易的发展，已经称为街。至1949年，又被升级为集镇。当时全昭平县只有马江、北陀、巩桥、界塘、潮江、樟木林、西坪、走马、仙回等10个圩场，能够称为集镇的却只有昭平县城所在地城厢镇和黄姚镇两地。

---

[236] 沈守忠：浙江绍兴人，年轻时曾在上海商务印书馆任职员。上海沦陷日寇后，疏散到武汉。武汉沦陷后又疏散到桂林。1944年秋，桂林全城大疏散时，经昭平县城于1945年春来到黄姚镇。

[237] 〔民国〕《广西省昭平县志》，中国方志丛书第21号，成文出版社1966年影印，第75页。

# 第四章

# 史料典籍

记载黄姚历史的文献既有《昭平县志》《平乐府志》等已经出版发行的方志，也有诸如石刻、题壁、牌匾、手抄等散落民间的典籍。散落典籍从文章体裁上看有游记、功德记事、楹联、诗歌、村规民约、题字、纪念祭文等多种形制。但无论是哪一种体裁，文中所述的地点、人物和事件都是黄姚某一特定时期的历史细节。基于历史背景的缺失，如不加研究，即使完整抄录，也难能完整呈现文献的核心要义。同样，方志类文献虽然历史上已经条理化编辑，但由于文献年代久远，其所记载的资料有许多原生信息已经丢失，同样需要通过研究来重新补证。为了后续史家研究文便，阅读明了，本章节不仅尽力收集散落的文献资料，也尽力对文献背景加以注解。

# 一、石　刻

黄姚石刻除少部分散布外，其余均集中于文明阁、黄姚老街、樟木村读书岩、笔头村读书岩、隔江山聚仙岩等五个地方。在这些石刻当中，又以昭平县令陈定国于康熙四年（1665年）题写的"枕漱"摩崖时代最早。此后直到民国，黄姚的石刻历朝不断。

体例上，黄姚的石刻碑文可以是诗赋，也可以是文章，还可以仅仅是口号或主题词。

内容上，黄姚石刻共有三个类型：功德碑、游记碑、题字碑。其中游记碑用于记述碑文作者的游览经历。文中大多述及出游原因、游览时间、同游人员、开展的活动及游览过程中所见、所闻、所想，内容大多是对黄姚美景的赞扬。题字碑包括两大部分，其一是地方名人对黄姚美景的称颂；其二是黄姚街绅把外地赞颂景观的佳词名句抄刻于黄姚，用以称颂黄姚景观。功德碑也包括两部分。其一是记述公共工程项目的乐捐功德。此类碑文中大多会记载项目的建设目的、筹捐过程、项目建成后所发挥的作用、乐捐人员姓氏名单及其功名职务等。其二是后人为了怀念先辈而对其良好品德和成就贡献所进行的记述，也可以是对前人所作诗文进行摩崖或刻碑，有的还会针对前人所作的诗歌做进一步的步韵唱和。

历史上黄姚的功德捐款人数量很大，因而刊列捐赠人名单的功德碑也是黄姚存世量最大的一类石刻。之前，人们对功德碑上的名列表关注较少，但实际上名列表包含有巨大的信息量，值得研究。

黄姚功德碑名列表在介绍人员身份时，仅会标注官职、科举功名、乡饮礼宾和他在捐赠活动中所担任的职责，至于其他如士农工商等行业方面的成就一律不加记载。例如文明阁《道光二十年（1840年）立墨香斋新尊神相并神龛碑》所列的捐款事迹："特授昭平县樟木林分司邵安曾捐银八大元"，在这里就特别地标注了捐款人邵安曾的官职头衔："特授昭平县樟木林分司"。再如《清乾隆五十年（1785年）文明阁祀田碑》也有"介宾古齐治钱二千文"的记载，这里就对古齐治在乡饮中的身份"介宾"作了介绍。这一现象说明，明清时期最为黄姚社会所尊尚的人员是官员和科举功名者。在科举功名者中，只要拥有庠生、廪生及其以上身份的就一定标注身份。官员中，不管是虚衔还是实职，只要是拥有正式官品的人，其头衔一定会被特别注明。但里正、甲长等未入官品者其身份则不予标明。

　　介绍乐捐人员在筹捐活动中所担任的职责时，一般的捐款人如是男性，会被标明为"信士"；如是女性则会标明为"信女"。信士、信女在名列表中均排列于组织者之后。组织者的头衔不多。最常见的是"首事"，偶尔也会出现"督理""总理"等称谓。由此可知当时的筹捐活动都会设立一个类似于理事会的组织。理事会可以只有首倡者一人，也可由多名首事或督理人员组成。首倡、首事、督理等人员捐资额度往往较大，以示带头作用。这说明筹捐活动的组织人员均是财力雄厚者。而且有的劝捐活动还分片区开展，在《嘉庆十八年（1813年）重建宝珠观准提阁碑》的乐捐名单中就特别刊列出罗蒙洞、西平、英家三个片区的名字。

　　在捐款名单中还刊列了许多商号铺名。其中最早记载商号的碑刻是《乾隆五十年（1785年）文明阁祀田碑》，其碑文中有"胜友店捐钱五百文"的字样，这使得"胜友店"成为黄姚埠中迄今所知最早的商号。这家商号在乾隆晚期至嘉庆初期较为活跃，它还在兴立"双龙桥桥头碑"时作了捐款；碑刻捐列表所记载的黄姚典押铺始见于道光年间，《道光癸卯重建吕公社碑》说"福寿押"和"怡吉押"两家典押铺向重建吕公社工程作了捐款。由此可知，黄姚古镇的金融典当行业最迟在清代道光时期已经出现；在黄姚功德碑的各个名列表中，以《道光二十五年（1845年）徐士珩撰开修接米岭并马鞍西坪路碑》所载的商号最多，共计30家。其次是《光绪十七年（1891年）重修兴宁庙碑》，所载的商铺是21家。由于开修接米岭的首倡者是昭平县令徐士珩，其号召力和影响力较大，参与捐款的人员和商铺不仅仅限于黄姚古镇。但光绪十七年（1891年）重修兴宁庙的捐款活动全部由黄姚街民参加，其所列商店也全部是黄姚街的商店。由此可知，黄姚街店铺在清代光绪年间超过20家；在捐款名列表中，乾隆五十年（1785年）前的捐款主要使用银两，如《乾隆十三年（1748年）重修珠宝观碑》共记载59名捐款人，除严国谦、张朝统两人捐助铜钱外，其余57人全部捐赠银两。这说明，乾隆中期以前，黄姚主要以银两进行交易。但从乾隆五十年（1785年）后，铜钱在市面上使用的广泛度逐渐超越银两。从此之后，人们绝大部分捐助铜钱。《清乾隆五十年（1785年）文明阁祀田碑》所记载的捐赠事迹中，人们无一例外均捐赠铜钱。捐款名列表还反映，从道光年间开始，银圆逐渐成为黄姚市贸的交易媒介。《道光二十年（1840年）立墨香斋新尊神相并神龛碑》就有"特授昭平县樟木林分司邵安曾捐银八大元"的记载，而且当时流通的元钱除国内自铸者外，还有外国的洋元。《道光二十五年（1845年）徐士珩撰开修接米岭并马鞍西坪路碑》记载，国学刘鼎臣为开修接米岭并马鞍西坪道路项目"捐洋钱四元"。从光绪年间开始，黄姚市贸流通的元钱中出现了"花银"概念。《光绪十七年（1891年）重修兴宁庙碑》载："莫仙山公助花银四大元"。所谓"花银"，就是含银量较高的元钱。晚清开始，广西自铸元钱，称为"西元"，但含银量低，被称为"恶银"。而广东所铸元钱"东元"含银量高，被称为"花银"。因而碑刻所载对晚清广西货币史的研究具有补证作用。

透过碑刻中的捐款名列表还可以知道，清代黄姚社会中妇女的地位相对较低。丈夫在世时，她们不能单独捐资。丈夫去世后，她们虽然可以捐款，但所捐额度较少。而且在碑刻记载她们的信息时，一律不使用真实姓名。她们在碑文上的称呼按"夫姓+己姓+氏"的建名办法构成。而且她们的称呼之后还要特别标注其长子的名字。如《民国七年（1918年）立重修文明阁碑》在记述女性捐款人信息时就写成："古朱氏（一诺母）、莫古氏（同和母）"。如果没有儿子的，这些捐款妇女的称呼之后还必须注名侄子的名字。有些妇女不仅没有子嗣，也没有侄子，这时就要在自己的称名之后写明丈夫兄弟的名字。按《道光二十三年（1843年）重建兴宁庙碑》记载，兴宁庙重建工程完结后，人们举行了庙灯会以示庆祝，当中有一些妇女作了捐款，她们的称谓就被记成"莫古氏（莫秋伯母）、古劳氏（永庆伯母）、古梁氏（永辉伯母）、莫吴氏（莫朋母）、古莫氏（永遂婶）、古莫氏（永行嫂）"。

黄姚石刻对研究黄姚历史具有重要意义。如清代道光二十五年（1845年）曾任昭平县令的庆远府同知徐士珩撰写的《修接米岭并马鞍西坪路碑》，其中准确记载了接米岭通道于康熙年间始修，道光年间续修的时间和通达路线，是研究黄姚与昭平县城之间交通历史时不可或缺的材料。另外，通过不同石刻碑文的互相印证，还可以纠正一些石刻自有的错误。例如，文明阁"鸢飞鱼跃并跋"摩崖，跋中注明该摩崖刻于清代光绪十七年（1891年）之后的"戍午"年。在干支纪年的十个天干中没有"戍"干，"戍午"年不符合干支纪年办法，故而"戍午"年应是谬误。根据《重修文明阁记碑》所载，《鸢飞鱼跃》与文明阁《小西湖碑》刻于同一年，而《小西湖碑》刻于"戊午"年。由此可以推定，"戍午"年可以纠正为"戊午"年。查光绪十七之年后的第一个"戊午"年为民国七年，由此也就可以肯定《鸢飞鱼跃并跋》摩崖刻于民国七年，即1918年。

# （一）文明阁石刻群

文明阁石刻有的以摩崖的形式刻于文明阁所处的天马山石壁之上，有的以碑刻的形式保存于文明阁中，目前能收集到的文明阁石刻共记十八通。这些石刻一是记录了一些黄姚绅士与外地名士的交往情况。二是以诗文的形式赞扬了黄姚古镇及文明阁的绝佳美景。三是记录了黄姚士绅对黄姚风水和地脉文化的认知。四是对清代黄姚古镇周边行政区划的界址关系作了记载，如宁化里与文化里的分界情况。五是记载了清代黄姚地区的一些民俗活动如捐款修庙活动。六是记录了一些特定时期如鸦片战争、太平天国、庚子之战、民国初年等黄姚的社会情况。

## 1. 乾隆三十年（1765年）立文明峡禁山石碑[238]

禁山石碑。文明峡之于螺山也，鼎峙宁文之界[239]。一则两峰耸翠，锁万派之合流；一则中流砥柱，障北风之凛冽。三山[240]之关系二里[241]风水也，岂浅鲜哉？况挖凿之禁，由来久矣。但未竖之以碑，所以是岁有三楚匠人[242]在此误行挖凿。众等抵山勘问缘由，彼直认愆，自甘议罚。因勒石以示禁焉！嗣后不拘来人、本地，敢在此三山採石，罚银三两六钱。不，则鸣官究处。庶几，人人知禁，处处钟灵，是为之约。乾隆三十年岁次乙酉仲夏吉旦。

## 2. 乾隆五十年（1785年）文明阁祀田碑[243]

文明阁祀田碑。文明阁，踞姚水南山之巅，雕甍倚岫，画栋参天。其间奉祀二帝。要非聚以僧徒，晨夕拥彗明洁，殊无以肃观瞻而妥神灵也。然聚僧徒，犹必资乎祀田。假祀田不设，则僧徒无由而聚，祀典于何而明？爰是，莫昌祖等于告竣文明之后，复行倡首，采花酿蜜，议置祀田以为居僧饣食之具，

---

[238]　碑存文明阁，长53厘米，宽75厘米。

[239]　宁文之界：宁化里与文化里的分界。

[240]　三山：黄姚文明峡两侧的天堂山、天马山、螺山。

[241]　二里：指宁化里和文化里。

[242]　三楚匠人：据贺州民间采访资料，明清以来直至民国，包括黄姚在内的贺州民居建设中的石工、木工、泥瓦工等多由来自湖南的匠人完成。

[243]　乾隆四十五年(1780年)《牛岗坪禁碑》，碑存宝珠观。

俾朝夕得以盖祀神明而茶烟不辍。使客玩游于斯，靡不登高作赋、临流咏诗。诚见诗中有画，画中有诗。而名山胜概，宁有穷乎？由是玉盏长明，龙涎高炷；二帝之声灵远播，姚山之毓秀何穷！功德载于珉石，芳名泐于丹台，于是乎序。

首事：古君用助钱二千二百，介宾古齐治钱二千文，邑庠郭中宝助钱一千文，古功溥助钱一千文，冯上满助钱一千文，莫昌祖助钱一千文，古励治助钱一千文，古业丛助钱一千文，邑庠古琛助钱一千文，国学黄色艳助钱一千文，古业舜助钱一千文。

信士：古尔治助钱一千，府庠古知作助钱一千五百文，郭乾宗助钱一千五百文，古达伦助钱一千五百文，古廷治助钱一千二百文，古功汉助钱一千二百文，古游治钱一千二百文，梁慧杨钱一千一百文，莫国显钱一千一百文，林发先、吴翔之、莫定江各助钱一千文，劳胤皆、国学莫廷相、古正伦、古清伦、邑庠古璋各助钱一千文，莫若桂、梁廷栋各助钱八百文，古殿伦钱六百文，吴振翰、古尊治、古杰伦、莫伦口、莫定河、胜友店、梁奇材、梁廷高、梁贤材各助钱五百文，林肇仁、梁任材、古业德、梁美材各助钱五百文，古功烈、古功满、劳胤敬、曾敏秀、梁廷礼、梁樟湖、古业兴、莫若贤、郭朝选、莫国儒、黄禹涧、古能进、古大凌各助钱四百文，古士矩、赵文、古志高、古大展、古宏治、国学古壎、古业尊、古儒、陈世临、梁坤元、古豫治、谭天善、古业廊、劳千显、古龙文、劳福勤、梁本元、古禧各助钱四百文，邹圣典助钱四百文，郭伟芳助钱五百文，古圣伦、古盖治、古业辅、古知忠、古志成、莫宜安、古业冠、萧伯琮、古用治、古业绍、邹成锦、古业芳、古业丰、古俊文、吴子万、郭志伦、古业爵各助钱三百文，吴修贤助钱三百，古思、古良乔、黄口彪、吴写礼、吴焕南、莫廷述、古柏、劳捷辉、古士风各助钱三百文。乾隆五十年岁次乙巳桂月吉旦刊。

## 3.乾隆五十六年[244]（1791年）立修文明阁路并跋碑[245]

古公培自发善心，修文明阁路四十余丈。乾隆五十六年岁次辛亥季冬月吉旦立。

---

[244] 乾隆五十六年（1791年）：这一年是辛亥年。

[245] 碑存文明阁，横长42厘米，竖宽71厘米。碑额有龙云纹，左右两边分饰宝剑纹和经卷纹。

## 4. 道光庚子年（1840年）黄可学[246]撰重建文明阁碑[247]

重建文明阁碑记。尝考县志，昭之凝化里[248]控贺联富，与文化[249]绣壤相错。而层峦叠嶂，山水幽奇，尤首推文明阁焉。阁处黄姚东南方，坐巽向乾[250]，气象开阔，岩壑耸翠，俨若画图。其西北，溪流汇于阁前，漾洄渟蓄，坝渚水深千尺。又有螺峰特峙，介于天塘、天马二山之间，以为关键。故前人建阁于此，洵一方之巨镇也。溯自前明万历年间创辟以来，久经圮废。迨乾隆庚子，古君业乾等始访旧址而重修之，迄今阅六十载矣。风雨飘摇，上下楹桷渐次倾颓。本年诸绅耆概，各方善信，捐资重建。或仍旧而加润饰，或增新以扩规模。亭阁参差，辉映林壑，虽環滁之胜无以过焉。游斯阁者，逶迤曲折，不一而足。甫至山麓，古木参天，繁阴可爱。即新建不夏亭，觉所谓坐茂树以终日，濯清泉以自洁者，彷彿遇之。循是而遁，进为首第门，自右旋左，石径嶙峋，碑碣翼然者，福缘台也。向上逆水者，有声门也。于是拾级徐升，顿觉地势平旷，则栋宇巍峨，焕然又□大观矣。阁后枕青山，正殿数楹，祀文武二帝。盖以钟灵毓秀，瑞启文明，亦藉神之灵爽以锡福于无疆也。左侧出由正门，有天然图画之妙。右侧添建长廊，为游客憩息之区。僧舍厨房，无不具备。四面云山，回环萦绕。于此仰观俯察，凭轩寄咏，得无心旷神怡乎！徘徊驻足，倏转山湾，为步云亭，而魁星楼适建其上焉。复由小径横通左畔，为拔秀亭。远眺奇峰翠岫，浅濑澄波，厘然在目，飘飘乎恍若置身云霄间也。阁之胜景，至斯而观止矣。若夫楼阁重新，山川生色，所以妥神灵者于斯，所以培

---

[246] 黄可学：昭平县附城人，嘉庆十三年（1808年）举人，曾任职广西陆川县教谕。事迹载于成文出版社1966年影印的民国23年版《广西省昭平县志》第115页。

[247] 碑存文明阁。此碑记载黄姚街乡绅莫汝功组织文明阁大修之事，此次重修的碑铭为《道光庚子年（1840年）重建文明阁新建魁星楼并建亭台碑记》，全碑分《重建文明阁碑记》和《墨香斋新尊神相并神龛碑》两部分。《重建文明阁碑记》中又有两篇碑文，分别为昭平举人黄可学与长沙文人陈洪鎭所撰。该碑的捐款名列也分两部分，前为黄姚街民，后为周边村民。后者所涉及村寨共二十个：仁会寨、玉笋山、西坪、石塔墟、白眉山、旺头山、苦竹寨、崩江、新丰寨、古洞、北黎、虎(竹) 寨、茶埠寨、猪头岩、罗望洞、容堂墟、见肚寨、东坪、封门、黄屋社。这些捐款村落与宁化、文化、见龙三里及文明阁游神区域的范围大致重合，黄姚街捐款最多。

[248] 凝化里：即宁化里，明万历四年（1576年）至成丰十一年（1861年）昭平县的一个乡镇，治设于黄姚街。

[249] 文化：即文化里。以文明阁所处的文明峡为界，南为文化里，北为宁化里。

[250] 坐巽向乾：这是勘舆学上所谓八运二十四向中的巽山乾向，即坐正东南向正西北，这个方位代表运旺。

风水者亦于斯！从兹以后，农桑遍植于郊原，商贾安集于圩市。而且清淑之气，筚为人文。将见步蟾宫、题雁塔，必有魁梧杰出、后先辉映而为王国之桢者。则斯阁之建，固凝文里文运之隆替所攸关也。岂第供骚人逸士游览登临而已哉？兹当落成之日，诸绅耆嘱予志其巅末，并列捐输及董事芳名，勒诸石以垂不朽。爰书以为记。戊辰恩科乡进士陆川县教谕黄可学敬撰。

## 5. 道光庚子年（1840年）
### 陈洪鏏撰重建文明阁新建魁星楼并建亭台碑[251]

岁己亥[252]，余以方伯李双圃[253]先生之荐，假馆昭平樟木司分巡检[254]官署，得晤邑宰徐蓉村[255]先生。邑绅莫育亭、司马古述堂明经[256]以黄姚重修文明阁小引[257]见示。其地之名胜，阁之兴废，靡不毕载。庚子秋，余将返长沙，适育亭、述堂邀游。斯阁上祀文昌、关圣帝君像，嘱余作记。余为踌躇辗转而诧异焉！谓其阁之成且速也，籍非乐捐善士鸠庀得人，焉能至此？其所建高广宏厰，丹艧焕然，百废具兴，迥殊旧制。地名天马山，松柏乔木之盛，交荫左右。对峙螺峰，俯流珠涧，小引中之所谓文心墨池者，良不诬也。殿左杰亭署曰"拔秀"；右建楼，上奉奎宿，皆足以培风水焉。则此后人文蔚起，科甲联绵，虽赖帝君默佑之灵，实亦宰官培植之力，用是为邑宰庆，尤为乐捐诸公庆也。是为记。星沙[258]陈洪鏏谨撰，述堂古绍先敬书。

---

[251] 碑存文明阁。

[252] 己亥：道光己亥年，即道光十九年（1839年）。

[253] 李双圃：湖南人，进士，与曾国藩往来甚密。

[254] 樟木司分巡检：至迟在清道光时期，樟木巡检分司已设于黄姚街。当作者陈洪鏏入住樟木林分司时，其巡检官为邵安曾。

[255] 邑宰徐蓉村：昭平县令徐士珩，字蓉村。1845年，徐士珩在其撰写的《修接米岭并马鞍西坪路碑》说到，他曾于撰碑前数年在昭平县任县令。

[256] 司马古述堂明经：古述堂，黄姚街人，字述堂，名绍先，有著作《古述堂诗文集》收藏于桂林市图书馆。咸丰年间三点会进驻黄姚，古绍先在黄姚客塘圩设团务公局维持地方安定。清代主管揖盗的地方官员通称为司马，故而作者昵称古绍先为"司马"。明经，即贡生。按照成文出版社1966年影印的中国方志丛书第21号民国23年版《广西省昭平县志》第139页、142页记载，古绍先是"咸丰十一年（1861年）辛酉科恩贡生。但此石碑记载古绍先在道光二十年（1840年）时已经是贡生。说明县志有误，应改为"道光十一年辛卯科贡生"。

[257] 小引：重修文明阁的规划和设计方案。

[258] 星沙：湖南长沙一地名。

## 6. 道光二十年（1840年）立墨香斋新尊神相并神龛碑[259]

特授昭平县樟木林分司邵安曾捐银八大元，例授儒林郎候选直隶州分州莫蔼然[260]助钱五十三千文，登仕郎莫家珩助钱二十千文，邑痒莫蔚然助钱二十千文，邑痒莫汝功[261]助钱一十二千文，邑痒莫泰然助钱十千九百文。

## 7. 道光三十年（1850年）
## 莫蔼然撰恭和心台招司马[262]原韵[263]碑[264]

恭和心台招司马原韵。幸追骥尾把幽寻，杰阁云封古树深。峭壁刚随人面起，余霞忍向晚钟沉。山逢白传[265]多吟咏，贼遇韩公[266]慑担心。缓带轻裘风未远，几回凭眺快登临。州同莫蔼然[267]。

---

[259]　此碑，是黄姚街民众为新尊神相与神龛捐款的刊名碑，碑存文明阁。

[260]　候选直隶州分州莫蔼然：莫蔼然为黄姚街民，他的功名是候选直隶分州，按照清代职官制度，这个功名是通过捐纳实现的。直隶州指省府所在的府州，分州指直隶州所辖之县。

[261]　莫汝功：字勋臣，黄姚街人，同治十一年岁贡生，咸丰至同治年间曾任昭平县团务总局局长。

[262]　心台招司马：招敬常。他是广东南海溶洲堡(今属佛山)人，原名镜蓉，字心台，进士，曾任京城北城兵马司正指挥、广西龙胜通判。咸丰元年（1851年）任昭平知县，后任平乐府知府。由于清代府县主管兵事的官员通称为司马，故又称司马。

[263]　原韵：招敬常原诗《登文明阁游记》之韵。

[264]　碑存文明阁，长39厘米，宽33厘米。据招敬常撰《登文明阁游记》碑文所载，此碑刊于道光三十年（1850年）。

[265]　白传：清军统带白良栋。1847年，天地会首领广西武宣人胡有禄与其兄胡有福在湖南宁远起事，广西天地会纷纷响应。清道光三十年(1850)，昭平天地会首领叶天娘在富罗镇砂子村起事，清将白良栋与昭平县署典史胡承宪统兵从北陀进剿，平乐府同知招敬常率团从马江前往会剿。

[266]　韩公：与招敬常一起到黄姚一带围剿叶天娘起事队伍的清军韩姓头领。

[267]　州同莫蔼然：州同即直隶分州同知。《道光二十年（1840年）墨香斋新尊神相并神龛碑》《道光二十五年（1845年）开修接米岭并马鞍西坪路碑》均载莫蔼（蔼）然为例授儒林郎、吏部候选直隶州分州，还是候补官员。但到了道光三十年，莫蔼（蔼）然已正式成为"州同"官。

## 8. 道光三十年（1850年）招敬常[268]撰登文明阁游记碑[269]

道光庚戌[270]冬月，因平贼兵[271]，驻黄姚。偕李晏亭三兄、罗应谷大兄同登文明阁，赋此。

文明杰阁耸千寻，古石修篁径转深。禾稼登场民气乐，虎狼探穴贼星沉。溪光照我留真面，岚影娱人识道心。莫怪长官山水癖，征衣未脱且登临。南海招敬常。

## 9. 同治四年（1865年）张秉铨[272]撰文明阁五古[273]并序摩崖[274]

乙丑岁[275]暮春，余来黄姚催科[276]。乡中绅士李公秉绅，梁公广信，劳公锡畴、锡庞二昆仲，林公上清，古公之愚、绍德二昆仲饮余于文明阁。阁在山巅，风景绝胜，时巡检徐公遇春亦在座。聊作五古一篇以酬其情，工拙非所计也，即求诸公郢政。

策策凌冬风，送我上云表。下视府尘寰，倏忽如一鸟。脚踏霄汉低，眼裂峰峦小。怪石耸层岩，奇木杂寒条。一水何潆洄，环抱青山遥。上有最高顶，洞壑深而窈。独立碧云间，飞楼何缥缈（魁星楼）。居人指对山，双箭插天杪。我视象不符，命名殊未晓。独爱入山门，谁题句矫矫。秋高山更清，隽句知者少。摩崖读新书，令我双目瞭。山灵若相迎，幽思奇绵邈。座有乡之人，

---

[268] 招敬常：广东南海溶洲堡(今属佛山)人，原名镜蓉，字心台，进士，曾任京城北城兵马司正指挥、广西龙胜通判。咸丰元年（1851年）任昭平知县，后任平乐府知府。

[269] 碑存文明阁，长85厘米，宽50厘米。

[270] 道光庚戌：即道光三十年（1850年）。这一年，道光去世，咸丰即位，洪秀全发动太平天国起义，兵指昭平邻县蒙山，同时进兵昭平县仙回乡。

[271] 因平贼兵：道光三十年（1850年）十一月，客家人叶天娘、萧琼英为响应太平天国运动和天地会，率领一支农民武装在黄姚南部的富罗镇砂子村天门岭起事。招敬常时任平乐同知，遂提兵赴黄姚征剿。

[272] 张秉铨：清代同治年昭平县知县。

[273] 五古：即五言诗。

[274] 摩崖现存文明阁。碑长82厘米，高66厘米，字径3厘米。

[275] 乙丑岁：同治乙丑年，即同治四年（865年），这段时间张秉铨在昭平县任职。

[276] 催科：催交科捐税赋。咸丰以来，太平天国运动打乱了清官府在黄姚的治理秩序，黄姚先有客家妇女叶天娘领导的天门岭起事，接着怀集县农民武装大洪政权的司马陈金亮又率部入驻黄姚。黄姚民间的会党组织在这段时间也不断增多，社会动荡不已。其时，黄姚的乡、里等基层组织征收粮赋活动难于开展，县令张秉铨只能亲自到黄姚催科。

谈及烽烟扰。有地成石田，无人不饿殍。室庐掳一空，贼复纵原燎。此阁独宛然，完璧仍归赵。言之惨可怜，听者色应愀。劝君且莫哀，太平今已兆。请看兹山高，梢云冠其嶙（山颠□云，瑞云也。郭璞《江赋》谓太平时世）。禾稼占登场，鲂鲡浮在沼。天道有循环，何用劳心悄。世界等沧桑，彭殇齐寿夭。对酒我且歌，开怀超浩渺。临风一长啸，余音尚袅袅。愿此城北公，再尽壶中醪。歌罢兴未阑，下山月出皦。回头望天边，数峰青未了。

## 10. 同治庚午年（1870年）立重修文明阁客厅碑[277]

同治庚午年重修文明阁客厅碑记。本街文明阁鼎建已久，历来屡加修茸，弗能经久不敝。缘阁在半山，树木蓊茸，春夏之交，雨多积水，浸淫土湿，蚁生阁中，画栋雕梁，多被啮蚀。有栋折榱崩之虑，未免目击心怆。本街绅耆父老不忍使蓬瀛兴漏室之嗟，神圣有毁巢之叹，众议捐资修茸。幸乐善如云，众擎易举。鸠工庀材，甫阅月而栋宇依然，轮奂不改，如有神助。签欲纪其事，以见有志者事竟成。商之予，予曰："然"，是为记。候选儒学训导、岁贡生莫汝功谨撰，捐钱一千一百文。钦加州同衔署昭平县樟木分司补用县左堂徐显荣捐钱二千文；古国熙捐钱三千文；区桂樵捐银一两；林国珊、功职郭敬璋、首事古留敬各助钱一千一百文正；□□古一博、监生梁都、功职莫成章、功职林国贤、麦顾蜗、劳必才、监生劳锡锻、覃彩兴、古一国、首事劳锡统、贡生梁广言、职员莫汝伦、林同昌、监生古一良各助钱一千文正；古当忠、莫恒让、郭兰春助钱八百文正；莫成立、古永遂、古信成、莫成国、李毓瑞、古一宁、监生劳锡龄、苏经盛、梁宽吉、岑照记、韩秀琏、梁鸿记、各助钱七百文正；监生郭平春、郭奂春、梁琨、林国俊、古良鉴、蒙章、郭敬谋、古佛英、监生郭敬聪、董斗显、古一松、覃广谋、郭仲春、各助钱六百文；古有成、贡生莫汝霖、莫东昌、黄南、首事古传瓒、古传盛、监生古如箱、监生莫汝昌、古合成、林合兴、莫旷、何善堂、刘锡光、罗奇俊、黄成喜、梁贤寿、黄秀清、各助钱六百文正；古守德、古庆宁、吴祖记、莫成科、梁同盛、莫汉芬、古如文、吴忠蕃、莫正春、莫党、郭仁、吴中华、助钱五百文；古士交、劳秋渚、劳秋光、古□□、阮良文、古孝成、郭德华、莫汝聪、莫汝顺、 古汉、古祥宁、吴子柳、莫纯然、郭长春、古斗成、梁正，各助钱□百文；黄瑞和、古乐成、劳必聚、古恩魁、莫汝弼、莫礼光、莫汝及、林南□、莫其彩、吴声

---

[277] 碑存文明阁，共两通，宽133厘米，高134厘米。

贤、朱隆记、古一三、黄金钱、李绍炫、郭锡吉、梁作贤、梁闰、林明昌[278]、黄远劳、吴有珍各助钱四百文；古传珍、麦□典、古一朗、莫寅春、古一顺、古一匡、莫恒安、阮广聚、郭有春、莫恒宽、古瑞和、梁广模、莫茆春、梁绪、古当茂、古国逊、梁广梅、古赐成、梁广吉、古腾、吴开祥、吴光仁，各助钱四百文；陈怡德、梁广聚、林瀛海、李慎言、陈恒祖、李慎俭、莫意成、陈怡顺、陈月桢、 郭调吉、古万德、莫宏基、黄有传、郭□者、石开运，各助钱四百文；郭少者、古一团、古岳生、劳积记、罗成喜、陈文知、黄庆、萧均、萧品，各助钱四百文；陈襄瓒、莫怀章、古传飞、黄官红、林上□、梁广□各助钱四百文[279]。

## 11. 同治十年（1871年）徐显荣[280]题文峡[281]碑

文峡乃黄姚境内□□胜概也。其间山环水绕，景物清幽，上远而客。祀□文武二帝。画栋雕□□□，公侯略一，凭眺殊□然。阳叙幽□□。□迄今莅任两载，每值重九日，偕□□诸君携□登临为乐萸之会。□人生快意事，兴尽忘返。因□□律云："文明杰阁势参天，携□登临效□□。南座幸逢三益友，重阳畅叙两经□。□山川远胜维摩画，□扬堪□□地□□仙徙倚乍看松抄月□□□□□□□□"。古君约之，和之登高□□□□□□两□□随少尹齐乐□光山□往事□□□鸿书记，当年他乡维笑看，我友此地盟桓也。是仙试倚层□□□□胸襟眼界□□□其也，百句□梁君□□□漫□□山消□永日时随抚尉□□车□番□云□□风洒□□吾车□□□□□任……可诵也。同治辛未□阳□□锡臣徐显荣题序。

## 12. 光绪二十五年（1899年）李祖培[282]撰余五至黄姚摩崖[283]

余五至黄姚，登文明阁者再次，日遍览岩洞诸胜。同游者，侄树枬。时光

[278] 林明昌：晚清黄姚人林平生所经营的明昌铺豆豉厂，位于羊巷，兼营杂货。

[279] 此次文明阁客厅维修捐款人员中以黄姚街居民为主。

[280] 徐显荣：《同治庚午年（1870年）立重修文明阁客厅碑》载，徐显荣于同治八年（1869年）开始在黄姚任职"钦加州同衔署昭平县樟木分司补用县左堂"

[281] 文峡：文明峡，在黄姚古镇南。

[282] 李祖培：昭平县附城（今昭平镇）人，光绪三十三年（1907年）丁酉科由广西平乐府推选为拔贡。

[283] 此石刻长宽各52厘米。楷书阴刻、字径5厘米，字竖排右读，计6行38字。

绪己亥[284]冬。里人李祖培谨记。

## 13. 民国五年（1916年）立重阳登高联咏并跋摩崖[285]

佳节重阳好（臧辰[286]），联吟纪盛游。茱萸头偏插（少海[287]），菊饼味相投。逸事传王孟（方甫[288]），仙缘胜阮刘。山高能避俗（严谷[289]），曲径可通幽。树影迷离动（光庭[290]），晴光掩映浮。一螺横北岸（达民[291]），孤雁过南楼。鸟倦飞仍伏（义甫[292]），云闲去复留。清风来习习（民璨[293]），溪水自悠悠。枫老飘红叶（臧辰），芦丛起白鸥。林深鸦点点（少海），苔静鹿呦呦。妙语通霄汉（方甫），狂歌震斗牛。声闻樵唱晚（严谷），景触客吟秋。寒馨余音嫋（光庭），新诗入望收。夕阳芳草地（达民），红蓼荻苔洲。远岫霞铺锦（义甫），归途月上钩。山林朋友乐（民璨），应不羡封侯（臧辰）。

丙辰[294]重阳日，仿昔贤登高故事，载酒携朋饮于阁上。秋光如画，爽气宜人。倘不拈咏，何伸雅怀？即青山应之笑人也！爰联咏数韵，以纪其胜，庶无贻林涧之媿，并跋。

## 14. 民国七年（1918年）立重修文明阁碑[295]

重修文明阁记。距黄姚街东南隅一二里，有山焉，风景佳绝。乡先辈于

---

[284]　光绪己亥：光绪二十五年（1899年）。

[285]　此摩崖存文明阁，长90厘米，宽89cm，字径4厘米。

[286]　臧辰：莫怀宝，字臧辰，黄姚街庠生，有著作《半个斋诗稿》收藏于桂林图书馆。

[287]　少海：覃邦优（先），字少海，黄姚街人。1966年成文出版社影印的民国23年版《昭平县志》第59页载其为昭平县庠生。

[288]　方甫：梁端章，字方甫，清代光绪十七年（1891年）辛卯科副贡，黄姚街人，敕授文林郎，拣选直隶州州判，未上任，一直在家读书办私塾、研习中医。

[289]　严谷：姓李，字严谷。

[290]　光庭：古岐生，又名光庭，字国桥，古绍堂之孙。清光绪年功赏六品顶戴监生。光绪三十年（1904年），创办黄姚初等小学堂，任校长；清宣统二年（1910年），将黄姚高等小学堂扩展为高等小堂。

[291]　达民：姓李，字达民。

[292]　义甫：姓莫，字义甫，黄姚人，清代光绪秀才。

[293]　民璨：蒙肇基，字民璨。

[294]　丙辰：民国丙辰年，即民国五年（1916年）。

[295]　重修文明阁碑：碑存文明阁，楷书阴刻，宽139厘米，高87厘米，竖排右读。据成文出版社1966年影印的中国方志丛书第21号，民国二十三年版《广西省昭平县志》第213页记载，民国七年（1918年）重修文明阁时，共留下三通石刻，即"重修文明阁记""鸢飞鱼跃并跋""小西湖并序"，三通石刻的跋文和"重修文明阁记"碑文由黄姚名士梁端章撰写。

林麓山腰之际建阁于其上，额之曰"文明"。亭台错落，楼阁参差。山水幽奇，长林荫翳。曲径纡徐，左萦右拂。洩千载之秘，而成一代之伟观者也。迄于今，年湮世远，兴废不常，非复曩时之盛矣！其尚存者则豁然亭、福缘台、魁星楼也。其不存者，则信笔、拔秀、不夏、桂花、步云诸亭也。夫世间无不朽之物，惟修复循环可以维持于不敝。戊午春，风日清美，余与莫藏辰、覃少海、李岩谷、李培芝、莫义普、蒙民楚等因"小西湖""鸢飞鱼跃"之刻，觞会于此。周遭流览，江山无恙，栋宇摧残。睹斯危象，得不怃然？用是，联我同心，慨然倡首。按户签题，大款云集。鸠工庀材，甫阅月而百废俱兴。而又创建山门，所以引人入胜。工竣，泐捐款芳名于石，嘱余为文以记之。或曰："毋庸记"！夫山林朋友之乐，造物不轻予人，殆有甚于荣、名、利、禄也？吾人每当读书，偶暇诗酒狂时，少约朋侪，来此游览，相与流连，风月啸歌，怀抱盖自少而壮百老。每一过焉，乐而不能去，是山林朋友之乐，造物亦既予之，而不使后人知之，可乎？虽然，山林朋友之乐亦视地方之隆替为转移，如或政教凌夷，异端蜂起，贼盗满山，干戈遍地。伤百计之穷蹙，叹民命之倒悬，悲天悯人，方且不暇。而载酒携朋友放浪于山林之间，乐以忘疲，不可得矣，能勿戚歟？而且此阁迭此修复，是修其尚存者。其不存者当留一语以勉后贤，嗣而恢复之，免贻不完不备之憾。又乌可以不记？若夫山云林树、四时烟景，而可以备诗人之登高，寓离骚之极目者。则览者自得之，皆不复道。光绪十七年（1891年）辛卯[296]副贡梁端章撰。民国七年（1918年）岁次戊午吉旦立。

芳甫梁瑞章谨撰，并助钱十千文。总理[297]古岐生助钱十千文。劳猷宽助钱八千文。郭宜记助钱七千文。首事劳猷长助钱七千文。首事梁广崇助钱六千文。首事古昆生助钱六千文。首事梁源深助钱六千文。首事郭均龄助钱六千文。莫允祥助钱陆钱文。张祥益助钱六千文。总理覃邦侁助钱五千文。劳必谨助钱四千文。古国安助钱四千文。首事郭士群助钱四千文。古其隆助钱四千文。古宫贵助钱四千文。劳猷庆助钱三千文。郭杰群助钱三千文。麦慎光助钱三千文。麦恺光助钱三千文。麦情光助钱三千文。刘兴珪助钱三千文。古恰盛助钱二千五百。郭式记助钱二千五百。古贞记助钱二千五百。梁福记[298]助钱二千五百。古均记助钱二千五百。劳绍让助钱二千五百。邓炘记助钱二千五百。首事莫兴京助钱二千文。林国奏助钱二千文。李识荆助钱二千文。

---

[296]　光绪十七年辛卯：光绪十七年(1891年）的辛卯月，即这一年的秋天。

[297]　总理：组织重修文明阁事物的总负责人。

[298]　梁福记：晚清至民国时黄姚街梁姓人家经营的打银铺，位于安乐街。

首事劳孙东助钱二千文。古义和助钱二千文。郭课郎助钱二千文。总理劳绍勇助钱二千文。郭大昌助钱二千文。李寿春助钱二千文。劳孙韩助钱二千文。梁永堂助钱二千文。古均泰[299]助钱二千文。古傅辉、古其能、古一记、劳仍舒各助钱一千四百文。梁作舟、蒙肇基、陈三记各助钱一千二百文。首事莫怀宝、古国端[300]、古傅秀、林上球、梁广锡、莫良智、古其儒、古传序、梁丙辰、莫健春、古一诺、古国强、梁炯记、古傅玉、古广盛、劳绍赐、古宗昶、郭泽芬、古怡聚、梁玉环、劳猷彰、刘彬祥、莫允生、黎稼秋、梁竟行、尚有利、梁积林、张锡雄、吴有悔、汪同心、聂春荣、陈三杰、刘国儒、刘国翰各助钱一千文正。梁式成、林彩和、莫阳生各助钱一百文。莫新辉、郭江龄、郭旦龄、林镜海、郭藉宪、郭冶信、郭缸群、杨戊发、郭念养、劳思明、黄景勇各助钱六百文。古国磅、苏平珍、莫锡项、林定海、莫良仁、莫新绪、林培喜、劳锡魁、林堪海、古开纯、古其的、郭吉龄、劳猷昭、古廷珠、韩源吉、李荣彩、陈存合[301]、莫永纯、劳思承、李泽县、劳童生、杨日见、劳绍新、梁杷海、莫福光、黄五枝、古国经各助钱五百文。古丰年、古国欢、林上足、古傅善、古广逢、莫渭泉、古银瞻、莫金伍、韩伦记、吴光相、古逢春、张锡昌、古河安、梁怡安[302]、古廷基、林偶成、劳仕童、阮怡乐、梁伦章、莫远培、阮连盛、任永祥，各助钱五百文。吴子美、莫金和、宾应安、蒙瑞寄、吴助生、阮连意、郭泽泒、梁式修、韩宝星、黄清和、阮勇、吴大观、刘士利、莫同利、覃运昌、黄宗发、梁永昌各助钱五百文。吴开元助钱七百。梁建章助钱二千文。

前修带龙楼剩钱一十五千文，众议修文明阁。捐钱七千五百文修带龙楼石墙，用钱七千五百文，完。

信童：梁成仙、劳应培，各助钱五百文；郭能广助钱四百；麦业宗助钱五百；古其年、劳秉华，各助钱三百文。信女：古朱氏（一诺母）、莫古氏（同和母）、古□氏（□□母）、莫梁氏（润光母）、郭莫氏（泽民母）、林梁氏（□森母）各助钱五百文；麦古氏（来庆母）、郭古氏（龙咏母）各助钱四百文；古吴氏（太和母）助钱四百；劳莫氏（时好母）、古莫氏（□元母）各助钱三百文。

---

[299]　均泰：又名"古均泰"，黄姚街古姓人家经营丝绸布庄。门面位于安乐街，从劳家买入。

[300]　古国端：清光绪监生。

[301]　陈存合：黄姚街陈家开的"存合铺"，经营杂货。

[302]　梁怡安：民国黄姚怡安豆豉厂经营人。

## 15. 民国七年（1918年）刻鸢飞鱼跃并跋摩崖[303]

民国七年刻鸢飞鱼跃摩崖

　　鸢飞鱼跃[304]。退之。[305]此韩公[306]宰阳山时书也。神奇遒劲，古意盎然。覃君少海[307]见而宝之，用搨以归。人争摹仿，纸贵一时。第未经刻石，恐剥蚀于风霜。戊午春[308]，同人莫君臧辰、义甫，覃君少海，古君洽斋、善斋、小池、光庭，郭君齐之，蒙君民楚，劳君仲云，李生严谷、达民，吾弟平甫、紫阶等列觞于此。酒酣谈妙，异想天开，俯仰上下，随在悟化，机之洋溢。因而发思古之幽情，刻昌黎[309]之遗墨。青山无恙，大笔常新，悬诸终古而不磨矣！后学梁端章[310]敬跋。

　　[303]　此摩崖位于文明阁后天马山石壁上，由主题、落款、题跋三部分组成。长147厘米，宽47厘米。字阴文。主文草书，横排右读，4字，径25厘米；款连体竖提，2字；跋楷书，竖排右读，14行，159字，满行12字，首行12字，尾行7字。

　　[304]　鸢飞鱼跃：此为本摩崖主题，右读横书，行草，阴刻。1397年刊印朱汝珍总纂的《阳山县志》载，"鸢飞鱼跃"原刻于广东省清远市阳山县"韩公钓矶"前，明代被毁，清乾隆四十七年（1782年）阳山县司训何健得韩愈手迹，重新摹刻于阳山县斗山书院。清代覃少海再从斗山书院拓归黄姚，民国七年（1918年）刻于文明阁石壁。"鸢飞鱼跃"语出《诗经·大雅·汗麓》："鸢飞戾天，鱼跃于渊"。后以"鸢飞鱼跃"谓万物各得其所。

　　[305]　退之：韩愈，字退之。此二字竖写草书。

　　[306]　韩公：韩愈。

　　[307]　少海：覃邦侁〔先〕，字少海，黄姚街人。1966年成文出版社影印的民国23年版《昭平县志》第59页载其为昭平县庠生。

　　[308]　戊午春：民国23年版《昭平县志》59页《重修文明阁记碑刻》载，梁端章等人组织题写"鸢飞鱼跃"与重修文明阁同为民国戊午年，即民国七年（1918年），故而"戊午春"当为"戊午春"之误，此摩崖应为民国七年（1918年）所立。

　　[309]　昌黎：韩愈家族的郡望为昌黎县，这里用于指代韩愈。

　　[310]　方甫：梁端章，字方甫，清代光绪十七年（1891年）辛卯科副贡，黄姚街人，教授文林郎，拣选直隶州州判，未上任，一直在家读书办私塾、研习中医。

# 16. 民国七年（1918年）刻小西湖并跋摩崖[311]

小西湖摩崖

　　小西湖。光绪戊寅[312]初秋刘宗标[313]题。刘太史海臣戊寅秋来黄姚访旧，登临到此，因书以羡风景之美，兼志爪泥。迄今阅四十一年，尚属珍藏箧中。同人等偶尔谈及，因出而刻于石，以免湮没云。同人为谁，乃莫怀宝[314]、覃邦佚[315]、梁端章[316]、古昆生[317]、梁源深、古国端[318]、莫兴京、李识荆、郭均龄[319]、蒙肇基[320]、古岐生、李树人、梁作舟、古传玉、劳猷长[321]诸人也。戊

---

[311]　碑存文明阁，长137厘米，宽44厘米。

[312]　光绪戊寅：光绪四年（1878年）。

[313]　刘宗标：字学典，号海臣，清嘉庆二十五年（1820年）生，今贺州市八步区贺街镇双瑞村人。得贺县廪生莫定翔资助，早年在贺街八圣庙塾馆求学。清咸丰八年(1858年)被举拔贡，接着考中举人，任刑部主事，授七品官衔。光绪二年(1876年)丙子恩科考中第68名进士，获授翰林院庶吉士。光绪三年(1877年)丁丑科朝考被钦点为翰林院编修，加授五品官衔。先后出任浙江严州、台州、绍兴和衢州等地知府。清咸丰间，广东怀集农民武装大洪政权攻入贺县，刘宗标母亲、叔婶、兄弟等家人死于乱兵。其本人在京就读免难。其妹逃往黄姚避祸，被黄姚乡绅莫纪云(字缄臣)收养。刘妹成人后莫家又备嫁妆，让她嫁入黄姚街宋家。光绪四年(1878年)秋，任职翰林院编修的刘宗标回乡探亲，到黄姚向莫家谢恩，不仅为莫家题匾"模范长留"，还与一干黄姚乡绅游览文明阁，并题"小西湖"。

[314]　臧辰：莫怀宝，字臧辰，黄姚街庠生，有著作《半个斋诗稿》收藏于桂林图书馆。

[315]　少海：覃邦佚（先），字少海，黄姚街人。1966年成文出版社影印的民国23年版《昭平县志》第59页载其为昭平县庠生。

[316]　方甫：梁端章，字方甫，清代光绪十七年（1891年）辛卯科副贡，黄姚街人，教授文林郎，拣选直隶州州判，未上任，一直在家读书办私塾、研习中医。

[317]　古昆生：黄姚人，清光绪监生，名医。

[318]　古国端：清光绪监生。

[319]　郭均龄，字齐之。

[320]　民楚：蒙肇基，字民楚。

[321]　劳猷长，字仲云。

午[322]春初跋[323]。

## 17. 民国二十五年（1936年）何武等人题蔚然森秀并跋摩崖[324]

蔚然森秀。丙子[325]冬月，承古君振五[326]邀游此地。乃偕梁君楚云、郭君卫邦、黎君灿昌、雁君心田、许君尧昌及碧江，勇为作材，诸位相兴，畅咏于文明古阁。因掇宋贤《醉翁亭》文语，刊石以留鸿爪，藉志风景之杰云。里人剑青何武[327]题。"三次鸿泥印[328]，望论豁眼光。仰观穷碧落，俯瞰咏浪沧。日出层崖峭，春来众卉芳。何时重把酒，高会喜洋洋。"丙子冬梁林鸿。奕堂[329]、七五老人[330]。

## 18. 古岐生立文明阁题壁诗摩崖[331]

风凉水落一天秋，马令[332]于斯快胜游。峭壁横开亭外障，长江曲抱树中楼。嶙峋信笔留鸿爪，咫尺螺峰拥佛头。作育斯文青眼在，满林翘秀豁双眸。述堂古绍先[333]。

---

[322] 戊午：民国戊午年，即民国七年（1918年）。

[323] 此跋文作者应为梁端章。因《鸢飞鱼跃并跋》和《民国七年（1918年）立重修文明阁记》两通石刻均为梁端章所作。而《小西湖》与《鸢飞鱼跃》石刻是同一批人在同一时间内一起立碑。在《小西湖》跋文中，梁端章把自己的名与同游友人一起写入文中，故而这批同游友人全部用名。而《鸢飞鱼跃》和《民国七年（1918年）立重修文明阁记》两篇跋文中，梁端章把自己的名放在了落款处，而把同游友人都写在正文中，为了表达对友人的尊敬，按照当时的书写习惯，正文中的友人都只使用字来称呼，而不用名。

[324] 碑存文明阁，长70厘米、宽75厘米，分上下段，上段由何武题写，下段由梁林鸿即梁楚云题写。

[325] 丙子：民国二十五年（1936年），其时何武闲居昭平。

[326] 古振武：黄姚街人，昭平县名医。

[327] 何武：号剑青，昭平县昭平镇人，清宣统三年（1911年），广西龙州讲武学堂炮科学习，1922年在任李宗仁粤桂边防军第三路第二支队上校司令，1926年，任国民革命军第七军少将参赞，1930年任广西第一游击司令兼灌阳县县长，兵败去职，返昭平闲居。1938年，任平乐区民团副指挥兼抚河游击司令，组织抗日。1939年去世。其旧居现存于昭平县政府内。

[328] 三次鸿泥印：指何武曾分别于1922年、1926年、1930年三次位居要职。

[329] 奕堂：篆书印款。

[330] 七五老人：楷书印款。

[331] 碑存文明阁，长37厘米、宽50厘米，阴刻楷书。

[332] 马令：即后文中的马明府，指昭平县姓马的县令。查昭平县志，嘉庆至道光年间昭平马姓县令仅马康衢一人。

[333] 司马古述堂明经：古述堂，黄姚街人，字述堂，名绍先，有著作《古述堂诗文集》收藏于桂林市图书馆。咸丰年间三点会进驻黄姚，古绍先在黄姚客塘圩设团务公局维持地方安定。清代主管揖盗的地方官员通称为司马，故而作者昵称古绍先为"司马"。明经，即贡生。按照成文出版社1966年影印的中国方志丛书第21号民国23版《广西省昭平县志》第139页、142页记载，古绍先是"咸丰十一年（1861年）辛酉科恩贡生。但此石碑记载古绍先在道光二十年（1840年）时已经是贡生。说明县志有误，应改为"道光十一年辛卯科贡生"。

吾祖[334]工书法，好吟咏。惜遗稿散佚，末由捃寻。惟豁然亭墙书和马明府七律一什，岿然拓存。虽吉光片羽，宜切珍藏。谨刻诸石，以免磨灭云。孙岐生[335]敬刊并书。

## （二）黄姚街石刻群

黄姚街的石刻主要分布于神庙、桥头等地方，既有碑刻，也有摩崖。其中宝珠观历史上是黄姚人员最为集中的公共场所，许多禁约碑尽管其所禁约的内容与宝珠观无关，但为了方便宣传，人们往往会把相关石碑立到宝珠观中。因此，黄姚街以宝珠观的石刻为最多。此外，三星桥头、吕公社、东社、佐龙祠、兴宁庙、新兴街门楼、西门楼等地石刻亦比较集中。

### 1. 康熙四年（1665年）陈定国题枕漱并跋摩崖[336]

枕漱[337]。康熙四年孟夏三之日，县令陈定国[338]因谚曰："仙人沐浴处"，故为之题。

### 2. 乾隆十三年（1748年）重修宝珠观碑[339]

缘首孟时英、举人黎兰光助银一两。信生黎绵光七分[340]。信士：孟德济五分、孟时明五分、陆国升四分。信士：梁儒惠三分，信生黎焕三分、潘成宗三分、黎乾忠三分、邓以梧三分。信士：冯张天三分、成大任三分、周士口二分、董元正二分、董元棋二分。信士李广朝、潘能骟、梁李魁、黄秀文、梁彩高各助银二分。信士：严君立、梁秀清、陈遇乡一分五厘，覃寄安一分，朱勤

---

[334] 吾祖：古岐生祖父古绍先。

[335] 光庭：古岐生，又名光庭，字国桥，古绍堂之孙。清光绪年功赏六品顶戴监生。光绪三十年（1904年），创办黄姚初等小学堂，任校长；清宣统二年（1910年），将黄姚高等小学堂扩展为高等小堂。

[336] 石刻现存于黄姚镇黄姚街农事活动中心旁，长60厘米，宽60厘米。

[337] 枕漱："枕漱亭桥"曾为黄姚八景。

[338] 陈定国：直隶州沙河人，举人，顺治十八年（1661年）至康熙初年任昭平县令。

[339] 乾隆十三年（1748年）重修宝珠观碑：石碑现立于宝珠观中。

[340] 分：银两的重量单位。据《昭平县志》民国二十三年版91页记载，清代银两的重量单位由大至小依次为两、分、厘、毫、丝。

叶一分。缘首梁可祚，男：元荣、魁荣共银六两七分正。缘首严国谦，众缘募化信士张朝统交助资钱二千四百五十六文。信士：李子瑞二两、陈禹统三分。信生莫则予、陈禹纪，信士钱金字、梁秉华、宋经彬各助钱三分正。信士：梁天柱二分五厘，陈麟祥、欧阳观珠、苏瑞宁、莫待口、李维本各助银一分。信士：黎振都四分，钱金俊二分，黄显裔、唐义明、唐义处、陈国圣各三分五厘正。信士：张舒华一分五厘、周昌瑞、冯昌义、黎魁、许汝求、岑宪衡、梁超衡各助银一分正。信士：梁超术、梁超德、黄秀华、各银一分。本观主持僧耀光、慧正师徒普照。乾隆十三年戊辰岁仲秋谷旦立。

## 3. 乾隆二十一年（1756年）立严禁真武山碑[341]

严禁真武山碑记。尝闻贤哲挺生，实赖崧山毓秀；廛居寝识，足征地脉钟灵。盖黄姚之东，有名山为号曰真武，由其龟蛇并见而得名者也。况金瓶[342]、文明[343]，左右侍卫。旗鼓[344]、螺星[345]，镇锁水口。天马[346]、御屏，障列离宫。日月依肩而出，绿水绕足而旋。且前有石拱，名曰带龙[347]，结自明季永固。来兹聚秀凝奇，发祥呈瑞。四境居民，藉斯以荫邑，谨保障一方而已哉。想昔人之禁约，大抵欲其瘵木为乔，箐葱在望。俾后之顾盼晋神，知其秀插云霄，不与群峰而拟者也。是以当年孝廉春魁李先生[348]流览至此，题曰："虎丘亭阁鲁经[349]眺，十顷西湖看尽花。不似黄姚天作景，青山绿水绕人家。"不其然乎？故昔既禁之于前，而严之于后。向因私砍以经议罚，是以合排绅耆不惜纤费，鸠工勒石，大彰严禁。嗣后倘有私行斧斥，籍端肆伐者，罚银三两六分。捉手[350]谢花红银三分。如不遵罚，挞市鸣官，在所必行。庶几人畏其罚，木赖以长。则斯山有常美之观，异日无濯濯之叹。其降灵宁有艾乎？爰是为序，以为不朽！士人古峻书。大清乾隆岁次丙子盛秋谷旦立。

---

[341] 此碑现存于新兴门楼。

[342] 金瓶：金瓶山，在黄姚古镇北部。

[343] 文明：文明峡，在黄姚古镇南部。

[344] 旗鼓：旗鼓山，在黄姚古镇北部。

[345] 螺星：螺山，在黄姚古镇南部文明阁对面。

[346] 天马：天马山，在黄姚文明峡。

[347] 带龙：带龙桥，在黄姚鲤鱼街东侧宝珠江上。

[348] 春魁李先生：即李春魁，黄姚镇下白村人，康熙五十六年（1717年）丁酉科举人。

[349] 鲁经：鲁班之经，形容亭阁建筑匠心巧运。

[350] 捉手：对擅自在真武山砍伐的人进行举报或现场捉获的人员。

## 4. 乾隆二十六年（1761年）新建西宁台路[351]碑[352]

尝读孔圣书，有曰：敬鬼神而远之，则知神明之贵于当敬也。诗云：周道如砥，则知道路之贵乎荡平也。自古已然，非今日始也。兹黄姚街之西门有社，名曰西宁。大抵神之足以庇护一方，登民衽席而康宁者也。然草创虽起自先人，而台卑局陋，工匠出于俗手而质朴无华。况且台也将已倾圮，路也更已难跨，其将何以妥神灵而肃观瞻者乎？

爰是，合众捐资，能使台路不一月而告成功。于是，履斯道也，其直如矢，可免崎岖之叹。登斯台也，焕然一新，俨若显赫之威。斯亦不过体先人初立之本意云尔，是为之序。信士古知觉有志未逮，兹男业昭、业懋承父命助银参两六分正。首黄天辅助银二两二。督理事：古功烈助银一两三，邓毓璇助银六分正。信士：古功翰助银一两八分，古德善一两一分五厘，莫伦祖一两一分，古锡鹏、古锡周、黄禹润各助银一两正。信女古门黄氏助银一两（功汉母）。信士吴世凤、古功示、劳宜远、莫宜荣、古文经各助银六分。信生邓毓才五分二厘。信士郭乾御、古业嵩各银五分，孟兆春、古可治、莫若贤各银四分。信士：梁锦新、莫赞祖银三分五，古德诏、莫宁瑞、劳徹敬、古业辅、许朝进、劳徹英、黄色正各助银三分正。信士潘达政、劳徹后、古志成、莫宜忠、古志高、莫宜修各助银二分五，古国隆二分一厘，吴师理、黄德朝、梁锦鸾二分正。信士许世周、周维魁、古知意、劳福聪、许朝用、古宁治、任群行、劳徹清、鲁炳宙各助银二分，孙上英一分半。信生邓玉璇撰书。三楚[353]石匠熊交成刊。乾隆二十六年辛已岁仲夏月谷旦立。

## 5. 乾隆三十六年（1771年）修建石跳桥码头碑[354]

古公培自发善心修此码头，用二金五两八分。乾隆三十六年岁次辛卯仲春月刊。

---

[351]　西宁台路：黄姚古镇中的一条巷道，西起西宁社，向东终于牛巷黄氏宗祠背。西宁，即西宁社，在西门楼内。

[352]　新建西宁台路碑：石碑现存于西宁社中。

[353]　三楚：湖南。

[354]　此碑现存宝珠观东面围墙的外墙上。

## 6. 乾隆四十五年(1780年)牛岗坪禁碑[355]

窃思牛岗之坪[356]，原系龙脉风水所关，又系牧养之地。春来田野遍耕，牛马无寄足之区。籍此地以为抚字之原则，春耕有赖，国赋从出。迄来年湮世远，多有贪利之徒藉耕久为业主，甚而驱古冢为平地，以至栽植遍壤，几若扰近要地。无知者在此锄挖以伤阴阳气脉，目击心伤，曾于前月请匠填回。众议出字，每多视为闲言，阳奉阴违。今春合议，复立严规。嗣后倘有不遵乡约，仍行侵占，耕种锄挖，任从牛马践踏餐食，斥辱不得恶言詈骂。如敢逞刁，众议扭禀鸣官究惩，绝不徇情。自是以为定规，勒石以永垂不朽! 乾隆四十五年[357]岁次庚子二月初三众立。

乾隆五十三年双龙桥桥头碑

## 7. 乾隆五十三年(1788年) 双龙桥桥头碑[358]

首，□志：古游治助钱一十九千二百文，古周伦助钱二千五百文，古业舜助钱二千文，古业□助钱二千文，劳胤皆助钱二千文，冯上□助钱一千文，古□□助钱一千文，府庠古□□□□一千文。

信：国学古□助钱□□□，贡生莫士超□□□□文，古功伦□□□□，胜友店□□□□，□修武□□□□□，莫昌□□□□□、古□□□□□□；信士：邑庠□□□□、□□□□□、□□□□□、

---

[355] 此碑现存黄姚宝珠观中。

[356] 牛岗坪：在今黄姚古镇西北的马鞍山南麓。

[357] 乾隆四十五年：1780年。

[358] 此碑立于双龙桥南端，由于模糊，立碑年代不能识读。但碑中所记捐款人古周伦在《嘉庆十八年重建宝珠观准提阁碑》中载有捐款事迹，胜友店在《清乾隆五十年（1785年）文明阁祀田碑》中有捐款记载，由此推算此碑应立于乾隆五十三年。

□□□□□□、□□□□□□、□□□□□□。□□□□□十三年立。

## 8. 乾隆五十五年（1790年）吕公社神位碑[359]

吕公社。神稷灵神之位。沐恩弟子古发盥手敬酬。乾隆五拾五年岁次庚戌孟春月吉旦立。

## 9. 乾隆六十年（1795年）立天溪凹禁山碑[360]

立严禁风水龙脉。山场土地□后至天溪凹一带之山，乃墩头、虎头、沙棠三寨。虎□山龙脉喉咽所关之处，曾经孝廉林作楫公众议碑禁。今无知石匠竟向此处挖石发卖，理言不恤，益津鸥张。即天溪凹之山，三村喉咽，岂可伤哉？若不特设一碑，将乘借口再挖。兹经通排[361]绅老踏明刊碑，嗣后本境诸色人并三楚石匠人等再行特强，仍在此处开挖起石凿碑，违禁利己害人，勿怪经鸣九甲[362]绅老，即并向起石之人理论，公罚公究。未刊碑之前，或可宽恕。既特禁之后，不得不严。是□刊碑宝珠观，永垂其安乐土，特禁！乾隆六十年[363]乙卯岁九月二十八日立禁。

## 10. 嘉庆十一年（1806年）鼎建三星桥碑[364]

鼎建三星桥碑。闻览史，乘至姚溪[365]。可爱者甚蕃！武峰[366]、文峡[367]枕激天然。带龙入市，四面桥路靡不康庄。桥路未开，熙朝[368]以来，名士潘超留

———————————

[359] 此碑立于吕公社后墙上，共四通，其中"神稷灵神之位"碑体量最大，位置最低。"吕公社"碑位于"社稷灵神之位"碑上部。"沐恩弟子古发盥手敬酬"碑和"乾隆五拾五年岁次庚戌孟春月吉旦立"碑分立"吕公社"碑左右两侧。

[360] 此碑现存黄姚街宝珠观。

[361] 排：里下的行政建置，相当于现代"村"的概念。说黄姚古镇曾是宁化里的一个排。

[362] 甲：排下的行政建置，相当于现代"村民小组"的概念。九甲的地域主要分布在黄姚古镇的西北面。

[363] 乾隆六十年：1795年。

[364] 鼎建三星桥碑：此碑由黄姚街嘉庆年间府庠生古士扬主持刻立，现存三星桥旁。对羊巷居民修建通达真武山的路桥作了详细记载。

[365] 姚溪：姚江。

[366] 武峰：真武山。

[367] 文峡：文明峡，在黄姚古镇南。

[368] 熙朝：康熙朝。

隐此间。后有山人驱车至止，徘徊瞻眺而兴叹曰："此地多产人杰，惜无路以上达"。时余祖会宇耳熟斯言，奈有志未逮。迨乾隆丁未岁[369]中，郎业显即继父志，架木为桥。幸族弟士新义捐园地为路，利济行人，已二十年于兹矣！弟风雨飘零，桥梁数易，志恒抱歉！嘉庆丙寅[370]之秋，中郎谋之同人。莫君家成等易梁以石巩焉。但功程浩大，独立难成。爰是倡首沿签，采花酿蜜，集狐成裘。幸诸君不吝，欣然同举。桥成不日，梦帝赍锦笺于桥，有福、禄、寿三字。众皆悦之，故名斯桥曰"三星"。噫，斯桥也，嘉木畅茂，绿水深□枕仙山[371]，左通锡巩[372]，右达佐龙[373]。往来行人，固无倾陷之虞，永有荡平之乐。然非诸君子乐善好施，昌造□□，诸君子同乐三星，偕山河而永固也可！

府庠古士扬盟手敬撰。

缘首[374]：众宾[375]古业显助钱五千文，贡生莫家成助钱四千文，古业矩助钱三千文，太学郭世昌助钱二千文，古业廊助钱二千文，梁景现助钱二千文，梁朝绅助钱二千文，郭明选钱一千二百文，邑庠[376]郭际宏钱一千二百文。

事：古业授助钱一千文，登仕郎古能进钱一千二百文，邑庠古琇钱一千二百文，梁胜友钱一千二百文，悦来店钱一千二百文，梁德豪、古治、古业舜、郭奇选、莫和兴、古业机、郭瑞云各助钱一千文，劳千显、国学[377]劳捷劳合助钱□百文，莫希唐助钱七百，黄国材、劳胤刚、邹孔化、莫家齐各助钱六百文，邑庠古士俊、黄正琛各助钱百文，冯鸿麟、邑庠古士彰、邑庠郭际、古业、古士和、莫、郭际、苏之光、古七新各助钱五百文，古游治、古业泰、肇仁各□四百文，国学古祖骥、莫宜庄、莫修武、李日刚、韩元泰、邹孔振、□端贤、谢大□、吴仁、古业□、古玉光、劳千怀、吴矛显、莫士标各助钱四百文，郭能选、孙思明、古忠汉、吴乐贤、古士荣、古天文、林、秋正、业各助钱四百文，信女古门林氏助钱四百文，信女黄门罗氏助钱三百文，结功信女刘氏偕男古士、士□□□□，古业彩、古永宗、古瑞熙、黄定刚、吴忠各

---

[369] 乾隆丁未岁：乾隆五十二年（1787年）。

[370] 嘉庆丙寅：嘉庆丙寅年（1806年）。

[371] 仙山：真武山。

[372] 锡巩：锡巩桥，在三星门北，桥跨小珠江。

[373] 佐龙：佐龙祠。

[374] 缘首：发动筹捐与兴建项目的组织者。

[375] 众宾：乾隆规定，全国县级以上文庙学宫祭孔时要举办乡饮礼，由州县择年高德邵之人在征得其本人同意后，报督抚批准成为乡饮之宾，饮宾根据其在典礼上担任的角色又分为大宾、众宾、介宾。

[376] 邑庠：县学中的庠生。如是府学庠生则称府庠。

[377] 国学：碑文上写成"国孪"。

助钱四百文，古应□、劳士□、古士、古相文各助钱三百文。嘉庆拾壹年岁序丙寅仲冬月谷旦立。

## 11. 嘉庆十一年（1806年）会龙神碑[378]

会龙社当坊当社稷灵官大帝。此间置社古贻谋□□父西边□□□□北胜□□神灵永锡麻□庇新兴□吉庆，阴扶安定，街□□拓开故址，崇煙祀，增筑台阶，肃□□□□□前环绕水姚山□□□中收。嘉庆十一年□□月吉旦立。

## 12. 嘉庆十六年（1811年）重砌珠江石跳[379]碑[380]

闲者聚石为倚，古今所以通往来也。独奈功程浩大，同人之□□□艰，不若柱石中流便而且捷。以是见得珠江石跳沙流淹没，每于春夏之间，行人有褰裳[381]之苦。爰新筑砌石步于左，俾尔勿□。从此徒行可通渡，免致叹于苦匏矣。兹当告峻，谨镌片言，以志不朽云。

首事[382]：劳千显助钱一千玖百伍拾文、莫启祥助钱一千玖百伍拾文、莫启佺助钱一千玖百伍拾文、莫启壹（增生）助钱一千玖百伍拾文、梁朝黼助钱一千玖百伍拾文、梁朝光助钱一千玖百伍拾文、莫成业助钱一千玖百伍拾文、梁朝佐助钱一千玖百伍拾文。信士：古业显助钱一千文、梁朝升助钱一千文、梁朝喜助钱肆百文。嘉庆十六年秋岁序辛未秋桂月吉旦立。

## 13. 嘉庆十八年（1813年）重建宝珠观准提阁碑[383]

大清嘉庆癸酉[384]重建宝珠观准提阁[385]碑。宝珠观在昭邑城东北之黄姚街，

---

[378] 会龙神碑：此碑现存黄姚古镇会龙社。

[379] 珠江石跳：即宝珠江石跳桥，在宝珠观前，又名玉梳桥。

[380] 此碑现存佐龙亭门前鲤鱼化龙岩石，为摩崖。

[381] 褰裳：撩起下裳。

[382] 首事：发起活动的组织者。

[383] 重建宝珠观准提阁碑：石碑现存黄姚宝珠观，共有12通，每通长60厘米，宽115厘米。第一通石碑右上方有"福缘善庆"篆书钤印。

[384] 嘉庆癸酉：嘉庆十八年（1813年）。

[385] 准提阁：在黄姚宝珠观侧旁，清乾隆年始建，清道光后为樟林巡检分司驻地，民国时为黄姚小学办公地，阁中仅楹联一幅。

建自前朝万历年间。越岁既久，渐就倾颓。迨本朝康熙五十年，左近[386]居民兴意重修。鸠工庀材[387]，群起而力成之。亦盛举也！嘉庆十七年[388]冬，余因公下乡，偶寓于此。见其墙垣屋壁又复不整。询之僧人，云系丙辰年[389]被大水色襄所致，正拟重新建造，以壮观瞻。遂求记于余。余览宝珠一观，在黄姚北偏。前面大山壁立，后段[390]峭石嶒嵘；古树修竹，映带左右；又有清流在下，水声潺潺，直绕通埠街巷，潆洄往复。自北而东、而南，夹岸奇石秀出，古致绝伦。真天然之形势，殊不减胜地名区。虽历佳境，但寄跻荒陬，名流罕到，遂不复有过而问之者。嗟乎！维兹宝珠、南海慈航、準提普济并北帝声灵，均式凭之。不有作于前者，虽天堑称雄，谁为山川生色？亦有美而弗彰；不有承于后者，将历久就湮，谁为踵事增华？亦以胜而弗传！何图此都人士督工者有人，乐助者有人，竟克相与，以有成俾庙貌维新，此观永留于不朽，而远近得有以瞻仰也。讵非人地之两幸哉！援笔直书，以记其事。

知永宁[391]州事、署昭平县正堂周兆培[392]撰，现捐工金银四两正；特授昭平县正堂、加三级、记录三次唐诠[393]助工金银四两；太学生[394]仙山莫公捐助工金钱一百九十千文；首事：贡生莫家成喜助工金钱一百五十千文正，把总莫家驹[395]偕男阿康、阿泰共助工金钱一百五十千文正；阴俱结功信女莫劳氏偕男广然（邑庠生）、粹全助钱一百三十千文；古业矩喜助工金钱五十千文；古业高喜助工金钱五十千文；众宾古业显助工金三十千，妻刘氏、男士信、士魁、士规、士珍、孙瑞璋、瑞宁、瑞甡、赐福、赐禄共助二十一千文；劳千显喜助工金钱二十二千文；莫启祥喜助工金钱二十千，男瑶助钱一千文；庠生古琇助钱一十九千，男士傑（府庠）、士杨、士勉、士隆共助钱四千文；国学劳千华喜助工金钱一十九千文；国学郭际扬喜助工金钱一十九千文；梁朝绅喜助

---

[386]　左近：附近，属粤语方言。

[387]　鸠工庀材：招集工匠，准备材料。

[388]　嘉庆十七年：1812年。

[389]　丙辰年：嘉庆元年（1796年）。是年，黄姚洪涝，冲毁大量民房和商铺。鲤鱼街被毁民宅基址至今优存。

[390]　后段：后岬。

[391]　永宁州：今广西永福县。

[392]　周兆培：拟任“知永宁州事”，现任“昭平县正堂”。

[393]　特授昭平县正堂唐诠：破格提拔的昭平县令，准备接任周兆培的正堂职位。

[394]　太学生：在国子监就读的学生。

[395]　把总莫家驹：莫家驹黄姚街人。按清代绿营兵制，营以下为汛，以千总、把总为统领。其中千总为正六品武官，把总为七品武官。今黄姚镇文洞岭莫家驹夫人墓碑仍刻有七品夫人字样。

工金钱一十五千文；吴子显喜助工金钱一十三千文；庠生莫家琛喜助工金钱一十二千文；古忠明喜助工金钱一十一千一百文；郭奇选喜助工金钱一十一千文；梁景现喜助工金钱一十一千文；首事韦秉世助钱三千文；莫成进喜助工金钱一十一千文；庠生左中兵助钱二千文；古业廓喜助工金钱九千文；监生陈世仁助钱二千文；庠生古忠典喜助工金钱九千文；陈世徽助钱一千文；林肇仁喜助工金钱八千文；陈佐纯助钱一千文；恩赐登仕郎古周伦喜助工金钱七千文；岑嵩汉助钱一千文；郭嘉选喜助工金钱七千文；岑森秀助钱五百文；古知傣喜助工金钱六千文；监生李乐仁助钱一千文；庠生古琛喜助工金钱六千文，孙府庠永宗、曾孙一理共助钱二千文；国学郭世昌喜助工金钱五千文；信事：仕劳秋鸿喜助工金钱五千文；古廷龙助钱一千文；古忠邦喜助工金钱二十三千文；阮廷宠助钱一千文；古全英喜助工金钱二十三千文；古祯喜助工金钱二十二千三百七十五文；古学喜助工金钱二十二千文；古序喜助工金钱二十二千文；信女古门吴氏、莫氏共助工金钱二十八千文；梁胜友助工金钱二十二千文；莫成业助工金钱一十一千文；庠生黎华宾助工金钱一十千文，男送杉木栋梁一树；首事韦秉世助钱三千文；莫修武助工金钱一十千文；莫家珩助工金钱一十千文；古璇偕男士庆共助工金钱一十三千六百文；古门梁氏偕男圣英、孙亮共助工金钱一十二千一百文；梁门莫氏偕男庠生善屏、善庆、善玉共助工金钱一十千文，增钱二百。

合成众信：介宾古齐翁、郭朝选、九品古同倴、庠生古业振、九品梁统千、陈万庄、古业显、古业矜、林章英、监生古业德、古业矩、古业展、古业廓、莫家修、郭奇选、劳胤刚、古业高、冯廷宠、莫启儒、贡生莫家成、莫希唐、古槐、梁朝绅、庠生莫焕然、古玉英、莫家珩、古□和、古□、把总莫家驹、庠生莫广□、古业璠、古业瑛、古际龙、庠生莫□昭、莫成进、古三龙、庠生莫粹然、古有谅、莫溢、古有群、梁庄共助工金一百千文；

美成众信：古游治、古业显、贡生莫家成、郭际珍、廪生古琛、庠生古士昌、古士卿、郭际可、郭嘉选、古业创、庠生梁善屏、梁朝现、古业泰、莫启祥、梁朝绅、古士贵共助工金四十千文；

秉诚众信：古尔翁、古奠翁、古壹翁、九品古周倴、古业泰、陈世临、古醇风、监生古业德、莫修武、莫启祥、莫家齐、贡生莫家成、劳捷儒、古文遇、古品荣、古忠明、古高龙、莫启成、萧广才、庠生梁景山、莫齐圣、梁景卓、古圣英、古秉龙、林遇春、莫齐荣、梁朝光、莫修友、劳山、庠生莫当然、庠生梁朝鼎、冯建立、莫成业共助工金四十千文；信士：悦来店助钱八千陆百文；梁朝佐助工金钱八千文；古忠汉助钱六千六百文；吴子新助钱五千二百文；登仕郎梁统千、古大中、国学古祖骥、莫宜庄、郭际康各五千文，古业泰、庠生古信、古忠瑞、梁景卓各四千文；劳胤刚助三千六百文；吴子明助三千四百文；吴志远、郭高选、莫启善、增生莫启章、莫齐荣、莫东昌、梁玮各助钱三千文；义合店、郭际邦各二千八百文；信士：郭伟芳、古业创、冯明时、古士鳌、庠生郭际宏、古招、莫家玙、古现贵、吴子科、古士清、吴子坤、古高龙、黄耀文、古士聪、古现礼、庠生古士汪、李德隆、梁朝相、古祖文、古士典各钱一千二百文；信士：梁□、梁球、古士铎、古良明、郭敬秦、吴忠鳌、梁琨、古有能各钱一千文；伍文祖助钱九百；吴子意、郭瑞钟各助钱八百五十文；莫家辉、莫启义、阮朝宠、古品题、莫家景（增钱二百）、白月清、莫家瑶、石贤进、黄文序各钱八百。信女：黄罗氏正礼母、古劳氏三英母、郭梁氏瑞钟母、古黎氏卓行继母各一千文。信士：劳捷财、邹德洋、古士彰、庠生古秉龙、林明春、古士傍、陈章、莫修友、蓝献明、莫家奇、黄振、陈如正、萧相进、李桂生、黄瑗文、古士麟、古忠卓、古士宗、梁善珩、林星、梁朝亮、黄佐才、莫家礼、黄汉建各助工金钱六百文；信士：冯廷建、劳千彩、郭明选、古文遇、郭际亨、古士新、吴忠耀各二千六百文；叶瑞广、郭瑞人各二千五百文；冯鸠麟、任九思、李作成、郭际周、梁朝先、梁朝升各二千四百文；古业蕴、古士志各二千二百二十文；邹孔炽、邹孔振、林辉瓒、古槐、梁昌科、古中、古士荣各二千二百文；信士：林乔、古士云、古椿、古三龙、古守辉、林国龙、彰显宗各一千二百文；庠生莫炽然钱一千二百文；古业授、梁裕千、朱广居、古应礼、黄汉通、林肇高、梁梓连、吴志佳、郭际豪、林大槐、赵元信、古聚文、赵元佐、古时贸、古炳文、吴廷昌各助钱一千文；信士：吴子兰、古忠祯、古二龙、劳而康、古有佐、古瑞生、古永忠、古永魁各钱八百文，黄仁修、黎振廷、古士衡、莫灿各七百文，吴禧芝、李格、古士重、陈万高、许具信、古业远、古大伸、曾炳宇、兽炳发、莫若宏、吴有贤、古业菁各助钱六百文。信士：黄瓒、梁亚回、陈凤昌、侯大光、莫启祯、李具邦、谭其高、林奇植、古新英、古光荣、梁思成、吴子胜、古世宁、古时昌、吴子升、古明德、古知龙、覃三、吴子具、黄龙、梁思元、信女郭古氏瑞文母、古梁氏鳌龙母、古王氏各助钱六百文。信士：古朝文、庠生古士和、林闰瓒各助钱两千两百文；古游治、吴子瓒、古业绵、莫超杰、莫家齐、古士仰、谢大鹏、吴辉贤、林松、谢华英、黄正礼、莫家瑸各助钱二千文，古业壮、莫家和、郭恒援各一千八百文；吴志仁、劳捷选、古士鲁、庠生梁景山、古现广、林儒各一千六百；信士：莫士标、黄春和、黎长奇、庠生古士俊、莫齐选、古试文、萧相唐、古文衡、古经文、董廷龙、古士轩、莫启成、萧相文、莫家琳、林正、梁忠明、陆恒茂、范中和、古朝英、邓文、萧相友、莫齐圣、覃明禄、侯扩平各助工金钱一千文。信士：古俏、古荣宝、国学古超、古学荣、胡桂枝、邓光滔、赵元伯、梁忠尧、梁本元、黄上恩、吴子俊、古业庆、劳捷畅、莫启星、古忠辅、古时进、莫启发、劳捷儒、李金龙、黄壬凤、古现宗、古士英、古业恒、古士展各助工金钱六百文。信士：劳必成、古瑞元、莫廷、古永庆、古文成、莫玲、莫汝刚、古祖龙、黄新、吴子瓒、黄敏、冯云光各助钱六百文；信女莫区氏家珩母助钱一千一百六十文。信士李创堂助银一分；林宁修、廖色儒、刘圣通、罗文芳各钱六百；黄志则助工钱四百文。信士：覃桂明助一千六百文；□荣业、邓元通、吴子琛、梁朝鼎、周全记、吴子光各一千五百文；莫家修、郭际兴、莫家升、吴志修、郭际良各一千四百文；陈万庄、庠生郭际祥各二千二百五十文；庠生郭际华助钱一千二百廿十文；莫宜修助一千二百文；莫梁氏齐荣母助七百文。信士：邱新宗、古士远、劳捷胜、莫卓然、古宠荣、庠生劳秋正、古士化、古良耀、劳捷敏、劳捷贤、梁朝现、林成瓒、全贤昌、林杰、劳远超、古鸿各助钱一千文，林古氏明春母助六百文。信士：莫齐现、龙植元、冯学孔、梁景福、劳捷瑞、古应估、郭敬义、郭际平、梁增元、古士高、吴子龙、古士相、古士德、莫齐长、张开运、劳卓各助钱六百文，劳黄氏捷贤士母助四百文。信士：古士宁、萧相高、古永试、郭瑞庆、梁德安各五百文；梁成斗、黄彰、梁朝志、邹圣安各四百文，梁朝斗、覃存仁、梁德信各钱三百。

罗蒙洞[396]。首事：黎刚、李香梅各助钱二千文，黄颢兆钱一千二百文；信士：黄显宗、李维绅、李维口各助钱一千文，李维经、刘运始、陈清尧、黄翰荣、黄升各助钱八百，李宗棠、李芳文各助钱六百文。首事：伍岳儒、林安植各助钱一千五百文；信士：伍音庆钱一千四百文，覃兴进、伍音贯、林举植各助钱一千文。首事：梁宗尧、李青、钟成就各助工金钱一千文正。信士：冯道福助工金九百文，钟志先钱六百九十文，陈显远钱六百零九文，黄汉习、孟宪全、罗士相、罗盈新、陈继远、钟志光、冯道兴、梁宗唐、孟汝信、刘高盘、车荣登、梁顺意各助钱六百文，潘芝通、冯德举、□荣□各助钱五百文；信士：陆经元、李秀机、李秀朝各六百文；黄影艳钱五百廿文；陆红元、李秀现、周纯钱五百文；贤国昌钱四百五十文；贤旬杰钱四百四十文；贤书瓊、贤礼瓊各四百一十文；贤自尧、贤自化各四百文；伍音侯钱八百文；伍帝勋钱七百文；林广植、林享植、林祯植、伍音咏各助钱六百文。信士：潘芝元钱

---

[396] 罗蒙洞：今昭平县黄姚镇罗望村一带。

五百文，陈昌远钱四百五十文，黄汉信钱四百二十文，钟子仪钱四百一十文，孟宪猷、刘振合、梁可任、邓绍庚、程中科、李折、申大洪、罗一旺、王先文、岑有汉、罗一声、黄捷荣、刘定泰、罗一作、程中矩、冯道机、冯道盛各助钱四百文。信士：贤自忠、贤自泰、贤自廷、贤自寿、黄现礼、黄色艳、黄齐敬、黄振通、罗安光、李宗光、李明彩、李松山李志和各助钱四百文，伍岳仲、黄广才各钱六百，林敏植、覃良贵、孟汝宽伍岳世各助钱五百文。信士：冯道铭、冯明绍、潘胜宗、潘朝宗、黄可□、□士槐、黎定□、陈作礼、梁扶智、梁扶礼、潘裕色、覃文新、黄汉仕、黄汉就、罗魁新、罗月新、覃焕新、黎定忠、黎定和、胡琇清、梁祑积各助钱四百文。信士：周家锡、周家矩、周三金、陆纶元、陆显积、刘建□、刘□兴、顾国林各助钱四百，黄广现、黄宗口各钱三百，覃良宽、伍岳衡、韦广深各助钱五百，伍岳挺、伍岳秀各钱四百文。信士：黄汉斌、韦日智、韦日咸、韦上林、黄汉立、孟宪统、冯奕成、梁盟星、梁宗礼、梁道行、黄彰、钟子杰、钟子俊、黄汉□、黄丰和、潘光忠、梁振滔、孟汝光、李芳桂、莫宽耀各助钱四百文。信士：董从思、黄学荣各助钱一千文，唐一良、雷振光、黄正宗、黄正志各助钱八百，□正礼助钱七百，□扬魁、黄荣集各助六百。信事：全贤□助银一两二钱，全贤口、全贤瑛、钱大成各助钱一千一百文，□□广、□□□□中、□□然各助钱一千文。信士：吴亲贤、董从舒、孙思口各助三百，□□贤、程明、孟宪口、黄琔、李上口、李汉荣各助□百。信士：钱星、钱昆、吴沼各钱一千，全贤和、全成念各助八百廿文，韩后一助钱一千，曾学明助钱八百，李灿然助钱六百。信士：许胜高、陈洪信、唐孔儒、陈如松、古高宁、吴子秀、程中会、吴□□各助钱五百，冯朝天助钱八百，钱倡、全汉琼各钱七百□文，钱乐六百廿文，吴作彦助钱六百，曾如恩助钱四百。化缘僧绩连偕徒则远、信士庠生杨锦秀、德和店各助一千二百，贡生莫蕋璋、廖魁仁、廖魁成、潘时绪各助钱一千文，王悦兴助钱九百，陶子房、何赵忠各助八百，潘德海、杨应讯各助七百，廖魁明、黄秉礼、廖嘉成、黄定立、廖大和、陈炳科、杨秀清、杨天保、杨天秩、杨兴春、杨受阳、杨茂春、杨应华、杨兰玉、仁利店各助钱六百文，廖继文、庠生钟彦显各钱五百。信士：张正禄、李君忠、陈上榮、陈宦明、韦远昌各钱五百，王记店钱四百六十文，杨庆绅钱四百五十文，陶芝、廖兰、陶义隆各助工钱四百四十文，康胜和、莫定兆、廖选儒、廖考儒、董伊文、董伊元、廖缉文、廖综文、廖作德、陈文僯、钟鸣国、李君彬、李盈廓、李凤昌、郑接凤、杨学柱、王悦盛、曾华兴各助钱四百文。信士：杨荣菁、杨仲秀、杨广秀、杨一癸、杨学炳、杨世有、杨赐德、杨仲声、杨积三、杨积玺、叶佐平、杨应邦、杨中昌、杨世运、虞苟人、杨述贵各助钱四百文，杨秀、广益店、华胜店、广具店、广记号、龚泰邦、西盛店、陶品超、廖廷佑、杨元昭、广兴店、周亮各助三百六十文。信士：陈永口钱三百六十文，徐明仁钱三百三十文，杨成文、杨以进、杨以清、杨四炳、杨以积、杨元道、刘祖德、廖永合、何新合、何信合、王文简、廖升和、徐国珍、杨广进、罗万顺、黄登朝、张永具、宁德旺、周茂昌、隆盛店、杨特茂、潘永清各助钱三百文，杨书青、廖隆文、杨礼、杨家隆各钱二百。首事：孟德口助钱三千文，梁重光钱一千二百文。信士：孟道孔钱一千六百文，梁志立钱一千二百文，莫道成、黄正深各一千二百文，莫元贵、覃朝凤、黄正祥、梁以立各一千文，曾学口、曾学智各助一千，蓝德森助钱九百，周时宗助钱八百，孟口孔、蓝现龙各七百文，黄汉统、曾学政、孟德建、孟德恭各六百文。信士：蓝德琳、陈序、曾学海、周理荣、邱荣成、孟绍孔、孟游孔、蓝现裔、莫具奇、蓝现璋各助六百文正。信士：黄汉强、李元光、黄定则各五百，梁毓瑞、梁卓立、唐显超各四百，邓允厚、助钱三百，张三乐、梁显瑞、唐世俊各二百。首事：古玉盛助工金钱二千文。信士：萧乃富钱三千三百文，黄凤和钱二千六百文，萧承宗钱二千五百文，萧宗质钱二千一百文，古玉瑸助工金二千文，罗辰贵钱一千六百文，萧达超钱一千五百文，张京广钱一千四百文。信士：陈东杨钱一千四百文，古玉珖钱一千二百文，黄登魁钱一千二百文，古显邦、刘坤耀、古玉瓒、古玉堂、彭天发、江淮旺各钱一千文。信士：何辛发钱一千文，刘文宗、萧元瑞、刘永光、林具富、刘顺富、陈凤彩各钱八百文，刘祥口、左廷栋各助钱七百文。信士：林元位钱七百文，林雨和钱六百六十文，洪廷光、张京富、黄肇广、张仕连各六百文。首事：古统助二千四百文。

西平[397]：古乔助二千三百文，王玉珍钱一千二百文。

英家[398]：劳秋和助钱二千三百文，劳学安助钱一千三百八十文，劳学礼助一千一百五十文，劳捷鸿、雷元和、劳千注、劳千泽、董相友各一千文正，劳秋照助钱五百六十五文，雷闪运、陈超锦各助一千，容显君七百廿文，龙显胡钱七百文，李志立七百廿文，容广胜钱一百文。首事莫国尧助工金钱三百文。信士：黎元德助钱二千二百文，莫日朝助钱一千五百文，陈志宽助银一两四钱正。庠生莫异瑛助钱一千二百文。信绅莫异玠助钱一千二百文。信士：陈振祖助银一两正，黎则彪助钱一千文，周德恭助钱一千文。廪生莫时谋助钱一千

[397] 西平：即今昭平县走马乡西坪村。

[398] 英家：今钟山县英家镇。

文。信士：莫祥易、莫周易各助钱一千文，胡贵洲助银七钱两分，廖卓新、廖华新、廖常新、廖诵文各助钱七百文，苏占鳌、黎科春各助钱六百文。庠生黎翰春助钱五百。信士：莫江尧、莫时仰、黎元春，庠生韦作权，信士：冯科成、冯作成、黎举春、黎定春、黎伯春、黄定广各助钱五百文正。

首事：黎国翰助钱二千二百文，黄恭焕助工金钱二千文。登仕郎莫正魁助钱一千五百文。廪生黎廷献、庠生李树勋、庠生黎寿康、国学李维翰信士：陈元、陈贤豪、李元翰、邓芝橦各助钱一千文正。首事：蔡叶朝助工金钱三千文，黎成洪助工金钱三千文。

信士：黎成裕助钱一千五百文，陆显扬、黄元发、蔡梓元（增钱二百）、詹日成、陆继升、蔡胜明各助钱一千，蔡胜明、詹日高各助钱九百文，黎成国、黄名彰、黄名通各助钱八百文。大户侯杨嘉彦偕男庠生超拔共助钱五千文。信士张试魁助工金银三两陆钱正。信士：黎秉章、黎国本、龙德天、陈良序、朱色亮、莫秉海、黄彩秀、陈世经、梁大德、黎廷祥各助钱一千文正，李大正助钱六百，萧广才助钱六百。信士：黄名立、黄名达、邓孔保、各助钱八百文，萧广德钱七百二十文，龙德行、黄名扬、黄国朝、钟廷羡、龙智明、龙智广各助钱六百文，陆汉林钱五百五十文，黄名仁助钱五百、潘圣行助钱四百。信士：邓思君、张子凤、黎序荣、黎泽信、朱色威、朱色兰、莫已儒、杨子官、黎士卓、莫秉和各助钱五百文。信士：蒙功普、黄志忠、潘滔洪、陈魁各助钱四百二十文，陆洪选、陆贤德、陆广林、陆荣广、黄名道、詹作纯、黄广礼、唐志和、陆旺棠各助钱四百文。

首事黄上进助钱二千。信士：黄善信助银二两，蒙廷纪钱一千六百文，黄善贤银一两四钱正，黄元善、吴子朝、蒙傅胜（增二百）各助钱一千文，国学李廷发助钱九百，黎家秀、蒙廷林、蒙广汉、韦文修、王上高各钱八百，覃广礼钱六百六十文，容善继钱六百四十文，蒙廷刚助钱六百，梁德安助钱一千五百文，蒙传纯、覃景进、蒙传义、蒙传受、黄恒知、黄梅和、罗天华、黄知廷、黎景立、黎景森、黎宁秀、黄元浩、莫黄立各助钱六百文，蒙传孔、黄元仕各钱三百六十，黄有光助钱五百。信士：王上安、黄元富、李柏林各钱五百，蒙传习钱四百六十文，覃广积、覃广修、黄朋知、覃景文、覃景汉、吴步堂、覃景清、蒙传科、王上荣、王上礼、黄朝明、黄明光各助钱四百文，杨上玟助钱一千。信士：黄胜杰、黄家贤、黄广知、黄知新、区京安、黄元升、黄锡知、黄家和、黄典和、黄春位、黄昌和、蒙传智、李廷光、李子童各助钱四百文正。首事：李明□助钱八百。梁广秀助一千二百文。合寨众信士，信士：杨上瑛、梁振□、梁广昌、黄士昌各助一千文。信士：蒙恩照、吴圣泰、梁振明、蒙恩光各一千，黄中伦、梁胜任、王于恩各五百。信士：杨畅志助钱五百，杨映木、周李德各助四百，周朝才、李森、周永德、吴裕昌各钱三百。信士：梁广扬、吴照国、冯远□、麦甡斌、莫昌仁、杨畅奇、杨上□各助钱五百文。

## 14. 嘉庆十九年（1814年）莫启祥捐宝珠观祀田碑[399]

窃惟：寺观鸟革翚飞，祥映三千法界。灯明香馥，恩敷亿万生灵。兹当庙宇落成，祀田犹少。诚恐构膏不继，云堂乏光焕之仪。安得桂魄常悬，福地尽琉璃之境？爰是，信士莫启祥偕继室李氏、妾覃氏、男瑫自发善心，将躬下买受断业，用价一十三千伍百文正。系文化里[400]六排周正户官租田[401]二亩伍分正、官粮银二钱五分正。土名坐落见肚，垅边处田一丘，路下处田一丘，墩边处田一丘，共田三丘。已经投税，炳据敬送入宝珠观主持僧。递年收租、纳粮，永远供奉香灯。每月朔，诣观拜佛参神。庶：紫竹林中，佛士之日轮永照；大雄殿上，金容之满月常辉；朗彻三乘，福庇一家。谨镌石以志不朽，是为记！嘉庆十九年暮春在月谷旦立。

## 15. 嘉庆二十三年戊寅岁（1818年）重建石台新建社亭碑[402]

盖观方社之兴，以为民主报土功、崇明德，典祀甚钜。乃仪制相沿，坛而不屋，自邦国以达闾里，莫不皆然。取其通云气、润地脉、易致霖雨，作三时泽荫。而或因露□，遂概从简朴，未岂肃瞻严祗事耶？是以西宁坊[403]旧建坛位耸踞冈原之上，群峰拱向，林木阴翳，地方闲旷。可以仰瞻遐瞩，饶有舞雩风景。岁时伏腊，烹羊炰羔，老稚熙皞于其间，至足乐也！然犹尚嫌湫隘。兹众议遵依石台古法而加辟焉，高其垣，墉外增设亭牖。现植有天香数本，谚之曰桂花。规模宠敞，翼然与山川相照耀，以妥神灵而获福祉。庶几无憾矣！夫落成日立石，后有览者，使知增华之目，爰是以为记。岁进士候铨修职郎儒学训导林就光谨撰……（省略捐款名列）大清嘉庆二十三年季秋月吉旦立。

---

[399] 捐宝珠观祀田碑：此碑现存宝珠观，碑右上角有缘书"赐福"印款。

[400] 文化里：地在今昭平县黄姚巩桥村至樟木镇。

[401] 官租田：产权属于官府，但租给民间耕种的田土。

[402] 重建石台新建社亭碑：此碑现存黄姚古镇西宁社的社坛上。

[403] 西宁坊：即西宁社，在黄姚西门楼内。

# 16. 道光八年（1828年）吴志修宝珠观捐田碑

盖闻三千法界，肇佛法于西天；丈六金身，著金人于中土。诚以神之为灵，昭昭矣！兹本观明禋[404]久祀，甲内素道英灵者也。余偕妻古、梁氏，妾童氏，姪子意，姪孙吴松等将价受文化里二排吴志修户官租田[405]三亩，又税田[406]四亩六分、共田七亩六分，大小七丘，土名在廖屋对江处，正补二契，共价钱二十九千文、官租银[407]参钱、税钱银[408]一钱九分，折银[409]一分八厘，色米二升参合，即日洁诚将契交与观僧收租、上粮、管业。虽业薄产微，不过虔抒心香一瓣已耳！第涓流之助，无非东海之波；寸土之分，即是南山之脉。敢竭鄙诚，恭疏短引，以昭兹来许云尔！道光八年孟秋中旬日，吴志修敬立。

# 17. 道光十年（1830年）见龙祠祠亭碑[410]

礼记云，先王立社必祭，尊为土神，以其地能载物，有功于民。所以神明乎地道之大示不忘本也，而福德土神均同功焉。本坊有社与土主，创在明代，迺名姓。先人自东祖西[411]，择里口所而创业者。其安居之后，有曰："同人履泰可无众家香火乎？"诸父老曰"然"，乃指地。四观其龙脉气势、堂局观拦，能卜神安。虽险阻巉岩不成地面（其神地先时原是生石崩陷），而肩土运石可整巨观。遂创社殿，与祠舍相邻。

经营不日，韦观厥成（立社安神）。此其始也，其地居东，名曰东社。自新兴[412]、带龙[413]一截，居住客民[414]，派属一甲，又传曰一甲东社。其口

---

[404] 明禋：明代以来的香火。宝珠观始建于明代。

[405] 官租田：产权属官府但租给民户耕种的土地，耕户需要交租，租金高出田土的税金。

[406] 税田：即民田，产权属于民户，户主可以自行耕种，也可以租给他人耕种。因为民田需要纳税，又称税田。

[407] 官租银：官租田的租金。

[408] 税钱银：官租田用于纳税的税钱。

[409] 折银：田税中的折换税所折换成的银两。按成文出版社1966年影印的民国23年版《昭平县志》第91页载，清代昭平县官租田田赋由征银和科米两部分组成，其中科米又包括本色米和折米两部分。本色米必须以米谷实物交纳。折米必须折换成银两。民田税包括征银、科米、差役税和杂税五部分。其中征银、差役税和杂税均需以银两交纳，科米除本色米外，折米亦需折换成银两交纳。

[410] 祠亭碑：即见龙祠祠亭碑，此碑现存于东社中。

[411] 自东祖西：自广东迁往广西。

[412] 新兴：新兴街。

[413] 带龙：带龙桥。

[414] 客民：客家人。

祠未有名焉。至乾隆五十九年甲寅，邻近诸君见其台阶靡固，祠宇卑小，众议继修。及卜吉拆卸后，合观祠地，后枕奇石，有头尾云肘，俨现龙形。名因地传，额之曰见龙祠。乃天工灵瑞，居然胜地矣。迄今历年久远，香火日盛，有由然也。又至道光十年庚寅，瓦面倾圮，炉前滴漏，其附近诸君，继父志而倡首，联众信以倾囊。饰修祠殿，鼎建清亭（莫君题山水清音，乃云清音亭）。虽地狭不容驷马，亭小仅成半叶，不甚壮神威，成体格。而其中面壁铜鼓（铜鼓岭），背屏真武（真武山），蛇蟠江岸（武山下有蛇龟并现），鱼戏河州（鱼汕洲），半月横江（带龙巩），双溪合唱（铜钟水[415]与锡巩水[416]上分下合），龙楼摘斗（迟木楼）[417]，龟首吞霞（龟头石[418]），诸胜盈眸，一览会心，诚可供文人诗，让过客拈题。余也，时隐竹听鸟（傍多凤凰竹），或临川羡鱼（前有宝珠川）。住地祭神，自幼而老。迫功成告竣，欲彰前传后，岂无只字片言？乃不揣腐肠，略叙其巅末，明其地景，谨志笺石以奉君子一哂尔。春苑梁善庠谨撰。

## 18. 道光十三年（1833年）集福门[419]黄姚九甲山场碑[420]

各姓安居集福门内，始免危难。惟是沧桑世变，势作非易卜，用集各姓耆老公同议定，所有前人永远掌管伙食山场五处，概九甲内樵牧山场，系各姓子孙世守。诚恐土客[421]杂处，日久湮没，地无考处，用泐诸石，以垂永久云。计开黄姚九甲山场土名恕列：石栏口、道洞龙冲、绿叶冲、山塘冲、山巢冲。耆老：古郭镇、梁云、伍苍碧、古国邑、劳兴佐、宋贵宾、梁仕通、邓九锡、伍林绍、伍群厚、邹恩保、陈悦亭、孟万贵、伍苍生等全刊。天运癸巳年[422]冬月吉旦同议于集福门。

---

[415] 铜钟水：宝珠江。因流经铜钟山，又称铜钟水。

[416] 锡巩水：小珠江，因锡巩桥跨于江上而得名。

[417] 迟木楼：带龙楼，在带龙桥小拱西端。

[418] 龟头石：又称鬼头墩，是带龙桥西岸南侧的一堆乱石。

[419] 集福门：在金德街与迎秀街交接处。

[420] 〔民国〕《广西省昭平县志》，中国方志丛书第21号，成文出版社1966年影印，第142页。

[421] 土客：持广府方言的本地人和持客家方言的客家人。

[422] 天运癸巳年：帮会组织洪门会以"天运"纪年，即道光十三年（1833年）。道光年间，民间帮会洪门会在黄姚地区十分活跃。至道光三十年（1850年）洪门会首领客家妇女叶天娘、萧群英还率领一支队伍在黄姚南部地区的沙子天门岭举旗对抗官军。

# 19. 道光癸卯年（1843年）重建吕公社碑[423]

　　重修吕公社新建社亭碑序。盖闻社由土而稷，由谷圣人昭六府之功。秋则报，而春则祈亿兆慰主□之□之地，秋赖所以致重本源，而妥侑之间，规模所以贵求美俻也，吾毕□□□□，桥迁至今祀此。

　　社公自昔建从吕姓。越我伯祖（名废），修彼方塘台，□□前土□半栽，座侧宛成。四面围屏，路则别以东西横穿，石径砌则微分，桥下转接□□千章□云碧萝满，渚泉流石，引徐度鸣琴，极崖山连，低环翠黛，时或□□禽□上下，□郭之□□景溟濛□放，遥天之齐，百尺之飞虹，西时频迟，渔歌三□之宝刹□梵唱，松畔四映，莲幄周遮，境虽小而足任盘桓，人以蕃而益虔湮祀，然而献馔□□，肃衣冠而饮蜡吹豳，难遮风雨，倘不由福地建□□□何以仰□□□□□。因乘御极二十三载，用集善缘四十一人，即□□族兄、瑞玢林公明春□，竭力签题，结巧邻之宗会□□□造□□载□□宏观。阅日而功告成，嘱予而书以志。予登期台，见夫云幽篁而□神□□入气披绮槛体格□宏象征配。地从此展诚报赛，四民咸集坛前，倚柱□□□□尽□□底，任对画梅；壁阁而弄月，闲过煮茗；亭畔以吟风，愧无妙笔；天成景□图□□□□浪放，兴寄山林，每爱耕凿，同人相安古处，岂僅岁时伏腊，共祝　　□深恩之□□□□。沐恩信主古绍先盥手敬撰，古一博盥手敬书。

　　首：古瑞玢助钱一十一千文，林明春助钱四千六百文，古子行助钱三千六百文，李高祥助钱三千四百文，侯铨直隶州州同莫蔼然助钱三千六百文。

　　首：冯东祺助钱一千□百文，古□璋助钱三千文，□□□□□□□□□□□□□□□□□共助钱二千文，郭敬助钱三千文，古瑞科助钱三千文，古秉成助钱三千文，邑宰莫泰然助钱二千文，古永参助钱二千□百文，悦来店助钱二千六百文，义合店助钱二千六百文，古瑞元助、劳福□助、合和店助、隆昌店助、福寿押助、古辉成、古开运、郭敬祁助各钱一千三百文正，古立成、登士郎梁□□、登士郎梁朝光、登士郎古士□、□明宪合助钱千四百文，沍合店助钱□百文，古士隆助钱二千正文，梁思源助钱二千四百文，郭敬长助钱二千四百文，登士郎郭顺瓒助钱二千文，郭际宁助钱二千文，古守赞助钱二千文，劳必盛助钱二千文，邑宰莫泰然助钱二千文，古和益[424]助钱二千文，古有成助钱二千文，金和吉助钱二千

---

[423]　此碑现存于三星桥门楼台阶东侧。

[424]　古和益：和益是黄姚的一家老字号杂货铺，初为古家经营，到清末至民国初年改由郭家经营。

文，林国福助钱一千四百文，邑宰郭际宏助钱一千七百文，古永泰助钱一千□文……□善玉合助□□□，怊吉押助钱一千□，古扬英百文正，古玳各府助药，邑宰莫汝功、林和堂、向益店各助一千文，登士郎郭际康、古士愚、吴子意、古良□、劳□康、古业苍、国□古全英、梁时、□□□、□□□各助钱六百文，□□□□□□□□□□□、黄龙章、林上鸣、郭敬聪、劳必求、吴道泉各助钱六百文，古士化、劳捷敏、庠生古谋、劳秋云、古士求、黄元成、郭际谋、古良经、莫成国、林国用、□□□、□□□、□□□、□□□、□□□各助钱五百文……

## 20. 道光二十三年（1843年）重建兴宁庙碑[425]

道光二十三年岁次癸卯重建兴宁庙碑。兴宁一庙，创自有明中叶，奉祀真武帝。保障一方，卵翼万民，其峻德丰功，不能其述。我朝乾隆庚午岁[426]，乡辈重建庙宇并造石桥。自是香火日盛，威灵逾著。嘉庆丙辰[427]春，淫雨不息，江水暴涨，座前亭宇被洪波摧圮，先君明经卓菴公倡议重修，幸众擎易举，巨功告成，迄今历数十星霜矣。丹楹画槛，日渐改观。玉陛云亭，形咸失故。旧岁古公良贤等有志修建，余亦欲承先志，彼此同心，遂设簿题签，合埠踊跃捐输。卜吉鸠工，数阅月而殿阁亭宇焕然一新矣。其上下基址，率由旧制，神座比前拓深一尺有奇，以更安设宝龛，故非踵事增华，亦不敢因陋就简，从此亭阙辉煌，神安人乐，则所以报峻德丰功于万一者，庶乎可矣，是为序。例授儒林郎吏部候选直隶州分州莫蔼然谨撰。偕男汝霖、汝资、汝銮敬捐工金钱二十伍千文正。古良贤捐工金钱二十五千文。庠生莫泰然捐工金钱二十五千文。庠生莫荫然捐工金钱八千文。庠生粹然捐工金钱八千文。林国祥捐工金钱六千文。林国珊捐工金钱六千文。登仕郎劳秋鸿捐工金钱三千六百文。古椿捐工金钱三千文。莫朗然捐工金钱四千二百文。古永全捐工金钱三千文。登仕郎梁朝绅捐工金钱三千五百文。登仕郎郭际康捐工金钱二千文。古士化捐工金钱二千文。冯建立捐工金钱三千文。林国隆捐工金钱二千五百文。古三龙捐工金钱二千五百文。劳江捐工金钱二千文。林国祯捐工金钱三千文。古永遂捐工金钱二千五百文。古良佳捐工金钱三千文。劳必文捐工金钱二千五百文。古杰人捐

---

[425] 重建兴宁庙碑：碑存兴宁庙友月亭，由三通石碑组成。

[426] 乾隆庚午岁：乾隆十五年（1750年）。

[427] 嘉庆丙辰：嘉庆元年（1796年）。

工金钱二千五百文。林国史捐工金钱二千五百文。莫成国捐工金钱二千五百文。古一国捐工金钱二千文。贡生莫卓菴助结工钱五千文。国学古全英捐工金钱一千六百文。吴子意捐工金钱一千五百文。古一松捐工金钱一千一百文。梁景卓助钱五百文。古立成助钱五百五十文。覃桂明、梁玮、莫家敬、莫正、莫聪、莫灼、莫玢、莫长然、梁津、劳必勤、劳必俭、吴光清、本高祥、莫昌然、古良基、吴光明、古如山、古衢、林国满、金和店、莫成章、莫新魁、莫韶、莫湛助工金钱五百文。冯秉棋助钱四百五十。庠生郭际宏、庠生梁善屏、古士勉、古现广助四百文。古良图、古孝成、梁嵩、古一乐、莫汝敬、莫达、全元超、古有成覃亚称各助钱四百文。古士聪、登仕郎梁朝光、登仕郎林松、劳捷敏、庠生梁朝鼎、古士隆、莫家璸、莫成德、古五龙、同义店、古良训、郭敬书、古良识、郭敬章、吴西合、古扬英、覃广谋、古德英、郭敬言、吴忠成、郭敬聪、吴忠惠、林国用、黄龙章、古名人、古鸿、古良友、劳必盛、议合店、莫齐庄、郭敬长、莫丕基、林国祚、郭敬瑚、和合店、庠生古瑞周、冯京、莫汝贤、庠生莫汝良各助工金钱一千文。古守谅、莫汝资、古一典、吴汝霖各助工金钱一千文。登仕郎古景龙、登仕朗古圣英、郭际宁、悦来店、同德店、联昌店、泗合店、永合店、均益店、隆日店、古守行、周锦荣、劳必胜、莫高、古良栋、廪生古良熙、李毓祥各助钱八百文。古忠辅、谢大鹏、古士愚[428]、庠生劳秋正、古朝英、古良任、梁朝杰、古先英、梁思元、庠生莫当然、庠生莫炽然、梁琄、莫成献、覃乐仕、詹竹昌、林明春、郭敬孔、古永兴、古名英各助钱六百文。劳锡龄助钱八百文。古良鉴助钱七百文。古良知助钱六百五十文。古永参、郭敬常、邑庠莫汝华、古良维、林国经、古昌宁、古瑞盼、陈世魁、林国安、古良桐、莫齐邦、林有江、吴子乐、古一理、古文英、古永就、古如馨、古永赐、古辉成、古守德各助钱六百文。古祖文、莫卓然、古士麟、莫成进、古新英、梁思成、郭敬业、陈纲、劳秋翅、庠生林上鸣、莫灼然、吴子兴、梁德信、劳复宗、林瑞瓒、林毓瓒助钱四百文。梁信、古当富、覃广谋、许胜明、古福成、古良升、古永光、徐深、古泰宁、覃志敏、梁思行、莫成立、古永东、古良杰、吴忠良、梁思敬、吴忠华、古良豪、郭敬慎、梁建、莫成华、罗彩凤、龙显鳌、古良才、欧超宗、萧日全、敦敬威、古业定、古瑞光、林杰、莫瑛、莫绅、古永辉、吴忠鳌、吴子庆、古干龙合助钱四百文。莫坦然助钱三千文正。莫汝侗、古传扬、莫欺然、桂上显各

---

[428] 古士愚：黄姚古家三十一世祖，清同治年贡生，自号古人之愚，西门楼题字"西顾延禧"和内外联均出自其手。其子古一博为清代黄姚名人。

助钱一千文。林国成、林上旋、林上喧各助钱六百文。古良埧、莫汝昌、莫汝凡、莫汝伦、莫汝及、古士淳各助钱五百文。古当忠助钱五百。古现宁、古永南各助钱四百文。

兴宁庙灯会：梁朝绅、林顺瓒、劳秋翅、古良贤、邑庠莫粹然、劳远超、古良友、古永全、吴忠惠、林国桢、古永遂、林国祥、林国珊、古良栋、古良镖、邑庠莫泰然、古立成、邑庠古瑞周、莫汝贤、古一国、古广宁、林上修、古一兴、莫汝庚合共助钱一千文。邑庠莫汝功、偕弟汝俦共助结完工钱一十八千文。劳江助结完工金钱一千二百文。信女莫董氏助钱二千文（蔼然母）、莫古氏（莫正婶）、莫古氏（汝忠母）各助钱一千文。候选直隶州司马莫蔼然助结工钱一千六百文正。莫郭氏（汝良母）、莫闭氏（汝贤母）各助钱六百文。莫覃氏（汝功母）、林梁氏（国祚母）、莫古氏（成国母）各助钱伍百文。莫古氏（莫秋伯母）、古劳氏（永庆伯母）、古梁氏（永辉伯母）、莫吴氏（莫朋母）、古莫氏（永遂婶）、古莫氏（永行嫂）各助钱四百文。

## 21. 道光二十五年（1845年）
### 徐士珩撰开修接米岭并马鞍西坪路碑[429]

龙平[430]，岩邑也，所属地方多崇山峻岭。其□险而尤著者，莫过于土名接米岭[431]。在邑之东南方，离城百里有奇。其岭绵亘数十里，深谷高崖，羊肠鸟道。车不得方轨，马不能驱驰。纵杖策优游，犹刻凛凛乎，临深履薄之虞，而况其为负荷往返者？且地当孔道，为凝、文、招、见龙、二伍各都里[432]赴邑郡、趋省城必由之路。

余昔年钦奉简命，来宰斯土。因公亲力险途，目击征夫困苦，行旅艰难。久欲劝捐修治，以便行人。嗣蒙大府以异最特疏题荐，奉旨入觐枫宸[433]，有志未逮。后复重莅兹土，而岭道险危如故，康庄未辟，岂天险之难平欤？抑亦人工之未尽也。余亟欲平此险途，以稍尽利济之心。适绅士莫蔼然等禀请劝捐，

---

[429] 碑存宝珠观，长71厘米，宽93厘米。据《广西昭平莫氏族谱》第519页载，碑文撰于道光乙巳年，即道光二十五年（1845年）。而且此碑碑文在成文出版社1966年影印的民国23年版《昭平县志》213页有载。

[430] 龙平：昭平县古为龙平县。

[431] 接米岭：即今昭平县黄姚镇与走马乡的东潭岭。

[432] 凝、文、招、见龙、二伍各都里：即黄姚片区在明清时各乡镇级行政区划宁化里、文化里、招贤里、见龙里和二伍都。

[433] 枫宸：皇宫。

与余同志，但虑工繁费巨，独力难支。是以捐廉伙助，而外与绅民等公议，发簿劝捐。幸所属士民踊跃同心，乐襄善举。或舍仁浆，或馈义粟，有采花酿蜜之资，集腋成裘之美。当即谕令绅民等公举督理之人，觅雇工匠，相度险夷，画定绳尺，卜吉兴工。其修治之处，始自黄姚马鞍[434]岭，以迄西坪[435]而止，阅数寒署而巨功告成。绅民等禀请踏看新路，共庆落成。余公余命驾往视，但见从前之鸟道羊肠尽辟康庄，可以联骑并驾。斯不独杖策优游者行所无事，即负荷往返者亦攸往咸宜矣。

嗣因升任及期，琴鹤晋省，绅民等不远千里走禀，请余序其巅末，以垂不朽。余既喜绅民等之乐善急公足以为将来劝，且喜此岭之易险为夷，足以为万世利。微绅民之请，余且不能无言，况远趋禀请？余不禁有乐乎其言之，是为序！

诰授奉政大夫 现任广西庆远府同知、知昭平县事徐士珩[436]谨撰。

特授庆远府分府、前昭平县正堂、加五级、记录五次徐捐工金钱二百千文正；例授儒林郎、吏部侯选直隶州分州莫霭然[437]捐工金钱一百千文正；庠生莫泰然偕弟坦然捐钱六十千文正；庠生黎调梅捐钱二十千文；国学李秉惠捐钱二十千文；英家[438]"福裕当"捐钱二十千文；贡生陶立志捐钱十二千文；庠生莫粹然捐钱十千文；贡生黎之藩偕弟庠生之城捐钱十千文；首事陈联辉偕弟瑞辉捐钱十千文正；庠生莫汝功捐钱十千文；国学黎桢梅捐钱十千文；国学莫汝俦捐钱十千文；国学林树繁捐钱十千文；国学刘鼎新捐钱拾千文；国学吴元光捐钱陆千文；贡生吴裕绅捐钱陆千文；庠生陆治畿捐钱陆千文；陶逢禄捐钱陆千文；登士郎劳秋鸿捐钱五千文；劳典籍捐钱五千文；令奇捐钱五千文；国学刘鼎臣捐洋钱四元；国学董显秀捐钱四千五百文；莫和合仙记捐钱四千文；葆光堂主捐钱四千文；谢玉田捐钱四千文；户仓、库□积共捐钱四千文；莫汝贤捐钱四千文；□生莫汝良捐钱四千文。武庠李廷藩捐钱一千二百文；武庠张彩龙捐钱一千二百元；梁□善捐钱一千二百文；古昌元捐钱一千二百文；雷闪风捐钱一千二百元；汤祖长捐钱一千二百文；汤新乾捐钱一千二百文；黎国本捐；钱一千二百文；李胜隆捐钱一千二百文；雷闪宏捐钱一千二百文；□生覃明城捐钱一千一百文；李昌蔃捐钱一千一百文；黄朝举捐钱一千一百文；登仕郎林松捐钱一千文；登仕郎梁善玉捐钱一千文；义隆店、李熙然、全公

---

[434] 马鞍：今黄姚镇马鞍岭。

[435] 西坪：今昭平县走马乡西坪村。

[436] 徐士珩：清道光年间昭平县令，后调往庆远府〔治在今广西宜州〕任同知。

[437] 莫霭然：黄姚街人，莫家成长子。因捐纳州同官，其府宅即今黄姚街的"司马第"。

[438] 英家：今钟山县英家镇。

爵、全荣爵、全宋爵、周上进、陈善齐、陆振居、邬坤安各捐钱八百文；李福正、全贤臣、劳友成各捐钱七百文；增生陶世英捐洋钱叁员；苏经盛捐钱三千文；　首事古良训捐钱三千文；罗新合捐钱三千文；兵部□选侯补分□黎品高捐三千文；千总叶敬德捐钱三千文；国学莫异瑜捐洋钱二员；庠生梁潮鼎捐钱二千文；登仕郎古仕隆捐钱二千文；首事古鸿捐钱二千文；首事苏悦来捐钱二千文；廪生古绍先捐钱二千文；庠生林上鸣捐钱二千文；莫汝霖捐钱二千文；□生黎家璐捐钱二千文；苏泰来捐钱二千文；廪生陶家幹捐钱二千文；登仕郎古朝英、庠生莫当然、冯建立、同德店、隆昌店、郭敬璋、梁津、郭际宁、梁思源、梁瑎、古名英、古永遂、泗合店、郭敬长、郭敬谋、郭敬仙、吴忠成、莫锦和、古辉成、古谋，各捐钱一千文；李秀机、李秀棋、陆翰选、孟瓒孔、林宏吉、祐昌店、英家信兴店、国学廖针翰、国学廖歆翰、六行店、冯明达、黎成龙、全善信、周国升、张攀元、黄连斌、黎则祥、李正、林日惠、林日藻、林汝荣，各捐钱一千文；林明春、登仕郎劳捷敏、登仕郎莫家瑛、登仕郎古良贤、成昌店、永合店、左永参、梁庄、郭敬常、古瑞玢、古成泰、古一理、古留敬、莫高、古孝成、古瑞科、古永赐、刘中清、黎儒阳、李郁邦、黎池梅，各捐钱六百文；杏和堂、梁高、郭敬谅、古良基、古卫、古有成、莫喧、和兴店、西隆店、罗展亮、鲁道纪、张维杨、李文、李秉绅、黎尚濯、黎尚勤、冯卓光，各捐钱五百文；□选□□官叶兴义捐钱二千文；□□□□冯启绩捐钱二千文；庠生莫德敬捐钱二千文；廪生陈懋书捐钱二千文；庠生黎家昌捐钱二千文；庠生邓儿龙捐钱二千文；庠生黎秉书捐钱二千文；国学陶家荣捐钱二千；国学李天正捐钱二千文；裕兴店捐钱二千文；仁信店捐钱二千文；明晁隆捐钱二千文；罗拾治捐钱二千文；□文店捐钱二千文；周士谆捐钱二千文；泗成店捐钱二千文；古守行捐钱二千文；吴珌、古丽珍、庠生古如山、古德英、古秉成、莫汝京、陆川儒学正堂黄可学、黄广盈、黎贻善、黄爵超、陆贤举、黎端士、孙裕琇、陶秋湛、天益店、广发店、古琼珮、冯忠孚，各捐钱一千文。诚昌店、仁泰店、登仕郎叶文德、庠生全京爵、覃明朝、叶金顺、全贤考、全科举、叶兴智、全超爵、全奇显、叶兴纲、叶观赐、全官祥、全中怀、国学莫儒彦、叶裔盤、李青蕗、叶鹏鸿，各捐钱一千文；黎现阳、黎进梅、李恒、黎科阳、冯文庄、罗能发、韦土裕、全善元、李芳文、李乾立、覃时和、黄家璠、覃世合、黄朝堂、黄春纯、李兴和、全贤梅、雷应宽，各捐钱陆百文；李可立、陆胜位、黄普耀、黄普尧、吴子标、黄日明、黄日庆、覃中傅、覃广祥、唐盛凤、石林杰、全忠齐、全贤鄂、全定超、全世兰、全应贤、张兆宣，各捐钱五百□；□□□捐钱二千文；□□思恩府儒学

□□黎家璊捐钱二千文；昭平总埠潘继兴拾千文；雷闪运捐钱一千五百文；□生古□□捐钱一千五百文；莫汝资捐钱一千五百文；莫汝鐢捐钱一千五百文；庠生罗绅捐钱一千五百文；郭敬□捐钱一千五百文；李祚捐钱一千五百文；李株捐钱一千五百文；莫梦龄捐钱一千五百文；全贤炳捐钱一千五百文；罗大训捐钱一千四百文；黎盛祚捐钱一千四百文；庠生李靖邦、庠生黎才昌、庠生黎聚昌、庠生黎步云、吏兵科、口承科、工科、洪珍店、锦和店、关端光、吴炳元、梁任爵、黄泽垣、覃可祖、王隆、功经来、黎广积、黎可昌、黎序韶、李圭各捐钱一千文；叶纪华、国学钱玉琳、庠生李光显、李叶正、郭亮记、永利店、莫回昌、闭成美、闭广照、闭广扬、邬大福、区亮、程楷、信茂店各捐钱一千文；□生李建□、庠生李芳业、梁纯德、梁广棋，各捐钱九百文；庠生郭际宏、古士聪、任明志、古椿、吴子意、正昌店、义合店、郭敬孔、吴忠惠、梁蛟、莫轻、古永全、梁汉、古亮、李毓祥、莫成国各捐钱五百文；曾茂振、韩超亮、叶仁合、蒙明华、蒙和、黄毓祺、覃璨、覃裕校、李威然、黄当文各捐钱五百文。

## 22. 道光二十八年（1848年）冬重建宝珠观照壁石台碑[439]

州同莫蔼然助钱十千文。庠生莫泰然助钱五千文。庠生莫粹然助钱三千文。古良□助钱三千文。庠生莫汝□助钱三千文。□齐昌助钱三千文。登士郎林松助钱二千文。梁善玉助钱二千文。劳捷敏助钱二千文。古士隆助钱二千文。古守行助钱二千文。郭际凝助钱二千文。登仕郎古良贤助钱二千文。处士古鸿助钱二千文。梁瑎助钱二千文。古亮助钱二千文。莫汝贤助钱二千文。古嘉助钱二千文。莫承瓒助钱一千五百文。古椿助钱一千五百文。

禀生古绍先助钱一千文。郭敬仙助钱一千文。林国珊助钱一千文。联昌店助钱一千文。天泽店助钱一千文。庠生古谋助钱一千文。莫坦然助钱一千文。莫汝京助钱一千文。古永赐助钱一千文。□喧助钱一千文，古水全助钱九百文。梁琨助钱九百文。古扬英助钱八百文。古良口助钱八百文。莫□敬、郭敬常、□□敬、莫□国、莫□全、□□□各助钱陆百文。莫□、莫□然、德昌店、林国用、古来英、古良资、古秉成、梁□□、古孝成、众宾敦敬□、和丰店、万昌店、麦顾强、□□□、莫成章、古如初、吴于乐、劳长兴、吴道全、莫□各助钱五百文。梁显壁，孟家祥、张启明、吴子标、林科植、伍帝侯、伍

[439]　宝珠观照壁石台碑：碑存宝珠观，共二通。

帝相、伍帝典、伍音信、伍有裔、伍朝成、黎仕凤、程□前各助钱四百文。

## 23. 光绪二年（1876年）重修东社见龙祠碑[440]

且自圣人以神道设教示人，以崇德报功也。而神之有功德者，人遂无不崇
报之。如东社见龙祠之设，由来久矣，后枕青山[441]，前襟绿水[442]，护卫周密，
气势轩昂。虽窄小仅容纵马，而名胜允足妥神，故亘古英灵丕著，岁岁物阜民
康。二坊[443]奉祀维虔，人人竭诚尽敬。自道光庚寅年[444]，先辈重修祠貌，增广
亭基。月白风清，雅人可以游目。日炎雨暴，行旅堪为息肩。所以安乎神者，
兼以适乎人马，洵神人共乐之所也。迄今四十余年，堂基依然巩固，栋宇渐迎
摧残。俯仰之余，乐善者曰，不早修葺，非所以妥神灵也。用是一倡百和，爰
集腋而成裘，鸠工庀材，遂及时以竣事。异哉，何谋之同而成之易也？夫惟神
灵显赫，人心爱戴，素切崇德报功之念。自殷启囊，助梦之情，虽所费不资，
亦是见人之乐善不倦焉。从此地脉钟灵，神安其所，恩光普照，人乐其天，
岂有艾歟？是为序。恩贡生侯铨[445]儒学教谕堂梁广信谨撰，并助功金钱二千
文，梁琨助工金钱三千文，梁都助钱二千六百文，梁宽仁助钱二千六百文，梁
高助钱二千六百文，梁广言助钱二千六百文，莫成立助钱二千四百文，莫成国
助钱二千四百文，郭调吉助钱二千四百文，古守德助二千二百文，梁广运助钱
二千二百文，莫恒宽助钱二千二百文，古信成助钱二千文，梁广梅助钱二千
文，梁广再助钱一千二百文，莫成章助钱一千文，梁广报助钱八百文，梁广
经、梁淙、梁广彩各助钱七百，登仕郎古良鉴、莫恒俭各助钱六百文，梁嵩、
古合秦、黄有南、梁泽各助工金钱六百文。

## 24. 光绪十七年（1891年）重修兴宁庙碑[446]

光绪十七年（1891年）重修兴宁庙碑记。本坊兴宁庙重修屡矣。自道光癸

---

[440]　重修东社见龙祠碑：碑存带龙桥东北的东社中。

[441]　青山：真武山。

[442]　绿水：宝珠江水。

[443]　二坊：东社和见龙祠。

[444]　道光庚寅年：道光十年（1830年）。

[445]　侯铨：侯补。

[446]　重修兴宁庙碑：碑存兴宁庙友月亭。

卯于兹又五十年。日久凋敝，势所必然。溯其不牢之由，大抵由正梁先朽居多。故庙宇房屋必须择其优而加意焉，则坚牢百倍。董事者爰是经营惨淡，仍其旧制，创以新模，于上下座正梁之上加一扶梁方结瓦脊。又于前座庙亭之后瓦檐之间加用盖瓦，横筑一基，使山神座前滴水不致侵淫。墙壁至友月亭天面则修其瓦桁，亭前则易以砖栏。凡此皆取其坚牢耳。庙左路旁复准友月亭之广狭，依山面水砌石台为台，增建碑亭，以为鼓吹休明之地。从此庙貌一新，灿然可观。当经营之际，选构材料，筹度工金，有莫之致而致者，议者遂以为神灵之助。不知实诸公善念之所感也。工既竣，嘱余为序。余不敏，敢以枵腹从事，贻笑方家，亦纪其略，以见善之不容湮没也云尔。是举鸠工于光绪辛卯年[447]九月初九日，观成于壬辰年[448]三月上巳日，费工钱一百十千缗[449]。董事及捐资例著其名于后。邑庠生莫怀宝谨撰，偕男乔生、毓生、应生、杰生并助工金钱四千八百文。莫仙山公[450]助花银[451]四大元。莫春林公助花银三大元。首事：莫汝资助银一大封，覃源兴助银三大元，林知泰助银二大元，监生古国祯助银二大元。府庠莫汝为助银二大元。登仕郎古连记[452]助银二大元。监生古隅助银二大元。古当忠助银一大元。古佛英助银一大元。古岳生助银一大元。韩源吉助银一大元。古真记助银一大元。郭诚珍[453]助一大元。古信成助银一大元。岑广寄助银一大元。例贡林上翔、监生古传瓒、古传协、黄礼宝、古传宝、梁广德、覃邦先、郭课郎、林瀛海各助钱五百文。古一开、韩伦、古程南、古悦成、宾安康各助钱四百文。信女：林古氏（□□母）、莫古氏（□□母）、莫梁氏（□□母）、莫韦氏，以上各助钱五百文。夹顾融助银二大元。功职劳胜记助银二大元。五品蓝翎张克复[454]助银二大元。古国安助银二大元。古国兰助银二大元。莫新偏助银二大元。莫新秩助银二大元。莫新璞助银二大元。莫兴鸟助银二大元。莫任安助银二大元。莫和记助银一两正。

---

[447] 光绪辛卯年：光绪十年（1884年）。

[448] 壬辰年：光绪十一年（1885年）。

[449] 缗：铜钱数量单位，每缗一千文。

[450] 莫仙山公：莫仙山辈份较本文撰文者莫怀宝要高，且在祖辈之上，故遵称其为"公"。

[451] 花银：含银量较高的银元。晚清至民国时期贺州市面流通货币主要有西元和东元两种。其中西元由广西发行，含银量较低，又称恶银。东元由广东省发行，含银量较高，称为花银。

[452] 古连记：黄姚古家经营的豆豉铺，店主古连宁。

[453] 郭诚珍：黄姚街人，经营"诚珍"商铺。

[454] 张克复：《光绪二十年（1894年）重修宝珠观壁背并通宝珠山碑》载张克复为钦加同知官。

古合泰助银一两正。莫元珍[455]助银一两正。杨晋记[456]助银一两正。监生古良记助银一两正。监生莫香佳助银一两正。李德昌助钱一千二百文。登仕郎劳必才助钱一千二百文。梁玉章助银一大元。林同昌助银一大元。宾和兴助银一大元，莫立记[457]助银一大元，莫宏利助银一大元。古绰记助银一大元。莫锦兴助银一大元。登仕郎林和瓒助银一大元。和利店助银一大元。监生郭鸣春助银一大元。古国华助钱一千文。古国均助钱一千文，梁国梅助一千文。庠生梁广畬助钱一千文庠生林上清助钱一千文。古光祖助钱一千文。林春魁助钱一千文。古传济、古一般、吴租记、林上敏、生生堂、古当孝、郭敬猷、古一章、登仕郎 敦敬谋、郭贤春、李文才、杨茂发、劳源益、劳长兴、莫元和、古其儒、阮同安各助钱三百文。覃古氏（记安母）、莫黎氏（□□母）、梁黄氏（□□母）各助钱四百文。古莫氏（□□母）、莫黎氏（□□母）、莫黎氏（□勇母）、古李氏（□□母）、古吴氏（□□母）、莫古氏（□偏母）、莫古氏（锡□母）、古莫氏（□□母）、古莫氏（□□母）、莫蒲氏（□□母）以上各助钱三百文。郭彩群助钱一千二百文。陈万章助钱一千二百文。古旨记助钱一千二百文。郴州教授古一博助银一大元。莫汝銮助银一大元，古国藩助银一大元。莫汝驯助银一大元。莫新耀助银一大元。庠生莫尚勇助银一大元。郭贡龄助银一大元。古一堂助银一大元。古国辅助银一大元。古国麟助银一大元。古一典助银一大元。古国明助银一大元。悦泰典助银一大元。劳必端助银一大元。劳积记助银一大元。古顺记助银一大元。例贡梁广言助钱一千文。莫新绪助钱一千文。郭调吉助钱一千文。覃怀开助钱一千文。古国端[458]助钱八百文。李慎言助钱七百文。古传贞、古富源、李家藏、古能修、黄金钱、吴奂珍、古祥珍、黄仕艺、梁广再、古三记、梁宏章、林泗涛、古国熙、陈贻德、莫慎昌各助钱六百文。陈存合[459]、黎文彪、吴忠绫、覃成章、吴声贤、吴有为、林永隆、周万昌、黄清和、蒙德成、劳远穗、郭兰春、李慎俭、宾和泰、郭聚珍[460]各助钱五佰文。劳福聚、莫守基、莫清奇、梁鸣记、莫恒温、莫新众、林辅

[455] 莫元珍：晚清黄姚莫家经营的珠宝银饰铺，位于东门口，店主莫光凯、莫光文。民国六年（1917年）前后，铺面租给客塘人贝朝连（外号打铁连）经营打铁铺。

[456] 杨晋记：晚清兴起的以产销豆豉为主业的商行，位于天然桥西北侧，店主黄姚杨氏，今杨晋记豆豉加工技艺为广西壮族自治区非物质文化遗产代表性项目。

[457] 莫立记：黄姚街莫姓家族纪营的豆豉铺。

[458] 古国端：清光绪监生。

[459] 陈存合：黄姚陈家所开的杂货铺。

[460] 郭聚珍：黄姚天然街郭超群创办的银器铺。

泰、阮云昌、古恩龄、吴助生、黎仁胜、林相海、古国星、古成祖、吴有善、古先行、古国言、古廷展、宾上凤、辅元堂各助钱五百文。信童莫挺生助钱六百文。庠生梁广崇、劳怀端、劳胜记、信童郭将兴、信童覃显荣各助钱三百文。

## 25. 光绪二十年（1894年）重修宝珠观壁背并通宝珠山碑[461]

重建宝珠观记。风水之说，岂可过泥？又何必尽非？诚以天地钟灵，自有生气，乘其生气而培毓孕育，自尔肇启祯祥。纵或间有未足，亦只补苴一二。若过于修饰，致失天真，乃谓动静有常，刚柔断矣！既卜云其吉，又不已，于焉允臧也。

考本境祖庙宝珠观[462]，九曲朝堂，水缠玄武[463]。其四崖层叠，状若莲花；或高耸龙门[464]，石形有破浪之鲤；或深藏蛟窟，土花有透地之泉。尤可奇者，庙后背旁江涌，小山[465]还迴泉绕，宛在中央。秀而且丽，俨若宝珠。庙建厥初，因以名观。前贤慎重，恐江水逼近后殿，甃以石，筑以土，而灵跡因之隐伏焉！

至观前朝堂，潭水底湧，甘泉浩瀚，濚洄观澜。有自临流羡赏，清且涟漪。乡先辈亦虑河涨，冲激照墙[466]，因增砌数尺，以广余□。时喜谈风水，家遂有填实不美之论。其后不旋踵，而地方果有不测之虞，是风水似不可尽非也！抑知世之盛衰，关乎气运；人之兴替，只论心田。诚方懋厥德，自罔有天灾矣！又何风水之足泥耶？虽然，人事交修，尽有挽回之力，而天然具在，聿张补救之功。俾合浦一令[467]，其还珠并狂澜特迴于既倒，询谋命同惟吉之从。乡中父老集众聚金，审慎重修。因共推梁君慎之兄董其事，以兴举焉。告成日，并嘱余叙巅末。余自维谫陋，恐荒谬贻议，安敢率尔操觚，敢虞□漏。

然事关祖庙风水，功程甚钜，一误何可再误？略溯来由，弁诸碑首。功既

---

[461] 碑存宝珠观，长71厘米，宽93厘米。

[462] 祖庙宝珠观：宝珠观是黄姚古镇有史可查的最早庙宇，故称祖庙。

[463] 玄武：真武山。

[464] 龙门：龙门象形石，在小珠江汇入宝珠江的江口处。

[465] 小山：宝珠观后的宝珠山。

[466] 照墙：宝珠观的照壁。

[467] 合浦令：东汉合浦太守孟尝，他通过大胆改革，使渐徙于交趾郡界的珍珠复还合浦，世称"合浦还珠"。

垂成，特渫贤珉，以昭郑重，尚望后贤继踵，慎勿轻易更张。窃风水攸关地方所赖，以成亘古不移之业，而为累世休嘉之占。

谨敘，邑庠生劳锡庞[468]拜撰，并助二金、钱二千文。钦加理问衔特授昭平县樟木分司叶[469]助银一封、赏戴监翎镇峡分司兼理樟木分司冯[470]助银一封、署理昭平县樟木林分司加三级记功三次祖[471]助银一封、□授□仕郎监生劳锡锻助钱十千文、梁广松助钱六百文、贡生梁广信[472]助钱八千文、古沛霖助钱六百文、仕郎麦以登助钱八千文、古其逢助钱六百文、钦加同知张克复助钱五千文、劳继业助钱六百文。

## 26. 光绪二十七年（1901年）
### 新筑石墙[473]上下闸[474]水闸[475]更楼碑[476]

庚子[477]，时事艰难，人心惶惧。迭奉书，谕筑堡以守卫地方。是岁秋闰八月戊申，合我梁族，坚筑垣墙，自宗祠[478]山脚起，至东门坊[479]山脚止，上下闸各一，水闸二，更楼二五，阅月而始成。嗣是厥后，虽升平有象，不得私行毁拆。斯时捐赀者：广益公蒸尝、廷秀公蒸尝、祠堂蒸尝、怡记、保泰、峻林、桂海、信吉、楫霖、经隆、文廷、隆安[480]、怡信、广廷。捐力者：怡安、广彩、为章、广谟、当澄、广裕、式修、运济、戌章、树章、仙养、利章。厥功告竣，用勒诸石，以永垂不朽。光绪二十七年(1901年)辛丑岁首吉旦立。

---

[468]　劳锡庞：黄姚街人，光绪年秀才。

[469]　樟木分司叶：清光绪樟木林巡检分司〔时驻黄姚〕巡检官叶衍龄，成文出版社1966年影印的民国二十三年版《昭平县志》108页有载。

[470]　樟木分司冯：清樟木林巡检分司巡检官冯寿年。

[471]　祖：清樟木林巡检分司巡检官祖廷林。

[472]　梁广信：黄姚人，清同治元年（1862年）壬戌科恩贡生。

[473]　石墙：中兴街至新兴街城墙。

[474]　上下闸：中兴街门和兴新街门。

[475]　水闸：新兴街西侧江岸的东社北门楼和中兴街的水闸门。

[476]　更楼碑：更楼指门楼第二层上的瞭望楼。此碑现存东社内。

[477]　庚子：即清光绪庚子年（1900年），是年义和团运动正炽，八国联军入侵中国。

[478]　宗祠：新兴街梁氏宗祠。

[479]　东门坊：中兴街东门楼。

[480]　隆安：清代晚期梁姓人家经营的豆豉商号。

## 27. 光绪三十二年（1906年）重修东社见龙祠碑[481]

重修东社见龙祠碑志。下民畏神明甚，于畏爱书古圣人，神道设教，原以济政刑之所不及治，明治幽理，本相通也。自后世邀福、心胜、史巫、祈祷、聚讼纷如，至纲常伦纪遂废，弃而几等弁髦。而矫其失者，又欲将神庙而焚毁之，其势炰炰不可终日，不知淫旨，在所必黜。而凡入祀典者应举，莫敢废之。例知任地祭神，其义未可厚非也。如我一甲[482]东社、见龙祠之奉祀福德土神也，自有明至于今矣，其间创建缘起之由与山川景物之胜，纪于前辈之碑，序甚详。光绪□子岁重修，先君子曾董其事，端年仅属髫□，曾几何时，而葺葺者三十有一年矣，风雨飘摇，榱崩栋折，若不早为修葺，其何以妥神灵而昭诚敬？今岁家叔广德、从堂叔广崇、广桐、广锡等集众□金□修□备，堂基仍旧，实惟水涧楹联而石之，取一劳永逸之图。厥功告峻，以余文为志。盖将籍文字之□纪祠景之异，以昭示于来□□□霞□□秋水长天，非王子安之文不传矣。崇山峻岭，茂林修竹，非王右军之文不传矣。山涧明月，江上清风，非苏子瞻之文不传矣，□才同则□□陋雕□登坛数□仅投博浪之椎而□□□未折蟾宫之桂，□烟霞啸傲得□□初□□钩游如将招□，仰观俯察，随在皆□□□□官止□行，触景……清光绪三十二年岁□丙□□。

## 28. 光绪三十二年（1906年）禹门石摩崖[483]

我黄姚山水灵秀，其结构成物象者，□艰胜屈，如文明峡之螺[484]、鲤鱼潭[485]之鲤，天然桥之蟹，真武山之龟蛇，骚客游人罔不遍观而尽识。惟此地之鲤鱼化龙、宝珠山筈杯石、保养岩等胜，虽父老能谈其故事，诚恐年湮代远，寥穷弗传。丙午重阳节，庶夫劳孙繁、方甫梁端章、小池古国端[486]相与登高到此，怅然久之，各系以文，庶山川孕育之奇不致湮没云。光绪三十二年季秋月刊。

---

[481] 重修东社见龙祠碑：碑存东社。

[482] 一甲：地在新兴街。

[483] 禹门石摩崖：碑存佐龙祠前龙门榕下的禹门石上。

[484] 螺：文明峡的螺山。

[485] 鲤鱼潭：潭在佐龙祠前小珠江与宝珠江汇合处。

[486] 古国端：清光绪监生。

## 29. 宣统元年（1909年）寔贴黄姚粮局晓谕碑[487]

钦加同知衔署昭平县事平乐县正堂王[488]为出示晓谕事：照得本县各粮局征收钱粮，向章每银一元只作七钱伸算[489]，小民未免吃亏。曾经党前县查明禀定，无论到何局完粮，每银一元概作七钱一分伸算，前经出示晓谕在案。兹值征收钱粮之际，亟应申明定章，合行出示晓谕。为此，示仰各粮户知悉，尔等完纳钱粮，即便查照，每银一元作银七钱一分，每银一角作银七分一厘核算。勿得另外增数完纳粮书，亦不得短少减算，各宜凛道毋违，切切特示！送，宣统元年八月初一日告示。寔贴黄姚粮局晓谕。

宣统元年寔贴黄姚粮局晓谕碑

## 30. 民国十三年（1924年）吴姓宝珠观捐田碑

吴姓于前清同治五年（1866年）买受莫姓花地[490]一拾六斗，土名坐落文明阁车田坪处，虔送入观，永为香灯奉祀。兹于民国甲子年[491]，吴姓后人买受粮田黄屋社，土名坐落沙坑边处，大小一坵。经丈，民税四分正。宁化里五排将此田虔送，换出花地，以后任由吴姓子孙□□二造，永远管业。每年粮税乃系观管理人收租完纳，系黄仕英户丁卯年[492]割入宝珠观户完纳。吴作祐助钱一十四千八百文，曾通仕助钱八千二百文，吴召保、吴成章、吴春和、吴有珍

---

[487] 此碑现存黄姚安乐街安乐寺外墙上。

[488] 王：宣统元年（1909年）昭平县令王继文，广东惠阳人，优贡生。

[489] 每银一元概作七钱一分伸算：宣统时，百姓交纳粮赋可以折换成银元或银两代替。本告示要求一元银元与七钱一分重的银两等价。

[490] 花地一拾六斗：按产谷一十六斗的产量计税的半水半旱之地。

[491] 民国甲子年：民国十三年（1924年）。

[492] 丁卯年：民国十六年（1927年）。

合助钱八千四百文，吴春就、吴瑞贤、吴慎贤、吴意贤各助钱六千四百文。民国十三年甲子岁仲春月吉旦立。

## （三）白鸽崆村节孝坊石刻群

节孝坊又名寡母亭，位于黄姚镇白鸽崆村至篁竹村大路旁，是清代庠生汤廷楷之子汤德辉为纪念其母汤宋氏于民国十三年（1924年）前后所建。亭中共有石碑四通，其中横碑一通，立于顶部。树碑三通，立于横碑下部。民间相传汤廷楷及妻宋氏均为善人，平日乐善好施。结婚六年，廷楷去世，尽管家道中落，大灾之年寡母宋氏仍倾尽家财，广施米粥救济乡民。

### 1. 民国十年（1921年）徐世昌题"竹孝松贞"碑[493]

民国十年徐世昌题竹孝松贞碑

---

[493]　此碑为横碑，全碑由外及里共三个区域。其中外区为装饰区，左右两侧及底部满饰浅浮雕缠枝瑞花带，上部花带图案在缠枝花中加饰团寿纹。中区为落款区，下框较窄，上框及左右两框同宽。其中上框刻有总统钤印，印章为浅浮雕篆书竖读"荣典之玺"，这是民国时期的国玺之一，是用于表彰或庆典的专用章，现藏于台湾。民国七年（1918年）10月至民国十一年（1922年）6月大总统为徐世昌，因此，此玺应为徐世昌的总统印。右框阴刻行书竖读"大总统题襄"。左框右侧阴刻竖读楷书"汤宋氏"，左侧阴刻竖读楷书"中华民国十年六月"。内区为主题区，内有浅浮雕横向右读行楷"竹孝松贞"四大字。

大总统题褒汤宋氏[494]：竹孝松贞。中华民国十年[495]六月。

## 2. 民国十年（1921年）内务部发证碑[496]

内务部发给证书事：查汤宋氏系广西省昭平县人，经本部审查事状，核与《褒扬条例》第一条第七十一款之行谊相符。除呈准奖给白、黄绶银质褒章外，合行发给证书，以资证明，此证。右证书发给汤宋氏收执。中华民国十年六月。

## 3. 民国十年（1921年）大总统褒文碑

大总统褒曰："礼修引过，中垒[497]传其高风；行义旌门，桓嫠[498]垂为茂矩。是以大家女诫，贞顺兼赅；郑氏孝经，德行为重。尔昭平汤宋氏，姆教夙娴，女宗共仰。作姜诗[499]之贤妇，广汉江清；乳崔姓之衰姑[500]，山南春永；无何陶婴[501]歌苦？潘岳[502]词单？痛子咸[503]之早亡，悬月冷；课庐陵[504]之夜读，

---

[494] 汤宋氏：临贺（今八步区）人，道光二十八年（1848年）三月生，18岁嫁黄姚庠生汤廷楷为妻，24岁夫亡后，一直守寡至71岁即民国八年（1919年）离世，符合古代对妇女的道德要求，成为典范，获大总统赠予褒匾。其后裔有的在黄姚镇篁竹村定居，有的搬迁到昭平县凤凰乡莲塘村定居，还有的定居香港和台湾。

[495] 民国十年：1921年。此为大总统题字褒奖的时间，非为立碑时间。

[496] 在三通树碑中，此碑立于最右侧，共分内外两区，外区素面无纹，内区为阴刻竖读楷书碑文。

[497] 中垒：汉代刘向，著有《列女传》。"中垒传其高风"意即汤宋氏有《列女传》中的列女高风。

[498] 桓嫠：指《列女传》所载汉代刘长卿之妻桓嫠，她因守节不嫁，被朝廷封赐为"行义桓嫠"。

[499] 姜诗：汉代广汉人，与其妻庞氏事母极孝。相传夫妇俩的事迹感动天地，为了免去他到广汉江挑水的苦劳，在他家旁涌出两口泉水，泉中出鱼，夫妇每天用井水和鱼奉养老母亲。

[500] 乳崔姓之衰姑：化用《二十四孝》"乳姑不怠"典故。书中记载："唐人崔山南曾祖母长孙夫人年高无齿，祖母唐夫人每日栉洗，升堂乳其姑。姑不粒食，数年而康。一日病笃，长少咸集，曰：无以报新妇恩，愿汝孙妇亦如新妇之孝敬。"

[501] 陶婴：汉代刘向《列女传.鲁寡陶婴》载："春秋，鲁，陶门之女陶婴少寡，抚养幼孤，纺织为生。鲁人或闻其义，将求匹。婴闻之，乃作《黄鹄之歌》以明志。鲁人闻之，遂不敢复求。"后以陶婴为妇女贞节典型。

[502] 潘岳：晋代美男子潘安，擅长写悼亡词。

[503] 子咸：晋代文学家潘安《寡妇赋》中的主角任子咸。子咸早亡，其妻少而无夫，长期守寡。

[504] 庐陵：欧阳修（1007—1072），吉州永丰〔今江西省吉安市永丰县〕人，北宋政治家、文学家。因吉州原属庐陵，遂以"庐陵欧阳修"自居。他四岁那年，父亲去世，家里生活非常困难。他母亲想让他读书，但无钱，交不起学费，于是就自己教儿子。买不来纸笔，就用荻草秆在地上书写，教子识字。后世有"画荻教子"故事流传。

画获风高。行谊如斯，褒扬允矣！於戏，芬延草席，彤《史书》储妇贤声；志矢《柏舟·邶风》，咏共姜大节。作之坊表，维乃坤贞！"

中华民国十年六月。

## 4. 民国十三年（1924年）汤德辉祭母宋氏[505]碑

先慈宋氏孺人系贺县前清迁江县训导宋臣廉公之次女。年十八，归先父前清府庠生廷楷公；年廿四，廷楷公[506]病故。孺人恸不欲生，粥饭不食数日。时辉方五龄，幸赖曾祖母张孺人婉言相劝解，方稍食。矢志柏舟[507]，上侍八旬主姑，视膳侍寝，□□□□□□□苦□□□□□宗族□□□而□□丑□□游邑痒，孺人即长□□□，乐善好施，数十年一日。己酉[508]六一寿辰，贺籍林世焘太史[509]以节孝上闻。辛亥[510]行查到县，适国体变更[511]而止。民国丁巳年[512]同乡前辈黄万安、叶生瀛、魏之家□□□□□□□一清、罗瑞云、□□□、汤德俊、汤德彰又以节孝事实，呈县邑侯冯家驹，冯家驹转呈国府。大总统[513]赐予褒词褒章于甲子[514]年奉到。而先慈于己未[515]病逝。辉福浅德薄，恸先慈毕生苦志不及见国典褒荣，深为抱恨。兹乃建坊为敬，述节孝事实焉"。

---

[505] 汤宋氏：临贺（今八步区）人，道光二十八年（1848年）三月生，18岁嫁黄姚庠生汤廷楷为妻，24岁夫亡后，一直守寡至71岁即民国八年（1919年）离世，符合古代对妇女的道德要求，成为典范，获大总统赠予褒匾。其后裔有的在黄姚镇篁竹村定居，有的搬迁到昭平县凤凰乡莲塘村定居，还有的定居香港和台湾。

[506] 庭楷公：汤庭楷，黄姚人，平乐府庠生，生于清代道光二十五年（1845年），同治七年（1868年）新进府学，终于同治十一年（1872年）。

[507] 柏舟：《诗经·邶风·柏舟》，篇中述说一位女子伤情自己遭遇委屈，尽管无依无凭，无力排解，但却坚贞如石，不改志向。

[508] 己酉：宣统元年（1909年）。

[509] 林世焘：今八步区莲塘镇永庆村狮子山马子堂寨客家人。其父贵州巡抚林肇元，其妻张氏为张之洞侄女。年轻时，因父荫封赏正三品荫生。光绪十三年，举家迁居北京。张之洞之兄张之万时任东阁大学士，由其保荐，林世焘由举人得入内阁，候补中书花翎二品顶戴，指分江苏试用道员即候补道员。光绪十五年，在京会试，考中进士第272名。接着，参加"馆选"，录二甲第二名，入翰林院任编修，故称太史。

[510] 辛亥：民国元年（1912年）。

[511] 国体变更：指辛亥革命推翻清朝，建立民国政府。

[512] 民国丁巳年：民国六年（1917年）。

[513] 大总统：民国总统徐世昌。

[514] 甲子：民国十三年（1924年）。

[515] 己未：民国八年（1919年）。

## （四）笔头村读书岩石刻

黄姚镇笔头村墩头屯车仔山的读书岩因清朝光绪年间黄姚廪生莫仕勉在洞中开馆授徒而得名。车仔山在《昭平县志》[516]中又称三丫山。岩中仅见摩崖一通。

### 清光绪三十三年（1907年）李祖培书"小栖霞洞"石刻

小栖霞洞。县人拔贡李祖培[517]丁酉年[518]书。

## （五）聚仙岩石刻

聚仙岩位于黄姚隔江山的东北侧，岩洞中保留有摩崖石刻两通，均为清顺治十八年(1661年)至清康熙四年(1665年)时任职昭平县令的陈定国题写。

### 1. 清康熙四年（1665年）陈定国题石帘垂碧摩崖[519]

石帘垂碧。陈定国[520]□并书。

### 2. 清康熙四年（1665年）陈定国题《游聚仙岩》并跋摩崖[521]

冷然古洞足幽居，乳滴仙岩泽有余。竟日何缘辞案牍，观风不碍侣樵鱼。清溪绝响肠堪洗，翠嶂环空眼自舒。最是斯民怀乐土，愿听击壤太平墟。

余□北□人如素好□水自□丑奉　□□莅□□□莙三载日乃□□□□字　昝□□问□山□□甲□□□又□□　□之创值此□组□□□年□□□□　□□躬行

---

[516]　〔民国〕《广西省昭平县志》，中国方志丛书第21号，成文出版社1966年影印，第59页。

[517]　李祖培：昭平县附城（今昭平镇）人，光绪三十三年（1907年）丁酉科由广西平乐府推选为拔贡。

[518]　丁酉年：光绪三十三年（1907年）。

[519]　摩崖长24厘米，宽89厘米。

[520]　陈定国：昭平县令，枕漱桥旁的《枕漱》石刻载，其曾于康熙四年（1665年）在黄姚视察，故而此摩崖应题写于康熙四年（1665年）。

[521]　摩崖长40厘米，宽89厘米，由陈定国题原诗、后跋和生员邓□宗步韵等三部分组成。其中陈定国八句原诗见载于成文出版社1966年影印的民国二十三年版《昭平县志》199页。

□输□□□而催□□□　□偕□友人周□□询□山石□□　□□之□又为□□题曰聚□□则□　且□□之洞□今日□□之山石□□□□□于　□乐□□岩□之东又曰知□□□□旦　年□使于□少□□□□题句□□　月□者□人古□云朱□□□云□在□□□　翼闻人仔□□记□□云□□□□□　□□正夏□□之日□□□以□□□者　□合温阳昇皇氏陈定国山。

　　□□洞□聚仙居，□□□□庆有余。遗爱思□岐麦秀，□□□□雷□鱼。□□□□□已，□辙扳辕意自舒。但愿□□常不老，□□□载太平圩。生员邓□宗步韵。

# （六）樟木林村读书岩石刻群

　　清康熙年间，原籍广东后定居黄姚连理街沙棠底的林廷干在樟木林村读书岩中开馆授徒，这也是迄今所知黄姚最早的学馆。此后，黄姚文风逐渐昌明。清代乾隆年间，已回广东原籍的林廷干第三子林之梧为缅怀父亲，专程从广东来到读书岩，在岩壁上刻下林廷干的四句七言诗。从此直至民国，不断有人在洞中刻诗，使得读书岩内共有石刻六通。1981年，读书岩石刻群由昭平县人民政府公布为县级文物保护单位。

## 1. 清代乾隆年林之梧刻林廷干遗诗摩崖[522]

　　林廷干遗诗。十年吾道未曾南[523]，暂向传经在此岩。如可劈山开手段，直扶天柱并肩担。

## 2. 清代同治十年（1871年）叶鹤珊题诗并序碑

　　乙丑岁[524]，予□笔西游[525]，即闻有读书岩者，登眺间□依依不忍去。今复来此，则江山如故，而岁月屡更。回首旧游，已为陈迹。爱题二律，以志时日之感云。

---

　　[522]　本诗在成文出版社1966年影印的《昭平县志》民国二十三年版200页有载，但诗名为《穿岩——赠君林廷干》，落款为本邑人。与摩崖的情况稍有不同。

　　[523]　十年吾道未曾南：林廷干在黄姚开馆十年未曾南回广东老家。

　　[524]　乙丑岁：同治四年（1865年）。

　　[525]　西游：由广东游学至广西平乐府（今广西贺州）昭平县樟木林镇。

其一：绿树荫浓一径开，灵岩旧是读书台。十年弦诵[526]人何在？千里关河我复来。石室琼堂留月住，琪花瑶草倚云裁。最怜往日题诗处，当作纱笼有碧苔。

其二：觅得嫏嬛古洞天，此间谁是掌书仙。曾闻假馆来和靖[527]，空使登楼感仲宣[528]。鸿爪雪泥重印处，马河梅岭[529]各依然。狂奴也作千秋想，姓氏先从福地镌。

同治十年[530]辛未仲秋。梅州叶受崧鹤珊[531]氏题。

## 3.清代光绪十一年（1885年）叶鹤珊题"小嫏嬛"摩崖

小嫏嬛[532]。光绪十一年[533]乙酉嘉应[534]叶受崧鹤珊书。

## 4.光绪二十一年（1895年）叶炳章题读书岩摩崖[535]

余□叶鹤珊家老师受业有年，□蒙诲我谆□辛□泮水[536]。嗣因光绪甲午[537]复请先生来樟设教三圳书室，迨至乙未[538]仲秋月，在馆染病，不数日而登仙，□予进□□。

---

[526] 十年弦诵：此处化用林廷干"十年吾道未曾南"典故。

[527] 和靖：宋代著名隐逸诗人林逋。

[528] 仲宣：汉末著名文学家王粲，字仲宣。

[529] 马河梅岭：马河即昭平县马江，梅岭指广东梅州的山岭。

[530] 同治十年：1871年。

[531] 叶鹤珊：又名叶受崧，晚清广东梅州名士，著有《守真山房诗草》。受昭平县樟木林镇叶氏本家邀请，从同治四年（1865年）到光绪二十年（1894年）先后两次在昭平县樟木林镇三圳书屋（今樟木林三圳口）办馆讲学。期间他三次登临读书岩，每此都留下题刻，此题刻为其中之一。光绪二十一年（1895年），逝世于樟木林书馆。

[532] "小嫏嬛"：三字镌刻于读书岩走廊石壁上，正楷横书右读。落款为竖写右读楷书。全碑长48厘米，宽54厘米。同治十年（1871年），叶鹤珊登读书岩时曾在洞中留下两首七律，在第二首中有"觅得嫏嬛古洞天"之句，"小嫏嬛"当由此诗句化用而来。

[533] 光绪十一年：乙酉年，即1885年。

[534] 嘉应：梅州古称嘉应州。

[535] 石刻长70厘米，宽74厘米。

[536] 泮水：古代文庙学宫前的水池，形状如半月。这里指叶炳章师从叶鹤珊。

[537] 光绪甲午：光绪二十年（1894年）。

[538] 乙未：清光绪乙未年，即光绪二十一年（1895年）。

先生题读书岩七律二首，自愧懷□才，不揣谫陋，窃步其韵而作。并自题七律二则，亦□□秋之想云。

其一：渺渺予怀□未开，伤情最□读书台。昔年面□□犹在，此日辞□□不来。壁上诗篇□我恨，岩前桃李待谁栽。□将鸿爪□泥认，辜负高名黯碧苔。

其二：觅就娜嬛[539]小洞天，吾师乘□已登仙。魂归梅岭情难□，身殒樟林恨不宣。诗句尚存人永诀，墨痕如故迹依然。生平志愿消磨尽，也得名留此地镌。

自题七律二则：

其一：青山洞口最玲珑，几度登临眼界空。（子昔年□□珊同游数次）壁上苍苔侵石凳，岩前皓月照诗筒。曾闻昔日藏书史，犹记当年避世翁。（□□□□□先父兵清伯桂岩□在此避乱数月）

自隗庸才□李杜，聊将姓氏勒其中。

其二：川岩峭仞□凌空，绝妙生成造化功。愧我题□□俗□，凭谁炼石补天工。东连五岭千层上，西求双□□望中。若使巢由[540]知此地，定来隐避作仙翁。

光绪乙未年季秋月丁□。上卿叶炳章题。

## 5. 民国六年（1917年）谢庆勋题"游读书岩"摩崖[541]

游读书岩。民国六年[542]，与德轩、慎堂、瑞卿先生并诸同学两度来游，勒此以作纪念。临贺公会[543]谢庆勋桂元题。

攀籐踏遍路巉巉，探得娜嬛境不凡。卷轴已无横案上，至今犹说读书岩。一径清阴半是苔，有谁负笈此中来。情毕竟山间月，犹照当年旧石□。振衣千仞白云低，霜叶新红半未齐。三面奇峰凌碧落，几面凭眺夕阳西。秋月春花两度游，尽收风景入吟眸。诗成不怕山□笑，也学飞鸿爪迹留。

---

[539] 娜嬛：清同治至光绪年间叶鹤珊曾在读书岩设馆授徒，清光绪二十一年（1895年）病逝于樟木林学馆。他生前曾在读书岩学馆题字"小娜嬛"。

[540] 巢由：先秦知名隐士巢父和许由的并称。

[541] 摩崖长47厘米，宽74厘米。

[542] 民国六年：1917年。

[543] 临贺公会：今平桂区公会镇。民国时，公会镇为贺县所辖，贺县古称临贺县。

# 二、黄姚牌匾

据不完全统计，黄姚古镇内目前完好保存有各种牌匾26块，它们的内容非常丰富，有的是地名牌，如"新兴街"的街名牌；有的是楹联的横匾，如"亦孔之固"牌；有的是科举功名匾如文魁、武魁和进士牌匾等；有的是对黄姚生活方式的一种宣示如"且坐喫茶"匾；有的是对一种思想观念的推介，如黄姚戏台的"可以兴"匾。在所有的牌匾中以官府给予的奖励匾所隐含的故事最为动人。

## （一）光绪五年（1879年）圣旨匾[544]

匾文：

奉天承运，皇帝制曰：任使需才称职，志在官之美。驰驱奏然报功，膺锡类之仁。尔生员梁朝鼎[545]，乃广西迁江县训导梁都[546]之父，雅尚素风，长迎善气，弓治克勤于庭训，箕裘丕裕夫家声。兹以覃恩，貤赠尔为修职佐郎，锡之敕命，于戏！肇显扬之盛事，国典非私。酬燕翼之深情，臣心弥励。

制曰：奉职无衍，懋著勤劳之绩。致身有自，宜酬鞠育之恩。尔古氏乃广西迁江县训导梁都之母，淑范宜家，令仪昌后，早相夫而教子，稗移孝以作忠。兹以覃恩，貤赠尔为八品孺人。于戏！贲象服之端严，诞膺钜典，锡龙章之涣汗，允播徽音。光绪五年闰三月初三日。

---

[544] 圣旨匾：现悬挂于新兴街门牌号为028、029、030、031号的梁姓人家中，这户人家也被称为"郎官第""圣旨府"。

[545] 梁朝鼎：字昌祚，号荆山，承祖医学，著有《荆山医理》医书，与其弟梁朝光（恩授登仕郎）均医术高明。

[546] 梁都：因军功（另一说因报捐）于光绪元年始任广西迁江县（今来宾）训导，时年47岁。其育人有方，深受百姓爱戴。朝廷认为梁都之功皆因其父母模范持家，使于光绪五年（1879年）赐封其父梁朝鼎为"修职佐郎"，其母古氏为"八品孺人"。梁都在父母去世后，将父亲所获"圣旨"刻成"覃恩碑"立于墓前。今碑仍存。

新兴街圣旨府上挂着的圣旨匾

此匾以铁梨木制成，匾文由光绪皇帝御笔，用满汉两种文字写成。其中满文内容是对汉文的复述。匾的上方刻有光绪皇帝宝玺印款。匾文和玺印来自光绪御赐圣旨。圣旨原是一件长70厘米、宽30厘米的黄绢。因绢质圣旨张挂不便，梁家便将圣旨刻成木匾高挂于堂，以彰显良好家风和不忘皇恩。后绢本圣旨遗失，仅木匾至今保留。木匾长2.5米，宽0.7米，共228字，楷书阳文，并以龙纹装饰匾框。

## （二）光绪十六年（1890年）"福泽延龄"匾[547]

匾文：

钦命翰林院编修、国史馆撰修、广西提督学政、加三级、记录五次李殿林[548]为登仕郎梁宽仁[549]八袤开一与寿题："福泽延龄"。光绪拾六年岁次庚寅仲冬月吉旦立。

---

[547] "福泽延龄"匾：此匾收藏于新兴街梁家大院内。

[548] 李殿林：清末三朝元老、曾任宣统之师。

[549] 梁宽仁：新兴街人。光绪三十四年（1908年），女婿在他81岁生日时向朝廷纳捐，以此替他祈求增寿。广西提督学政李殿林认为此举有利于国，乃题匾以贺。

## （三）"稀龄举案"匾

匾文：

赐进士出身、状元及第、钦点翰林院修撰、提督广西全省学政[550]、前江南江西副主考、加六级钮福保[551]为耆员登仕郎[552]郭际康暨德配古孺八衮开一与寿题赠："稀龄举案"。道光丙辰岁[553]季冬月谷旦立。

清朝道光年间，郭家是黄姚富户。《郭氏族谱》载：郭际康字瑞理，号赐蕃，生于乾隆年间，庠生，卒于咸丰元年（1851年）。与其妻古氏同逢81岁大寿，其子郭敬璋为示孝心，向朝廷捐纳报请功名，获封"登仕郎"，并由时任提督广西学政的钮福保为郭际康题匾褒奖。此匾现存天然街郭家大院。

## （四）"模范长留"匾

此匾原存于龙畔街039至040门牌号的莫姓人家，今已遗失。由于匾文记录不全，仅留匾文主要内容"模范长留"四字，落款是刘宗标。

咸丰八年（1858年）广东怀集农民政权"大洪朝"陈金刚部郑金、汤六等人率众攻入贺县县城。时为贺县秀才的刘宗标一家大部遇难，其妹随难民逃至黄姚，被黄姚街民莫云纪（字缄臣）收留，从此与家人失散。咸丰十一年(1861年)，刘宗标中选拔贡，入国子监读书。同治元年（1862年）再中选顺天壬戌恩科第48名举人。光绪二年（1876年）又中丙子恩科进士，殿试二甲第61名。光绪三年（1877年）再获丁丑科朝考一等，被钦点为翰林院庶吉士，成为贺县史上第一位翰林。光绪三年（1877年），他返乡祭祖探亲，得知妹妹被黄姚莫家收养，且莫家还为她操办婚事。有感于莫家大恩，遂登门向莫家致谢，并题"模范长留"四字匾。

---

[550] 提督学政：简称学台、学宪、布政使或藩台、方伯、东司，与巡抚、巡按同级，属正三品，一般由翰林院或进士出身的京官担任。清代广西提督学政的衙署提督学院驻桂林。

[551] 钮福保：浙江吴兴县人，清道光十八年（1838年）状元。授翰林院修撰，掌修国史。道光十九年任江南乡试副主考官，次年任江西乡试副主考官，道光二十年（1840年）八月初二由翰林院修编调任广西学政，后调回京，官至詹事府少詹事。

[552] 登仕郎：文职散官名，闲职，正九品。获得途径一是在朝为官有政绩的人，朝廷封赠其祖父或父亲。二是通过向朝廷捐赠获得功名。作为九品文官，其官服的补子图为练雀，帽子顶珠为银质。

[553] 道光丙辰岁：道光年间无丙辰岁，此处记载应该有误。

## （五）"且坐喫茶"匾

匾文：

林作楫题：且坐喫茶，乾隆三十年岁次乙酉。

此匾由清代乾隆三十年（1765年）黄姚举人林作楫题写，现存于龙畔街兴宁庙。匾文化用了宋代员兴宗诗作《春日过僧舍》中的"且坐吃茶去，留禅明日参"诗句，不仅彰显了黄姚人热情大方的纯朴民风，而且也宣示了黄姚人超然洒脱的生活态度。1989年被收入《中华名匾》一书，成为广西入选该书的16块名匾之一。

## （六）"可以兴"匾

匾文：

"可以兴"

此匾现藏于黄姚古戏台。乾隆年间黄姚戏台重修，其时黄姚人林作楫已经乡试中举，在家乡开办私塾，黄姚、樟木一带的学子多出其门。鉴于他在黄姚地方的崇高声望，士绅们便邀其为戏台题字。《论语·阳货》说："诗，可以兴，可以观，可以群，可以怨。迩之事父，远之事君。"林作楫认为戏台上所演的戏剧与《论语》所言及的诗句具有同样的教化之功，便以"可以兴"作为戏台题匾。

## （七）"乔松千尺"匾

匾文：

"乔松千尺"

此匾现藏于龙畔街037号一户莫姓人家。清雍正年间，黄姚街子弟莫廷相考入国子监，毕业后，他返回家乡举办塾馆授徒。当地的举人、秀才多出自他门下。为了表彰他在家乡兴办教育的的化人之功。乾隆二十五年（1760年），广西布政使司授予他这一牌匾，与其府上原来的"文经第"匾一起悬挂于门头。

## （八）"直道可风"匾

扁文：

"直道可风"

此匾收藏于鲤鱼街一户古姓人家。清朝乾隆时期，古家是黄姚大户。古家主人古周年轻时曾是一位知县的师爷，致仕之后，返回黄姚养老。古家雇佣的长工中，有一名姓董的是土匪内应。乾隆五十一年（1786年）中秋节晚上，董姓长工打开主人家通往宝珠观的后门，将土匪引入鲤鱼街。土匪闯入古家，古周老人大义凛然，破口大骂。土匪恼羞成怒将其杀害。老人曾经辅政的知县获悉消息，痛心不已，派人送来这块牌匾，追念他的英勇壮举。

## （九）"司马第"匾

匾文：

"司马第"

此匾悬挂于黄姚龙畔街一户莫姓人家的大门上。司马第这座民宅始建于清代嘉庆年间，第一代家主莫家成是经商能手，家中颇为富有。清道光年间莫家成之子莫蔼然中选监生，是秀才中的姣姣者。为给儿子谋一个好前程，莫家成筹资于道光二十年（1840年）前为儿子捐了一个"候补直隶分州"的官职。清朝地方州府有直隶州、散州、分州三种等级。其中省府所在地的府州称"直隶州"，其下所属之县称"分州"。道光二十五年（1845年），莫蔼然顺利出任"州同"职务，即直隶分州的同知官。同知是知府或知县的副职，主管缉盗、剿匪等武事，通称为"司马"。从此，这间莫家大屋就称为"司马第"。

## （十）"千顷第"匾

匾文：

"千顷第"

此为石匾，嵌于黄氏宗祠大门的门头处。贺州民间除瑶族和苗族之外，其他如汉族、壮族等都有标榜堂号与门第的习俗，就是在祠堂和住家大门上悬挂横匾或张贴横额，上书门第或堂号。堂号多用郡望，如黄氏写"江夏堂"。在古代，郡望是望族的籍贯，因某族世居此郡时富贵荣华为当地所仰望。门第多用典故，即本家族史上杰出人物的杰出事例，黄姓多以"千顷第"为第号。因东汉慎阳人黄宪人品好，风格高，大儒荀淑称他是国中颜子，郭林宗称他道德"汪洋若千顷陂"。1938年，黄姚的黄姓名流到桂林找到时任广西省政府主席的黄旭初，请他为黄氏宗祠题字。遵循贺州民风，黄旭初挥笔写下"千顷第"三字以赠。事后，在族老们的率领下，黄姚的黄姓家族将题字刻成石匾，镶入祠堂。

# 第五章

# 文化文艺

　　黄姚山水景观与街区建筑美丽异常，随时都在触发人们的文思。得"江山之助"，无论是黄姚的本土文人，还是外地来黄姚游览的雅士，不时都会有精致的诗联之句喷涌而出。随着黄姚教育事业的不断发展，黄姚科举士子的不断增多，文人成为黄姚的一个闪光群体。在这个群体的引领下，历史上，黄姚的诗联创作活动十分活跃，几乎形成了一个以吟咏黄姚景观为主要题材的"黄姚诗派"。这些志同道合的文人们不时集会，畅游山水，举办雅集活动。兴致来时，还不时用诗联来互相唱和，表达山水之乐。这就为后世留下了许多脍炙人口的诗句和楹联。黄姚的普通民众虽然不能像文人一样创作诗联作品，但随着明清时期官府不断倡导文化的教化作用和宗族对门第家风的推行，这些民众因为赞赏诗联作品中关于忠孝精神、家国情怀、宗族记忆、社会担当、宗教权威等方面的主张，而自觉参与到了诗联作品的鉴赏与传播活动，并最终成为诗联作品的主要消费者。

# 一、楹　联

　　楹联文化作为中华民族优秀传统文化中的一朵奇葩，历史源远流长。早在秦汉以前，我国民间就有在家门口悬挂桃符的习俗，这成就了最早的楹联。到了清代，进入楹联发展的全盛时期，楹联之于清代就如诗词之于唐宋。在这一文化背景的熏陶下，清代的黄姚科举士子和到访黄姚的绅士名家，常常撰联以感怀、励志、颂景、表明主张、追溯姓氏源流或表达信仰，这些活动为黄姚留下了丰富的楹联作品。黄姚的楹联不仅对仗工整、平仄协调、文采飞扬、内涵深邃，而且还采用了顶针、嵌名、集句、用典等许多联句特有的表现手法，展现了较高的艺术特色。但是，由于时代久远，清代康熙之前的黄姚楹联已经散佚殆尽。保存至今最早的楹联只可追溯到乾隆举人林作楫创作的黄姚古戏台联和兴宁庙联。据统计，黄姚古镇至今仍然保存清到民国时期的楹联197副，绝大部分记载于手抄文献中，另有50余副以题壁的形式写于宗祠、庙宇、桥亭、塔楼、门楼、戏台等公共建筑的柱上和门旁，也有极少部分采用石刻的办法刻写于建筑的石柱之上。题壁和石刻的楹联共有两大分布群落，一个在古镇的街上，一个是在文明阁中。

　　散落于建筑上的楹联极难断定历史时代，有的是为纪念建筑落成而量身创作的，当即被摹写到建筑上；有的是原联已经毁坏，后来在维修时又重新补写的；还有的是后人从原创者的手抄本中摘抄下来，然后再题写到建筑上的。因此，黄姚建筑上的许多楹联尽管有作者署名，但这个作者可能只是撰句者，而不一定是题写者。例如题写于兴宁庙亭上的楹联"襟带河山，形胜甲出"联，其落款为"巨川林作楫题"。林作楫生活在清代乾隆时期，但《道光二十三年（1843年）重建兴宁庙碑》明确指出"嘉庆丙辰春，淫雨不息，江水暴涨，座前亭宇被洪波摧圮"，说明清嘉庆时兴宁庙亭已经被洪水冲毁，题写于亭上的对联自然已经不存。因此，今保存在兴宁庙亭上的这副对联应该不是林作楫本人手迹，而是后人摘抄时为表达对原作者的尊敬，签署了林作楫的名和号；再有就是，同一建筑上的楹联也可能创作于不同时代。以兴宁庙为例，庙中共有四副楹联，其中"别有洞天藏世界，更无胜地赛仙山"一联是清代乾隆举人林作楫的作品，另一副楹联"山停水峙鱼鼓浪，春华秋实鸟争鸣"的作者则是清代咸丰至同治年间的黄姚名绅莫云纪，两联的时间相差百余年。

# （一）文明阁楹联群

文明阁在黄姚街东南天马山的山腰上，创建于明代万历年间，清代及民国有多次的复修和增扩建。凡文明阁各建筑其上都题写有楹联，至今仍清晰可读的共计15副。因为这些楹联中的绝大部分都无署名，也无题写时间，因此文明阁上的楹联绝大多数不能准确确定历史年代，仅能明确为民国之前。但由于清代道光年间的黄姚籍邑庠生莫粹然和贡生古述堂在其为文明阁题写的楹联中有落款，由此可以推算，文明阁至迟在清代道光年间已经题写有楹联。

## 1. 第一道山门楹联[554]

横批：文明首第[555]。联对：春入水愈响，秋高山更清[556]。

## 2. 第二道山门楹联

横批：有声门。联对：星临平野阔，山似落阳多[557]。

## 3. 第三道山门楹联

横批：天然图画。联对：乾坤风月归图画，山水烟霞入品题。

## 4. 神龛楹联[558]

万古垂经纬，千秋仰圣神。

---

[554]　第一道山门位于文明阁山麓，是由山下上行进入文明阁的第一道大门，楹联为墨书。

[555]　文明首第：1986年7月1日由广西壮族自治区政协副主席莫乃群题写。

[556]　春入水愈响，秋高山更清：这个联句化用了唐代诗人姚合《题宣义池亭》"春入池亭好，风光暖更鲜"的诗意。由广西壮族自治区政协副主席韦瑞霖手书，他曾于抗战期间任昭平县县长。

[557]　这个联句采用了集句手法，集合了杜甫和李白两首诗的句子，即杜甫《旅夜书怀》"星垂平野阔，月涌大江流"和李白《金陵三首》"苑方秦地少，山似洛阳多"。

[558]　此联作者莫粹然，字玉如，清代道光黄姚街人，邑庠生。

## 5. 神殿石柱长联

杰阁枕高崖合远近佳山名水尽归眼界，鸿恩敷下士仰圣神文经武纬并耀人寰[559]。

## 6. 豁然亭[560]楹联

联一：有风花气犹迷阁，无雨岚光尚滴衣。

联二：东西岸隔千波阔。上下江门万阁添。

联三：上下江涵画阁添，东西岸隔烟波间。

联四：诸君到来不妨坐坐，朋友相会随便谈谈。

## 7. 不夏亭[561]楹联

联句：此地以俯仰为乐。其间于觞咏兴怀[562]。

## 8. 福缘台[563]楹联

联句：远望人烟多历落。侧闻溪水自潺湲[564]。

## 9. 惜字炉[565]楹联

正面联：赤文[566]归造化，绿字[567]幻霞烟。

---

[559] 〔民国〕《广西省昭平县志》，中国方志丛书第21号，成文出版社1966年影印，第27页。

[560] 豁然亭：在文明阁第一道山门与第二道山门之间。亭内和亭外各有一联。

[561] 不夏亭：在文明阁魁星楼下，民国年间已废，楹联内容见于民间记忆，由今黄姚楹联研究者李夏先生记述。

[562] 这个联句化自王羲之《兰亭集序》中"仰观宇宙之大，俯察品类之盛……信可乐也""一觞一咏，亦足以畅叙幽情""俯仰之间，已为陈迹，犹不能不以之兴怀"等句子。

[563] 福缘台：在第二山门即"有声门"之后。

[564] 此联作者古述堂。

[565] 惜字炉：在福缘台南侧，共有三联，作者为古述堂。

[566] 赤文：文章后面的红色印款。

[567] 绿字：墨字，指文章中除印款之外的文字。

北侧联：迹泯八风[568]三雨[569]外，烟迷五岭[570]一溪[571]中。

南侧联：一炉纸化氤氲气，万古人存爱护心。

## 10. 魁星楼[572]楹联

楼上内联：登千仞壁心先到，上一层楼眼更舒。

楼外联：光逗松间悬月镜，凉引竹外挂风琴。

楼下联：下界路从溪口过，上方人在画中行。

# （二）黄姚街楹联群

　　黄姚街上的楹联主要题写在门楼、社庙、神祠、桥亭等公共建筑上。尽管有些传统的公共建筑现在已遭拆除，但是由于史料在记载楹联时也一并指明了楹联所题刻的建筑名称，因此透过楹联可以对黄姚老街的原有建筑风貌实施部分复原。例如黄姚街现在仅存11座街门，分别是：东门、西门（西顾延禧门）、亦孔之固门、三星门、中兴街门、守望门、新安门、升平门（太平门）、新兴门、余庆一门、永安门。但按照民间流传的楹联手抄本，黄姚至少有18座街门，即东门、西门、南门、"亦孔之固"门、三星门、福庆门、大新门、太平门、天然门、接龙门、金德门、"福凝龙畔"门、"云根庄"门、守望门、永安门、近安门、新兴门、锡巩门、余庆一门。如果把楹联所记录的门楼与现存门楼互为补证，可知黄姚历史上至少共有街门21座，即东门、西门（西顾延禧门）、亦孔之固门、三星门、中兴街门、守望门、新安门、太平门（升平门）、新兴门、余庆一门、永安门、南门、福庆门、大新门、天然门、接龙门、金德门（集福门）、"福凝龙畔"门、"云根庄"门、近安门、锡巩门。

　　而且建筑上的楹联往往会对建筑的功用进行解释，如此，透过楹联还可以更好地了解黄姚建筑背后的文化含义。例如：宝珠观，按照一般的认知，

[568] 八风：《说文·风部》："风，八风也。东方曰明庶风，东南曰清明风，南方曰景风，西南曰凉风，西方曰阊阖风，西北曰不周风，北方曰广漠风，东北曰融风。"

[569] 三雨：指雨、雪、霜。

[570] 五岭：黄姚位于五岭的萌渚岭中。

[571] 一溪：指姚江。

[572] 魁星楼：文明阁的最高楼阁，共有三副楹联。

"观"是道教建筑，而佛教建筑应称为"寺"。但宝珠观头门上的楹联却写道："佛日光明临远迩，禅关山水最幽灵。"从联句可知，宝珠观亦包含有佛的因素。此外，观中的石柱联上还讲述了儒家主张的文治武功。因而，由楹联呈现出来的宝珠观宗教崇拜包含儒佛道的融合，而不是各家教派的各自分流。再如，一般以"祠"为名的建筑多是些祭祀祖先的场所，但楹联却显示，黄姚以"龙"为名的祠类建筑其更大的功用是观景亭。在见龙祠共有四副楹联，其中一副楹联写道："见隐显微一甲咸蒙保障，龙盘虎踞千秋共仰英灵。"这确实是在为神龙歌颂功德。但另外三副联却分别为："开拓四壁凭看石，闲对中流为听泉""坐久不知红日到，闲来偏笑白云忙""画意诗情山色裹，天光云影水声中"。这里，完全是在歌颂黄姚的景观价值。不仅如此，黄姚其他以龙祠命名的建筑如护龙祠、佐龙祠、接龙祠等其楹联亦大都讲述黄姚美景。

另外，黄姚街的一些楹联还具有鲜明的时代特征，可用作历史断代的重要参考。例如佐龙祠楹联"佐起文明新运会，龙扶博厚铁山河"。它由黄姚街光绪秀才劳锡庞撰写，句中的"文明新运会"讲的是清代光绪年间的变法运动，时代特征典型而且直观，对建筑和楹联本身的历史年代都具有准确的指向。

## 1. 宝珠观[573]楹联

头门联：佛日光明临远迩。禅关山水最幽灵[574]。

照壁联：窥透灵山[575]千叠嶂。别开兜率[576]一重天。

神座联：法像在一龛仰仙佛圣神赞化调元宏乐利。鸿恩流万载合士农工商领和食德永瞻依。

石柱联一：文德诞敷万载科名司甲乙。武功丕著一生得力在春秋。

石柱联二：宝阙[577]大帡幪[578]幸岁时稔熟[579]雍熙玉烛调和[580]万姓共符祈祝愿。珠宫开宴会合远近尊卑长幼金囊乐解一堂齐结喜欢缘。

---

[573] 宝珠观：在黄姚老街东北面，是目前所知黄姚始建年代最早的古建筑，观中有楹联7副。

[574] 本联作者莫汝功，生平参考注释264。

[575] 灵山：仙山。

[576] 兜率：佛教用语，是欲界的第四重天。相传释尊成佛以前，住在兜率天。未成佛的弥勒也住在兜率天，将来他们会像释尊一样从兜率天下凡到人间成佛。

[577] 宝阙：宫阙的美称。

[578] 帡幪：帐幕。引申为覆盖、荫护。

[579] 稔熟：熟悉。

[580] 玉烛调和：天地四时之气和合调顺。

石柱联三：福庇喜咸敷值梓里[581]均安文学均兴统数寸村缘信建醮酧思同证这场因果。宁安欣有自屈[582]四序[583]无愆[584]三农无害合亿万姓士女歌功颂德共荷此日麻祯[585]。

石柱联四：珠宫增采绚布满琪花瑶草陆离光怪抒诚拜谒尽倾心。宝刹耀云霞装成玉宇琼楼金碧交辉览胜游观咸驻足。

石柱联五：宝刹从巍峨比番灯彩辉煌杰沓喧阗握手权谈题不律，珠江垂保障此日笙簧缭绕欣腾踊跃倾囊解囊兴佛豪。

木扇门联：法像在一龛仰仙佛圣神赞化调元[586]宏乐利。鸿恩流万载合士农工商饮和食德[587]永瞻依。

字纸炉联一：只是爱文浑似宝。还教惜墨更如金。

字纸炉联二：金石声成归锻炼。风霜字挟作烟云。

字纸炉联三：烟消云里光文物。气焰炉中贯斗牛。

## 2. 准提阁[588]楹联

五色身香味觞法。得般若波罗密多[589]。

## 3. 古戏台[590]楹联[591]

檐柱联：闻其声乐则生矣不妨既竭耳力。观其色人焉瘦哉仍须功以心思[592]。

金柱联：锣鼓喧天管弦悦耳共奏升平乐。霓裳漫舞羽曲高歌齐呼可以兴。

---

[581] 梓里：故乡。

[582] 自屈：尽自己力量。

[583] 四序：春夏秋冬四季。

[584] 无愆：没有过失。

[585] 麻祯：保障幸福。

[586] 赞化调元：调整身体，恢复元气。

[587] 饮和食德：饮食合理有规律。

[588] 准提阁：在黄姚宝珠观侧旁，清乾隆年始建，清道光后为樟林巡检分司驻地、民国时为黄姚小学办公地，阁中仅楹联一幅。

[589] 般若波罗密多：指《般若波罗密多心经》。

[590] 古戏台位于宝珠观东北侧，为宝珠观附属建筑，主要上演桂剧、粤剧、祁剧、采茶戏等地方剧种，有楹联两副。

[591] 此联作者林作楫，黄姚街人，清代乾隆时举人。

[592] "乐则生矣"出自《孟子·离娄上》"乐则生矣，生则恶可已也"；"人焉瘦哉"出自《论语·为政》"子曰：视其所以，观其所由，察其所安，人焉瘦哉？"用这两个典故赞美演出曲调欢快，表演逼真。

## 4. 兴宁庙[593]楹联

前檐柱前联：别有洞天藏世界，更无胜地赛仙山[594]。落款："林作楫"[595]。

前檐柱后联：襟带河山，形胜甲出。落款"巨川林作楫题[596]"。

后檐柱前联：帝[597]阙万年垂保障，仙山千古仰英灵[598]。

后檐后联：山停水峙鱼鼓浪，春华秋实鸟争鸣[599]。

庙檐联：百鸟枝头歌胜地，万民得泽乐绕天。

八仙亭联：一溪[600]山水绿，半壁[601]图画新。

望月亭联：片石播芳名，千家修善果。

## 5. 安乐祠[602]楹联

联一：安康万物沾神泽，乐利千秋仰圣功。

联二：安居事业叨恩荫，乐土人情醉太平。

联三：梅舍雪意开千孕，月衬灯光照六街。

联四：四境均安沾厚泽，一方共乐答鸿恩。

联五：新华会启长安地，虎榜经设至乐天。

## 6. 见龙祠[603]楹联

联一：见隐显微一甲咸蒙保障，龙盘虎踞千秋共仰英灵[604]。横批：泽遍粉扮。

---

[593]　兴宁庙在黄姚西南，明万历间建，清乾隆二十年（1755年）重修。庙前的护龙桥上建有真武亭。

[594]　仙山：隔江山和真武山。相传隔江山曾有八仙聚会，真武山是北帝的化身。

[595]　林作楫，黄姚街人，清代乾隆时举人。

[596]　巨顺林作楫：林作楫号巨川，字济客。

[597]　帝：北帝，代指真武山。

[598]　此联作者何其璋，字玉田。

[599]　此联作者莫官生，字云纪，清代咸丰至同治年间人。

[600]　溪：姚溪。

[601]　壁：八仙亭后壁，其上有八仙醉酒图壁画。

[602]　安乐祠在安乐街，为纪念明代千户李道清首设黄姚营并率兵民讨平动乱而于清顺治元年（1644年）创建。1944年改建为街公所粮库、1951年至1954年为黄姚文化站办公地，有楹联5副。

[603]　见龙祠在黄姚街带龙桥东北面，清道光十年（1830年）重修，有楹联4副。

[604]　此联由梁端章撰于清光绪丙午年（1906年）。联对将"见龙"二字嵌入上下联开头，是藏头联。

联二：开拓四壁凭看石，闲对中流为听泉。

联三：坐久不知红日到，闲来偏笑白云忙。

联四：画意诗情山色裹，天光云影水声中[605]。横批：山水清音。

## 7. 佐龙祠[606]楹联

联一：佐起文明新运会，龙扶博厚铁山河[607]。

联二：傍水四围山蕴籍，洞天一品石玲珑[608]。

联三：此地有碧流[609]黄石，其间皆翠绕珠[610]围[611]。

联四：乾坤风月无双价，廊庙山林一等人。落款"方甫梁端章[612]。"

联五：八景[613]钟灵玉鲤化龙[614]曾现迹。双桥[615]巩固珠江夜月著文明[616]。

## 8. 护龙祠[617]楹联

联一：片石此天地，清泉自古今[618]。

联二：几叠云山林际出，一湾溪水槛边流。

---

[605] 此联作者梁端章。"画意诗情"句出自南宋周密《清平乐·横玉亭秋倚》"诗情画意，只在阑杆外"；"天光云影"出自宋代朱熹《观书有感》"半亩方塘一鉴开，天光云影共徘徊"。对联的整体句式化自唐代杜牧《题宣州开元寺水阁》"鸟去鸟来山色里，人歌人哭水声中"诗句。

[606] 佐龙祠在宝珠观东南侧，被小珠江和姚江环绕，始建于清代乾隆年间，光绪、1984年重修。祠旁还有宝珠山、鱼跃龙门等景观。祠中楹联多是对周边景观的称颂。

[607] 此联作者劳锡庞，清代光绪年黄姚秀才。该联为藏头联，将"佐龙"二字分别嵌进上下联头。

[608] 作者是光绪年黄姚街秀才莫怀宝。此联句曾获平乐府台盛赞，书法亦佳。

[609] 碧流：宝珠江和小珠江溪流。

[610] 珠：宝珠山。

[611] 作者古光庭，其生平参考注释295。

[612] 方甫：梁端章，字方甫，清代光绪十七年（1891年）辛卯科副贡，黄姚街人，敕授文林郎，拣选直隶州州判，未上任，一直在家读书办私塾、研习中医。

[613] 八景：指黄姚八景。

[614] 玉鲤化龙：指佐龙祠前鱼跃龙门景观。

[615] 双桥：指佐龙桥，又称双龙桥，由前后两次修建的两个石拱横向并联后形成的一座在纵向观看仅能看到一拱的单跨拱桥。

[616] 作者莫云纪，黄姚街民，清同治四年（1865年）题写，是年安乐街人古廷杭等倡议维修佐龙祠。

[617] 护龙祠在黄姚街东南角仙山祠外，清道光间建，民国拆除。

[618] 此联句化用清初王士祯《池北偶谈》"片石此天地，荒祠自古今"诗句。

## 9. 回龙庙[619]楹联

联一：庙貌庄严资保障，山川灵秀仰回龙[620]。
联二：自古神灵凭地胜，而今人乐藉年丰。

## 10. 接龙社[621]楹联

社坛联：天然培地脉，龙接护民庐。
社亭联一：桥[622]通可接天然[623]秀[624]，社设偏钟地脉灵。
社亭联二：负来横径敦古处，吹豳击鼓庆丰年。
社亭联三：风醇共藉平安福，世界咸歌大有秋。

## 11. 福德祠[625]楹联

联一：福佑一方欣共乐。德敷万户庆同安。
联二：福庇四时调玉烛。德联十宝奠金瓯。

## 12. 福庆祠[626]楹联

联一：福巷常沾居士迹，庆居还见古人风。
联二：吉庆常沾福庇，安康永藉神灵。

## 13. 护民祠[627]楹联

联一：雨顺风调资庇荫，民康物阜咏仓箱。
联二：护佑小村归在抱，民从乐处切瞩依。

---

[619]　回龙庙在黄姚街北古氏宗祠外，清乾隆间建，民国十一年（1922年）被水毁无存。

[620]　此联句采用嵌名手法，联中嵌有"回龙庙"三字。

[621]　接龙社在黄姚街西南，清乾隆间建，有社坛、社亭，民国十九年（1930年）拆，并在原址上建关区小学。

[622]　桥：天然桥。

[623]　天然：天然街。

[624]　秀：迎秀街。

[625]　福德祠在黄姚街南隔江山下，清乾隆间建，1957年拆毁，今又重建。

[626]　福庆祠在黄姚街西的福庆巷（即牛巷），清嘉庆间建，民国年间拆毁。

[627]　护民祠在黄姚街东门楼外，清嘉庆间建，民国间拆除。

## 14. 水口祠[628]楹联

联一：水口萦纡流圣泽，恩膏普被仰神庥[629]。
联二：江河日下凭谁挽，砥石中流待我为。

## 15. 大圣祠[630]楹联

联一：游客已瞻新圣相，行人还仰旧英灵。

## 16. 西宁社[631]楹联

社坛联：望阙[632]心诚殷向北，怀音念切咏西归。
社亭联一：小径[633]可从西市入，闲门又傍社亭开。
社亭联二：坦道依然来乐土，好音可念共西归。
社亭联三：桑梓人归歌乐土，扮榆景在忆遗风。

## 17. 吕公社[634]楹联

社坛联：一傍近倚横襟水，万树低迷隔岸山。
社亭联：咫尺风光亭外接，有无山色树中看。

## 18. 天然亭[635]楹联

联一：天有仙山留过客，然无画舫接来人[636]。
联二：千年古镇无双景，十里长街又一亭。

---

[628] 水口祠在黄姚街东南东门外，建于明万历间，清同治十一年(1872年)重修，民国五年（1916年）被水毁无存。

[629] 此联句采用嵌名手法，句中嵌有水口祠的"水口"二字。

[630] 大圣祠在黄姚街西枕漱桥旁，清顺治间建，为石拱桥，1976年拆毁，今无存。

[631] 西宁社在黄姚街西门内，有社坛和社亭，清康熙间建，民国十九年（1930年）拆建关区小学。

[632] 阙：神殿。

[633] 小径：从昭平县城方向通往黄姚古镇内的通道。

[634] 吕公社在黄姚街北三星桥旁，清嘉庆间建，民国年间拆毁，曾有社坛和社亭。

[635] 天然亭在黄姚古街西北天桥然桥旁。

[636] 此联为藏头联，上下联头藏有"天然"二字。

联三：一水绕亭榕[637]作伴，双虹[638]飞渡蟹[639]为邻。

联四：清山竞秀林尤翠，绿水争流海更蓝。

## 19. 东门楼[640]楹联

外联：川达三江[641]直绕遇珠海[642]姚溪[643]雄吞西域[644]，楼成五凤[645]特耸出螺峰[646]文峡[647]关键东门[648]。

内联：明月照山间月移山影行人往，清风飘云际风送云踪去复来[649]。

## 20. 西门楼[650]楹联

外联：序协[651]休徵[652]宏眷顾，家敦古处乐康熙。

内联：四面云山皆入画，一天风月最宜人[653]。

---

[637]　榕：天然亭旁古榕树。

[638]　双虹：天然桥的天生两个石巩。

[639]　蟹：天然桥旁外形像螃蟹的天然奇石。

[640]　东门楼在中兴街，建于清初，乾隆二年（1737年）重修。

[641]　三江：宝珠江（铜钟水）、小珠江（锡巩水）、兴宁河（亭子溪）。

[642]　珠海：双龙桥附近的鲤鱼潭。

[643]　姚溪：姚江。

[644]　西域：东门楼以西区域。

[645]　五凤：五凤楼即东门楼。东门楼屋顶四条垂脊尾端上翘如四只凤头。另外，东门楼正脊中间有装饰构件高出正脊，远观如凤头，而正脊与垂脊相交后，垂脊顶部高翘如凤尾开屏，故而正脊也算成是一只凤。

[646]　螺峰：文明峡附近的螺山。

[647]　文峡：文明峡，在黄姚古镇南。

[648]　此联作者林作楫。

[649]　此联作者为清代乾隆年人郭泽华。

[650]　西门楼，又名西顾延禧门，在迎秀街，始建于清康熙年间。

[651]　序协：有规律地调和。

[652]　秀徵：吉祥的征兆。

[653]　此联作者古公之愚是清道光至咸丰年间黄姚绅士。上联"四面云山"借用唐代朱湾《寻隐者韦九山人于东溪草堂》"四面云山谁作主，数家烟火自为邻"，下联"一天风月"化用南宋魏了翁《临江仙》"春院绣帘垂□□，一天风月横陈"。

## 21. 南门楼[654]楹联

外联：地辟郊关仍设备，太平鱼鸟亦忘饥。

## 22. "亦孔之固"门[655]楹联

外联：珠水[656]横襟无限碧，武峰[657]隔岸有馀青。

## 23. 三星门楼[658]楹联

外联：傍社葱茏千树合，临楼咫尺一桥横[659]。

## 24. 锡巩门[660]楹联

外联：缥缈祥云来锡巩，缤纷紫气接金屏[661]。

## 25. 福庆门[662]楹联

外联：福有攸同兵械已销农器，庆无不洽闭防仍在市为。

## 26. 大新门[663]楹联

外联：关键恰当双路口，钟灵独秀一枝峰。

---

[654] 南门楼：在金德街南塘边。

[655] "亦孔之固"门：在安乐街宝珠巷。门联由清代黄姚书画家林贡书写。

[656] 珠水：指黄姚的宝珠江和小珠江。

[657] 武峰：真武山。

[658] 三星门楼：在金德街"羊巷"。

[659] 此联作者为清光绪间黄姚秀才郭敦臣。

[660] 锡拱门：在平秀巷锡巩桥旁。

[661] 联句中的"锡巩"指锡巩桥，"金屏"指真武山，黄姚人把真武山作为古镇聚集龙气的屏障之地，古黄姚八景称真武山为"真武屏障"。

[662] 福庆门：在平秀巷牛巷口，民国间已拆毁。

[663] 大新门：在平秀巷，民国间已拆毁。

## 27. 太平门<sup>[664]</sup>楹联

外联：太和有象天街胜，平正无偏道路遵<sup>[665]</sup>。

## 28. 天然门<sup>[666]</sup>楹联

外联：天公有意关防密，然诺无轻俗尚敦<sup>[667]</sup>。

## 29. 接龙门<sup>[668]</sup>楹联

外联：门近接龙水流四八，桥横走马景足西南。

## 30. 金德门<sup>[669]</sup>楹联

金德门外联：金瓯<sup>[670]</sup>留险迹，德曜仰斯门<sup>[671]</sup>。

## 31. "福凝龙畔"门<sup>[672]</sup>楹联

外联：福凝溢庆门凝霭，龙畔还高让畔风<sup>[673]</sup>。

## 32. "云根庄"门<sup>[674]</sup>楹联

外联：正向云根开第宅，好观风化出乡闾。

---

[664] 太平门：在平秀巷与天然街交界处，大闹钢铁时拆毁。

[665] 此联的上下联头中藏有"太平"二字，为太平门的藏头联。

[666] 天然门在天然街头，1954年拆搬建小学。

[667] 此联的上下联头藏有"天然"二字，为天然门的藏头联。"然诺无轻"语出李白《侠客行》"三杯吐然诺，五岳倒为轻"，意为把承诺看得比五岳还重。

[668] 接龙门：在天然街头，即外闸。

[669] 金德门：在金德街中，1952年拆毁，现无存。

[670] 金瓯：相传金德街在建造过程中出土有一瓯黄金。

[671] 此联采用嵌名手法，联中嵌有"金德门"三字。

[672] 福凝龙畔门：在福德祠左旁，1956年拆毁，今无存。

[673] 福凝：为龙畔街的街门，此联句采用嵌名手法，对联嵌有"福凝门"和"龙畔"等字。

[674] 云根庄门：在龙畔街。

## 33. 守望楼[675]楹联

外联：守备总添刁斗净，望尔还慰树人情[676]。

## 34. 永安门[677]楹联

联一：永作中流砥柱，安康盛世机关[678]。
联二：永怀乐土人归市，安不忘危夜闭关。

## 35. 近安门[679]楹联

外联：树上有花千眼近，乡中无鬼万民安[680]。

## 36. 带龙楼[681]楹联

外联：带砺河山依然半壁，龙腾瑞霭又是一楼。

## 37. 新兴门[682]楹联

外联：山骨水腴有馀秀，清风明月无尽藏[683]。

## 38. 余庆一门[684]楹联

余庆一门在中兴街真武山脚下。

---

[675] 守望楼在龙畔街仙山祠下，1976年拆。

[676] 下联摘自清乾隆十六年（1751年）状元吴鸿诗句"喜极转添知己泪，望深还慰树人情"。

[677] 永安门：在安乐街与龙畔街交界处，1960年代拆毁。

[678] 此联句采用分嵌手法把永安门的"永安"二字嵌进了对联。

[679] 近安门：在安乐街劳家巷口。

[680] 此联将"近安门"的"近安"二字藏于上下联尾，为"束履格"联。

[681] 带龙楼：带龙楼：又称龙楼，位于黄姚古镇龙畔街的带龙桥上，清代乾隆二十三年（1758年）建，20世纪60年代拆毁，今不存。

[682] 新兴门：在中兴街，建于清乾隆年间。

[683] 下联化用宋代苏轼《前赤壁赋》"惟江上之清风与山间之明月，是造物者之无尽藏也"。

[684] 余庆一门：在中兴街真武山麓。

外联：江山依旧桃千树，门第常新脉一门。

## 39. 升平门[685]楹联

升恒有象开街胜，平正无偏道路尊。

## （三）宗祠楹联群

自古以来，黄姚民间各姓氏、各家族均热衷于宗祠建设。改革开放后，修祠联亲的活动更趋活跃。每一个族姓都会建立一个组织，如宗亲经济文化促进会、宗亲联谊会、宗祠筹备会、宗祠管委会等，用以组织宗族活动。这些组织的骨干成员一般是经济能力较强的私企业主、家族长老和地方头人。修建祠堂的资金大多来源于私企业主的个人捐资，个别家族甚至由一个或几个私企业主全部包干。而对于一些没有大老板，或者大老板不热心捐资的家族，则由长老头人向同族宗亲各个家庭按人口众筹。因出资来源和宗祠组织不同，宗祠可分为总祠、族祠、家祠等好几个等级。以一个较大范围地区同一姓氏共同组织出资建设的祠堂叫总祠，一般一个县或市域内只有总祠一所。总祠内所供奉的先祖一定是这个姓氏共同认同的先祖。以一个家族分支的力量建立的宗祠叫族祠，这种祠堂中所供奉的祖先只能是这个家族分支的先祖，族祠所辖的族裔一般分布在同县或乡镇内，也有的分布在相邻的好几个乡镇内。在家庭内建牌位供奉自家三五代内先祖的叫家祠。

不管是哪一级祠堂，都会配置楹联，其内容一是讲述本族本姓的发源与分支，及本族迁徙过程、分布概况，劝勉子孙族人崇祖敬宗。如黄姚镇巩桥圩贝氏宗祠门联："宗开国北，裔发江南"就是讲贝氏从北向南迁移的源流；二是通过讴歌本姓先贤的崇高业绩，讲述本姓本族良好的门第家风，鞭策后人奋发向上。如黄姚古镇金德街三星楼旁的林氏宗祠楹联"三仁锦世泽，九牧振家声"。其中"三仁"是指商朝名臣比干。因为林氏一脉发源于比干，而比干与商朝的另外两名贤臣箕子、微子合称"三仁"。"九牧"是指林氏的唐代先祖林披，他生九子，均为刺史。刺史在古代又称州牧，如此便把九刺史合称为"九牧"；三是告诫后辈奋发进取。如黄姚镇踏岱岩的朝鼎冯公祠廊柱联："朝跋荐馨香愿同胞各表微忱举意精诚应履住中华世俗，鼎新革故旧幸合族皆

---

图正业立身忠直可顶承上党家风";四是歌颂祠堂屋宇宏伟或者宗祠选址风水好。如坐落在黄姚镇踏岱岩的朝鼎冯公祠大门联:"朝来祠宇山川秀,鼎建堂阶气象新"。就讲述了祠堂前的山川气象。

由于祠堂楹联中大量引用本族先贤的历史典故、本族发端及迁移路线上的古代地名,其对史学研究具有一定的参考和补正作用。

### 1. 黄姚镇巩桥圩贝氏宗祠门联

联一:宗开国北,裔发江南。

### 2. 黄姚镇踏岱岩大山朝鼎冯公祠楹联

联一:朝来祠宇山川秀,鼎建堂阶气象新。

联二:族聚一堂参先祖龙诞,祥徵万代盛俊人麟趾横额。横批:德垂俊裔。

联三:朝践荐馨香愿同胞各表微忱举意精诚应履住中华世俗,鼎新革故旧幸合族皆图正业立身忠直可顶承上党家风。

### 3. 黄姚镇磅江村冯氏宗祠楹联

联一:始平延世胄,磅江育新贤。

### 4. 黄姚盘古寨陆氏宗祠联

联一:河南传世胄,丙系振家声。

联二:春祭秋尝馨香酬祖德,左昭右穆俎豆沐宗功。

联三:昭日月华光胜地钟灵昌奕世,承乾坤瑞气吉祠集福乐长春。

联四:谋福祉溯本思亲,珠玑一脉源流远。

联五:敬列宗承前启后,祖德千秋世泽长。

联六:功昭千载流芳远,德泽后裔播惠长。

联七:建宗祠功垂百世,捐钱物德著千秋。

## 5. 黄姚古镇金德街三星楼旁林氏宗祠楹联

联一：忠孝[686]有声天地老，古今无数子孙贤。横批：忠孝堂。

联二：三仁[687]锦世泽，九牧[688]振家声。

联三：双桂发祥，九牧流芳。横批：忠孝。

联四：为国脉以勇谏扶正纠斜以成仁风可师范忠孝有声天地老，入圣门而问礼点奢荣俭而力学典型在望古今无数子孙贤。

## 6. 黄姚古镇中兴街梁氏宗祠楹联

联一：祖德存永耀，宗支展长辉。横批：梁氏宗祠。

联二：安定岁祥忠厚谦和绵世泽，新兴济美俭勤仁让绍家声。

联三：前临珠水[689]后倚武峰[690]人才辈出歌祖德，左握天马[691]右掌金瓶[692]富贵绵长颂宗功。

联四：门临银壶[693]福禄齐，屋倚金瓶[694]富贵来。

## 7. 黄姚街郭氏宗祠楹联

联一：无物报宗功只具鸡豚供俎豆，有义酬祖德倾陈黍稷荐馨香。横批：缅怀祖德。

联二：福寿双全皆是福老如松柏少似兰，凤凰来朝花富贵百子千孙世代荣。

---

[686] 忠孝：即忠孝堂。相传宋嘉祐六年，侍御史林悦乞假扫祭比干墓，并向仁宗出示族谱，言明比干为林姓先祖。宋仁宗于是在林氏族谱上御批"忠孝"二字。从此，林氏以"宗孝"为堂号。

[687] 三仁：指商朝贤臣比干。由于比干之子林坚为林氏受姓始祖，故而比干被氏始尊为太始祖。比干、微子、箕子同称商代"三仁"。

[688] 九牧：福建林姓唐代始祖林禄有孙名林披，被授太子詹一职，他共有九子，后来都做了州刺史。州刺史古代又称州牧。兄弟九人合在一起，正好是"九牧"。

[689] 珠水：宝珠江。

[690] 武峰：真武山。

[691] 天马：文明峡东岸的天马山。

[692] 金瓶：金瓶山，在黄姚古镇北部。

[693] 银壶：黄姚古镇北面的酒壶山。

[694] 金瓶：金瓶山，在黄姚古镇北部。

联三：汾阳[695]世胄，点颔[696]家声。横批：郭氏宗祠。

联四：焕人文绳先武愿诸昆笄来继往大家振奋绍书香，贻燕翌启鸿图念乃祖积厚流光旷世相传绵德业。

联五：春扁豚羔秋行鹿积万千年馨椒永祀报功崇大典前人绕绪后人承，支笄众郡本溯羊城八百里乔木高迁系谱重天潢东粤洲源西粤衍。

联六：福寿双全皆是福老如松柏少似兰，凤凰来朝花富贵百子千孙世代荣。

## 8. 黄姚古镇安乐街古氏宗祠楹联

联一： 亶父[697]家声远，笔公[698]世胄长。横批：古氏宗祠。

联二：古道新风德门厚福俱有正路，家安宅吉仁里祥和恒处善林。

联三：前火焰后金屏[699]仰见宗功祖德与灵山[700]而并峙，左珠江[701]右锡巩[702]惟愿文经武纬合秀水以长流[703]。

联四：东阁喜添新气象，壁星还耀旧门堂。横批：东壁。

联五：西园翰墨芬芳地，轩轻笙簧飘渺声。横批：西轩。

联六：鼻祖亶父为商代邠侯为国戎边疆饮雪餐风心如铁石被纣追害迁岐地，新堂[704]子孙同忠于党国为人民排难披坚执锐志如金钢决心伐纣有史篇。

联七：荐千秋之俎豆报德报功行其礼奏其乐既斋既稷既廑敕怀念历代祖先，聚一族之衣冠序昭序禄敬所尊爱所亲言孝言慈言文恭陈常规于冬日。

联八：祖世发西岐由陕迁粤由粤迁惠由惠迁梅姚子溯渊源追念前薇筑家庙，文炳中土魏封国定宗功举乡贤明升都恩早科联簪笏还期后裔昭书香。横批：祖德流芳。

---

[695]　汾阳：郭子仪被唐朝分封为汾阳郡王，史称郭汾阳。故而郭氏以汾阳为堂号。

[696]　点颔：唐代名将郭子仪为国尽忠，多子多福。到他八十大寿时，因为儿孙太多，他不能完全认识，只能点颔谢礼。

[697]　亶父：周代名人古公亶父的世代子孙以古为氏。

[698]　笔公：北魏吏部尚书古弼因功封灵寿侯，虽事务繁杂而读书不辍，人称笔公。

[699]　金屏：真武山。

[700]　灵山：真武山与隔江山。

[701]　珠江：指宝珠江。

[702]　锡巩：指锡巩水，亦即小珠江。

[703]　此联作者为黄姚街清代贡生古一博。

[704]　新堂：新安堂。黄姚古氏以新安为堂号。

# 9. 黄姚街叶氏宗祠联

联一：受姓在周朝[705]自东迁西[706]历古而臻今久远根苗当永念，发源由叶县从彼至此承先以启后连绵瓜瓞庆长延。

联二：由沈氏[707]而分支世世相承怀祖德，汇南阳之合族年年祭祀念宗功。横批：祖德流芳。

联三：南阳[708]世泽，令尹[709]家声。横批：叶氏宗祠。

联四：荆楚[710]挚宗纺溯木本水源千载流传长纪念，沙塘[711]立祖座忆春尝秋祭万年祭典永毋忘。

联五：咨善政于尼山近悦远来荆楚万民称父母[712]，溯威名在闽海　水源木本程乡[713]百世一其裘。

联六：南阳国望封川[714]系共一根功建春秋三楚地[715]，南海[716]南雄梅州支连三派情怀兄弟一家亲。

---

[705]　周朝：叶氏受姓始祖沈诸梁的封地是东周时期的叶邑。

[706]　自东迁西：自广东迁往广西。

[707]　沈氏：叶姓受姓始祖是春秋时期楚国令伊沈诸梁，其封地在叶邑。

[708]　南阳：叶姓受姓始祖沈诸梁是春秋末期楚国军事家、政治家、大夫沈尹戌之子，他的封地在河南南阳叶邑〔今河南叶县〕，封号叶公。其后人有以叶为姓者，亦有以沈为姓者，均以南阳为族姓发源地。

[709]　令伊：叶氏受姓始祖沈诸梁曾任职楚国令尹，贵为百官之首。

[710]　荆楚：叶氏发源于今河南省的叶县，先秦时，这里曾经属于楚国。

[711]　沙塘：黄姚镇沙塘底村。

[712]　此句化用叶公问政孔子的典故：叶氏受姓始祖的封地在今河南叶县，封号叶公。孔子周游列国来到叶邑，叶公问政于孔子，孔子曰：“近者悦，远者来。”叶公于是治水开田，平定白公胜之乱，荆楚之民都称他为父母官。

[713]　程乡：即梅州。广东梅州叶姓开基祖叶大经号封川，宋宝庆二年（1226年）登进士，宋咸淳元年（1265）晋升为八闽〔福建〕制置使，代钦命出巡。主政福建时，率众抗击元军，战绩辉煌，为百姓称颂。宋亡，叶大经流寓广东程乡即今梅州市中山路的曾井，从此叶姓一族在梅县繁衍。

[714]　南阳国望封川：指叶姓的三个分指，其中以叶正简和部分以叶大经为开基祖的叶姓堂号为南阳堂，以叶梦蕃为开基祖的叶氏堂号为国望堂。以叶大经为开基祖的部分叶姓堂号为封川堂。叶梦蕃是江苏苏州人，宋徽宗朝（1100—1125年）探花，任刑部主事，山西学正。在北宋覆亡时，他随朝廷南迁至广东南雄乌迳镇，成为南雄叶氏开基祖。叶正简名颙，字子昂，号诚美，谥正简，25岁登绍兴元年（1131年）辛亥科进士，官至宰相，为南宋著名清官，是广东南海叶氏开基祖。

[715]　春秋三楚地：春秋时叶姓始祖叶公沈诸梁的封地在南阳叶邑，当时这里属楚国。

[716]　南海：指南海叶姓，这一支以宋代叶颙为开基祖。

联七：南阳叶县诸梁[717]肇姓顶天地，南越大经正简[718]继业建江山。

联八：溯肇姓于南阳千秋垂萌世泽绵延流福海，派开基兮南越一脉钟灵孙枝蕃衍发贺州。

## 10. 黄姚古镇安乐街劳氏宗祠楹联

联一：元祖源流远，威公[719]世泽长。

联二：敬祖思源崇功德，仪型威信裕后昆。横批：鸱[720]鸠[721]均爱。

联三：文章光世德孝友振家声，上绍中丞业常传学士名。横批：松阳堂。

联四：祖泽宏敷祚胤千秋远锡，孙犹广着本支百世联芳。

## 11. 黄姚古镇金德街吴氏宗祠楹联

联一：宗开渤海，祠镇珠江[722]。横批：吴氏宗祠。

## 12. 黄姚街天祐古公祠楹联

联一：天锡公[723]纯嘏，祐启我后人。

联二：国宝家声远，乡贤世泽长。横批：新安堂。

联三：侯秩恩荣功业忠良传国鼎，明贤望重文章道德贯南天。

联四：宝鼎呈祥香结彩，银台报喜烛生辉。

---

[717] 诸梁：叶氏受姓始祖沈诸梁。

[718] 大经正简：广东梅州叶氏开基祖叶大经和广东南海开基祖叶正简。

[719] 威公：广东劳氏开基祖宋代人劳威。劳威曾官谏议大夫。宋宁宗开禧元年（1205年），适逢胡妃之乱，他率家人从广东南雄珠玑港〔现今韶关〕南迁，后裔定居于南海县、高明县的海口及鹤山县的古劳、丽水、塘头一带。

[720] 鸤：布古鸟。

[721] 鸠：斑鸠。

[722] 珠江：宝珠江。

[723] 公：天祐公，即古天祐。

## 13. 黄姚街莫氏宗祠楹联

联一：巨鹿[724]开世系，粤桂衍宗枝。横批：莫氏宗祠。

联二：祖德难忘脩俎豆，宗功图报荐馨香。

## 14. 黄姚街仙山祠楹联

联一：巨鹿千秋开族望，姚溪万古振家声。横批：仙山祠。

## 15. 黄姚古镇黄氏宗祠联

联一：峭公[725]世泽长，江夏[726]家声远。横批：黄氏宗祠[727]。

联二：千枝三七生峭祖福荫广延无边千顷地，万派同源出列宗繁衍裔苗遍布江夏天。横批：祖德流芳。

联三：朝夕莫忘亲恩，晨昏须为祖宗。横批：江夏堂。

---

[724] 巨鹿：莫氏堂号"巨鹿堂"。莫氏源自姬姓，太始祖姬昌，他生有伯邑考、姬发、泰伯、仲雍等子。泰伯原名孟伯，二十岁时外游，到达河北巨鹿地之莫湖附近居住，与姜姓之女结为夫妇。周武王姬发灭纣后，以公侯伯子男五等爵位分封亲属和功臣，泰伯得封莫湖侯，并以封地赐姓莫。泰伯受封于巨鹿，从此巨鹿成为莫姓郡望。

[725] 峭公：黄峭山。他是福建人，为黄帝125世孙，育有二十一子，其中有四子迁往江西。在江西的黄峭山第二十子黄井后裔和福建黄氏多支宗亲先后从江西、福建进入粤北南雄珠玑巷安居。后来，他们的子孙又从珠玑巷徙居岭南及两广各地。黄姚黄姓亦是黄峭山的传人。

[726] 江夏：黄氏堂号"江夏堂"。黄氏受姓始祖黄南陆是黄帝的后裔，又名惠连。夏朝时，惠连有功于皇室，被封为车正尹奇，封国潢川，其地为黄壤，被赐姓为黄。黄国历经夏、商、周三个王朝，至公元前七世纪中叶被楚国吞并。黄国臣民奔走他乡，流散江湖。其中一支散播到今湖北的古江夏郡，之后又有多支黄姓汇聚江夏，江夏成为黄姓万支朝宗胜地，并发展成黄姓郡望。

[727] 黄氏宗祠：刻于一块石匾上，由民国时期广西省主席黄旭初亲笔书写。

# 二、县志所载诗文

在民国二十三年版《昭平县志》中，载有一些关于黄姚的诗文。其中有一部分是对黄姚石刻的抄录。另有一部分不见于石刻，仅是对民间传本的辑录。在这些辑录的诗文中又有很大一部分是对乾隆版《昭平县志》的转抄。因此县志中所载的诗文对黄姚早期的历史人文研究具有重要作用。如黎中和的《颂钱父母兆沣开接米岭》诗，就是对康熙时期首开接米岭通道这一事件所作的颂扬。对研究黄姚古代交通的发展历史有间接的辅证作用。再如廖肃的《上下四屯越县出治》诗，则对康熙时期三蕃之乱黄姚地区的社会状况作了记载。

## （一）清代康熙四年（1665年）昭平县令陈定国[728]作《天然窟[729]》诗[730]

天然灵窟毓鸿蒙，浑似雕裁粉饰工。置册陈书逃俗吏，脱衣挂帻拟仙翁。坐来五月寒生骨，话到三山乐在衷。更爱石巢当户结，不须蜡屐探旁通。

## （二）黎中和[731]著《颂钱父母兆沣开接米岭》诗[732]

三里连云路，千年叠瘴乡。天教高突兀，谁辨热心肠。岁月经营久，晨昏动凿良。五丁施巧力，八斗布文章。泽遍牛蹄润，风披马颈凉。讴歌多不尽，思议总难量。石勒仁慈远，常存姓字香。恩膏今已渥，明德世传扬。

---

[728] 陈定国：清代顺治末年至康熙初年昭平县令，曾于康熙四年（1665年）游览黄姚。

[729] 天然窟：指黄姚的某个天然溶洞，具体地址暂无考。

[730] 本诗见载于成文出版社1966年影印的民国二十三年版《昭平县志》第199页，对天然窟内的景致作了描述。

[731] 黎中和：清代康熙时期黄姚人，为昭平县的廪贡生，好经史，工音律，曾任太平县学博，也曾参与钱兆沣倡修黄姚西面接米岭（今东潭岭）道路的筹捐工作。

[732] 本诗记载于成文出版社1966年影印的民国二十三年版《昭平县志》第201页。

## （三）潘遇[733]著《蚌山[734]》诗[735]

何年此蚌锁江滨，川岳钟灵远俗尘。镜水楼台侵海市，指天甲胄俨龙鳞。苔封璀灿藏珠焰，溪绕金波吐玉唇。不逐渔人遭鹬啄，清操常立四时春。

## （四）廖肃[736]作《上下四屯越县出治[737]》诗[738]

铜柱[739]高标瘴疠销，柳营[740]赤帜尚飘摇。徙戎[741]策献非迂阔，逐客书投倍寂寥。卫笑史鱼[742]甘骨哽，汉嫌汲黯[743]寝藩骄。杖藜叹世诚狂悖，杞国何人天可嘲？直道难容焉往投，潜夫著论泪先流。虞弦[744]未解当时愠，蜀魄[745]空啼故国愁。知我春秋犹按剑，毁谁词赋莫登楼。腐儒到此何须较，三径归来得自由。

---

[733]　潘遇：昭平县附城人，清雍正二年（1724年）甲辰科副贡，曾任兴安县教谕。

[734]　蚌山：在黄姚古镇西南侧。

[735]　本诗见载于成文出版社1966年影印的民国二十三年版《昭平县志》第200页

[736]　廖肃：今钟山县燕塘镇玉坡村人，约生活于清康熙年间。清乾隆十七年（1752年），廖肃之孙廖世德曾为纪其祖兴建玉坡牌坊，今牌坊尚存。

[737]　上下四屯越县出治：清代昭平县的上下四屯是指今钟山县的英家镇、清塘镇、燕塘镇等地。上下四屯原属二五都，与黄姚界邻。清康熙十三年（1674年）至十八年（1679年），孙延龄跟随吴三桂反叛，昭平县的上下四屯为叛军所占，昭平县无法对这里实行管辖权，故称越县出治。

[738]　本诗见载于成文出版社1966年影印的民国二十三年版《昭平县志》第198页。

[739]　铜柱：此处为用典，指汉代名将马援。东汉时，交趾女子征侧、征贰姐妹起兵反汉，汉光武帝刘秀派伏波将军马援率军平定交趾，并在其地立铜柱，作为汉朝最南方的边界。

[740]　柳营：此处为用典，指纪律严明的军营。《史记·绛侯周勃世家》载，汉文帝时，汉军分扎霸上、棘门、细柳，以备匈奴。细柳营主将周亚夫纪律严明，军容整齐，连文帝及随从也得经周亚夫的许可，才可入营，文帝极为赞赏。

[741]　徙戎：典出《晋书·江统传》，西晋山阴县令江统曾作《徙戎论》，主张用武力强迫少数民族外迁。此处指清代用武力镇压三藩之乱。

[742]　史鱼：春秋时卫国大夫，以直谏著名。

[743]　汲黯：西汉名臣，字长孺，为人耿直，好直谏廷诤，主张与匈奴和亲，汉武帝刘彻称其为"社稷之臣"。

[744]　虞弦：琴。

[745]　蜀魄：杜鹃。

## （五）潘芝成[746]作《带龙楼[747]》诗[748]

桥带神龙入翠楼，无边风景动人讴。山[749]牵紫气和云转，水[750]蘸晴光漾日浮。喜得太平称盛世，欲将雅调襟清幽。兴朝万国恩波荡，瓦荫高时亦有秋。

## （六）林作楫作《文明峡[751]》诗[752]

不减环滁[753]胜，宁文[754]襟带间。川[755]分双岸断，峰锁一溪湾。水深千尺，濠梁扼两山[756]。里[757]门无闭处，峻岭自相关[758]。

## （七）林作楫作《带龙楼[759]》诗[760]

檐临翠盖户通幽，烟火家家四畔讴。阁下行人残月晓，崖旁石出海门秋。

---

[746] 潘芝成：昭平县附城〔今昭平镇〕人，清乾隆十七年（1752年）壬申科举人，曾任职湖南省桂东县知县。

[747] 带龙楼：又称龙楼，位于黄姚古镇龙畔街的带龙桥上，清代乾隆二十三年（1758年）建，20世纪60年代拆毁，今不存。

[748] 本诗见载于成文出版社1966年影印的民国二十三年版《昭平县志》第202页。

[749] 山：真武山，当地人认为真武山是聚龙的地方，带龙桥和带龙楼就是要把聚集在真武山的龙带入黄姚街。

[750] 水：姚江。

[751] 文明峡：在黄姚古镇南面的天马山和螺山之间，因位于文明里和宁化里之间而得名，峡谷东岸的天马山上建有文明阁。

[752] 本诗载于乾隆版《昭平县志》卷八《诗歌》。

[753] 环滁：引自欧阳修《醉翁亭记》："环滁皆山也。"

[754] 宁文：宁化里与文明里。

[755] 川：姚江。

[756] 两山：天马山和螺山。

[757] 里：宁文里。

[758] 峻岭自相关：天马山和螺山关住了黄姚的风水瑞气。黄姚民间认为，黄姚老街东北面的真武山是九龙聚穴之地，各龙从古镇北面经宝珠江、小珠江和姚江等江流由带龙桥、佐龙桥和接龙桥三桥引入古镇之中，使得黄姚成为一个聚集财气的地方。在龙的保佑下人们生活富足，人丁兴旺。黄姚南面是一片较为开阔的平地，姚江从黄姚南面流出后，人们认为这样的地貌关不住龙气。只有到了文明峡，恰好对峙于姚江两岸的天马、螺山两峰就如一扇大门，把祥瑞之气关锁在古镇之中。

[759] 同[747]。

[760] 此诗见载于成文出版社1966年影印的民国二十三年版《昭平县志》第202页。在民间手抄本上又名《龙楼春潦》。

虹侵栈道波千尺，路绕江城带一楼。从此山灵龙变化，黄姚文物冠南洲。

## （八）潘超[761]作《聚仙岩[762]》诗[763]

石室烟含境最幽，此间原是聚仙楼。籀文[764]百代凌崖古，碧乳千年滴水流。绿叶新红天欲雾，凉风微冷景初秋。帘前尚有苍苔宇，石洞何年跨鹤游。

## （九）林之梧作《聚仙岩[765]追步陈父师韵[766]》诗[767]

闲常着屐觅仙居，踏凳攀萝兴有余。松竹岩前巢凤鹤，烟波江上隐樵渔。石溪水绕山皆聚，洞口帘垂影自舒。岩里虽空神物在，文光常射斗牛墟。

## （十）林之梧作《颂钱父母兆沣开接米岭[768]》诗[769]

嶂道横云峻，荒榛厌径阴。崎岖百湾折，险险兀千寻。崎路嗟行迈，危途畏陟临。阳春回黍谷，明月照松林。刊木修荒远，随山劈壑深。薰风披茂草，甘雨润幽禽。砥矢歌新调，崖头颂好音。当年神禹迹，不朽到如今。

## （十一）古峻[770]作《聚仙岩[771]》诗[772]

幽岩浪说有名仙，词客登临觉迥然。次第奇花沿涧上，参差古木列峰前。

---

[761]　潘超：黄姚街清朝乾隆时期的拔贡生。

[762]　聚仙岩：在黄姚古镇西南的隔江山上。

[763]　本诗见载于成文出版社1966年影印的民国二十三年版《昭平县志》第200页

[764]　籀文：岩洞壁上的古文摩崖。

[765]　聚仙岩：位于黄姚古镇西南侧隔江山上。

[766]　追步陈父师韵：步陈定国诗韵而作的新诗。陈父师即昭平县令陈定国，因是当地父母官，而且林之梧视其为师长，故称陈父师。陈定国原诗刻在聚仙岩中。

[767]　本诗见载于成文出版社1966年影印的民国二十三年版《昭平县志》第200页

[768]　接米岭：今名东潭岭。

[769]　本诗记载于成文出版社1966年影印的民国二十三年版《昭平县志》201页。

[770]　古峻：古峻生平无考，《乾隆二十一年(1756年)立严禁真武山碑》由他撰写碑文。

[771]　聚仙岩：位于黄姚古镇西南侧隔江山上。

[772]　本诗记载于成文出版社1966年影印的民国二十三年版《昭平县志》第201页。

红尘岁月如流水，胜地乾坤不记年。此与桃源多不异，古来应有避秦贤。

## （十二）古知君作《天然桥[773]》诗[774]

小涧天然跨玉腰，熔成双巩傍黄姚。河分水面平铺石，楼就崖间暗渡潮。
非是秦皇鞭力作，无关鲁匠慧心雕。迥然郊外超凡砌，胜盖扬州第一桥。

## （十三）西苑李挺然作重修西宁社序[775]

考古立社之制，坛而不屋，所以通天地之气，而纳四序之和者也。立社之
义，共井同沟，所以联桑梓之情，而申祈报之忱者也。西宁社主建，自有明为
城厢内外迎秀[776]南关之保障。历年祀奉，设有坛墠。第世远年湮，经风雨之剥
蚀，不无摧残拓落，似非妥侑神灵之体。岁在辛亥初春，会集同人共商重建。
佥曰美举，互相踊跃，虽多寡不一，皆量力题捐，以输诚悃。择吉倩匠，易之
以石，不旬月日，工即告峻，神灵有所凭依矣。庶春祈秋报，而桑梓之情，洽
民康物阜，而四序之和集。爰题小序，并掇芳名勒诸石，以垂不朽云。

## （十四）叶万鹏作读书岩记[777]

丁巳[778]夏五月，偕友人游吾乡之读书岩。自山下循萝径直上，古森垂荫，
群蝉竞鸣。达岩端即见"小嬛嬛"三大字镌于石，笔法韶秀，盖梅州叶鹤珊先
生手迹也。自林廷干讲学后，文化日进，骚人逸士题咏颇多。从右入不数步，
穿石门，其中洞然，如出神工鬼斧；远览，清溪水光夺目，四山环碧，映入襟
袖，岩前栏以石；视其下，一落尺，惴惴焉，犹虞或坠也。村舍竹篱，鸡犬鸣

---

[773] 天然桥：在黄姚古镇西部的天然亭旁。

[774] 本诗见载于成文出版社1966年影印的民国二十三年版《昭平县志》第202页。

[775] 本文见载于成文出版社1966年影印的民国二十三年版《昭平县志》第214页。

[776] 迎秀：黄姚迎秀街。

[777] 本文见载于成文出版社1966年影印的民国二十三年版《昭平县志》第214页。

[778] 丁巳：民国六年（1917年）。按樟木林读书岩民国六年谢庆勋"游读书岩"碑所记，这一年谢庆
勋曾与德轩、慎堂、瑞卿先生并诸同学两度游览读书岩。本文作者叶万鹏所指的"偕友人游吾乡之读书岩"一
句中的友人即指谢庆勋等人。

吠之声相闻。牧笛樵歌，亦接于耳。到此令人作世外想；过左岩数武[779]间，日光入焉。惟林木森然，翳岩口，阻眼光。读书者于此，当得返观之学；春夏间，花落时，缤纷而下，微风飘忽，可以侵书；恍而入砚池，至石溜滴滴有声。夙兴夜寐，又可作莲漏厅也。友曰，斯山也，钟天之秀，僻在穷乡，将终芜没于世，盍志之。

---

[779] 武：半步的长度。

# 三、八景诗

从明万历颁旨全国城镇推选八景上报朝廷以来，历史上黄姚一直有命名八景的传统。但由于朝代更替，不同时代所选定的黄姚八景内容不尽相同，流传至今有关于古代黄姚八景共有三种说法：

一、黄姚归市、宝刹晚钟、珠江夜月、真武屏障、金瓶叠翠、天桥天然、文明高郎、蝉岫观涛；

二、珠江夜月、宝刹晚霞、天然风光、游岩仙迹、文明晴岚、螺岫秋云、龙楼春潦、盘道石鱼；

三、天然桥畔、生生穿岩、睡仙奇迹、螺山掩水、枕漱亭桥、盘道石鱼、上岸石龟、下山石蛇。

时至今日，传统的黄姚八景大多已经残废，但在黄姚民间的手抄本如桂林图书馆1945年收藏的《莫怀宝诗集》《古绍先诗集》等还保留有一些关于黄姚八景的诗文。透过这些咏叹，仍能想见这些曾经是黄姚景观代表的极致之美。

## （一）莫怀宝[780]作《珠江[781]夜月》诗

半亩榕荫[782]护野蔬，画桥亭畔月明初。横江匹练澄如许，览景人归夜读书。

## （二）林作楫作《古刹[783]夜月》诗

宝珠观宇最巍峨，布袜青鞋兮屡过。春憩松氛寒气少，心清法座妙香多。僧[784]偏爱我常如此，我未酬僧奈若何。半日偷闲空万劫，凄然愁对古维摩[785]。

---

[780] 莫怀宝：字臧辰，黄姚街庠生，有著作《半个斋诗稿》收藏于桂林图书馆。

[781] 珠江：宝珠江。

[782] 半亩榕荫：宝珠观东南侧龙爪榕和龙门榕的树荫。

[783] 古刹：黄姚宝珠观。

[784] 僧：宝珠观中的僧人。

[785] 维摩：《维摩经》的省称，这里指佛教经书。

## （三）莫义甫<sup>[786]</sup>作《宝刹<sup>[787]</sup>晚霞》诗

其一：闲僧缓缓画桥<sup>[788]</sup>归，树色苍茫照夕晖。锦绣山河无限好，落霞孤鹜一齐飞。

其二：行人踯躅暮方归，叶落鸦翻乱夕晖。古寺<sup>[789]</sup>霞光偏个好，金乌如逐马蹄飞。

## （四）潘芝成<sup>[790]</sup>作《龙楼<sup>[791]</sup>春潦》诗

桥带神龙入翠楼，无边风景动人讴。山牵紫气和云转，水蘸山光漾日浮。喜得太平称盛世，欣将雅调衬清幽。兴朝万国恩波荡，瓦荫高时亦有秋。

## （五）莫义甫<sup>[792]</sup>作《龙楼<sup>[793]</sup>春潦》诗

烟波荡影映龙楼，万叠青山宿雨收。多少人家苍翠里，渔翁独钓曲江<sup>[794]</sup>头。

## （六）梁端章<sup>[795]</sup>步莫义甫原韵<sup>[796]</sup>作《龙楼<sup>[797]</sup>春潦》诗

江<sup>[798]</sup>腰弯处有龙楼，渔父携鱼钓未收。春入波涛高十丈，沙鸥旋转复回头。

---

[786]　义甫：姓莫，字义甫，黄姚人，清代光绪秀才。

[787]　宝刹：宝珠观。

[788]　画桥：宝珠观附近的佐龙桥或跳墩桥。

[789]　古寺：宝珠观。

[790]　潘芝成：昭平县附城〔今昭平镇〕人，清乾隆十七年（1752年）壬申科举人，曾任职湖南省桂东县知县。

[791]　龙楼：又称带龙楼，位于黄姚古镇龙畔街的带龙桥上，清代乾隆二十三年（1758年）建，20世纪60年代拆毁，今不存。

[792]　义甫：姓莫，字义甫，黄姚人，清代光绪秀才。

[793]　同791。

[794]　曲江：弯弯曲曲的宝珠江。

[795]　梁端章：字方甫，清代光绪十七年（1891年）辛卯科副贡，黄姚街人，敕授文林郎，拣选直隶州州判，未上任，一直在家读书办私塾、研习中医。

[796]　莫义甫原韵：莫义甫《龙楼春潦》原作为："烟波荡影映龙楼，万叠青山宿雨收。多少人家苍翠里，渔翁独钓曲江头。"

[797]　龙楼：又称带龙楼，位于黄姚古镇龙畔街的带龙桥上，清代乾隆二十三年（1758年）建，20世纪60年代拆毁，今不存。

[798]　江：宝珠江。

## （七）梁端章[799]作《螺岫秋云[800]》诗

螺峰秋色任迢迢，山势嵯峨似太骄。吐出红罗云上下，乘风摇曳到云霄。

## （八）梁端章[801]作《游岩[802]仙迹》诗

谬说仙岩一洞开，偏嫌屐齿印苍苔[803]。自从聚族斯岩下，辜负勋名出草来。

## （九）直翁[804]作《咏文明阁[805]》诗

胜地重登又几秋，螺峰四面伴岑楼。漫云托处邀青眼，殊愧浮生到白头。敢望碧云跨鸟雀，还期紫气驾青牛。山明水秀成佳景，不亚瑶池第一洲。

## （十）李作霖[806]作《文明高阁[807]》诗

文明高阁又魁楼，螺峰[808]曾经绊水流。惟圣惟神隆千古，乃文乃武振千秋。几寻剑气冲霄汉，一派书香贯斗牛。果得吴刚修月斧，群英领袖步瀛洲。

## （十一）邓寅亮[809]作《游文明阁》诗

高临胜地几春秋，何啻元龙百尺楼。四面青山皆入画，半池缘水玩从头。当窗爽气通霄汉，绕槛文光射斗牛。醉后飞觞寻逸兴，幸邀明月照滩洲。

---

[799] 梁端章：字方甫，清代光绪十七年（1891年）辛卯科副贡，黄姚街人，敕授文林郎，拣选直隶州州判，未上任，一直在家读书办私塾、研习中医。

[800] 螺岫秋云：螺是指文明峡西岸的螺山。秋季天高云淡，能见度好，从黄姚古镇向南远眺，可望见螺山一带云雾缥缈，如诗如画。

[801] 同[799]。

[802] 岩：聚仙岩。

[803] 苍苔：化用清乾隆时黄姚贡生潘超题《聚仙岩》"帘前尚有苍苔字"诗句。

[804] 直翁：清代人。

[805] 文明阁：始建于明代，在黄姚古镇南面的天马山上。

[806] 李作霖：光绪樟木林分司巡检。樟木林巡检分司始建于清代道光十六年（1836年），先驻昭平县樟木林镇。后移往黄姚街，驻宝珠观旁。宣统三年（1911年）裁撤。

[807] 文明高阁：文明阁。

[808] 螺峰：文明阁附近的螺山。

[809] 邓寅亮：湖南蓝山籍举人，清光绪乙酉〔光绪十一年，1885年〕到黄姚游览并作诗。

# 四、题　壁

　　在黄姚古镇的林氏宗祠、郭氏宗祠、劳氏宗祠、新兴街圣旨府、东社等建筑的墙头上，与壁画相配，装饰有一些书法作品，由水墨直接题写于墙壁上。题壁的内容大多摘自唐宋以来历代文人作品，也有少部分是民间流传的吉祥诗，还有一些是黄姚当地文人的自创诗。

## （一）郭氏宗祠题《咏功名富贵图[810]诗》一

公鸣富贵乐纷纷，喜报满堂尽皆新；信是太平好消息，声声唱到万家春。

## （二）郭氏宗祠题《咏功名富贵图》诗二

洛阳佳种宴堪夸，快得公鸣富贵花；高唱一声金门晓，家家欢喜乐荣华。

## （三）郭氏宗祠题《咏燕子柳树图》诗

满壁韶光点客衣，堤迎杨柳绿依依；枝头燕子呢喃语，喜唱春风得意时。

## （四）郭氏宗祠题字

"扬郭氏风范""郭于有缘"。[811]

## （五）劳氏宗祠题明代杨基《到江西省看花次韵》诗

东湖东畔柳枝长，满苑飞花乱夕阳。何处被除儿女散，过来流水郁金香。

---

　　[810]　公名贵图：公鸡在牡丹花旁引颈高啼声。用公鸡鸣叫谐音"功名"，牡丹象征富贵。合称"功名富贵"。

　　[811]　此为郭沫若之女郭庶英题写。郭沫若之妻于立群是贺州市八步区桂岭镇人。2007年4月3日郭庶英由北京赴贺州祭祖，参访黄姚郭氏宗祠，应父老之邀题字留念。

## （六）劳氏宗祠题唐代韦庄《和人春暮书事寄崔秀才》诗

半掩朱门白日长，晚风轻堕落梅妆。不知芳草情何限，只怪游人思易伤。

## （七）劳氏宗祠题唐代景云作《画松》诗

画松一似真松树，且待寻思记得无。曾在天台山上见，石桥南畔第三株。

## （八）劳氏宗祠仿唐代秦韬玉《钓翁》诗

一竿青竹老江隈，逞云山林把薪栽。[812]

## （九）东宁社题《一山[813]》诗

一山[814]门作两山[815]门，两寺[816]原从一寺[817]分。东涧[818]水流西涧[819]水，南山[820]云起北山[821]云。前台花丛后台见，上界钟声下界闻。遥想吾师行道处，天香[822]桂子乐纷纷。落款：墨题。

## （十）林氏宗祠题《年老》[823]诗

年老心闲，山间赏景。三分醉意，傍石叨烟。酒气冲天引蝶来。

---

[812]　仿自秦韬玉的："一竿青竹老江隈，荷叶衣裳可自裁。"

[813]　原诗无题，由编者取首句前两字为题名。

[814]　一山：真武山。

[815]　两山：真武山、宝珠山。

[816]　两寺：东社、见龙祠。

[817]　一寺：东社。

[818]　东涧：宝珠江。

[819]　西涧：小珠江。

[820]　南山：隔江山，在黄姚之南，亦称南山。

[821]　北山：隔江山北侧。

[822]　天香：桂花。

[823]　原诗无题，由编者取首句前两字为题名。

## （十一）林氏宗祠题欧阳修《相州昼锦堂记》摘句

仕宦而至将相，富贵而归故乡。此人情之所荣，而今昔之所同也。庸人孺子皆得易而侮之途。

## （十二）圣旨府题《退一步》[824]警句

退一步何等清闲，让三分自然快乐，忍几句快活神仙。清山不管闲评论，绿水何曾计是非。

## （十三）司马第题唐代孟宛《闰月重阳赏菊》诗

前月登高落帽，今朝提酒称觞。上林菊花何幸，遭逢两度重阳。

---

[824]　原诗无题，由编者取首句前三字为题名。

# 五、舞台艺术

黄姚百姓爱看戏，每逢年节庆典、红白喜事或者庙会，都会聘请戏班到宝珠观前的戏台上表演节目。所演的剧种，清代中期之前多已无从考证；清代晚期以来，陆续有广东、湖南及广西省内桂林、平乐、钟山等地的剧团前来献艺。上演的剧种有桂剧、粤剧、彩调、祁剧等。

桂剧又称桂戏、桂班戏，是广西地方传统戏剧，国家级非物质文化遗产。桂剧发端于明代中叶，受昆山腔、乱弹腔和弋阳腔等影响而独具特色。到清末时，由于官至台湾巡抚的桂林籍人唐景崧特别推崇和大力支持，桂剧得到了长足发展，迅速地从桂林推行到广西省内其他地区。据新中国成立后的《昭平县志》记载，最迟在民国十一年（1922年），黄姚镇已经成立了剧团"黄姚栏班小社"。民国二十六年（1937年）改称珠江春剧社。该剧团先后聘请湖南叶火龙及平乐榕津杨姣容等桂剧师傅传艺，授徒4批共100多人，演出剧目有200多个，唱腔有南北路、高腔、昆曲、二流、慢皮等。在"黄姚兰班小社"的影响下，附近昭平镇、西坪乡、樟木乡、界塘村、北陀乡等地也相继成立了桂剧戏班。

《六郎斩子》《黄鹤楼》《三气周瑜》等曲目为桂剧传统的保留曲目。其中《六郎斩子》讲的是杨家将的故事：宋朝统兵元帅杨延昭在穆柯寨败阵回营，余怒未息，适逢其子杨宗保在外与穆桂英结为夫妇后独自回营见父。延昭责其临阵结亲，决定军法从事，令绑出辕门斩首。佘太君、八贤王等先后赶来说情，延昭一概不准。这时，穆桂英前来献粮草、军马、降龙木。见状，入帐求情，拔剑威胁，并应允领兵破天门阵。延昭迫不得已，只好容忍被儿媳妇挑下马来的羞愧，赦免宗保。

《黄鹤楼》《三气周瑜》都是讲三国诸葛亮和周瑜斗智的故事。大意是说赤壁之战后，刘备借驻荆州，久借不还。东吴三军都督周瑜设计，遣鲁肃将刘备邀来东吴黄鹤楼上饮宴，以图要挟索取荆州。诸葛亮早已料知周瑜之意，差赵云保刘备前往，并暗付赵云竹节一支，以待危险时使用。刘、赵至黄鹤楼，周瑜果然要刘备签写文约归还荆州。刘备以悲情搪塞，赵云力拒，双方互不相让。周瑜离席，命军士围困黄鹤楼，没有他的令箭不准放行刘备。刘、赵悲愁交加。在气恼中赵云摔坏竹节，发现内藏周瑜令箭。君臣反悲为喜，持令箭逃离黄鹤楼。周瑜计败气极。

民国是桂剧取得繁荣发展的一个关键时期，这其中与一个人的贡献密不可分,他就是我国著名戏剧艺术家欧阳予倩先生。早在1938年春,欧阳予倩即应广西大学校长马君武之邀,从上海经香港,辗转到达桂林,担任广西戏剧改进会会长。在桂林期间,他组织了桂剧实验剧团,着手对桂剧进行改革,以使桂剧适应抗战宣传的需要。此外,他还筹建了广西艺术馆,创办了广西戏剧学校。1944年秋,日军进攻桂林,欧阳予倩先生率领广西艺术馆的同人30多人从桂林转移到昭平,后又辗转转移来到黄姚镇。

在黄姚期间,欧阳予倩不仅写稿支持《广西日报(昭平版)》,创作了歌剧《得救了的和平之神》(已散佚),同时也对当地的戏曲演出进行指导。

民国三十五年(1944),中国的抗日战争进入最后阶段。为了鼓舞广大民众的信心,争取抗战的最后胜利,也为了满足人民群众的文化精神需求,这一年元旦,他率广西艺术馆全体人员及疏散到黄姚的进步文化人土精心策划了一台文艺晚会。据1992年出版的《昭平风物志》记载:欧阳予倩先生将桂剧《辕门射戟》移植成京剧,并亲任导演,指导排练。此外,大家还各显其能,精心准备了一批合唱、独唱等节目。元旦这天晚上,虽然冷风凄厉,寒气袭人,但古镇黄姚却处处洋溢着热烈的节日气氛。除黄姚本地百姓外,周边的凤律、界塘、樟木、潮江等村寨群众也成群结队顶着寒风前来观看。在雄壮的乐曲声中,第一个节目《新年大合唱》拉开了晚会的序幕。这个节目由艺术馆戏剧组负责人谭枫、姜岳导演,共动员了上百人参演,不仅阵容宏大,气势雄浑,且内容丰富。合唱共分四段。第一段是向广大观众祝贺新年。第二段是痛斥汪精卫卖国求荣的无耻行径。第三段是表现抗日形势趋好。第四段是祝福百姓欢乐幸福。接下来演出京剧《辕门射戟》。艺术家们精彩的表演使得从未欣赏过京剧的黄姚百姓大开眼界。一位名叫林坤的广东艺人还在晚会上表演了精彩的傀儡戏,他将各种不同的傀儡面具分别戴在十个手指上,边唱边用手指上的傀儡做着各种不同动作,表演得惟妙惟肖,不时引来台下阵阵笑声。晚会上表现最抢眼的是欧阳予倩先生的女儿欧阳敬如小姐。这位年轻漂亮的姑娘是艺术馆歌咏队的队员。那天晚上,她演出的是独唱节目。连续为黄姚观众献上了《卢沟桥问答》《放下你的鞭子》《铁蹄下的歌女》三首饱含爱国情怀的歌曲。她声泪俱下的演唱激起阵阵热烈的掌声。晚会不仅进一步唤醒了人们的抗日热情,还让饱受战争之苦的群众过了一个快乐而充满了艺术享受的新年。

# 六、民间传说

## （一）峰门寨来历

　　黄姚镇界塘村峰门寨全寨居民都姓李。关于寨子的来历，村里流传这样一个传说：李氏先祖于乾隆年间由福建先迁湖南省江华县，后移广西钟山县石龙镇牛庙塘。咸丰年间，牛庙塘的村民李道宗去世。他有两子，长子李道荣，次子李绍荣。李道荣为了独霸微薄家产，把母亲和弟弟赶出了家门。其时，次子李绍荣正在界塘峰门老寨给周姓和莫姓做长工。其母想到老寨投靠儿子，于是一路乞讨来到界塘。不料饥饿与疾病交加，倒毙在路边。有人认识她是李绍荣之母，便把她抬到路边一个土坑里，盖上稻草。然后传话给李绍荣，等他来安葬母亲。半夜，突然风雨交加，雨水推来的泥土把李绍荣母亲给填埋了。第二天，当李绍荣赶到时，已是雨后天晴，蚂蚁又在上面堆积了很多泥土，形成了一座土堆。众人认为这是天葬，不宜再移动。加上李绍荣也无钱为母亲购买棺材，于是就地添土成了一座坟墓。此后几百年再也没有移动过。

　　若干年后，有一位广东的风水先生路过峰门老寨。他饥贫交加，又病倒了。于是向莫家和周家讨食。但两家富人都把这位先生轰出了门外。看见这位风水先生年迈，李绍荣于心不忍，于是就把他收留在鸭棚里，每天从自己本就不多的口粮中匀一些给先生。先生病好，准备离开。他悄悄告诉李绍荣一个秘密："峰门是'五马归槽'的聚财之地。"并让他到那里去开枝散叶。当时，峰门仅是莫家的山林，甚是偏僻。李绍荣很容易就从莫家租得这片边远之地，搭棚立窝，拓荒种植油菜。油菜的产量很好，年年都获丰收，李绍荣也就慢慢攒了些积累，成家立业。随着家境逐渐殷富，他又在界塘买田置地，开店经商，然后用富余的钱修建了峰门古寨。清末，峰门人李可杨中了武举，出任黄姚、回龙一带的千总，李绍荣传下的峰门李家更是财源广进。发达起来的李家注重文化教育，聘请名师林作凤长年在寨里做私塾教师。到民国时期，峰门李家已是望族。

## （二）樊阁老的传说

　　在黄姚镇巩桥圩东面的龙珠山龙口埂，有一座被当地人广为尊崇的古墓，墓碑铭文："祖惠才梁公之墓"。民间流传，墓主是当地赫赫有名的攀相国。关于攀相国的传奇故事，有着不同版本的传说。流传最广的版本说攀相国名叫樊五能，南宋初年，带领宁化里一带民众北上抗金，保卫南宋政权，受封相国。然后回到黄姚，镇守一方。宋末元初，朝代更替，攀相国一家也在动乱中举家遇害。攀相国的一位妾室怀有他的骨肉，侥幸逃过了劫难，躲到龙珠山下隐居。元末，攀相国的后裔中出了一名勇士，参加红巾军立了战功，明朝建国时受封为阁老。阁老是武将，文化水平不高，随意乱改皇上的圣旨。因此被朝廷追杀，被迫改姓为梁，搬到凤凰乡蓬塘村隐居，成为蓬塘村梁氏始祖。

传说还有另一个版本：元朝末年，黄姚镇有一对穷苦夫妇，丈夫姓樊，妻子麦氏。夫妇晚年得子，取名解南。不幸的是，麦氏产子时因流血过多去世。可怜的孩子刚出生就没了娘。老樊家境贫穷，只能给孩子喂些稀粥。孩子受不住饥饿，日夜哭个不停。黄姚地方有个民俗，说是吃过百家米的人就可以获得百家人的福气。邻家老太太看着孩子可怜，就对老樊说，这孩子命苦，需要喝百母乳吃百家米才会获得福分。为了孩子能够长大成人，老樊只好每天拿着碗到有新生婴儿的人家乞讨奶水。人们都很同情这个小孩，哺乳期的妇女但凡有奶水富余，都会给予接济。老樊还为孩子挨家挨户讨米，把各家各户施舍的大米装在一个红布袋里，等讨够一百家米时，孩子正好也就出生满百日了。按照风俗，他在这一天，用百家米煮粥给孩子喂食。在众人的关怀下，解南也就平安长大了。

穷人的孩子早当家。十二岁时，解南已是力大如牛，就是挑两百斤的柴火走三五里山路也稀松如常；十六岁时，两百多斤的大石头轻易就能举过头顶。他还学会了打猎，每次进山，总是收获满满。那些曾经喂养过他的妇女和接济过他百家米的人，都能收到他回报的薪柴和猎物。

解南十七岁那年，父亲老樊已是病入膏肓。他对儿子说："咱们先祖樊五能曾是威震一方的土司。朝代变迁，老樊家没落了。都是乡亲们的帮衬，才艰难挺到今天。你胸有大志，如果有朝一日你出息了，恢复了咱们先祖樊五能那样的荣光，千万记得，要好好报答乡亲！"解南含泪答应。没几天，老樊去世。解南将父亲葬于龙珠山北面的山脚下，又将母亲的骸骨放在龙珠山的一个岩洞里。拜祭过后，解南决定离开村庄，外出闯荡。他听说朱大王朱元璋是个英雄，便只身投入军营，跟随部队打仗。某日，战斗休息，解南看见伙房中有一个石臼，他不知道厨房用这东西干什么，就去问厨师。厨师说："这东西放在厨房实确没用，但如果放在马棚里，倒是可以用来给战马喂水。可惜它太重了，没人搬得动。""我来试试。"话没说完，解南提着两百多斤重的石臼就往马棚走。恰遇朱大王前来巡视，但见解南提着石臼健步如飞，大王知他有神力，是可用之才，就把他编入俞敏将军的前锋敢死队。一次与敌激战，红巾军被围，俞将军右眼中箭，不能再战，便脱下自己的将军服让解南穿上指挥战斗。解南问他如何指挥，他说："你穿上我的盔甲，带头冲锋。不要喊叫，遇敌就杀，不要退逃就行！"解南得令，挺身而出，举刀狂舞，敌军碗口粗的旗杆被他一刀砍断。敌人以为是俞将军奋显神威，不敢进逼，只得解围而去。

此役之后，俞将军向朱大王荐举解南："此人危难之时临危不惧，应留在大王身边，紧要关头用得着。"大王认为有理，升任解南为高级武官，贴身随侍。

又一日，朱大王亲自指挥红巾军与敌方在水上大战。解南眼尖，看见敌军大炮正对着大王。急报："敌炮要打过来。"获报后，刘基先生大惊："不好，敌人这是要炸大王，赶快换船！"好在行动迅速，大王刚撤到小船，敌炮就落在了大王原来乘坐的指挥船上。救驾有功，这一次朱大王赏赐解南黄金两斤。大王夫人马娘娘也将身边侍女黄氏赐予解南为妻，另加丝帛两匹。

后来，朱大王正式称帝，马娘娘成了皇后。穿上龙袍，成了皇上，朱元璋决定对众将士论功行赏。领赏前夜，妻子黄氏教解南背诗一首："殊志布衣忠直心，通感神明豪气吟。仁和诚德千古亲，尧舜帝业永安民。"解南是武将，敌阵之前，砍将搴旗，他如探囊取物。但对付这文绉绉的诗句，确实是勉为其难。好在黄氏一直督促，午夜过后，他终于把这四句诗断断续续地背了出来。第二天，轮到解南领赏，皇上问他要什么，他寻思良久。忽然想起刘基先生曾经说过，功成之后最好回到家乡住阁楼。于是就认真地说："阁楼。"皇上误将"阁楼"听成"阁老"，笑道："想当阁老也容易，你就作一首诗，再对上朕的对子就行了。"解南于是把黄氏教他的那首诗结结巴巴地背了出来。因为他念诗时的样子笨拙，皇上居然相信这诗是他想出来的。于是又对他说，"要考对子了，你听好：年年年尾见年头。"解南苦思，始终无法对上。皇上笑道："你好好想想吧，下午想出来再封你为阁老。"中午回家见了妻子，解南如实说了情况。妻子黄氏亦说难对。这时候，一位姓姚的宫女突然求见解南，说她能对。但有一个条件——要解南娶她为妾。这宫女端庄秀美，是苏州"诗神"姚润的侄女，幼小被选入宫。不久前一个要好的姐妹侍候皇上不周，被杀。兔死狐悲，她就想离开皇宫。上午在宫里，皇上给解南出对子的时候，她正巧在旁。但见解南相貌不凡，为人朴实。她想，只要自己跟了解南，就有机会离开宫廷，过上幸福生活。于是趁着出宫挖野菜的机会，偷偷来见解南。解南和妻子商量，黄氏道："事到如今，能对得上就成。"于是，姚氏宫女把答案告诉了解南。下午，解南去找皇上，奉上答案："月月月圆遇月半。"这下联对得很是高明，皇帝知道，解南一定是经过了高人指点，就问："这是你想出来的？"解南将情况如实汇报。皇上说："不是你想出来的不算，朕再出上联，你立即对上，就封你为阁老。否则你就空手回乡。你听好了：'宝塔尖尖七层四面八方'。"解南文化功底薄，连忙摇手表示不会。站在一旁的丞相李善长有心帮助他，就赶紧对他说："解南，你既然对上了，还不快谢主隆恩。"皇上瞪眼看着李丞相，生气地问："丞相，他明明没说出下联呀？"李丞相说："皇上，此事有些巧合。据说宋神宗时，一位学官考试苏学士的学生，上联正是：宝塔尖尖七层四面八方。学生连连摇手，苏学士认为学生'玉手摇摇五指三长两短'正好对出了下联。这也是天意啊！天意不可违，就封他为阁老，派回广西家乡看守疆土吧，也算是稳定疆域的良策！"

皇上认为丞相说得有理，就爽快地诏允解南为阁老返乡。但朱元璋疑心很重，他怀疑解南执意回乡做寓公是另有他意，就同时另下了一道怪诏，允许解南家乡所收之税十年不上缴朝廷，任他自由开支。

解南就要离开京城了，谁知好事多磨，姚氏宫女跟随解南出宫的事又遇到了一些阻碍。按照戒规，未经赐准，宫女并不能擅自离宫。勇敢的姚氏于是找到皇后，跪将江夏侯周德兴的书信呈上。这姚氏为何有周德兴的书信呢？说来话长。原来姚氏的叔叔姚润曾救过周德兴的命：元至正二十六年（1366年）冬，周德兴劳累过度，晕倒在乱石丛里，随时有被元兵掳走的危险。恰被前来侦察敌情的姚润与王漠发现，将他救活。姚润求周德兴帮忙让马皇后放侄女出宫，并许配解南做妾。周侯爷立即答应帮忙。好心的马皇后读过信后，说："女子有奇才，本该留在宫中。念江夏侯为你说情，本宫就依了你吧。"

带着家眷，樊解南随信国公汤和所率部队一路南行，往家乡赶去。当时，各地的元朝势力还没有完全消除。他们这一行人，沿途但凡遇着元兵的残余势力就全力扫荡。到广东的时候，镇守广东的元将何真见大势已去，也被迫投降。然后解南与信国公分手。信国公驻扎广东，解南回到家乡黄姚。归家后，解南先是来到龙珠峰父母的坟前上香，发誓弘扬父亲遗言。然而又选了个吉日将父母的遗骸合葬立碑。

作为皇上亲赐的阁老，樊解南是黄姚家乡拥有官家爵位最高的人。起初，乡邻们不了解他，害怕他是个盘剥一方的腐吏，都不敢与他走得太近。但他谨遵圣旨，把同古、贺街、龙平、北陀、砂子等他所管辖的地方全部免税免租。一时间，穷苦人家纷纷涌进黄姚周边各屯定居。不到一年，就聚集了三千多穷人。阁老又躬身下田，带领大家开垦荒山野岭，随着垦出的田土日多，樊家也是人丁兴旺，逐渐发展出了樊家一屯、二屯、三屯、四屯、五屯、六屯……

广东怀集县也是阁老收租纳税的范围。怀集路程远，为了方便管理，阁老在怀集建起了宅院，还与理广东军务永嘉侯朱亮祖朱侯爷交情甚好。每次到怀集，两人都在宅院里会面，相谈甚欢。可随着交往日久，阁老的妾侍姚氏发现朱侯爷另有他图。原来，这朱侯爷心里早有谋反之意。于是阁老听从姚氏建议，不但与他断了往来。还把他的不轨报告了皇上。很快朱侯爷的逆反行径被查明，阁老对朝廷的忠心也再一次得到了证明。渐渐地，皇帝对阁老的疑虑也就打消了。此后，年复一年，阁老带着人们开垦荒地，种粮种菜，过着幸福的日子，乡邻们无不心怀感激。到樊阁老六十岁生日时，在一位潘姓长老的带领下，人们请来巧匠，在两面铜镜上分别刻上"位至三公""长宜高官"等吉祥的祝福语献给阁老。

祥和的生活太甜蜜，阁老十分留恋这样的日子。但有一件事却让阁老烦恼不已，久久不能平静。原来，圣旨规定的免税期限只有十年。他怕限期到后，朝廷的重税会让这些刚刚过上平稳生活的乡邻们无法承担。于是决定更改圣旨。先将 "免税十年"改成了"免税千年"，后又改为"免税壬年"，就是免税无期限之意。

为了考验阁老的忠诚，洪武十年（1377年）重阳节，朝廷派检校护送一名叫李丽水的美女给阁老。聪明的姚氏看穿了朝廷的用意，建议阁老欣然接受。于是，阁老将计就计，将李丽水纳了妾，还备上丰盛酒席招待检校。检校回到朝廷，向皇上汇报所见所闻，并未发现阁老有反叛之事。阁老深知检校是皇上的眼睛，丽水小妾是检校的耳目。为了稳住李丽水，不让她向检校传递恶意情报，他对李丽水百依百顺，不管去哪里都带着她。

原本，阁老偷改圣旨的事连发妻黄氏都瞒过了。黄氏考虑到皇上免税十年的圣旨即将到期，为解决后顾之忧，就在黄姚街开了九家作坊。说良心话，洪武皇通过检校的汇报，对阁老已然很是放心，十年免税之约也早已抛诸脑后，忘到云霄之外。看见朝廷没有动静，李丽水又小鸟依人，阁老逐渐放松了警惕。一天晚上，阁老喝了些酒，趁着醉意，他把改圣旨的事一五一十全盘托给了李丽水。却没想到李丽水平日里所表现出来的顺从都是假象。她很快向检校作了告密，检校立即报告皇上。擅改圣旨，这可是逆天大罪，朱洪武十分生气，当即颁下圣旨，命锦衣卫将黄姚百姓和樊家全部灭族。马皇后闻讯，想救黄姚一干无辜百姓。建言说："臣妾记得，皇上曾经说过，当将领的能不杀人又能克敌制胜，不只是国家受益，也是为子孙造福。如今治理国家也一样，樊解南私改圣旨有罪该杀，但他的妻儿家属和当地百姓并没有造反，不该杀。前不久有术士说，如果皇上今年不乱杀生，我就能活到一百岁。"皇上很敬重马皇后，也希望她长寿，可是圣旨已经发出，无法更改。于是马皇后又出了一个主意，只要当地人说不姓樊，就免死罪。朱元璋同意了马皇后的请求。锦衣卫领会旨意，立即向广西出发。

马皇后派人赶在锦衣卫之前，通知黄姚樊姓族人赶紧改姓，或搬迁外地。锦衣卫赶到广西时，樊阁老一把火，把府邸烧成灰烬，带着李丽水躲到怀集去了。留下黄氏和姚氏带着乡亲继续经营原来的田产和作坊。

锦衣卫追到怀集，但当地百姓感恩阁老的恩惠，掩护阁老逃到龙珠峰躲藏。锦衣卫追到龙珠峰。阁老又在当地瑶民的掩护下逃到竹称山。锦衣卫再追到竹称山，将整个山头团团围住。眼看阁老无路可投，瑶民于是把缠在头上的布条解下来，编成绳梯，大家沿着梯子从绝壁处下逃到竹排岩，在岩洞里躲藏了一段时间。好景不长，他们的藏身之处还是被发现了。锦衣卫弄来许多柴火堆在洞口点燃，欲将阁老等人熏死在洞中。大火烧了七天七夜，突然乌云密布，狂风随着暴雨而至。大火和雷雨使洞口上的大石头骤热骤冷，忽然"轰"的一声，山洞坍塌，柴火被压灭了，洞口也被巨石封住了。锦衣卫知道阁老等人必死无疑，也就放心地回去复命了。

锦衣卫走后，黄氏和姚氏带领乡亲们合力移开洞口巨石，把阁老等人的遗体合葬于龙珠山上。获悉樊阁老的墓地年年都有大量百姓前往祭拜，皇上害怕异心人士借机聚众造反，洪武十五年（1382年），再派锦衣卫将龙珠峰下樊阁老和他父母的坟墓全部捣毁。马皇后去世后，为了避免朝廷秋后算账，姚氏带领部分乡亲回到苏州老家，投奔亲人。黄氏则继承夫志，带领乡亲们搬迁到今凤凰乡蓬塘村开荒种地，将樊阁老的后裔全都改姓梁氏。黄氏在当地广施善行，颇得人心。秀才廖春在贫困潦倒时，曾得到黄氏捐赠二百两银子帮助。洪武十七年（1384年），廖春中举，后任河南开封府同知。为了报恩，廖春在开封购了一块地回赠黄氏。黄氏于是带着家人迁居开封。尽管，樊家从此走向没落，但阁老的故事却在黄姚的百姓中代代流传。

## （三）古良登好人有好福

黄姚街的古良登忠厚老实，他父母早逝，妻子梁氏生下一女之后也得病去世，只剩父女俩相依为命。早些年，为了给父母、妻子治病，古家祖上遗下的家产和田地已然全部卖光，祖居的房子卖得也只剩下一间。生活所迫，古良登只好到龙塘口搭间草房种菜卖。为了增加收入，他白天在草房看护菜地，晚上到街上做更夫巡街。逢年过节还给财主打短工。苦的累的，几多辛酸，只有自己明白。直到有一年，他来到龙畔街"司马第"莫财主家打工，生活才发生了戏剧性变化。

阿登办事认真仔细，他舂的米不仅没有谷头，还粒粒成米。他人虽穷，但不贪财，做工不讲价钱，还待人彬彬有礼。为此，莫家时常雇他帮工。莫老爷的母亲莫老太还让古良登带上小女孩儿一起来做工，以便他们父女俩都有饭吃。小女孩儿乖巧聪明，干活勤奋，莫家上下老少也都喜欢她。

有一次，古良登在莫家结算工钱，莫家给了他一担米。回到家里，倒米入缸时，他发现箩筐里有两个银锭。古良登傻了眼，猜测是莫财主放错了地方，于是快步跑回莫家，要把银锭还给财主。

莫财主看到银锭后，不但没有收下，反而责怪古良登："三八货！我的钱怎么会进你的箩筐？如果真有，那是你的福气。该是你的，拿回去吧。"

古良登一本正经地争辩："老爷，这真是你的钱，我不能要。"古良登硬是把那两锭银子放在桌上，然后调头回家。莫老爷没说啥，收回了银锭，忍不住心里一阵小喜。其实，银锭是他故意放在米里的。

又有一次，午夜已过，古良登正在打更巡街。突然看见莫老爷在前面缓步独行，似乎有什么心事，每走几步都有一些铜钱掉在地上，他却浑然不知。回家之后，老爷就关上门吹灯歇息了。阿登不敢打扰老爷，只是默默地跟在后面，认真地捡拾起老爷掉下的每一枚铜钱。然后走到莫府，轻轻拍开大门，告诉守门丫鬟缘由，让她暂时不要惊醒老爷，并请她明天一定将捡拾到的铜钱全部转交给老爷。第二天，丫鬟把钱交给莫老爷时，老爷心里更是大喜。因为这些铜钱也是他故意丢的。

还有一次，那是一个早晨，古良登挑着满满一担青菜到黄姚镇上赶圩。刚到街上，莫家的丫鬟就急匆匆地跑过来告诉古良登："莫府老太太重病好几天了，黄姚街的药铺缺一味配伍的中药，听说几十里外的公会圩有卖。现在家里不是小脚女人就是上了年纪的老人，跑不了长路，大家都很急。"

古良登听了，二话不说，放下菜担就奔公会去了。话说这黄姚到公会，来回得六十多里山路。下午，当古良登拎着中药来到病床前时，莫老太连声说："难得阿登，辛苦啦。"没几天，莫家阿婆就痊愈了。

而且，自打古良登进到莫家帮工以来，但凡逢年过节莫府要给亲朋好友送礼时，阿登总会不请自来，义务帮莫家挑礼担。他不光有力气，还善解人意，有礼貌。经过多次考察，古良登逐渐赢得了莫老爷信任。

腊月的一天，吃午饭时，莫老爷吩咐丫鬟找阿登来说事。正在舂米的阿登也不知所为何事，就停下手中活计，来到厅堂拜见莫老太和莫老爷。莫老爷叫丫鬟斟茶，招呼良登入座，问道："你女儿几岁啦？是不是该给她找个妈了？"

古良登笑答："我这个穷酸样，有小女拖累，自己都养不饱，哪还有人跟我！"

阿婆笑了，道："阿登，你那么勤快，不愁没人嫁！"

莫老爷切入正题："阿登，今天你就从我这帮丫鬟中选一个，择日带她回家好好过日子，怎样？"

古良登傻了，这八个丫鬟个个做工都勤快，能说会道。没有一个不让人喜欢的。老爷又问，"想好没有，要哪个？"

古良登迟疑一会，说："那就阿英吧。"阿英跛脚，但心地善良。

阿婆忍不住失声大笑："阿登啊阿登，你这个死心眼，那么多漂亮女子你不挑，怎么就偏挑她？"

阿登憨笑着说："其他的好是好，但生活久了会嫌我穷，不愿跟我过穷日子。"

老爷很干脆："就这么定了，我给她一笔钱做嫁妆和陪嫁银。我今天在这认她为养女，往后我们就是一家人，有什么困难尽管来找我，不用客气。"原来阿英姓李，是莫老爷亲戚的女儿，家境败落，母亲早逝，这才寄养到莫家来做丫鬟。

古良登成家后，不再种地卖菜。他用莫老爷给的那笔钱开了个豆腐坊，既做豆腐，也卖豆芽。阿英则在家里养了几头猪。两口子把家业操持得井井有条。由于诚信经营，童叟无欺，他的生意越做越大。李氏也帮他生下五儿一女。

因为生计，六个子女中从老大到老五都没法读书。只能从小跟随阿登蒸豆豉、做糖饼，不断扩大家业。后来，阿登又开了间银器铺。随着家境日渐富裕，阿登终于可以把老满送到学堂去念书了。说来这老满也争气，读了几年私塾就考中了秀才。辛亥革命后，国家开始办新学，他又考进了平乐师范，学成回乡在黄姚中心校做教师。在这位老满的带领下，古良登的孙辈们大都读了大学，有的当老师，有的从军，有的从政，有的从医，还有的在大学做教授。从一贫如洗到发家致富，古良登用诚信写就了一个传奇。

## （四）北莱螺公山与螺母山

在黄姚古镇西北的北莱村，有两座像田螺的石山。一座螺母山，一座螺公山，两山相距约一公里。相传，古时北莱村曾有一条小溪在两山之间穿行。早晚天气变凉时，溪面上会浮起一层白色水雾，恰似一架鹊桥连接两山。而每当此时，螺公螺母就会化身为人上桥相聚，直至水雾消散方才分开。北莱村原有一莫家寨，村民为出行方便，在两山间的小溪上架了一座石拱桥，形如蚂蟥，人称蚂蟥桥。田螺天生害怕蚂蟥。说来也怪，拱桥架好后，小溪上再也没有雾桥出现了，螺公螺母从此也就再没相会了。

## （五）仙姑井的传说

在仙殿顶的山顶上有一眼井泉，叫仙姑井。水虽不深，但旱季不涸，雨季不溢，清凉甘甜。关于仙姑井，当地有一个美丽的传说。相传七仙姐妹在七月初七偷偷下凡来到仙殿顶大山游玩，又累又渴，既无可坐之地，又无解渴之泉。但这难不倒七仙女，只见大姐玉手一挥，七块平坦洁白的大石就罗列地面成了石凳；二姐纤指遥点，一股清泉应声而出，千仞之峰从此有了甘露。恰好，一樵子口渴难忍，正在找水。突然听到女子笑声，循声望去，但见七位仙姑正踏云而去。原来，仙女怕遇凡人，泄漏天机，望见樵子过来，忙不迭就飞回天庭了。樵夫对仙殿顶的山山水水十分稔熟，平时解渴都是要到山腰的溪中才能找到水源，今天在山顶平添了一口清泉，他知道这一定是仙女们施了法力留下的。他捧起泉水喝了一口，清凉漫彻心扉。喝足后，顺带还灌满了随身携带的葫芦。傍晚回到家，就信手把葫芦搁在了角落。后来事多，也就忘了葫芦里的泉水。次年夏，因为上山采药需要备好饮用水，就又翻出那只葫芦来。顺手一拎，葫芦很沉，原来葫芦里的井水还在。他记得这是一年前在仙殿顶上装进去的，满以为葫芦里的水早就变质，担心葫芦被怄坏不能再用，禁不住有些懊恼。可谁知，当他把水倒出来之后，竟然水质清洌如新。他试着喝了一口，说来也怪，一身的疲惫突然间就消失得无影无踪，全身轻松，精神倍增。他知道，这口仙姑井里的水不同寻常，于是就把消息告诉了乡亲们。乡亲们纷纷扶老携幼来到井里取水。渐渐地，人们发现，凡是喝上仙姑井里农历七月初七这天的水，不仅一年无病无灾，还能添岁增寿。从此，黄姚百姓就养成了一个习惯，每到七月初七仙女下凡这天，就一定呼亲唤友跋山涉水到井里来取水。

# 七、在黄姚拍摄的现代影视作品

　　1944年4月，日军发动湘桂战役，长沙、衡阳、桂林、柳州等地相继陷落。1944年9月，在桂林沦陷前夕，香港昆仑电影制片厂和哥伦比亚电影公司从桂林疏散到了昭平县，随后又于11月转移到了黄姚。当时的生活非常艰苦，哥伦比亚电影公司经理曹泽为了维持一家老少生计，在黄姚街开了一间"曹泽记"小店，专卖绿豆粥和各种甜品。但无论条件怎么差，这两家电影公司仍然坚持为群众公开放映电影，宣传抗日救国。当时，黄姚还没有通电，放电影的发动机只能通过燃烧煤油来带动。后来，随着邻县逐渐沦落为日占区，黄姚的物资供应日趋紧张，有时连煤油也买不到了，于是人们就想办法改用当地产的樟木油来作发电燃料。樟木油的火力不够，所发出的电流时断时续，电影的放映也是时断时续。樟木油燃烧后发出浓烈的呛味，看完一场电影，观众都被呛得泪流满面。但即便如此，黄姚人对于电影这种新鲜事物仍感新奇，每当有电影公演，人们就携老扶幼赶来观看，场面很是热闹。1945年春节，两家电影企业在黄姚古戏台公演了《八百壮士同守上海》《铁蹄下的人们》《日寇暴行录》等影片，极大地激发了黄姚人的抗日爱国热情。

　　当年的黄姚小镇需要通过电影了解外面的世界。半个世纪后的今天，黄姚民众做梦也想不到，让外面的人们认识黄姚的同样是电影。1992年广西电影制片厂导演赵文忻发现黄姚古镇沧桑古朴，不比寻常，于是将其作为电影《地狱山庄》的外景地；1994年，香港TVB金牌监制和导演贺州人刘仕裕，因为深爱着故乡，也将他所导演的电视剧《情浓大地》设在贺州及黄姚取景，获得很好的收视率。其后，他于1999年导演电视剧《茶是故乡浓》，2001年导演电视剧《酒是故乡醇》，2007年导演电视剧《春蚕织梦》，不仅在港台地区反响热烈，收视率持续攀高，还引爆了贺州的旅游潮。其在贺州所选的外景地姑婆山、黄姚古镇也一夜走红，成为声震粤港澳的著名景点。2005年，电影《面纱》在黄姚拍摄，更是使得古镇走出国门，走向国际，成为许多人的梦境家园。

　　随着一部部影视作品在黄姚开拍，黄姚人已不再是荧幕外的看客。他们与黄姚的山水建筑一起纷纷走进银屏，占据了许多影视作品的大量镜头，成了影视作品中极其重要和出彩的部分，惊艳世人。

| 在黄姚拍摄的影视作品 | | | | | | |
|---|---|---|---|---|---|---|
| 序号 | 名称 | 集数 | 类型 | 导演 | 主要演员 | 出品公司 | 出品时间 |
| 1 | 《面纱》 | | 爱情 | 约翰·卡兰 | 娜奥米·沃茨，爱德华·诺顿，列维·施瑞博尔，黄秋生，夏雨 | | 2005年 |
| 2 | 《月光恋》 | | 爱情、青春 | 姚言 方军 | 陈楚河、贾青 | | 2011年 |
| 3 | 《股份农民》（又名《向往的生活》） | 30 | 当代乡村生活 | 延艺 | 张国强，傅晶，郭家铭，乔骏达，乘瑶，张雯，安龙 | 北京华盛金榜国际传媒有限公司 | 2019年 |
| 4 | 《地狱山庄》 | | 惊悚 | 赵文忻 | 夏菁，董骥，孙飞虎，韩非 | 广西电影制片厂 | 1992年 |
| 5 | 《情浓大地》 | 20 | 民国，爱情，苦情，家庭 | 刘仕裕 | 周海媚，罗嘉良，张兆辉，关海山，崔嘉宝，陈佩珊，伍卫国，陈美琪 | 香港电视广播有限公司 | 1994年 |
| 6 | 《茶是故乡浓》 | 32 | 民国，家族 | 刘仕裕 | 林家栋，张可颐，麦长青，李家声，苏玉华，杨婉仪，艾威，程可为，元华，鲍方，白茵，余子明 | 香港电视广播有限公司 | 1999年 |
| 7 | 《豪门寡妇》 | | 爱情，偶像 | | 石爻，陈立新，王志飞，李小江，王建新，赵苏婷 | | 1999年 |
| 8 | 《酒是故乡醇》 | 42 | 民国，家族 | 刘仕裕 | 林家栋，佘诗曼，邓萃雯，马德钟，秦沛，元华，卢海鹏，杨婉仪 | 香港电视广播有限公司 | 2001年 |
| 9 | 《月光光》 | | 音乐 | 姚言 | 李霞、姚坤 | 华谊 | 2001年 |

| 10 | 《夺宝英雌》 | | 动作 | 孔祥德 | 原子穗，释小龙，李昭，岛田洋子，王合喜 | 中国电影集团公司、香港名威影业有限公司、中国电影集团公司第二制片分公司 | 2002年 |
|---|---|---|---|---|---|---|---|
| 11 | 《卫斯理》 | 30 | 奇幻 | 张乾文 | 罗嘉良，蒙嘉慧，唐文龙，杨怡，郭晋安，向海岚，廖启智，麦长青 | 香港电视广播有限公司 | 2003年 |
| 12 | 《围屋里的女人》 | 19 | 家庭，伦理，言情 | 马鲁剑 | 肖雄，李萍，殷桃，杨雨婷，吴京安，毛孩 | | 2004年 |
| 13 | 《保密局1949》 | 20 | 战争、谍战、悬疑、剧情 | 尹大为 | 杨溢，刘小锋，金玉婷，林京来 | 杭州嘉艺影视传媒有限公司、南方影视节目联合制作中心 | 2005年 |
| 14 | 《英雄虎胆》 | 23 | 战争，革命，年代 | 陈键 | 刘小锋，王静，刘交心，冯春哲 | 上海华集文化发展有限公司 | 2007年 |
| 15 | 《春蚕织梦》 | 36 | 民国，喜剧 | 刘仕裕 | 郭晋安，张茜，刘晓庆，张晓龙，牛牛 | 上海电影集团公司 | 2007年 |
| 16 | 《美丽的南方》 | 20 | 剧情，农村，家庭 | 刘国权 | 李曼，马强，严晓频，王予嘉 | 广西电视台 | 2008年 |
| 17 | 《红七军》 | 25 | 战争，革命 | 陈冠龙刘海波 | 周朗，马晓伟，左金珠，黑子 | | 2009年 |
| 18 | 《终极谍匪》 | 25 | 剿匪，战争 | 赵文忻 | 吴樾，许毛毛，李丹妮，赵文忻 | | 2009年 |

| | | | | 龚锦堂，黄锦 | | |
|---|---|---|---|---|---|---|
| 19 | 《外来媳妇本地郎》 | 电视系列剧、情景剧 | 陆晓光王岗刘卫平杨甲年王胜起 | 裳，苏志丹，丁玲，郭昶，虎艳芬，李俊毅，刘莹莹，彭新智，刘涛，钱莹，徐若琪，郝莲露，毛琳，李翠翠，谭宫柔真 | 广东广播电视台 | 2017年 |
| 20 | 《同程似锦》 | 公路喜剧 | 秦玉川 | 王姿霖、郭磊、夏文晴、杨雷、毕克辰 | 北京华越文砚文化传媒有限公司、北京凤娱网络技术有限公司 | 2017年 |

爱情片《面纱》由约翰·卡兰执导，改编自索默斯特·毛姆的小说《面纱》，罗恩·内斯万尼尔担任编剧，娜奥米·沃茨、爱德华·诺顿、列维·施瑞博尔和夏雨等联袂出演。影片于2006年12月29日在中国内地上映。

该片讲述了1920年代伦敦的生活故事。一心只求跻身上流社会的虚荣女子吉蒂，甘愿选择一段没有爱情的婚姻下嫁医生沃特。婚后随夫移居上海。然而，难耐寂寞，她旋即搭上一名英国外交官，移情别恋。面对不忠妻子，沃特毅然决定举家前往霍乱肆虐的农村行医，作为对她的最大惩罚。浮世纷扰，每天与死亡和绝望擦身而过，夫妻俩却发现了另一片天地，在遥远的异乡第一次走近对方。但就在他俩日渐亲密的同时，沃特却染上了霍乱。沃特的生死决定了他们刚刚迸发出来的激情能否转化为永恒的爱情。

影片《面纱》是历史以来第一部在中国拍摄的关于中国的西方电影。为了拍好这部电影，剧组要求外景地必须是依山傍水的古老村镇，而且还要靠近现代化交通设施，以为演职人员和制片公司提供方便。而为了寻获这样的理想地点，剧组工作人员在10天时间内，辗转8000多公里，各处找寻，最终山清水秀的广西成为最佳地点。起初，制片方打算在广西的山谷中搭建影片中的梅潭府，但巨大的工作量和有限的投资让所有人望而生畏。后来，几经搜寻，终于发现了黄姚古镇。黄姚具有悠久的历史，素有"梦境家园"之称，又有高速公路可通。顺理成章，黄姚就成了《面纱》剧组的不二之选。

　　《月光恋》这部影片讲述一位台湾青年音乐人，在失去创作灵感的迷惘之际，被一老人所唱的客家山歌所启发，辗转来到广西的一个古镇采风。在与小镇人的相处过程中，他体会到了唱歌的真正意义，也找到了属于自己的爱情。影片通过主要人物阿姚和阿坤的情感纠葛，交替展现海峡两岸两代客家人的不同命运，既浸透了老一辈客家人的相思与怀旧，又洋溢着新一代客家人的乐观与时尚。在充分展示贺州的人文景观和客家人的风俗民情同时，还让人们欣赏到了一曲曲优美动听的客家山歌。

　　电视剧《向往的生活》由朱东、张越创作的同名现实主义长篇小说《股份农民》改编，讲述了城市返乡青年创新创业、建设家乡的励志故事：龙山村土生土长的包家文大学毕业了，他以未来"驸马爷"的身份进入贺川的龙头企业梁氏集团做业务总监，不料未婚妻梁佳宜的父亲因交通事故突然离世。在接任梁氏集团总裁后，梁佳宜与包家文的经营理念发生冲突，包家文回到龙山村，开始了披荆斩棘的创业路。该剧于2016年5月7日上午在黄姚开机。由著名导演延艺执导，知名演员张国强饰演男一号包家文，张雯、傅晶等也是剧中主角。

# 第六章

## 民俗与美食

民俗是人们在生产生活中养成的社区共同遵守的习惯。民俗中的优秀部分对丰富人们的生活，提升人们的素质，潜移默化地涵养人们的思想道德和行为习惯都有着重要作用。黄姚民风淳朴，民俗中有许多闪光的东西。在对个人道德的约定上，要求人人都要"讲规矩"，做到善于待人接物，给客人斟茶、让座；要扶老携幼，殷勤为老人盛饭、夹菜；同桌吃饭，离席时要招呼长辈、客人慢用；拾到别人遗失的东西，要想方设法交还失主；路过菜园果园，不能摘取别人的瓜果。孩子从小就要学做家务，洗衣烧饭、挑水劈柴。人人都要勤快做工，挖地种菜、插秧割谷、兴修水利。在重大节日、庙会、庆典、歌节、祭祀或者村民大会等活动中，人们也融入许多社会教育的内容。比如听民间艺人、老人讲故事，了解家族发展历程；教唱童谣、儿歌，让先祖艰苦创业的故事代代相传，让人们牢记历史，传承祖先优良传统。通过这些民俗约定，还在青少年时，黄姚人就基本养成了语言礼貌、勤劳勇敢、尊老爱幼、以诚相待、不偷不抢、不赌不闹事、不违反村规民约等良好品性。

开埠之前，黄姚地区的居民以瑶族为主。开埠之后，壮族和汉族人口日益增加，瑶族人口则大量外迁。清代康熙之前迁入黄姚的汉族人口主要是广府人。乾隆开始，不断有客家人迁入。咸丰开始，客家人开始退出黄姚古镇。历史的变迁使得黄姚古镇形成了如今以广府人为主体，以客家人和壮族为少数人口的族群结构。这使得黄姚民俗形成了以广府文化为底色，广泛融入瑶、壮、客家等多民族和多族群文化元素的文化特色。

# 一、节 庆

黄姚的岁时节庆以汉族节日居多，而且一年当中以春节最为隆重。此外，还传承了瑶族的盘王节。

## （一）春 节

黄姚民俗中，从每年农历十二月二十三小年开始即进入春节，至正月十六元宵节后才算完结，整个春节前后长达将近一个月。小年至除夕，人们要扫屋舍、筹办年货、张贴对联、做糍粑。除夕的前一天晚上要吃葱角。除夕夜，老老少少守岁到凌晨，然后带上祭品到本族祠堂敬奉先祖，插头灶香，祈求先祖保佑来年兴旺发达、六畜兴旺。接着到水井中挑回第一担水。诸事完毕，就燃放纸炮，除旧迎新。之后才能安心休寝。

大年初一，老少不出门，不访亲。害怕遇到不吉利的人和事。不扫地，垃圾不往外倒。年初二开始，开展舞狮子、马鹿、木猫、鱼龙灯等文娱活动，开始拜年。那些狮、鹿、猫热热闹闹、喜气洋洋、彬彬有礼地走家串户到主人家讨要利市，为大伙祈求吉利。年初三是猪诞日，屠夫不杀猪，也没人卖猪肉。初六之后，大家走亲访戚。黄姚的元宵节定在正月十六。元宵夜，各家一定要吃一桌丰盛的晚餐，从此整个春节才算完毕。整个正月，黄姚人饮食中必有一道称为"包生"的美食，就是用生菜包上炒好的饭，再蘸豆豉汁吃。以此祈求人丁兴望，老少平安，事业兴旺。

## （二）清明节

黄姚的清明节扫墓可持续一个月时间。人们以家族为单位，对分布在各地的祖坟逐一祭扫。清明节期间，各家各户还要在自家门柱的左上方插上柳枝，在水缸中放入石菖蒲或枫树叶，在墙角处撒上雄黄防蛇。此外，家家户户还要做九层糕、鸡颈糍、豌豆糍、艾糍等美食。

## （三）端午节

端午节时，黄姚群众要包粽子，并用粽子、糍粑等美食到江边码头祭拜水观音，以祈求全年水上生产和水边活动平平安安。同时祈愿一年风调雨顺，没有水旱之灾。

## （四）中元节

每年的农历七月十四日是中元节，也称鬼节。相传，这一天孤魂野鬼无处可依，会四处游荡，作祟人间。于是，人们就在这一天烧香纸蜡烛帮孤魂野鬼度劫。节日这一天，不仅包粽子，还要做一道叫作"落水狗"的美食，它是一种灰水糍。

## （五）中秋节

中秋节是个收成后的佳节。这个节日，家家户户都过得比较丰盛。这一天，人们不仅要吃月饼水果赏月，还要放孔明灯。

孔明灯用竹篾骨架扎成猪笼状，再用淡红色的薄绵纸糊成蒙皮。灯底部几乎是空的，仅用小木棍呈十字形固定。十字形棍架上叠放松脂柴，然后点燃松柴，气体膨胀，灯就升上半空了。宁静的夜空，皓月千里。冉冉升起的孔明灯，红通通的，随风飘荡，别有一番情趣。

## （六）盘王节

盘王节本为瑶族特有节日。相传瑶族创始祖为盘王，凡有瑶族的地方人们都盖盘王庙，过盘王节，以纪念祖功。农历十月十六是传说中的盘王诞辰日。在与瑶族交往过程中，黄姚的汉壮群众均传承了瑶族文化，即使现如今黄姚街上已经没有瑶族人口，但街上讲阳山话的居民仍然于每年的农历十月十六日举办盘王节，祈求安居乐业、六畜兴旺。

## （七）庙会节

黄姚街的祠庙较多，有宝珠观、文明阁、安乐寺、西宁社、东宁社、仙山祠、白马庙、准提阁……每个庙祠一年至少举办祭祀活动一次。兴宁庙、宝珠观的庙会是三月三，纪念北帝诞辰。西社、东社等社庙祭祀土地公，原本有春社和秋社两次节日，现在只办秋社活动。庙会会期一般一至三天，活动很丰富，有祭典、打醮、抢炮、上刀山过火海、文艺演出、宴席等。庙会期间，家家户户都参与活动，祈求五谷丰收、四季平安。黄姚最大的庙会活动是三月初三，这是除过年之外最隆重的节日。

# 二、歌　舞

黄姚的歌舞活动形式多样，以演出场地来分，有在舞台上演出的舞台剧，有于夜间游走的游灯会，有白天走街串巷游演的板龙舞，还有于固定场地开展的踏歌活动。

## （一）踏　歌

历史上，踏歌活动广泛流行于瑶族和壮族人口当中。但这一活动现在已趋失传。踏歌也即是对歌，在壮区称为"踏歌"，在瑶区称为"踏瑶"。传统上，黄姚的壮族和瑶族青年男女都喜欢通过对唱山歌谈婚论嫁。

清康熙十五年（1676年），明朝遗民广东名士屈大均从桂林乘船返回广东老家。途经平乐府昭平县，在好友袁景星进士的挽留下，他在昭平逗留了一段时日，不仅娶了当地女子刘武姑为妾。还专程往黄姚一游，观赏美景。当时正值春天，竹林中一群群采笋的壮家女子梳着高高的发髻，戴着银钗，围着轻纱，踏歌而行。见此情景，屈大均诗兴大发，不禁口占七绝二首：

其一

山女春晴采笋多，林中双踏落花过。

千岩草长无樵径，猿鸟纷纷下薜萝。

其二

银钗高髻帕轻纱，谷口群栽吉贝花。

夫在东畲望朝饁，唱歌遥下碧峰斜。

这两首绝句题为《自秧家至黄窑道中所见》，载于屈大均的《翁山诗外》集中。"秧家"就是现在的钟山英家，明朝时属于昭平县，万历年间在此设秧家营。民国六年（1917年）立钟山县，割属钟山。"黄窑"就是现在的黄姚镇。多年之后，袁景星到广东拜访屈大均，屈大均对当年黄姚山中壮家女子采笋踏歌的情形记忆犹新。在给袁景星送行时，他再次作诗二首[825]讴歌黄姚壮族的踏歌盛况：

---

[825]　〔清〕屈大均：《送袁休庵通政》。

### 其一

故园风物趁春华，归及昭平即见家。
壮女正薰临贺笋，畲人初制富川茶。

### 其二

瑶洞绵蛮语不真，竹枝多作与茶人。
西瓯土俗工歌唱，莫向花前听入神。

屈大均认为壮族人都擅长唱歌，只是可惜自己当年没有听懂歌词。于是诙谐地提醒老朋友这次返回昭平故乡，可别在山林花丛中听得走了神，忘了归途。

## （二）鱼龙灯舞

鱼龙灯巡游队伍

每年的正月初二晚，沿袭世代相传的习俗，黄姚古镇都要举办灯会欢庆新年，祈福新春。与众不同，黄姚灯会上的花灯都做成鱼状、龙状，故而也称鱼龙灯节。还在白天，大小各一、颜色夺目的瑞狮就已经在古镇中走街串巷，为灯节拉开序幕。这些瑞狮时而跳跃，时而翻滚，时而沉思，时而顾盼。动作诙谐，憨态可掬。

傍晚，夜色初降，一道道绚丽的礼花在空中绽放，宣告灯会正式开始。一队队鱼龙灯从不同的街巷鱼贯而出，每队都绕古镇巡游一周。灯队中，八音师吹着唢呐，敲着锣鼓率先而行。青壮年男子挥动结实的臂膀，舞动长龙紧随其后。小朋友、大姑娘、老太太、老大爷举着各式各样的灯笼、撑着彩旗跟随长龙次第而行。灯笼上或写着趣意盎然的对联和"国泰民安""风调雨顺""吉祥如意"等祈福语，或画着花草树木、飞鸟虫鱼等精美图案。而间行在众多龙队中的女子舞龙队更是英姿飒爽，引人注目。她们16个舞龙人清一色是女子，或阔步前行，或腰肢曼扭。女队的龙舞不仅有男队的阳刚，更有女儿的娇媚。

龙灯之后，花车随即出场。每辆花车上均载着扮演金童玉女的少男少女。花车后是扮饰队，一般由四人组成。他们或扮成文武官员，或扮成官差。也有扮演戏剧故事、历史故事和小说名著的。扮演 "西游记"的花车尤其受人欢迎。四名扮饰队的演员分别饰演《西游记》中的师徒四人。猪八戒的憨厚，孙悟空的调皮，常常让人捧腹大笑，乐不可支。

走在最后的是鱼灯。鱼灯都做成龙宫中各色人物的模样，有龙王、龟相、蚌精和虾兵鳖将，还有当年的吉祥生肖。鱼灯队由样子像鳄鱼的"鱼王"领头，带领着百余条鱼虾龟鳖尾尾而行，酷似水中游动的鱼群。

游街结束后，所有灯队还要来到古镇东北角的钱兴广场聚集，表演"提灯会"。这时，数队鱼灯、龙灯和花车聚成的上千人马声势更加浩荡，灯会活动也由此达到高潮。广场东南角上的古戏台上，当地传统曲艺《板凳龙》《龟蚌舞》和彩调剧轮番上演，好戏连台。广场的地坪上，各个灯队不停地向人们展示灯上的巧联、花车的彩饰、提灯的精致、狮舞的矫健、龙舞的粗犷……人们歌颂太平盛世，国富民安。人们祝愿来年风调雨顺、五谷丰登。

鱼龙灯舞在我国的历史十分悠久，宋代词人辛弃疾在《青玉案·元夕》中就有"玉壶光转，一夜鱼龙舞"的句子。说明至迟在宋代鱼龙灯就已经兴盛全国。鱼龙灯最初起源于闽浙沿海村镇，民间关于它的来历有两种说法。第一种传说认为是当年民族英雄戚继光为诱敌上当，扫平倭寇，鼓励群众扎舞"鱼龙灯"，制造欢庆假象麻痹倭寇；第二种传说认为是当地渔民期盼丰收，塑造捕获物的形象游行，以祈求来年鱼虾满仓，体现征服大海的愿望。

明末清初，许多沿海居民为了躲避战乱，沿着珠江而上，进入姚江定居，修建了黄姚古镇，传袭代代相传祖先的习俗。黄姚古镇相传最迟在乾隆年间就已经开始有了鱼龙舞，传至今日已有300多年的历史。

鱼龙灯的制作简单，但工艺精巧。据黄姚鱼龙灯技艺传承人阮欢全介绍。完成一只鱼龙灯的制作需要2到3个小时。原料由竹子和彩色纸组成，先用竹子扎成鱼身，要求鱼的嘴巴和尾巴是活动的。因为舞动的时候，鱼的嘴巴要能张开，尾巴要能摇摆。再用剪刀剪成鱼身的各个部分，粘贴到鱼身上。最后，画上眼睛。

如今，鱼龙灯不仅成为古镇居民的吉祥灯，还成为古镇的财富灯，因为特色浓郁，每年吸引众多游客前来旅游观赏。

# （三）柚子灯

柚子灯

每年农历七月十四晚在姚江上流放柚子灯是黄姚古镇居民祭祀河神的一项传统民俗活动，始于清朝乾隆年间。

"柚子灯"分为"灯头"和"灯尾"两部分。灯头的制作讲究，先把柚子的蒂部切平，以便安插香烛。用四个柚子和竹片连成长方形的底座。再用竹片、木板、五色纸在底架上搭一个坡顶小屋。小屋长约2米、宽约1米、高约1米。屋的里外插上蜡烛和香枝，前面大门处还要扎两个粘贴对联的小竹框。"灯尾"用3只柚子和三根竹片连成品字型，每个柚子插上一枝用彩色纸做成的三角旗或香烛。用绳子把灯头和灯尾连起来，整个柚子灯就做成了。

傍晚的时候，人们在祠堂祭拜完祖先后，便来到河畔、桥旁，插上香火和红烛。当第一束烟花在古镇夜空中绽放的时候，便宣告放柚子灯的活动正式开始。

古镇德高望重的长者首先把头灯放到水中，念颂祈祷，祈求黄姚风调雨顺、幸福安康。然后，人们用一根绳索把一长串柚子灯连在一起，像一条长长的火龙浮在水面。七八个会游泳的后生下到水中，用手拉着灯头顺流而下，沿河流放。一些小孩儿也纷纷下到河里，自发组成一支浩浩荡荡的水上游行队伍。走在最前面的竹筏是鼓乐队，鼓乐手们用唢呐吹奏着欢快的曲子。紧跟其后的是舞狮队，小伙子们和着锣鼓的节拍舞动狮头，精神抖擞。接下来的是头灯带领下的柚子灯编队，由每户献出的柚子灯组成，连成长长的一条金龙，头灯上写着"风调雨顺、国泰民安"八个大字，这是古镇居民最朴素的愿望。

方圆数十里的群众也都赶来，围在姚江两岸看热闹。当柚子灯临近，守候在岸边的人们便燃放烟花和爆竹相迎。一时间，整个古镇爆竹声此伏彼起，鼓声喧天，烛光闪耀。

终于，由柚子灯组成的"火龙"流出了古镇，人们便纷纷跃下水里抢夺头灯柚子。据说能抢到头灯柚子的人，会有好运。争抢柚子的场面既文明又激烈，岸上的人群也跟着喝彩，抢到的和没有抢到的人都是兴高采烈。直到午夜，柚子灯在江面渐渐熄灭，人群也慢慢散尽，古镇这才一切重又归于宁静。

历史上，制作柚子灯是岭南一带广为流传的习俗。清初屈大均《广东新语》记载："八月十五之夕，儿童燃番塔灯，持柚火，踏歌于道。"就是对柚子灯的记载。但是珠三角地区制作柚灯主要由妇女操作，通过在柚子上施加精美雕刻来展现女儿家的心灵手巧。屈大均在七律《柚灯》诗中就称："柚灯多出女儿家，持作中秋不夜花。"清代福建诗人黄任曾在岭南做官，他在所作的柚灯诗序中明确指出："岭南中秋，妇人以柚灯斗胜，刳其瓤而镂其皮，龙鸾花草，无所不具。"黄姚居民很多是从广东佛山、南海一带迁来，他们带来了柚子灯制作习俗，而且作了改良，把它改成一项水上活动，活动的场面也更加宏大。

## （四）龟蚌舞

逢年过节，黄姚古戏台上就好戏连天，天天有民俗剧目表演，其中以当地传统戏舞《龟蚌舞》最为精彩。

龟蚌戏原是北方汉族民间流传的一种民俗活动，后来由于战乱传入广东南雄珠玑巷。明末清初，随着人群的迁移来到了黄姚古镇。龟蚌舞由八位少女分别扮装龟、蚌、艄公、鸬鹚、渔翁、渔女、鱼、虾等角色，其中龟、蚌、鸬鹚、鱼虾等道具均由篾扎纸裱而成，乐队有大鼓、大钹、小钹、大锣、虎锣、碗锣等乐器，另外还有唢呐二至四把。

蚌舞以碎步、盘腿蹲、半转等动作为主。表演的时候，一青年女子扮成蚌壳精，穿着红色的服装，佩戴闪亮的珠饰，立于竹制的大蚌壳内，随着锣鼓的节奏，煽动着蚌壳。时开时合，时进时退，呈现出各种妖娆的体态。另外一个重要角色是乌龟，它憨态可掬，不时与蚌壳互相打斗，笨拙而滑稽。最精彩的情节是乌龟的嘴巴被蚌壳夹住，它拼命挣扎的样子诙谐幽默，令人捧腹大笑。

蚌壳舞表现的是一个优美传说：在一个乡村，住着一户穷人，只有母子俩。母亲多病，儿子是年轻力壮的渔翁，很孝敬母亲。他宁愿不娶媳妇，省下打鱼钱为母亲四处求医问药。一位千年蚌壳仙子能歌善舞，羡慕人间生活。一天，她正在河边晒太阳。正巧打鱼郎来到河滩，两人一见钟情，互送信物订下终身。可乌龟精对蚌壳仙子的美貌早就垂涎欲滴，并与见利忘义的鲤鱼精狼狈为奸，欲霸占蚌壳仙子。蚌壳仙子与打鱼郎一道，率水族国的一众姊妹们与邪恶势力开展了一场生死决战，将乌龟精和鲤鱼精赶走，蚌壳仙子与打鱼郎终成眷属。

## （五）板龙舞

板龙是以用木板为主要材料扎成的龙。即用木板一块一块拼起来组成龙身，然后描绘颜色。板龙的重量较大，不宜表演翻腾闪挪等大动作，多以巡游的方式进行表演。板龙舞队在巡游时，队员们身着统一的服装，抬着板龙，由龙珠引路，走街串巷，给人们送去祝福。所到之处，家家户户鞭炮齐鸣，欢迎龙队的到来。在奏乐声中，队伍还给人们表演卧龙起舞、游龙戏珠、龙舞升平、龙吟霄汉等技艺。龙舞时，引导者挥动珠球，合着粗犷的锣鼓节奏，逗引龙儿前来抢珠、游舞。龙舞的套路很多，有"卧龙""盘龙""送龙""抽龙""生龙儿"等套数，动作粗犷，舞姿优美、精彩纷呈。

板龙舞原来是北方汉族的一项民俗舞蹈活动，以舞龙的方式来祈求平安和丰收。隋唐时期，因为战乱等原因，大量的中原人经广东南雄珠玑巷及福建甫田、东莞一带迁往岭南定居，后来逐渐演变成为全国各地汉民族的一种习俗。昭平县板龙舞主要流传于黄姚古镇。

板龙舞历史悠久，最早可追溯至元末明初。相传元泰定元年（1324年），浙江省丽水县云和城下街有一位柳氏姑娘，因吞食龙卵而仙化"龙母仙娘"，产下一龙子。当时火神猖獗，灾难频繁，人们便根据传说中龙的形象制成板龙，在正月十三至十五日舞迎龙灯，借此请回"龙子"降服火神，同时祈求风调雨顺、国泰民安。后来这一习俗逐渐沿袭开来，元宵节舞龙灯、观龙灯成为最为隆重的民俗盛事。

# 三、美　食

　　除了碧水青山让人大饱眼福之外，黄姚的特产美食也令人垂涎欲滴。温润的气候、清冽的山泉、富硒的土壤以及黄姚人匠心独具的手艺使得黄姚食材及制品别具甘鲜醇美。同样一碗豆豉粉，在黄姚的滋味就更加香浓可口；同是豆腐花，在黄姚品尝，也更加鲜嫩滑爽。河粉、灰水糍、鸡颈糍、落水狗、竹叶包、艾糍、干粉、鞋底糍、芋头糍、豌豆糍、白糍、糖糕糍等都是黄姚民间常年消费的小食。到黄姚，就像美景，美食同样不可错过。

## （一）黄精酒

　　黄精酒是用中药黄精炮制而成的一种保健酒。黄精古称"黄芝"，具有人参功用，素有"江南人参"之称。因其根部有些像鸡头，又叫"鸡头参"。黄精味甘性平，入脾、肺、肾经，具有健脾益肾、补气养阴、润心肺、强筋骨的功效，可用于治疗肾精亏损、精血不足、脾胃虚弱、体倦乏力、口干食少、肺虚燥咳、内热消渴等症。《本草纲目》称："黄精受戊己之淳气，故为王宫之盛品。土者万物之母，母之其养，则水火即济，木金交合，而诸邪自去，百病不生矣。"

　　黄精酒的酿制历史悠久，汉代时称为"中正酒"。相传西汉末年，汉光武帝刘秀与王莽大战于洛阳，初时战局不利，被王莽战败追杀，迫不得已，藏于一农户中。但热情的主人每天都让刘秀喝饮自己泡制的黄精酒。三天后，刘秀即恢复体力，最终率部击溃了王莽。刘秀称帝后，将农户请到宫中，黄精酒由此成了一种宫廷御酒。

　　在黄姚古镇，亦有一个关于黄精酒的传说：相传明代有位无暇禅师，在宝珠观修炼，他常年饮用黄精酒，结果活了120多岁。

　　黄姚盛产黄精酒至少已有二百年的历史，其酿造工艺最早传自一户莫姓人家。莫家先辈在宋代时即从南雄珠玑巷迁入广东，明清时期，又迁入黄姚定居，世代家传黄精酒酿制技术。他们在黄姚创立了金德庄酒厂，选用黄姚本地出产的黄精为原料。

　　因黄姚水土适宜黄精生长，所产黄精个大肉厚。1934年版《昭平县志》载："黄精，以黄姚出产为最良。其制法先将采来的黄精洗净置于镬内，用宝珠江水煮以终日。捞起晒至稍干，再用木甑蒸。九蒸九晒，故称'九制黄精'。"以宝珠江水九蒸九晒的优质黄精，质软味甜。据传，光绪年间慈禧太后还曾指定黄姚的制黄精作为贡品。

用九制黄精与当地优质米酒按1：100比例下料，加入红枣，置陶瓷容器中，严密封口，浸泡三个月以上。待颜色转黄，开缸滤渣，再经澄清、检验、分瓶包装等程序即成黄精酒。如此泡制出来的酒液颜色深黄透明，味道甘甜醇厚。

## （二）豆 豉

豆豉是利用生物技术，经炊煮霉变后制成的一种豆类食品。它富含蛋白质和人体所需的氨基酸，具有极高的营养价值。除美味之外，还有较高的药用价值。明朝吴录《食品集》云："豆豉味甘咸，无毒，主解烦热。调中发散，通关节。"《本草纲目》不仅指出豆豉有开胃增食、消食化滞、发汗解表、除烦平喘、祛风散寒、治水土不服、解山岚瘴气等诸多功用，还对豆豉与其他药物的配伍用法有详尽介绍："黑豆性平，作豉则温，故能升能散。得葱发汗，得盐治吐，得酒则治风，得薤则治痢，得蒜则止血，炒熟又能止汗。"

黄姚豆豉生产历史悠久，从清代顺治开始，有大批广东人迁入黄姚。黄姚是喀斯特地貌，地底漏水，属干旱地区，不宜发展水稻，但适宜种植耐旱的豆类植物，这为发展豆豉产业打下了原料基础。随着梁氏、劳氏、古氏等家族于清代初期从今广东省佛山市古劳村分批迁入黄姚，豆豉制作技艺也被他们带到黄姚。后来，又经过康熙到雍正年间对制作技艺的持续改良，黄姚所产豆豉日渐精良。先按《本草纲目》的要求使用精选的黑豆或朱砂豆。再用水洗净，置于木甑，炊三小时许倒入冷水中浸泡。捞起复用甑炊至热气上冒。用大簸箕摊晒，晾干水珠，藏入霉房。控制好霉房温湿度，促进豆子霉变。越七日，以水洗净，放入篓中发酵。又七日再入簸箕摊晒，至豆子的底面转成靓色后便成豆豉。黄姚制作豆豉时泡制豆子的水一定取自宝珠江和仙井泉。由于这种水含有一些不为人知的微量元素，能优化豆豉的香软度，因此，黄姚豆豉口感柔软，香味异常，自古以来就是岭南名产。清朝乾隆版《昭平县志》："豆豉，以邑东黄姚街出品为最得地道。因其炊浸洗豆俱用宝珠江水，所得豆豉透心柔软无核、香甜异味、物质精良，名驰中外，诚特产也。"也因为这样，它与茶叶、黄精酒一起成为"昭平三宝"。

作为最迟从清代顺治以来一直流传在黄姚的一款老字号商品，历代黄姚豆豉的经营者都十分注重质量和品牌建设。包装时，各厂家和铺号都自备木刻商标雕板，印成大红招牌纸，用简洁文字介绍铺号、厂名、厂址、产品加工历史、原理、流程，产品功用，如何食用等信息。也正因为数百年来，黄姚豆豉在市场上树立了良好的质量和诚信声誉，产品销路不断扩大，不仅方圆百里的客商云集到黄姚来采购豆豉，连珠三角和东南亚市场也是长期热销。1994年，黄姚豆豉更是荣获蒙古国际食品博览会金杯奖。

在黄姚，大凡热爱生活的人无不喜欢豆豉。当地百姓有"半粒豆豉一碗饭"的说法。清代黄姚举人林作楫尤其嗜好豆豉，他去江西上任县令时，念念不忘要带着的家乡特产就是豆豉。为此，乡亲们作打油诗调侃道："县官爱豆豉，味道果然长。一餐没豆豉，下饭总不香。"光绪年间，湖南举人邓寅亮游览黄姚，当地秀才林正甫以豆豉相赠。邓寅亮赋诗一首："姚溪土产淡豉香，姜丝豆豉作家常。从此便成千里别，香飘楚粤永难忘。"

至今，黄姚人对豆豉仍是喜爱有加，"鱼肉瓜菜调味好，总比白煮味道长。"是当地民谣对黄姚豆豉的赞誉。他们用香味醇绵的豆豉不仅烹调出豆豉排骨、豆豉鸡、豆豉鱼、豆豉豆腐等许多美味佳肴，还开发出各种豆豉小吃和豆豉酱料。到黄姚旅游，豆豉香味始终如影随形。

如今，黄姚豆豉加工技艺已被列为广西壮族自治区非物质文化遗产。在传承的基础上培育起来的"黄姚御豉"逐渐成为黄姚豆豉的代表性品牌。"御豉"品牌系列产品融合现代人的口感需求和当代生物技术、质量控制技术，不仅在产品营养成分和质量上更有保证，还在传统淡豉的口味上又新推出了"招牌御豉""姜汁御豉""蒜蓉御豉""香辣御豉""御豉辣椒酱"等多个系列，以满足不同人群的需求。这些产品热销两广地区，所到之处众口皆碑。小小一颗黄姚御豉正日渐成为两广地区万千张餐桌上传递关爱的信使。

# （三）豆豉粉

黄姚美食首推豆豉粉。有两种吃法，一是汤粉，二是鸡脖糍。黄姚米粉制作工艺精细：以早造稻米为主，晚稻为辅，将二者混合，浸透后磨成米浆。磨浆时要求将米粒尽可能磨细，一般要求磨二次以上。将米浆调至适宜稠度，然后摊至平底锅上蒸熟成为米粉，要求米粉尽可能薄，以方便后续调食时入味。

豆豉汤粉最精华的是汤。使用黄姚产豆豉，将其剁碎，与猪筒骨熬成高汤。要求汤色黑亮，汤味豉香浓郁。食用时，在切成筷子大小的细条米粉中调入豉汤，再配上叉烧、猪脸肉、猪尾巴等不腻但脆口的肉食。这种吃法操作简单，清香嫩滑、软顺爽口，回味悠长。

鸡脖糍是将米粉与豉汁凉拌而成的一种小吃。即将蒸熟的米粉皮晾冷，卷成圆筒。使用"糍钎"将圆筒米粉截成长约一寸的粉段。因圆筒状的粉段酷似鸡脖子，故名鸡脖糍。"糍钎"是用竹片削成的两面有刃的竹刀。食用时，根据各人口味，自行在鸡脖糍中调入豆豉、葱花、蒜米、辣椒、茶油或芝麻油等调味品，凉拌后即可食用。这种吃法属于冷食。吃起来清气爽口，米脂的甘香与豆汁的酱香互相晕染，风味独特，四季皆宜。

## （四）九层糕

九层糕是一种分层制作的米糕。将事先准备好的米浆放在金属的蒸盘中，蒸熟一层后，再加一层新浆，添至五六层后，蒸盘就满盘了。在添加最后一层米浆时，撒上剁好的馅料同时蒸。馅料由瘦猪肉或腊肉、香菇、香芋、虾米、笋干(或头菜)、木耳、马蹄等混合炒熟而成。蒸熟后，趁热撒上葱花，取出，用"糍钎"分割成一寸多长，约一寸宽的小块，钎起小块蘸豆豉汁吃。散发着馅料的鲜香和稻米芳香的九层糕，趁热吃味道最美，入口滑嫩香爽。

## （五）葱　角

葱角是馅料中含葱量较大的一种粉角。角皮是用晚造籼米浆蒸熟而成的米粉片，像饺子皮。馅料由瘦猪肉、黄笋、头菜、木耳、炒熟的马蹄、五香粉、大量葱花一起剁制而成，有条件的还可加入虾或腊肉。将馅料包入角皮中捏成饺子状，在蒸笼中蒸熟，加上酱油、芫荽、蒜葱白、芝麻油剁成的味汁调味。最好趁热吃，如果再加上芥辣酱末调味则味道更佳。葱角也可用汤水煮，但馅料拒绝使用韭菜。一般地，黄姚居民每年只在除夕前一天的晚上做一顿葱角，如果谁家做第二次，那一定是有挚友或至亲到访。

## （六）灰水糍

灰水糍在黄姚也叫"落水狗"。将早籼米浆加木薯淀粉倒入灰水中，在锅里加热搅拌至煮熟，然后倒入专用木桶，用木棒快速搅匀至冷却，得到浆糍。再把浆糍倒入簸箕，用力反复拍打。拍打过程中，时而抓出一小团，盛入碗内，添上煮好的黄糖水，一碗剔透诱人的"落水狗"即大功告成。制作灰水的草灰以用野生植物布筋草烧成的最好。干黄豆秸或干稻草烧成的灰也行，但所得灰水没有布筋草的清香。用开水冲灰，搅匀，过滤，经沉淀就得到灰水。灰

灰水糍

葱角

黄姚豆腐酿

水糍溜滑爽口，甜而不腻，属夏季食品，有清凉解暑的功效。

## （七）黄姚豆腐

黄姚豆腐的制作程序虽然与其他地方的相似，也经过浸豆、磨浆滤渣、煮熬、冷却等工序，但黄姚人在进行这一系列工作时讲究精细，浆要慢磨细腻；渣要过滤干净；石膏要调放适度，恰到好处；磨浆所用之水必用本地石山溶洞流出来的优质水。因而制作出来的豆腐特别的鲜嫩细腻，洁白如凝脂，看起来颤悠悠的。任你纵拿横放都不易破碎，不易出水。烹饪后的豆腐，吃起来嫩似鸡蛋羹，鲜美而滑喉。

## （八）黄姚豆腐酿

豆腐酿就是用豆腐为皮材，酿入馅心后再烹熟的一道美食。豆腐酿是贺州最具代表性的一道酿菜，花式丰富。作皮材用的豆腐可以是油豆腐，也可以是水豆腐酿。黄姚水豆腐酿无论酿馅手法还是烹饪手法都颇具特色。它先将成块的水豆腐捣碎，捏成团，再将酿心填装进团中，最后做成一个个豆腐丸。酿丸能蒸、能煮，也能煎炸。因为黄姚盛产豆豉，所以黄姚人在烹饪酿丸时无论如何都会想办法以豆豉调味。独特的制酿手法与独特的调味方式，使得黄姚豆腐酿有着独特的味道，在方圆数十里地颇享盛名，曾露脸中央电视台"天天美食"专栏。

# 第七章

# 教育与人物

　　黄姚地处昭平县东北部，在清代乾隆之前，黄姚街上的人口以瑶、壮等少数民族为主。由于历史原因，清代康熙之前对瑶壮地区的教育投入严重不足。加上这里山高林密，旱地多，水田少，导致人口稀薄，历史以来黄姚的教育一直相对落后。但黄姚开埠之后，随着大量人口从教育程度较高的珠三角地区迁入，沿袭迁出地崇儒重文的传统，不仅有广东籍的移民在黄姚开办塾馆，也有不少新来的移民送子弟入学。又加上从康熙开始，朝廷为达到教化目的，不断提倡民族地区办学。于是，黄姚重教之风日渐浓厚，就连壮族子弟也有许多人走进学堂。这使得黄姚人文荟萃，涌现出了众多的政治、文化、教育、慈善等领域的历史名人。他们当中有为民众利益捐躯的忠臣，有影响地方文化教育进程的儒师，有医术高明的医者，有为推动地方发展而献奇计定大策的杰出政治人物。这些优秀人物不仅引领黄姚的历史，也为黄姚的后续发展留下了影响致深的巨业伟绩，为后世留下了风范长留的精神财富。

# 一、黄姚教育的发展历程

明代之前，史料缺乏，黄姚的教育情况已经难能考证。清康熙开始，黄姚的科举教育有了快速发展。到清代乾隆至嘉庆时，与经济社会发展程度相匹配，黄姚的科举教育更是达到了顶峰，士子们取得了历史以来最好的科举成绩，不断有人中举。道光之后，社会进入动荡期，黄姚的科举教育随之衰退，科举考试所获得的最好功名也都只是些贡生、庠生、增生。再没有人中举，也没有人考上进士。到清代晚期，适应社会需求，开昭平县各乡镇之先风，黄姚率先办起了新式学堂。1945年又办起了昭平全县唯一一所县城之外的中学。教育发展历程显示，在新中国成立之前，黄姚的教育事业一直走在昭平前列。

## （一）明　代

明万历四年（1576年），复置昭平县。昭平县终于在文庙学宫中办起了自有的县学，昭平士子们有了更多的机会接受高等级的科举教育。至明朝崇祯九年（1636年），黄姚街邓太和考中丙子科副榜，成为黄姚第一位有明确史载的科考人员。邓太和中榜之后成为黄姚私塾教师，后来又被调往湖南任教谕。私塾是明清时期城乡的主要办学形式。由一富家或几家联合聘请塾师在家设馆授徒，也有一村或几村合聘塾师设馆的。塾师报酬由塾师与学生家长商定，分摊到学生的各家各户。

## （二）清　代

清朝顺治十三年（1656年），黄姚街居民古元良考中丙申科恩贡。古元良中榜后，也在家乡开办私塾，培养人才。清康熙年间，广东南海禀生林廷干先在今樟木林镇读书岩开设私塾，其后又先后应邀到文洞村和沙棠寨（今连理街）伍家开办私塾，为樟木、公会、黄姚培养了一批批学子。

康熙四十一年（1702年）开始要求全国各地兴办义学。义学的办学经费由明绅义捐钱粮或田地租金充任。为此，昭平县令钱洮丰于康熙五十八年（1719年）在黄姚开办了西宁社学。社学也是义学的一种，只实施启蒙教育。可官办公助，也可官办民助。西宁社学就是由西宁社庙所荫弊的社区居民赞助的官办蒙学。尽管社学只做启蒙教育，但由于是普及型的免费平民学校，这使得许多贫寒子弟能够进入学堂，初识文字，完成扫盲教育。

林廷干长子林之梅通过到桂林秀峰书院深造，于康熙四十七年（1708年）戊子科中举，出任贵州余庆县知县。雍正元年（1723年），林廷干第三子林之梧又考中癸卯科拔贡，出任迁江县（今广西来宾县）教谕。清朝雍正年间，林之梅的儿子林作程也考中岁贡。接着，雍正十年（1732年）黄姚人梁广韬再中壬子科副贡（副榜），任容县教谕。乾隆十五年（1750年），林之梧之子林作楫庚午科乡试中举，出任江西安远县知县。以林家为主的士子们在儒学上的成就为黄姚的儒学教育树立了一个良好榜样。此后，黄姚的从学者日渐增多，从黄姚走出的塾师也越来越多。秀才、贡生、举人等拥有科举功名的人员在未登仕途之前，或者在致仕返乡之后，大多在家乡设馆收徒，这几乎成为定制，林之梧、林之梅、林作楫、林作程等人莫不如是。嘉庆年岁贡林就光亦在家乡沙棠寨开办私塾，而且这个传统直到清末一直保留。如同治十二年（1873年）癸酉科岁贡莫汝功在家设立私塾，同治元年(1862年)壬戌科恩贡梁广信亦是在家乡开办私塾。通过这些乡贤先达的倾心栽培，黄姚有更多的子弟成功考得功名。例如道光年间例授儒林郎吏部候选直隶州分州莫蔼然在家办私塾，就培养了古一博、郭金鎛等一批学子。

随着塾师们自己和弟子们在科举及仕途上不断取得成功，他们在黄姚地方上的影响力也就越来越大。乾隆二十五年（1760年），黄姚街监生莫廷相甚至因在家办私塾成就斐然，被钦命广西布政使司布政使赠匾"乔松千尺"。为此，黄姚崇儒重学的风气更加浓厚，越来越多家庭愿意把子弟送到塾馆就读。黄姚各姓宗祠也每年从祠堂田租中提取部分用作奖学金，奖励族中子弟读书。凡考得好成绩的，都可获得一定数量的稻谷作为奖品。例如，民国时期的古祖良，他在就读桂林两江师范、桂林艺术专科学校时，一共获得古氏都禄公祠奖学金五担稻谷。

据不完全统计，明清时期，黄姚街共有文举2人、武举1人，副榜4人，贡生25人（拔贡、恩贡、岁贡、例贡），庠生（秀才、监生）250多人。民国时期，黄姚籍大专院校毕业（或结业、肄业）生20多人。此外，黄姚街外乡村的一些子弟因为在古镇的塾馆里学习，获得了文化，后来也成长为建设地方的佼佼茂才。

塾师所拥有的地位使得黄姚的科举成功人士更加乐意教书育人。所以，黄姚的许多贡生在外出任官时都愿意选择教谕这份职业。同治九年（1870年）庚午科岁贡古一博，历任柳城、罗城、横州等州县教谕。同治十一年（1872年）壬申科岁贡郭金鎛也任平乐府学教授。

## 明清黄姚街部分科举功名人物表

| 序号 | 姓名 | 时代 | 科举功名 | 仕途任职 |
|---|---|---|---|---|
| 1 | 邓太和 | 明崇祯九年（1636年）丙子科 | 副贡 | |
| 2 | 梁广韬 | 雍正十年（1732年）壬子科 | 副贡 | 容县教谕 |
| | 梁端章 | 光绪十七年（1891年）辛卯科 | 副贡 | |
| 3 | 林之梅 | 康熙四十七年（1708年）戊子科 | 举人 | |
| 4 | 林作楫 | 乾隆十五年（1750年）庚午科 | 举人 | |
| 5 | 古知翰 | 乾隆元年（1736年）丙辰恩科 | 武举 | |
| 6 | 林廷干 | 康熙四十四年乙酉岁科（1705年） | 拔贡 | |
| 7 | 林之梧 | 雍正元年（1723年）癸卯科 | 拔贡 | |
| 8 | 古元良 | 清顺治十三年（1656年） | 恩贡 | |
| 9 | 林就光 | 嘉庆年间 | 恩贡 | |
| 10 | 古绍先 | 道光十一年（1831年）辛卯科贡生 | 恩贡（道光初为廪生） | |
| 11 | 梁广信 | 光绪二年（1876）丙子科 | 恩贡（同治元年壬戌科邑庠） | 候铨儒教谕正堂（从七品） |
| 12 | 古庠 | 雍正 | 岁贡 | |
| 13 | 林作程 | 雍正 | 岁贡 | |
| 14 | 林就光 | 嘉庆 | 岁贡 | |
| 15 | 古一博 | 同治九年（1870年）庚午科 | 岁贡 | |
| 16 | 郭金铴 | 同治十一年（1872年）壬申科 | 岁贡（同治十一年府庠） | 任平乐府学教授 |
| 17 | 莫汝功 | 同治十二年（1873年）癸酉科 | 岁贡 | |
| 18 | 古知君 | 康熙 | 邑庠 | |
| 19 | 古知权 | 乾隆 | 邑庠 | |
| 20 | 古竣 | 乾隆 | 邑庠 | |
| 21 | 林熙光 | 乾隆 | 邑庠 | |
| 22 | 郭济华（郭泽华） | 嘉庆二十一年（1816年）丙子科 | 邑庠 | |
| 23 | 古业显 | 嘉庆 | 邑庠 | |
| 24 | 梁善屏 | 道光十年（1830年）庚寅科 | 邑庠 | |
| 25 | 古传扬 | 咸丰六年（1856年）六月 | 邑庠 | |
| 26 | 李秉绅 | 同治初年 | 邑庠 | |
| 27 | 劳锡畴 | 同治初年 | 邑庠 | |
| 28 | 林上清 | 同治初年 | 邑庠 | |
| 29 | 古之愚 | 同治初年 | 邑庠 | |
| 30 | 古绍德 | 同治初年 | 邑庠 | |
| 31 | 郭诚珍 | 光绪十七年（1891年） | 邑庠 | |
| 32 | 郭课郎 | 光绪十七年（1891年） | 邑庠 | |
| 33 | 郭敬谋 | 光绪十七年（1891年） | 邑庠 | 登仕郎 |
| 34 | 古岳生 | 光绪十七年（1891年） | 邑庠 | |
| 35 | 郭泽芬 | 光绪十七年（1891年） | 邑庠 | |
| 36 | 古士扬 | 嘉庆十一年（1806年）岁次丙寅科 | 府庠 | |

| 37 | 古一博 | 同治九年（1870年）府学庚午科 | 府庠 | 柳城、罗城、横州、等地教谕 |
|---|---|---|---|---|
| 38 | 莫汝功 | 同治十二年（1873年）癸酉科府庠 | 府庠 | 同治三年岁（1864年）钦加州判衔岁进士候补儒学训导 |
| 39 | 莫义甫（又名莫舆京） | 光绪年间 | 府庠（光绪十七年曾为邑庠、监生）民国时在广西农林试验场兼讲习所学习 | 民国初，任关区（后称黄姚区）团务局（又名公局）主事（后称局长），广西省府议员 |
| 40 | 莫家驹 | 嘉庆 | | 凝化里千总（七品） |
| 41 | 古先知 | 乾隆二十三年（1758年）戊寅 | | 乡饮 |
| 42 | 莫蔼然 | 道光二十三年岁次癸卯（1843年） | | 例授儒林郎吏部候选直隶州分州司马 |
| 43 | 莫霖然 | 清朝道光年间 | 县学廪生、贡生 | 候选直隶州分州同州司马 |
| 44 | 林上鸣 | 咸丰初 | 廪生 | |
| 45 | 梁都 | 光绪初年 | 附生 | 以军功保举署迁江县训导 |
| 46 | 郭迪吉 | 乾隆 | 监生 | 钦加五品蓝翎 |
| 47 | 古能升 | 乾隆 | 监生 | |
| 48 | 古能爱 | 乾隆 | 监生 | 登仕郎 |
| 49 | 莫廷相 | 乾隆 | 监生 | |
| 50 | 莫家成 | 乾隆 | 监生（后中例贡） | |
| 51 | 古乘龙 | 乾隆 | 监生 | 功加六品顶戴 |
| 52 | 古传琮 | 道光 | 监生 | |
| 53 | 古崑生 | 光绪 | 监生 | |
| 54 | 莫慎然（字益，号裕亭） | 生于嘉庆庚申 | 监生 | |
| 55 | 古小池（又名国端） | 光绪 | 监生（后中例贡） | |
| 56 | 郭鸣春 | 光绪十七年（1891年） | 监生（曾为太学生） | |
| 57 | 郭调吉 | 光绪十七年（1891年） | 监生（后中例贡） | 光绪三十二年（1906年）任登仕郎 |

| 58 | 劳锡庞 | 光绪十七年(1891年) | 监生（同治初年邑庠） | |
|---|---|---|---|---|
| 59 | 古光庭 | 光绪 | 监生 | |
| 60 | 莫怀宝 | 光绪 | 监生（光绪十七年邑庠） | |
| 61 | 郭敦臣 | 光绪 | 监生（曾为邑庠） | |
| 62 | 梁子楷 | 光绪 | 监生 | |
| 63 | 古能作（字功碧） | 乾隆 | | 登仕郎 |
| 64 | 古大安（字文品） | 乾隆 | | 登仕郎 |
| 65 | 古大模 | 乾隆 | | 登仕郎 |
| 66 | 郭际康 | 道光 | | 登仕郎 |
| 67 | 郭敬言 | 光绪三十二年（1906年） | | 登仕郎 |
| 68 | 古连宁（字良登） | 光绪 | | 登仕郎 |
| 69 | 古良箴 | 嘉庆 | | 赠修职郎 |
| 70 | 梁朝鼎 | 光绪 | | 赠修职郎 |

| 街外子弟从黄姚古镇塾馆中走出的部分优秀学子 | | | | | |
|---|---|---|---|---|---|
| 序号 | 姓名 | 年代 | 科学功名 | 仕途任职 | 家乡在地 |
| 1 | 劳匡时 | 清至民国 | 法政毕业 | 云南景谷县知事 | 今昭平县庇江街 |
| 2 | 黄经邦 | | | 民国十三年（1924年）署昭平县知事 | 恭洞村（今昭平县黄姚镇中洞村） |
| 3 | 叶干桢 | 清至民国 | | 民国十二年（1923年）署昭平县知事 | 今昭平县樟木林镇 |
| 4 | 叶芹英 | 清至民国 | 清代附生 | 民国十三年（1924年）署昭平县知事。民国二十三年（1934年）《昭平县志》采访员。 | 今昭平县樟木林镇 |
| 5 | 叶青钱 | 清至民国 | 清代附生 | 署广东高明县知事 | 今昭平县樟木林镇 |
| 6 | 潘宝疆 | 清至民国 | 清代庠生，奖励举人，民国优级师范毕业。 | 民国十年（1921年）任昭平县长。 | 今钟山县石龙镇 |
| 7 | 李识荆 | 清至民国 | 清代庠生 | 民国二十三年（1934年）《昭平县志》采访员。 | |
| 8 | 蒙肇基 | | 昭平师范传习所毕业，广西农林试验场兼讲习所肄业。 | 国民界塘小学教师，民国二十三年（1934年）《昭平县志》采访员。 | |

自开埠以来黄姚的商贸氛围一直浓郁，当一些庠生、增生、监生、贡生及民国时期的中学毕业生因故无法进入仕途时，就会转身进入市场，投身商海，成为儒商。清光绪监生古昆生，年轻时边办私塾，边随父学习中医。后来，自己到昭平县城开诊所和药铺，成为全县著名中医。光绪十七年(1891年)辛卯科副榜梁端章亦研习中医，在家自己经营诊所。民国期间，东海师范专科毕业的郭济美一边担任昭平县文教科长，一边在县城首设照相馆。然后让胞弟在黄姚开照相馆。这些士子从商之后往往严守儒者风范，对待长工、挑夫、顾客宽厚仁慈。给伙计们所开的工钱较高，给顾客们售出的货物质量也比较好。

清朝光绪年间，维新派掀起废科举办新学的热潮。光绪三十年（1904年），清朝学部公布《重订学堂章程》，制定"癸卯学制"，规定小学分初等小学堂和高等小学堂。初等小学堂学制5年，课程有修身、算术、历史、地理、格致、体操、读经讲经、中国文字等；高等小学堂学制4年，课程有修身、读经讲经、中国文字、算术、中国历史、地理、格致、图画、体操等，并视情况酌设手工、农业、商业等科。是年，黄姚街监生古光庭利用庙产屠捐一百一十元，租借古氏都禄公祠办起了关区第一初等小学堂。黄姚有了第一家新式学堂。1909年，古光庭又将初等小学堂扩大为黄姚高等小学堂，校内同时设初小部和高小部。黄姚开办的这两所小学堂开启了昭平全县办设新式学堂的先端。

清光绪、宣统年间，在新式学堂之外，黄姚还依然存在一些私塾性质的学馆。其中，小馆实施启蒙教育，使用的教材有《三字经》《百家姓》《千字文》等。塾师只教读书、识字、练字和背诵，不做分析讲解。每馆招收学生20人左右，多为八九岁至十一岁的儿童。学生除供给塾师每月膳食费用外，还要另给修金3至5元银圆；实施科考教育的大馆每馆招收受过小馆教育的学生约20人，年龄多在十四五岁以上。大馆开设的课程有四书五经、古文、唐诗、策论等。教师们对教材内容进行讲解，并要求学生学会诗文写作。有些大馆还教授珠算。大馆塾师的修金月收约10元银圆。

# （三）民　国

## 1. 黄姚小学

1912年，民国教育部颁布《整顿教育方案》和《小学教育令》，改学堂为学校，提出"德、智、体、美"四育平衡发展的办学方针。在课程设置上，取消读经和讲经课。将手工、家事、园艺、缝纫等实用科目正式列入课程。规定初等小学开设修身、国文、算术、手工、图画、唱歌、体操等课程，女生加修缝纫课。高等小学开设修身、国文、中国历史、地理、理科、手工、图画、唱歌、体操等课程，男生加修农业，女生加修缝纫课。全部小学教育为国民基础教育。黄姚高等小学堂作为地方上的国民基础学校，易名为黄姚国民高等小学。这时，黄姚区各乡村人口较多的地方也都办起了小学。但边远地区因为缺乏新式学校的教师，还依然延办私塾，仍然使用蒙学课本。

1922年11月，北洋政府公布了新学制——壬戌学制，小学由7年缩短为6年，即初小4年，高小2年，时谓"四二"新学制。初等小学改为初级小学、高等小学改为高级小学，分春、秋两季招生。黄姚国民高等小学随即改为六年制学校。

1923年，教育部刊布《新学制课程标准纲要》。小学课程分为国语、算术、卫生、公民、历史、地理、自然、园艺、公用艺术、形象艺术、音乐、体育等科。小学授课以分钟计，初小前2年每周至少授课1080分钟，后2年每周至少授课1260分钟；高小每周至少授课1440分钟。1929年，规定中小学均开设"党义课"。1926年，黄姚国民高等小学易名关区区立国民第一高级小学，但仍然租借街民民房为校舍。当年，黄姚区公所正式确定小学经费来源由两部分构成，一是全区粮赋附加建筑费5000元；二是朝水庵、宝珠观、赐福庵各庙产及屠捐、公秤捐、桐茶花生捐计1400元。

1927年，广西当局明令禁办私塾，从此，距乡镇圩市较近的地区私塾完全消失。但在偏远的民族村寨中，因条件所限，仍有塾师办班。直至新中国成立前夕，黄姚人张健廷仍在六香、罗望两寨担任塾师。

1932年，教育部公布新的规定，小学课程共10门：公民、卫生、体育、国语、社会、自然、算术、劳作、美术、音乐。1933年，昭平全县改为黄姚区、马江区、明源区三大区，黄姚区管辖黄姚镇、西坪乡、界塘乡、巩桥乡、潮江乡、宝善乡、樟木林乡。关区区立国民第一高级小学改名为黄姚五乡镇（黄姚镇、界塘乡、宝善乡、巩桥乡、潮江乡）高级小学，招收女生，男女同读小学。校长先后由平乐师范毕业的黄姚街人梁子楷、梁世宗担任。1936年7月，小学课程作了修订，开设公民训练、国语、社会、自然、算术、劳作、美术、体育、音乐等科。

1936年至1938年，在广西新桂系当局"自卫""自治""自给"这一"三自"政策的指导下，改县民团总局为民团司令部，在乡（镇）成立后备大队，村（街）成立后备中队，乡村实行三位一体制。即乡（镇）长兼任后备大队长和中心校校长。村（街）长兼任后备中队长和国民基础学校校长，集军、政、教三权于一身。为此，黄姚五乡镇高级小学，改为黄姚区立中心小学，并对校长进行政训。但黄姚区立中心小学仍然由校长独立办学，黄姚区区长、黄姚镇长均不兼任校长。这是昭平全县唯一一个区的做法，体现了黄姚区中心小学的办学特色。小学也接受凤律、崩江等村的壮族儿童入学，开设的课程主要有：语文、算术、珠算、体育、音乐、美术等。中心校的校址仍然设在古氏都禄公祠。另外，在黄姚白马庙还办起私立初级小学，主要面向连理街、山傍、新寨、银壶等寨招收学生。

1938年，日军第一次入侵广西。为了学生安全，避免日本飞机轰炸。校长梁世宗将黄姚区立中心小学从古氏都禄公祠搬迁到莫氏仙山公祠。此时，在梧州就读广西大学的郭继尧夫妇也回到黄姚街担任教师。1942年，曾先后在桂林省立两江师范、广西艺术专科学校学习的黄姚街人古祖良也毕业回乡，其在黄姚区立中心小学任教的父亲古善斋退休，让位给儿子接任。第二年，古祖良任中心小学教导主任。中心校的师资力量得到了加强。

从1907年开设关区第一初等小学堂开始，到1949年全国解放，黄姚中心小学有史可查的名师共有21人，分别是：古光庭（第一任校长）、梁子楷、郭能守、劳切兴（语文教师）、古善斋（语文教师）、劳卓保（历史教师）、李延年、郭德光、梁世义、李纪宗（劳作教师）、郭能朗、古鸿志、古柏津、梁世宗（语文教师）、古祖良（教导主任，数学教师）、劳谦守、劳广鑑、古伯裔、古柏梧、古淑坤、古凤平。其中梁子楷，字正甫，庠生，梁端章胞弟，是黄姚中心小学第二任校长。梁世宗是黄姚街人，字松先，清代庠生，民国时从平乐九县合立中学和平乐师范毕业，黄姚中心小学第三任校长。古善斋，黄姚街人，字传玉，清代庠生。民国时，先读平乐县县立中学，后读平乐师范。抗战时曾在校参加学生军，任中尉。毕业返乡后任黄姚中心小学教师。1943年，任梧州（西江）税务局（一说护商局）秘书。日机轰炸梧州，于1944年回乡，接替古柏桐任黄姚区粮食征收处主任。曾任黄姚古氏国一房系族长。古祖良，善斋之子，字国疆，又名孝和、孝妹。昭平中学第一届毕业生。广西省立两江师范第一届毕业生。桂林艺术专科学校毕业后回乡在中心校担任教导主任。擅长国画、书法。据《千家驹回忆录》载，抗战时期，其协助并参与疏散到黄姚的民主人士组织的抗日救亡活动。

1948年1月，初小一、二年级的音乐、体育、美术与劳作等课程合并为一科。从这一年开始，广西各级国民学校经费一律改由县财政统筹支给。黄姚中心校全年经费5万斤稻谷，其中县财政拨给3万斤。从此，黄姚中心小学的学生免交学费，教师工资每天十二两米，由镇公所谷仓支取。如学校办公经费有节余，过年时，每名教师还可分得几担稻谷。

1949年12月9日，黄姚镇第一届人民政府成立。古祖良任黄姚镇第一届政府文教委员兼中心校校长。

清末至民国期间，黄姚小学没有固定校舍和财产，只是借用空余的民房、祠庙内空置的房屋办学，教舍陈旧简陋。黄姚的私塾、小学堂、国民中心小学先后借用古氏都禄公祠、莫氏仙山公祠、白马庙、莫氏宗祠等地作为校舍。

## 2. 黄姚中学

1944年底，广西建设研究会、广西文化供应社及一批抗日民主文化人士疏散到黄姚。在黄姚民众的要求下，通过陈邵先、欧阳予倩、张锡昌、千家驹、莫乃群等一批文化人士的努力，1945年3月，以黄姚镇公所所捐稻谷300担作办学基金，以镇公所办公楼、黄姚宝珠观、准提阁作校舍，在黄姚成立了贺县私立临江中学黄姚分校。黄姚终于有了自己的中学。5月，千家驹、欧阳予倩等人在黄姚中心小学创办黄姚图书馆。6月，黄姚中学师生创办妇女识字班，接连办了四期，参加学习的学员200多人。8月，贺县私立临江中学黄姚分校改名昭平县黄姚区立初级中学。黄姚区将收取的圩场摊位费用作办学经费。抗战胜利后，1945年9月，千家驹返回香港，黄姚区立初级中学校长由广东系统的中共地下党刘彦邦接任。1947年6—8月，刘彦邦辞职返回广东。时任黄姚区长的黄兴汉兼校长主持学校工作。9月，黄姚区立中学改为县立黄姚中学，校长由杨惠先担任。翌年，昭平县财政向黄姚初级中学每学期拨款3070万元国币，每位学生每学期交谷150斤，共28500斤。全校仅有孤儿古积权和特贫生贝殿华获免学费。教师工资每天十六两米。

1948年9月，仙回人虞厥中担任黄姚中学校长，教导主任是地下党员、公会人吴动。1949年9月，虞厥中辞任，时任黄姚区区长黄姚下白村人李可镰主持中学工作。11月底，黄姚区解放，黄姚中学校长由中国人民解放军贺昭钟第七大队大队长叶长燊兼任，叶盛华任教导主任。

千家驹题写的黄姚中学校名

| 序号 | 姓名 | 学历 | 职位与业绩 | 原籍 |
|---|---|---|---|---|
| | **新桂系时期至新中国成立初期黄姚古镇走出的部分优秀人物** | | | |
| 1 | 郭能受 | | 民国黄姚镇长、西坪乡长、樟木林乡长、宝善乡长、潮江乡长。 | 迎秀街人 |
| 2 | 郭能守 | 民国广西地方干部学校毕业 | 民国黄姚街长、黄姚镇第一届（1933—1937年）镇长。 | 迎秀街人 |
| 3 | 郭德光（郭荣幸） | 民国三十年代广州中医学院毕业 | 黄姚中心校教师 | 安乐街人 |
| 4 | 郭济美（郭泽贤） | 民国初东海师专毕业 | 民国昭平县政府文教科长。在县城首设照相馆。 | 天然街人 |
| 5 | 郭继尧 | 广西大学肄业 | 民国黄姚中心校教师，美国飞虎队黄姚坠机搜寻组翻译员。 | 天然街人 |
| 6 | 郭彪（郭继牛） | 解放站争时考入革命大学，毕业后，再入广西大学毕业。 | 桥梁建筑专业高级工程师，在河池地区行政公署林业局工作，1986年参与昭平大桥设计。 | 天然街人 |
| 7 | 郭善孝 | 新中国成立初从军，1956年入广州军区军官教导团炮兵专业学习，1958年毕业。 | 55军炮兵中尉副连长，湛江市政府、商业局、粮食局、供销社科长。 | 天然街人 |

| 8 | 劳景作<br>（1927—<br>1997） | | 历任黄姚镇金德街农会主席，黄姚镇镇长，1956年黄姚区副区长，1959年富罗公社党委副书记，1961年黄姚公社党委书记，1964年黄姚公社党委副书记，1975年，先后任县农业局副局长、县企业局副局长。1979年，黄姚公社党委副书记、公社管委会主任。1984年，黄姚镇督导员。 | 金德街人 |
|---|---|---|---|---|
| 9 | 林宗绍<br>（？—<br>2015） | 黄姚中学<br>第3、4班学 | 白山小学教师，参加1947年7月英家起义。1949年8月加入共产党。先后任界塘乡武工队长、中国人民解放贺昭钟边游击第七大队第三中队指导员。新中国成立后，历任昭平县副县长、代理昭平县长、昭平县长、苍梧县副县长、苍梧县委副书记、梧州地区水电局局长、昭平县经济研究中心副主任。 | 黄姚<br>白山村人 |
| 10 | 莫初带 | | 昭平县水电局局长，昭平县委委员。 | 黄姚街人 |
| 11 | 黄文该 | | 宁波航空学院教官，大校军衔。 | 迎秀街人 |
| 12 | 莫光强<br>（1937.1—<br>） | 1960年，广西师范学院毕业。 | 曾任黄姚中学几何教师。历任广西教师进修学（校）院、广西教育学院、南宁师院、广西师范学院任讲师，广西师范学院数学系副主任、主任、总支书记、副院长、副教授。副院长期间主管院总务处后勤、财务、院办产业和安全保卫工作。发表专著、论文有《应用直线方程技巧》《概化二次曲线的渐近线》《Hausdorff空间等阶命题》《空间解释几何百题多解法》。 | 黄姚街人 |

| 民国至新中国成立初期黄姚中学培养的部分优秀学生 | | | | |
|---|---|---|---|---|
| 序号 | 姓名 | 届别班级 | 职位与业绩 | 原籍 |
| 1 | 潘有国 | 1945年8月，考入第3、4班 | 参加巩桥乡武工队，1949年9月加入共产党，参加中国人民解放军贺昭钟边游击队第七大队，任中队长。新中国成立后，从广州部队转业，历任中共昭平县委纪检书记、中共昭平县委组织部长、昭平县政协主席。 | 黄姚枧盘村人 |
| 2 | 黄汝共（？—2017） | 1945年8月，考入第3、4班 | 1947年7月毕业后，以小学教员身份从事党的地下工作，参加巩桥乡武工队、中国人民解放军贺昭钟边游击队第七大队。新中国成立后，先后任黄姚区副区长、党委副书记、黄姚区长、昭平县商业局副局长、党组书记。 | 黄姚崩江人 |
| 3 | 黄新强 | 1945年8月考入第3、4班 | 毕业后以乡村教员的身份从事党的地下工作，参加巩桥乡武工队、中国人民解放军贺昭钟边游击第七大队。崩江小学教师。 | 黄姚崩江人 |
| 4 | 黄汝鹏 | 1945年8月考入第3、4班 | 1947年7月毕业后，参加地下工作。历任抚河游击队文书、副排长，恭城县区长、副书记，昭平县走马乡党委任副书记。 | 黄姚崩江人 |
| 5 | 黄新民 | 1945年8月考入第3、4班 | 潮江小学、崩江小学教师。 | 黄姚崩江人 |
| 6 | 黄汝林 | 1949年在黄姚中学读书 | 1952年7月参加土地改革工作，1955年6月入党。历任走马区西坪乡党委书记，文竹公社任党委副书记、党委书记，昭平县人民检察院副检察长，昭平县司法局局长、昭平县人民法院院长。 | 黄姚崩江人 |
| 7 | 黄汝旭 | 1949年在黄姚中学读书 | 历任昭平县富罗区镇南乡小学教师、梧州地区中级人民法院任审判员、昭平县人民法院任刑事审判庭庭长、昭平县司法局任办公室主任、昭平县人民政府办公室副主任、昭平县人大常委会法制办主任。 | 黄姚崩江人 |
| 8 | 黄汝兰（1931—2017.11） | 1947年考入黄姚中学 | 1954年夏，国立平乐师范学校毕业。新中国成立前夕，参加巩桥乡武工队。昭平县城厢小学、篁竹小学教师。 | 黄姚崩江人 |
| 9 | 古淑坤（1924.8—2017.7）女，曾用名古汉明 | 黄姚中学第1、2班学生 | 抗战期间是中共地下党领导的黄姚妇女识字班教师，中共广西省工委直辖黄姚中学党支部培养的积极分子。1949年11月，参加黄姚镇武工队，12月，任黄姚镇第一届人民政府妇女委员。小学教师退休。 | 黄姚街人 |

| | | | | |
|---|---|---|---|---|
| 10 | 郭胜安<br>（1930—<br>？） | 黄姚中学第<br>3、4班学生 | 1949年11月，参加黄姚镇武工队，1949年12月任黄姚镇第一届人民政府军事委员，1950年春，中国人民解放军四三四团四分队出证明到八步报考广西革命大学，加入中国共产党，后来考入长沙装甲兵学院，调北京装甲兵部队，时为副营长，后为教导员，1959年10月1日，指挥装甲部队参加北京天安门国庆阅兵式。转业任石家庄机械厂厂长、党委书记、高级工程师。 | 迎秀街人 |
| 11 | 古春华<br>（1930.2—<br>1992.6） | 黄姚中学第<br>3、4班学生 | 1949年11月，在西坪乡地下工作人员劳广旺指导下，与古积权、莫刚毅等十九位黄姚中学毕业的青年组建黄姚镇武工队，任副队长。1950年春，考上中南局军政大学无线电专业，从军，准尉。转业昭平县新华书店、昭平县商业局、昭平县土产公司工作，后任黄姚供销社副主任。 | 安乐街人 |
| 12 | 莫刚毅 | 黄姚中学第<br>3、4班学生 | 1949年11月参加黄姚镇武工队，12月，任黄姚镇第一届人民政府副镇长。先后任黄姚区副区长、蒙山县第二区区长、昭平县供销社副主任、樟木供销社主任。 | 金德街人 |
| 13 | 古后全<br>（1933—） | 黄姚中学第7<br>班学生 | 先后任黄姚小学、森冲小学教师、黄姚中心校校长、昭平县教育局人事股干部、黄姚公社中学校长、昭平县教育局监察室主任。 | 安乐街人 |
| 14 | 古宏华<br>（1932.6—<br>2003.12） | 黄姚中学第9<br>班学生 | 1950年春，考入广西革命大学财会专业。毕业分配到柳州地区商业局工作，后在柳州地区外贸局任会计师。 | 金德街人 |
| 15 | 莫梓爱<br>（女） | 黄姚中学第9<br>班学生 | 1950年春，考入广西革命大学，毕业后分配到南宁地区工作，曾任南宁地委纪检副书记。 | 金德街人 |
| 16 | 古令启<br>（女） | 黄姚中学第9<br>班毕业 | 1950年春，考入广西革命大学，毕业后，分配到河池地区林业局工作。 | 安乐街人 |
| 17 | 莫岗<br>（又名莫伯<br>年） | 黄姚中学第9<br>班学生 | 解放战争时，参加县土改工作队，历任富罗公社党委书记、昭平县经济委员会主任、昭平县常务副县长、昭平县政协副主席。 | 龙畔街人 |

| 18 | 古明华 | 黄姚中学第16班学生 | 1951年春，转贺县临江中学读初中和高中。1957年被广西师范学院录取，未往，转到昭平城厢小学任教一年。1958年考入广西医学院（今广西医科大学），毕业留校。获得公费出国留学。此后，历任广西医学院妇产科教研室副主任、广西医学院附属肿瘤医院妇瘤科主任，系主任医师、教授、硕士生导师。1998年，获得国务院授予政府特殊津贴。获广西区党委和政府"广西革命和建设突出贡献"荣誉证书。其事迹入选《八桂英才谱》《广西大百科全书》、1989年版《昭平县志》。 | 安乐街人 |
| :-: | :-: | :-- | :-- | :-- |
| 19 | 莫伯新 | 1950年秋，考入黄姚中学初16班 | 1951年春，转贺县临江中学读初中和高中。大学毕业后，分配到武汉钢铁厂工作，高级工程师。 | 金德街人 |
| 20 | 郭积固（1933.11—2014.8） | 黄姚中学毕业 | 平乐师范中师行政干部班进修。历任黄姚区中洞完小校长，巩桥完小校长，昭平师范教导主任，昭平县黄姚中学团委书记，北陀区中心小学校长，马江区中心小学校长，篁竹中心小学附设初中教师、校长，龙坪中学校长，昭平镇中学校长，昭平镇第二小学校长、党支部书记。 | 迎秀街人 |

# 二、人 物

黄姚开埠400多年以来，经历了不平凡的历程。这其中，有一批人物，他们有的出生于黄姚，成长于黄姚，服务于黄姚。也有的来自外地，但因为机缘巧合，让他们在有生之年与黄姚有了交集，尽管时间上或长或短，认知上或深或浅，但他们一律对黄姚赋予深情，并为推动黄姚的历史进程作出了不平凡的业绩。这些人物，由于成就斐然，史料记载较多，至今我们仍能通过文字的描述，一睹他们的风采。

## （一）儒 士

以文教佐天下，以武功戡祸乱。文治武功是历史以来维持国家长治久安的重要制度。而执行这些制度的人，大部分来源于科举功名者。清制，官吏由进士、举人出身者称科甲，具备出将入相的可能。非科甲正途者，除满族官员外，不得为翰林院、詹事府及吏、礼二部官员；恩贡[826]、拔贡[827]、副贡[828]、岁贡[829]、优贡生及恩优监生、荫生出身者亦为正途；捐纳或议叙等得官者则称异途，异途经保举亦同正途，但不得考选科、道。明清科举鼎盛时候，黄姚虽然没有出过进士，但出了不少举人和贡生。这些儒人中有的在黄姚地方上开设学馆，传授儒业，开化地方文明之风，成为一代儒师；有的走上仕途，廉明勤政，成为兴利一方的名宦；有的著书立说，成为启迪地方文化的巨擘。

---

[826] 恩贡：由地方贡入国子监的一种生员。明清定制，凡遇皇室庆典，据府、州、县学岁贡常例，加贡一次作为恩贡。清朝亦将特许的"先贤"后裔入国子监者称为恩贡。

[827] 拔贡：由地方贡入国子监的一种生员。清朝制度，初定六年一次。乾隆中改为逢酉一选，也就是十二年考一次。优选者以小京官用，次选以教谕用。每府学二名，州、县学各一名，由各省学政从生员中考选，保送入京。经过朝考合格，可以充任京官、知县或教职。

[828] 副贡：在乡试录取的常例名额外备取可入国子监读书的生员，称为"副榜贡生"，简称副贡。

[829] 岁贡：明清时期，每年由各府、州、县学贡入国子监读书的一种生员。因以食廪年深者挨次升贡，又称挨贡。岁贡生人数众多。

# 1. 设馆授徒的贡生古一博[830]

古一博，字约之，黄姚街人，清代同治九年（1870年）庚午科岁贡。他博涉经史，尤工书法。先后出任柳城、罗城、横州（今横县）等地教谕。公任之上，他廉以持己，和以待人，对新进的贫困生他都给予学费减免，而且授课讲学勤勤恳恳，学生们都很爱戴他。光绪三年（1877年），他辞去官职回到家乡黄姚，继续设馆教授，栽培后进。他循循善诱，当时黄姚地方上的许多文化人士都是他的弟子。他还捐钱在燕子岩对面的树林建怡然亭，今古氏宗祠大门外石柱联亦是他的作品。古一博故居位于今黄姚金德街，门前有一对石鼓。这对石鼓是他祖上古知翰于乾隆元年（1736年）登中丙辰恩科武举时，家人为了彰显荣耀添置的摆设。清道光年间，还是庠生的古一博尚未步入仕途，喜欢结交朋友。但凡戚友来访，多有诗联唱和。《古氏含真族谱》载，赠含真祖墓赞联："怅望云山怀魂魄，好从湘水吊芳魂。"即是他的作品。

## 2. 迁江训导梁都

梁都，字洛邑，清代附生，黄姚古镇中兴街（今新兴街）人，由附生以军功（另一说以报捐[831]）保举署迁江县训导。他的办公官署内设有一处单体建筑明伦堂，于是，他以"明伦"二字作为自己的座右铭。"明伦"是儒家学说中特别提倡的价值标准，要求人们必须明白长幼有序，尊敬长辈。他特别推崇儒家的这一观点，无论在官在家，为人处事，总是宽以待人，严以律己。在官，他体察民情，千方百计筹款开办贫民学校，鼓励、赞助少数民族同胞入学读书。在家，他重亲孝友。他的家族在黄姚共有四房支系，共同享有祖上遗下的一份田地，价值银五百两。大家每年将这份田地上的产出用作祭祖之资。一次，别房的子侄将地契偷出，悄悄地卖了，导致祭祖活动无从筹集经费。于是他用自己的俸禄积累凑价将田赎回，仍然交给四房轮流收取田租。无论是否论到自己这一房主持祭祀，他从不向别房索取购地款。需要新筹活动资金的，他也一分不少如数捐纳。[832]而且梁都还秉承父学，精通医术，治病救人。因此，地方绅士和民众都对他交口称赞。知县把梁都的事迹上报州府，州府派人巡查

---

[830]　〔民国〕《广西省昭平县志》，中国方志丛书第21号，成文出版社1966年影印，第144页。

[831]　〔民国〕《广西省昭平县志》，中国方志丛书第21号，成文出版社1966年影印，第127页。

[832]　〔民国〕《广西省昭平县志》，中国方志丛书第21号，成文出版社1966年影印，第139页。

核实后上报朝廷。光绪帝大为感动，决心树他为榜样。光绪五年（1879年）下令赐封梁父梁朝鼎为"修职佐郎"，梁母古氏为"八品孺人"。梁家的老宅"郎官第"如今仍然保存，它们位于黄姚古镇中兴街（今新兴街），门牌号分别为028、029、030、031。大门两边有一副对联："郎官垂远裔，第宇庆长春"，就是讲述这一故事。

### 3. 勉力杏坛的廪生莫仕勉

道光初年，黄姚街年方20岁的青年莫仕勉参加一年一度的县试，前十二名者录取为庠生，莫仕勉榜上有名。接着，他又参加平乐府庠生两年一度的考试，成绩进入前十名，被录取为廪生，获得官府每年发给的四石俸粮。可是接下来在冲击举人的考试时，却屡考不中。仕途无望，为了养家活口，年近不惑的莫仕勉决计在黄姚镇笔头村车仔山的一个山洞里设馆教学。一来可以解决生计，二来可以解决山区子弟入学难的问题。设馆的岩洞环境幽静干爽，利于办学。从洞口往岩里走五六步，有一块宽约3米、高约2米的石屏，就像一扇门屏隔离了洞外的喧嚣，能让学子们安静读书。转过石屏，是一个200多平方米的大厅，洞中凉风习习，且长年恒温。洞的尽头顶上有一个水缸大的洞口，为洞中照明补充着光源，使得石室开朗明亮。

莫仕勉虽然科举不顺，但腹中饱才，尤擅联对，又品行高标，是一位受人尊敬的先生。光绪十九年（1893年），时任广东佛山同知的李百龄因事路过黄姚，顺道到车仔山读书岩参观，恰好遇到莫仕勉。李百龄是梧州人，进士出身，先后在浙江临海、富阳、兰溪、仁和等地任知县，后又任广东乡试同考官、佛山同知，为官清正，有"李青天"之美誉。他亦是位文辞高手，遇着莫仕勉，不免技痒。一时兴来，便与莫仕勉切磋对联。当时是夏天，李百龄以手中的葵扇出句："葵扇扇风，风自扇中扇出。"这个出句不仅顶针，而且"扇"字交替转换成名词、动词，要对出下句，难度可想而知。但莫仕勉只是淡然一笑，踱步至岩口，指着溪滨抗旱的水车即对："竹车车水，水从车里车来。"这个对句不仅与出句遣词结构一般无二，又都是即景而作。李百龄连声称妙，暗忖：先生联才了得，不知学生如何？遂向专心默写课文的学生抛出上联："今日默书，一字不讹当有赏。"话音刚落，但见一位学生应声而起，他向李百龄行了个礼，接着便从容应对："明年赴试，三场得意自成名。"李百龄一惊，这句不但对得工整，更显高远志趣，于是为读书岩题写"翰林院"三个大字，落款"佛山同知李百龄光绪十九年"。既是对读书岩的认可，也是对莫仕勉的赞赏和对学子们的希冀。

后来，莫仕勉把李百龄的题字镂刻成匾，悬挂在岩内显眼之处。有了李百龄的褒题，莫仕勉的塾馆渐渐有了名气。有一位外乡人读过几年私塾，自以为博学宏词，心中不服，便来一较高低。他见馆里办学条件简陋，师生贫穷，便出言相讥，以笋条、蛇孽比之。莫仕勉也不发怒，只作一联回应："笋出园林，脱去胎衣成绿竹；蛇藏岩洞，养齐头角变苍龙。"此联对句气概不凡，来者闻之语塞，悻悻下山。

莫仕勉一生勉力杏坛，培栽桃李，培养了不少人才。在辛亥革命中被黎元洪录取首功的黄姚镇下白村人李可鑫、黄埔军校第七届学员，后任梧州军团团总的覃家林、北伐炮兵营营长，黄姚镇笔头村人成子善等都是他的学生。

## 4. 对联高手古炽昌

清朝末期，黄姚街上有一位文士叫古炽昌，堪称对联高手。他所撰写的对联不仅别致新颖，还能根据要求，准确表达命题者的心愿，为大众所喜爱。

黄姚街曾有一户人家四代同堂，曾祖、祖父和父亲都是高寿之人。一天，孙子结婚，这一家人便请来古炽昌专为这一盛事题写对联。古炽昌很快拟出联对："膝绕芝兰，室有三翁皆善士；眉齐夫妇，天留二老看文孙。"这副对联语意双关，不仅对孙子的婚礼给予了祝贺，还同时称颂三位老者德高望重，乐享天伦。惹得这一家人莫大欢喜。前来道贺的各位亲朋好友亦是一致好评。

又一次，黄姚街再有一户人家办婚事，请来一众高手拟写对联。这家人的情况有些特殊，为儿子操持婚事的是继母，结婚的是继子。这就要求对联既称颂继母爱护继子的美德，又要在婚礼上告诫继子不忘母恩，立志向上。这样的命题难倒了很多人，但难不倒古炽昌。他疾手一挥，巧联即出："命汝当承桃，此日宜家，须知继母犹圣母；元宗当务本，今朝有室，惟望成人做好人。"此联语重心长，继母感激涕零，继子点头称是。

还有一次，黄姚街一户居民刚给父亲办完祝寿礼，仅一日，父亲就去世了。昨日犹是父子承欢，高堂庆喜。转眼即是阴阳永隔，再难闻慈父训儿之声。主家之悲，痛彻心扉。于是请来古炽昌撰写挽联，要求既哀悼慈父永诀之悲，又回味昨日庆生之喜。古炽昌沉吟了一会儿，不久即得联句："百年之岁月几何，痛这番上寿难期，九十严君成永诀；寸草之春晖莫报，哀此日终天抱恨，三千佳客愧重来。"联中有哀痛，有感慨，还有几多无奈与回忆，读者叹息不已。

# （二）政治人物

黄姚历史上有一些优秀的政治人物，虽然他们管理的仅仅只是一到几个乡镇，并没有能够立下丰功伟业。与许多的政治人物相比，他们甚至没能赢得赫赫显名。但他们始终坚持"修身齐家治国平天下"的儒家操守。在地方局势动荡时，他们敢于打破旧的、习以为常的行政管理模式，采用更加合理更加先进的理念和方式来促进时局的扭转，让百姓受益。他们对职业的忠守使得他们在超越自我，追求卓越的同时，也因为让一方百姓过上了安稳日子而被人们所记住，最终彪炳史册。

## 1. 明代昭平设县最初提议人和黄姚划区规划人郭应聘

黄姚能够成为军事指挥机构"小营"的驻扎地和乡镇级行政机构"宁化里"的驻地，得益于明朝万历四年（1576年）的昭平设县。明代早中期，昭平并不是县一级的行政区，只是平乐县管辖下的一个军事机构"昭平堡"的驻所在地。明代最早提出在昭平设县的人是嘉靖年间的广西按察使郭应聘。他在带兵征剿府江动乱时提出了《府江善后议》，在这份意见书中他觉得要在昭平推行以下政策：

（1）在包括昭平在内的府江两岸设立土司。他说："夫欲弥盗，原先据要害。今荔浦之峰门、南源，修仁之丽壁市，永安之古眉各巡检司，皆久没于贼，宜悉革罢，易为土司……土司于兵领中择有才勇者充其职，俾世守焉。其不效者更置。"[833] 他认为，府江在嘉靖之后失控的关键原因在于不能有效地推行"以夷制夷"策略，因此，设立土司对平定府江地区的动荡局势有重要意义。

（2）设立昭平县。他说："府江距苍梧五百里许，中间山谷窈杳，林箐蔽薮，片孤孤帆，行同异域。稽之故牒，唐宋昔设龙平、思勤、马江等数县，后胥为蛮占没，今昭平即龙平地也。江之西浒，广衍宽平，风气攸聚，宜即其地创一县治。以平乐之昭平、马江二里，富川之二五都，贺县之招贤乡上下半甲割而益之，总其赋得三千六百有奇，而仙回诸田税尽以属之。"[834] 

事实上，后来明万历设立昭平县时，也正是按照他的设想来划定昭平县的

---

　　[833]〔明〕郭应聘：《府江善后议》，〔清〕汪森：《粤西文载》卷8《奏疏十一首》，广西人民出版社，1990年，第210页。

　　[834]〔明〕郭应聘：《府江善后议》，〔清〕汪森：《粤西文载》卷8《奏疏十一首》，广西人民出版社，1990年，第211页。

管辖范围。即明代昭平县包括昭平里、马江里、招贤里招贤河以西地区、二五都、仙回里等地。

## 2. 黄姚小营最早纪录者杨芳

最早对黄姚地名进行记录的是明代万历年间广西巡抚杨芳，他在所纂的《殿粤要纂》一书《昭平县图说》章节中画有一幅《昭平县图》，图中用一个符号清楚标定了黄姚小营的地理位置，但他把"黄姚营"写成了"黄窑营"。他在书中还说，从黄姚北边的马鞍岭通过接米岭到达思勤江是排民交租的必经之道，但是这条山道十分险峻，所以应该在马江设屯兵以管理黄姚一带富群江流域的鱼盐之利："盖马江上通埠头村装，贩鱼盐，以易麻絮。今方议榷税资饷，则此江所关重矣。然道路连亘崎岖，人烟屏绝，不设屯兵，何以便商市往来？由马鞍山度接米岭以达思勍江，乃排民输赋至县城必经者，其岭道嶙峋，极目眢黟，不可以无备也。"[835]他的这些建议后来也都得到实现。

## 3. 黄姚建营设里的初创者凌东京

凌东京是明代江南省泰州的监生，万历四年（1576年）昭平建县时，他是第一任县令。当时府江战事刚刚平定，万废待兴。广西督抚认为创设昭平县必须选定一员干吏出任县令。最终广西能吏凌东京成为最佳人选。他到任后，即着手分疆、划界、建置、营造等各种事物，为此，他亲自主持了黄姚小营和宁化里驻黄姚的创设。[836]也是因为他的努力，黄姚古镇的开埠源头才可以追溯到明代万历四年（1576年）。

## 4. 黄姚古镇最早创建人土司李道清

李道清是黄姚镇水岩村的土司，与篁竹村的土司黎宗远是好友。万历初，黎天龙率众在五指山、桔芬等地起事，黄姚一带动荡不安。李道清与黎宗远同心协力，集团防剿，从万历四年（1576年）到六年（1578年），经过一年多的

[835]　〔明〕杨芳：《殿粤要纂》卷2《昭平县图》，广西民族出版社，1993年，第234页。

[836]　〔民国〕《广西省昭平县志》，中国方志丛书第21号，成文出版社1966年影印，第103页。

勘乱之战，终于平定了动乱。[837]为此，后人曾在水山岩村建冯都祠以纪念李道清的平乱之功。就在平乱的同时，李道清出任黄姚小营千户，他把小营安扎在今黄姚古镇之中，"小营，在宁化里黄姚埠……千户李道清率官兵扎营于此，至今壁垒犹依稀可见也"[838]。那时，黄姚镇还只是一个小村落，李道清在此扎营为黄姚从此走上城镇化建设道路具有较大的推动作用，也因此，李道清成了黄姚古镇的最早创建人。

## 5. 维持地方安定的团绅古绍先

古绍先，字述堂，是黄姚街人，道光十一年（1831年）辛卯科恩贡生[839]。他才优识广，性聪敏，每天坚持读书，善于撰写文诗文，尤工音韵。现桂林图书馆收藏有他的著作《述堂诗文集》。咸丰八年（1858年），怀集三点会首领陈金刚派会众司马陈金亮驻扎黄姚，黄姚地方社会动荡，时常有土匪伏路捉人。古绍先于是与团绅贝德义、汤新乾、李秉绅等人在黄姚的客塘圩设公局维持安定，地方上的民众得古绍先救活的不在少数。

## 6. 为民减负的昭平县团务总局局长莫汝功[840]

莫汝功，字勋臣，黄姚街人，清代同治十二年（1873年）岁贡生。咸丰至同治年间，县令吴国梁以地方多事为由委任他为昭平县团务总局局长，襄办团务。当时，社会动荡不安，黄姚地区的宁化里、文化里、招贤里等三里的粮税很难查清，一些地方上的里胥甚至籍机舞弊，鱼肉乡民，民众受累不浅。同治二年（1863年），他联合黄姚三里的团绅古绍先、陈懋书、李秉绅等禀请县令批准由团务局负责重新清丈土地，明确税租，以此来清除地方里胥的贪腐之害。此后，地方百姓负担减轻不少。

---

[837] 〔民国〕《广西省昭平县志》，中国方志丛书第21号，成文出版社1966年影印，第137页。

[838] 〔民国〕《广西省昭平县志》，中国方志丛书第21号，成文出版社1966年影印，第56页。

[839] 司马古述堂明经：古述堂，黄姚街人，字述堂，名绍先，有著作《古述堂诗文集》收藏于桂林市图书馆。咸丰年间三点会进驻黄姚，古绍先在黄姚客塘圩设团务公局维持地方安定。清代主管揖盗的地方官员通称为司马，故而作者昵称古绍先为"司马"。明经，即贡生。按照成文出版社1966年影印的中国方志丛书第21号民国23年版《广西省昭平县志》第139页、142页记载，古绍先是"咸丰十一年（1861年）辛酉科恩贡生。但此石碑记载古绍先在道光二十年（1840年）时已经是贡生。说明县志有误，应改为"道光十一年辛卯科贡生"。

[840] 〔民国〕《广西省昭平县志》，中国方志丛书第21号，成文出版社1966年影印，第139页。

# （三）义 士

在黄姚的历史名人中，有这样一个群体，他们始终坚持以孔子所提倡的"义以为质""义以为上"的道德标准，砥砺德行，在千钧一发的紧急关头，在生死选择的考验面前，做出见义勇为的正义之举。特别是在个人的人格尊严或者他人的生命财产受到严重威胁的情况下，他们舍生忘死，自愿付出鲜血和生命代价来坚决捍卫。他们仁爱博大，道义磅礴；他们大爱无疆，兼济天下。他们的名字叫义士。

## 1.清代团练林上鸣

林上鸣，字友吾，黄姚街人，廪生，有勇略。清咸丰年间，黄姚地区出现许多会党组织，社会动乱，匪风猖獗。林上鸣与其弟林上腾设计擒获首匪押送平乐府究办。平乐府太守认为林家两兄弟办团得力，不仅奖励兄弟俩六品军功，还保举林上鸣出任民团教职官。后土匪寻仇，于咸丰四年（1854年）七月三十日晚，在天将明时，潜入上鸣家，将两兄弟杀害了。林上鸣遇难时，神色不变，慨然道："乱事悉经手定，于愿已足，区区头卢何妨一掷。"光绪丁未年（1907年），黄姚团绅林上翔、莫怀宝、覃邦先及昭平师范传习所监学李良材等人把兄弟俩的事情上报昭平县令王为毅。王县令因此批准林上鸣兄弟牌位入祀县城昭忠祠，还送给他家一块"亮节高风"匾额，悬挂于大门之上，以示奖励。[841]

## 2.清代团练古传扬、劳绍凌、吴亚秋[842]

古传扬是黄姚街的邑庠生，有胆气，也精武艺，特别会使用铁钯（铁枪）。咸丰六年（1856年）六月，率团练前往珠投岩捕匪，与街邻劳绍凌、吴亚秋先行，中途遇匪，寡不敌众，遇害。

---

[841][842] 〔民国〕《昭平县志》卷五《人物部》，成文出版社1985年影印，1390册第142。

### 3. 明代土司黎宗远[843]

黎宗远是黄姚镇篁竹村人，庠生，文武双全，与水岩村土司李道清义结金兰。黎、李合作平定了明万历初年在黄姚地区的黎天龙起事。在这一过程中，黎宗远出谋划策，起到了运筹之功。后人将他配享于冯都庙以示纪念。

### 4. 明代平乱英雄蒙心[844]

蒙心，字良宰，由广东东安乡思约口迁居黄姚镇北曹村。他生性勇敢，又长得魁梧雄壮。少年时曾练习技击之术，长大后经营商业谋生。万历四年（1576年），有一支土匪潜聚山马巢，不时出没，为害乡民。蒙心很是气愤，长叹道："我自幼学习长枪大戟，如果不能平乱以安乡人，何益于世？"继而，他借贩卖鱼盐之机，侦获匪穴。于是，率乡团乘着夜色出击。战斗中，他手持十余斤重的虎钯，冲锋在前。经此一战，山马巢的匪祸终于被扑灭了，百姓从此得享平安，他自己也高寿至七十四岁方才辞世。

## （四）好　人

黄姚的山水造化了黄姚人物。秀美的自然环境赋予了黄姚人如山敦厚、似水温良的品性。浓郁的崇文向儒民风也使得黄姚人自幼耳濡目染诗书道义。崇德尚礼、无私慷慨、行善施爱等种种义举在黄姚世代相传。人们以助人为乐，以律己抒意。有钱人行大举积善，普通人做微行积德。在奉献和付出中收获心灵的愉悦，展示出一种大爱情怀。

### 1. 捐资修建城防和道路的明代把总王铜[845]

明万历二十六年（1598年），昭平、贺县、富川等三县交界地发生了动乱，把总王铜负责保卫上下四屯，即今昭平县的黄姚镇、走马乡，钟山县的清塘镇、英家镇，贺县的公会镇。在这次行动中，王铜所指挥的部队取得了较好的战绩，攻破了五指、三叉、白帽等地。由此，他因军功出任昭平守

---

[843] [844]　〔民国〕《广西省昭平县志》，中国方志丛书第21号，成文出版社1966年影印，第137页。

[845]　〔民国〕《广西省昭平县志》，中国方志丛书第21号，成文出版社1966年影印，第133页。

备。为了尽快恢复战后社会和经济秩序，他全力组织修建昭平县的城墙和护城河。还捐资银三百余两开辟思勤江、金田脑两条大路，搭建木桥四十余座。不仅加强了城防，也为百姓运输粮食前往昭平县城提供了极大的方便。

## 2. 明代土司潘积让[846]

潘积让是明代万历年间昭平县二五都的土司，有雄略。二五都包括今昭平县黄姚镇、樟木林镇、钟山县珊瑚镇、同古镇、石龙镇、回龙镇各一部。明代万历二十六年（1598年），壮族首领黎天龙在黄姚一带起事，官府组织万余人兵都屡征不下。土司潘积让与把总王铜协力维护征剿，最后终于平息了战事。为此，潘积让获授世袭巡检，驻土龙(今钟山同古镇土龙村)。然后，他又组织在文化里（治设今樟木林镇）的屯兵，最终促使黄姚地区局势归于平静。他为人慷慨大方，乐施好济。万历十三年（1585年），黄姚一带大荒，他捐米十三万斤，赈济乡民及部下屯兵，所救活的人不在少数。

昭平县民国十九年（1930年）续修的《潘氏族谱》及潘家祠《新建保民祠碑记》载，潘姓始祖于元末明初由建康之珠玑巷（即南京上元县，又称江宁县珠玑巷）迁至广西富川平山岩(位于今钟山县羊头镇)，后定居于黄姚镇北莱狮子头村。北莱潘家三世祖是明永乐庚子科广西乡试举人，曾赴南京任江宁府同知。万历年的潘积让是黄姚潘姓八世祖。今黄姚镇崩江村的壮族潘氏即是土龙巡检司潘积让的后代。[847]

## 3. 带头捐俸修通接米岭税道的昭平县令钱洮丰[848]

钱洮丰是浙江长兴人，贡生，清康熙五十八年（1719年）任昭平县令。到任后，他捐出自己的俸禄，带头筹集资金开凿接米岭险道三十余里，使险道成坦途，从此黄姚片区与昭平县城的运输通道方便不少。他还在黄姚设立社学，延请教师，让百姓之弟读书识字。黄姚百姓十分感激他。

[846] 〔民国〕《广西省昭平县志》，中国方志丛书第21号，成文出版社1966年影印，第133页。

[847] 〔民国〕《广西省昭平县志》，中国方志丛书第21号，成文出版社1966年影印，第21页。

[848] 〔民国〕赵尔巽等：《清史稿》卷705。

## 4. 帮助百姓减免税负的绅士莫粹然[849]

黄姚街人莫粹然，字玉如，是邑庠生。他博览群书，精通音律，工于书法，才华甚高，而且他谨遵儒学，严守道德礼仪，即使是盛夏，在那个没有电风扇和空调的年代，他也不像其他男子坦露赤膊纳凉。平时与人交流，他总是坦率真诚，口中绝无半点儿虚言。他的坐姿总是挺直恭正，从不倾侧。他还严于治家，家风优良，如果客人到他家，决计不会听到唤猪骂狗的声音。道光年间，县上推行采米法，就是以粮米折换银票抵销租税的办法。但同样是一石谷子，从官府兑换的抵税银票却远远低于市场，人民苦不堪言。于是，他联络乡绅梁朝鼎等人到钟山理苗通判的抚署官衙中力陈其害。他侃侃而谈，通判为之动容，终于取消了黄姚地区的采米法，老百姓十分感戴。

## 5. 持续四十年散财施济的慈善家莫家成[850]

莫家成，字卓奄，黄姚街清朝乾隆至嘉庆年间人士，学业有成，是例贡生。他善于经营，家庭富有资财。他禀性有侠义气，生平乐善好施。每年的除夕日，他都把数百金分发给贫民，而且这一善举持续坚持四十年，从不吝惜。至于平日，他办下的"拯人之危""济人之急"等事情更是多得不胜枚举。父老乡邻直到民国时期都还对他记忆犹新，啧啧称颂。莫家成所做的好事善事尽管随着时间的推移有许多已经被岁月淹没，但有两件因为雕刻成了碑文，事迹得以保存至今。一件是莫家成于清代乾隆五十五年（1790年）捐修黄姚街准提阁左侧道路。[851]另一件是嘉庆十一年(丙寅年，1806年）捐款将黄姚三星桥由木梁桥改建为石拱桥。[852]

## 6. 舍身火场勇救儿女的英雄妈妈王氏[853]

王氏是黄姚庠生劳锡畴的妾室。清代同治己巳年（1869年）农历七月初三半夜，她家发生火灾，烈焰冲天。劳锡畴与正妻生有一对儿女，年纪尚幼，因

---

[849]　〔民国〕《广西省昭平县志》，中国方志丛书第21号，成文出版社1966年影印，第143页。

[850]　〔民国〕《广西省昭平县志》，中国方志丛书第21号，成文出版社1966年影印，第146页。

[851]　碑存宝珠观。

[852]　《鼎建三星桥碑》现存三星桥旁。

[853]　〔民国〕《广西省昭平县志》，中国方志丛书第21号，成文出版社1966年影印，第159页。

为酣睡被困于烈火当中。惊觉时，已然无力冲出火场，只能无助地哭喊求救。面对无情大火，没人敢闯入屋内施救。听着孩子们的哭喊，王氏心痛不已。也许是母性使然，她奋不顾身冲入房中抱出了男孩儿。这时火烧得更加猛烈，再入火场必有生命危然，大伙都劝止她，但她婉拒了人们的好意，毅然转身再次投入烈焰之中，力图将小女孩抱出。可惜火情实在太猛，她没能成功，倒在了救人的路上。事后，人们评论说，这两个孩子都不是她亲生的，然而在生死面前，她却比孩子的亲生父母更有担当。为此，周邻百姓广泛传扬她的事迹。

### 7. 独力抚养弟弟的奇女子古丙姑[854]

古丙姑是清代黄姚人，父亲古赞朝和母亲相继早亡，年幼的丙姑与弟弟相濡以沫。但弟弟年纪更小，尚不能独立生活。为了让弟弟健康成长，丙姑誓不嫁人，独自担起了抚养幼弟成年的重担。这其中的艰辛是常人所不能理解的，所以昭平县志把她写入了青史。

## （五）逸　士

逸士是崇尚个人精神，不随波逐流，不附和社会俗象，追求高雅志趣的人。他们对操守的坚持令人敬佩。他们淡泊名利、安于平凡的清流精神令人震撼。

### 1. 自甘隐逸的古天佑

古天佑是明代成化至嘉靖年间人士，世居广东南海至高明一带，他的后裔黄姚古姓天佑公支于清朝顺治年间迁到黄姚。由于这一支古姓人家一直把古天佑尊为开山祖，故而《昭平县志》也把他算作是黄姚人。县志说，古天佑"力学笃行，恬淡人也"。古天佑与广东增城（今广州市增城区）人湛甘泉是少年玩伴，二人友情十分深厚。湛甘泉名若水（1466—1560年），"甘泉"是他的号，他于明孝宗弘治年间考中进士，选庶吉士擢编修。明世宗嘉靖初，官至南京祭酒、礼部侍郎。后历任南京礼、吏、兵三部尚书，权倾一时。他也是明代著名的思想家、哲学家、教育家和书法家。他主张学以致用："吾儒学要有用，自综理家务……处处皆是格物工夫，以此涵养成就，它时用世，凿凿可

---

[854]　〔民国〕《广西省昭平县志》，中国方志丛书第21号，成文出版社1966年影印，第166页。

行。"[855]他还开设书院，弟子3900人众。总之，湛若水是明代以降岭南地区推行儒学、发展儒家思想的标杆式人物。湛甘泉引古天佑为知己，对古天佑的为人和能力有深入了解。在朝廷担任要职后，他一直想推荐古天佑进入仕途，为朝廷出力。但古天佑天性淡泊，坚辞不受，只愿闲云野鹤，甘老林泉。湛甘泉更加器重他，欲为他盖一座华厦，他还是坚拒不受。只是与甘泉保持诗歌上的唱和往来。由此，他获得许多湛若水的赠诗。[856]古天佑所治的家学对族裔影响致深，古姓天佑公支后人搬迁黄姚，也为黄姚带来了浓郁的向儒氛围。

## 2. 弃笔从医的名医古昆生[857]

古昆生，字翕齐，世居黄姚，性纯厚。少年时，他跟随黄姚名师梁公济游学。当学习《论语》"如有博施济众，何事于仁必也圣乎？"语句时，大受启发，心想："如果真能获得物尽其用的本事，必有利于服务大众。如此，虽不能成为圣人，但却可以成为仁者。"于是，辍学，停止了科举之业，改钻医术。开始的时候，有几年光景，他一直在黄姚街开设约店，悬壶济世，屡奏奇效。后来，整个昭平县都知道黄姚有名医如扁鹊。举凡县令及其僚属遇有奇难杂症，必派人前来黄姚迎接他到县署诊视，而每回他都能药到病除。从民国初年开始，到1934年，昭平县级医疗所的全部五任副所长都由他担任。他为了行医济世，还在昭平县城的华居坊开设私营药肆，推行医疗慈善事业。他不仅以医术治病，还以德行操守济世。昭平县的驻防军与县警发生了冲突，双方几乎要动枪械。剑拔弩张之际，他不顾个人安危，周旋于军警之间，努力调解。促使双方尽释前嫌，昭平地方避免了一场战乱，商民对他异常感激。昭平县城还发生了瘟疫，军民死亡甚多。他深为叹悼，慨然以赠医施药为己任。可惜没有场地施医，于是与县城绅士黎群屏、黎律平、梁劲持等商量，募集资金在玉枢宫内开设利济医院，亲任医院院长，兼任昭平县驻军冯旅部的医官，由此救活了许多人。

[855] 关步勋：《湛甘泉研究文集》，广州花城出版社，1993年，第30页。

[856] 〔民国〕《广西省昭平县志》，中国方志丛书第21号，成文出版社1966年影印，第147页。

[857] 〔民国〕《广西省昭平县志》，中国方志丛书第21号，成文出版社1966年影印，第140页。

# 3. 潜心父志的医者古振五

古振五生于1886年，黄姚镇龙畔街人。其父古昆生是昭平名医，治病严谨，把脉准，用药独特，赢得各界好评。受家庭环境熏陶，古振五从小就决心做一个像父亲一样的人。而他的父亲也建议他习医济世。得到父亲耳命，他刻苦钻研中医典籍，认真传习医术。

俗话说，名师出高徒。17岁那年，他已能独当一面，在诊所望闻问切，开写处方。古振五悟性好，深奥的医学典籍都能理解透彻，既能讲出病理又能讲出药方中诸药的功效。他给病人看病，注意联系医学著作理论，深得病人折服。他不骄傲自满，总是细心向父亲请教探脉和下药方法。时时牢记父亲的话："探脉，心定神静；用药，先轻后重，该轻则轻，该重则重。"开出处方，先经父亲审核，后才抓药。在父亲严明的要求和辅导下，古振五的医术有了很大的提高，开始小有名气。一天，昭平县城的一位同行到黄姚探望得病的亲戚。来到黄姚时，发现亲戚的病已然好了。得知是年轻的古振五治好的，便登门交流医术心得。两人谈话十分投机，同行便邀古振五到县城开诊所。古振五早有此念，两人一拍即合。1926年初，在朋友帮助下，古振五如愿在昭平县城开了间中医诊视所。在接诊室，古振五总是对病人嘘寒问暖，来探病的病人就如同回到家里一样温暖。他虚心向同行请教，经常商榷治病手法。他的精湛医术和厚重医德深得各界人士认可。很快就在昭平县城小有名气。

他也热心公益。1927年秋，李树楠出任昭平县长，需要更换财政科长。得到名流推举，古振五应邀接任。他还兼任县金库主任。公职任上，古振五为人正直，廉洁奉公，任劳任怨，得到县府官员和各界人士的好评。为此，他被选上昭平县第一、第二届临时参议会常住议员。1933年秋，古振五不再出任政府官员，继续经营诊所。1937年秋天，昭平县开办国民中学同时开设简易师范班，学校邀请古振五担任校医。古振五也爽快答应。

古振五擅长内科和奇难杂症。他的治病手法是根据惯用经方对症加大剂量。他探脉精细，拿得准，在处理复杂病症时，有独到的见解和成熟的经验，同行们都由衷敬佩他。

有些病人经济条件不好，往往无钱买药，甚为可怜。他十分体谅病人的不幸，总是尽量对症下药，让病人尽快好起来。他还经常帮着病人减轻负担，甚至有时还不收药钱。他良好的医德医风赢得人们的尊敬，人到中年，已是名闻遐迩的著名医师了。

1944年秋，日寇入侵，桂林紧急大疏散。一夜之间，昭平县城突然来了两三万难民。古振五不仅日夜为难民义诊，还义务为抗日自卫队提供刀枪伤草药和药酒。

## （六）志 士

志士有着至善、至高、至远的人格境界。他们把对国家、民族和社会的"忠"放在极为重要的位置。他们忠诚事业、忠于理想，甘于奉献。他们恪尽职守，不畏艰险、不惧苦难、不怕牺牲，再苦、再累、再重、再危险、再艰难的任务都能迎难而上，用行动诠释对崇高事业的追求，在追求中实现人生的价值和意义。

### 1. 科普作家高士其身残志坚

高士其，中共党员，原名高仕锜，福建福州人。他1905年出生，1925年毕业于清华大学，1927年获美国芝加哥大学化学专业学士学位。1930年又毕业于美国芝加哥大学医学研究院。1931年回国历任中央医院检验科主任，桂林盟军服务处技术顾问、食品研究所所长，《自然科学》副主编，一级研究员。

在美国芝加哥大学攻读博士学位时，一次实验中他被病毒感染，导致终身残疾，行动十分不便。回国后，八路军桂林办事处安排马宁及其妻子王斯两名地下党员贴身照顾他的起居。1944年8月下旬，日本侵略军逼近桂林。高士其与马宁夫妇乘船沿桂江而下疏散来到昭平县城。不久，昭平邻县蒙山县被日军占领。为了确保安全，1944年11月，高士其又转移到黄姚，入住黄姚劳求强家。当时的生活很是困难，为了安顿好高士其，劳家把自家条件最好的后院让了出来。因这里面对宝珠山，鸟语花香，景色优美，可以让高士其安心养病。战乱年代，没有经济来源，但劳家人宁愿自己饿肚子，也要保证高士其一日三餐能吃上白粥。黄姚人的纯朴激发了高士其浪漫的革命情怀和坚强的革命斗志，他拖着残躯坚持每天写作，并把他的感悟心得念给马宁夫妇听，由他们逐字逐句记录下来。在黄姚不到一年时间，高士其不仅写下了科普著作《奇妙的数》，还在《广西日报》（昭平版）发表了《美味的黄姚豆豉有霉菌的一份功劳》和其他许多科普作品。当知道黄姚要建立图书馆时，他还慨然捐出一批自己的藏书。

在霉房中发酵的豆豉

1945年8月15日，日本正式投降。高士其在马宁夫妇的搀扶下，走上街头，参加空前隆重的庆祝活动。9月1日，告别黄姚之际，他给这座小镇留下了一首题为《别了，黄姚！》的诗歌，深情作别：

别说我们住厌了旧村庄，
别说我们不喜欢小草屋，
在你温暖的怀抱里，
滴落了疏散人的泪珠。
如今，抗战胜利了，
我们得回去！
别了，黄姚——我们避难时的保姆！

别说我们走厌了石板路，
别说我们不喜欢迎秀街，

在你鱼鳞似的房檐下，

收走了下江人的估衣摊。

如今，和平成功，

我们得回去！

别了，黄姚——我们患难中的朋友！

别说我们看厌了桐柏山，

别说我们不喜欢桥梁，

在你明媚秀丽的山水间，

响起了归途人的脚步声。

如今，时局稳定，

我们得回去！

别了，黄姚——我们乱世间的爱人！

## 2. 开明绅士叶凤廷

叶凤廷（名兴绍，字凤廷），昭平县樟木林乡新华村人，生于光绪十二年（1886年）。民国时期的樟木林叶家可谓家世显赫，叶凤廷的四个侄子是都国民党营级以上军官：侄子叶碧丛（名家冉）于黄埔军校第五期工兵科毕业，先后任国民党第十战区司令官李品仙部团长、师长，国民党国防部二厅四处处长，1947年春调武汉警备区任少将参谋，1948年任广西桂林警备区少将副司令兼参谋长；侄子叶丛华（名家鸿）与苍梧籍抗日名将李品仙是校友，都毕业于保定军校。得到李品仙赏识，1924年任国民革命军第七军第十二团团长。后因李品仙举荐，带领该部在贺县、钟山一带开采锡矿，为新桂系部队提供军饷；叶碧丛胞兄叶蕴山、叶纯武分别是国民党中校和上尉军官。

叶凤廷本人在民国时期也曾出任国民政府黄姚区区长。他乐施善政：民国三十三年（1944年），樟木林乡遇特大旱灾，继而风患，粮食几乎绝收，导致了第二年的大饥荒。为渡难关，时任区长的叶凤廷倡议成立救济会，自己带头募捐粮食，得到乡中各界有识之士的积极响应。救济会很快筹到粮食数万斤，在持续一个月的时间里，每天为特困灾民定点供应米粥。不凡的家世，开明的为人，叶凤廷在公会、樟木、黄姚等地拥有颇高声望。一次，国民党军要抓捕樟木林乡状元山的山贼叶凤庭山，因名字相似，误抓了叶凤廷。消息传出，巩桥、公会、樟木、黄姚等周边民众立即蜂拥到他被抓捕的地点为他喊冤，100多名群众联名画押为他担保，请求当局放人。

因不满国民党的腐败无能，新中国成立前夕，叶凤廷从国民党黄姚区区长任上离职归田。他思想进步，成为中共地下党的统战对象。1949年8月，中共黄公区工委指派贺钟昭边区第七游击大队第三中队中队长叶植兴，以中共黄公区工委副书记吴动领导的"桂东青年同盟会"成员的身份，对其进行思想工作。叶植兴是叶凤廷的堂侄，两人十分畅快地交流意见。叶凤廷的另一位族侄中共贺钟昭边区第七游击大队大队长叶长新也趁热打铁，晓以亲情。通过促膝长谈，叶凤廷逐步向中共地下党靠拢，表示愿意帮助革命队伍弄到枪支。

叶凤廷的四个亲侄子都有大批武器，尤其是叶纯武和叶蕴山两兄弟有不少武器存放在老家用作防御。叶凤廷以长辈身份做通了两位侄子的思想，促成他们将家中的全部武器：轻机枪一挺、长枪30支、短枪数支、手榴弹、战刀及各种弹药一批，献给贺钟昭第七游击大队。叶凤廷还联络黄姚区蔡国昌、汤植民、曾祥祯、李上权、李申如、刘家玑、潘长益、全永三、劳继宗、叶渭贤、叶曼卿、叶叔平、叶玉壶、叶汉松、叶继定等一批开明绅士和国民党进步人士支持中共地下党工作。蔡国昌是黄姚区走马街"德兴"铺号的商家，在昭平县城和梧州设有商行。在叶凤廷的动员下，他不仅将家中所藏的4支长短枪全部捐献黄姚武工队，其商行还成为中共地下党的交通站；巩桥乡的汤植民是民族资本家，他捐献了20两黄金给中共地下党作活动经费；曾祥祯是界塘乡热心教育的开明人士，他捐献长枪4支、短枪3支、子弹一批、银圆一批给贺钟昭第七游击大队，并动员女儿曾玉丽跟随游击大队参加革命工作。1949年10月，中共黄公区工委书记叶剑夫在樟木林乡镰尖山召开会议，组织学习《秘密守则》，号召全体地下工作人员深入发动群众，扩建武装，积极开展反对国民党打内战，反对国民党征兵、征粮、征税的"三征"活动。期间，叶凤廷以合法身份站出来，公开支持反"三征"和反特务迫害行动。

在叶凤廷的大力支持下，中共黄公区工委于1949年11月19日解放西坪乡，11月21日解放界塘乡和巩桥乡，11月22日解放潮江乡。接着，贺钟昭第七游击大队于11月23日解放樟木乡和保善乡，11月24日解放黄姚镇。11月28日，贺钟昭第七游击大队在黄姚区成立了黄姚区人民政府（即昭平县第二区人民政府），叶凤廷被任命为黄姚区政府主席，随即带领黄姚区各乡镇人民开展剿匪和土地改革等活动。1954年正月20日，病逝于樟木林乡新华村老家，享年69岁。

# （七）名门望族

我国传统历来十分注重家族文化的建设。所谓"一家仁，举国仁"。治国齐家平天下，治国必先要"齐家"。因为家族往往是村寨乡里等基层最为重要的社区单元，是村社联系的纽带。一个个稳定的家族往往是村寨乡里等基层社会获得稳定局面的基础。一个家规正、家风优的家族，必然生机盎然，人才辈出，并对地方文化的建设起到良好的示范作用。

## 1. 一门文武的下白村李家

黄姚镇下白村位于姚江中段、巩桥圩之西。下白村最早的居民是孔姓，后来吴姓、黄姓、梁姓等几户人家陆续搬迁而来。李姓是最后到达的居民。再后来其他各姓氏陆续搬走，下白村就只剩下李姓家族了。李姓祖籍广东韶州府英德县清泉都蓝山挂榜村，始祖李奇桂于明崇祯三年（1630年）偕妻伍氏及幼女到贺县县城贺街镇谋生。崇祯八年（1635年）搬迁到贺县招贤里茶埠村太平圩（今巩桥村），以养鸭为生。清顺治六年（1649年）李奇桂之子李国满已然十七岁，被巩桥村三拱独正山的秀才孔善觉聘请到家中主管家务，闲暇时也跟随孔先生读书习字。孔善觉不仅开馆授徒，还精通医术。有人来求诊问药时，李国满也经常帮着老师抓药，逐渐略懂医术。

顺治十四年（1657年），李国满入赘下白寨孔韵总家。由此成为下白寨李氏先祖。康熙五年（1666年），李国满挑土特产到桂林省府贩卖，在衙门前摆摊，看见府台门前郎中人来人往。一打听，原来是府台的公子肚子疼痛，已有几天。省城多位著名郎中均医治不好，病情一天天恶化，疼痛难忍，滚地呻吟。李国满对门卒说："腹疼小疾，岂有医治不愈之理？"于是自告奋勇请求看病。门卒连忙通报，府台大人亲自出门迎接。李国满开了温清补泻的中药配方，没想到公子喝药半个时辰后，病情即有所缓解，人也精神起来。府台大喜，连忙安排厢房留宿。经过李国满连续三天调理，府台公子病情痊愈。府台感激万分，赠送白银一百两。李国满不受，只是请求府台在衙门中给安排一个杂役工作。一来李国满医术高明，二来能写会算，府台于是让他主管账房杂事公差。

李国满在桂林当差有了公薪，孔氏则在家抚养两个儿子，帮人缝洗衣服，生活逐渐好起来。两个儿子也因此得以进入学堂念书。康熙二十四年（1685年），长子李凤标考上秀才，成为有功名享受朝廷俸禄的人。康熙三十九年

（1700年），次子李锦标也到省府桂林衙门当藩吏，后得封七品文林郎。

李锦标有五子，长子李一魁，次子李芳魁，三子李拔魁，四子李即魁，五子李秀魁。

李凤标娶陈氏，也生五子，长子李春魁，次子李先魁，三子李捷魁，四子李选魁，五子李元魁。

李家聘请贤能入寨教授子弟习文练武。康熙五十六年（1717年），李春魁中举，成为李家第一位举人，获授广东候补知县；康熙五十九年（1720年）庚子科，李一魁中武举，获任武职五品千户，封武略将军；康熙五十九年（1720年），李芳魁成为贡生，出任南宁府永纯县训导；雍正元年（1723年），李先魁（平乐府志记为李光魁）中恩科拔贡，任浔州府桂平县署教谕；雍正五年（1727年），李选魁中武庠生；雍正十一年（1733年），李即魁成为例贡，候补县丞。

清末，李家后人李识荆又考上了秀才，他学识渊博，被推选担任黄姚地方民团总局局长，民国初年在广西研究所任研究员，后回乡创办新式小学堂，参与修编民国版《昭平县志》。李识荆有子二人，长子李可鑫，次子李可钦。

光绪三十三年（1907年）李可鑫由昭平高等小学毕业考入广西省立陆军小学，三年毕业后获最优等奖廪膳生。宣统三年（1911年）被保送湖北陆军中学深造。在湖北军校半年，时值辛亥革命，黎元洪练兵于武昌，其部革命党人于1911年10月10日发动起义。起义成功后，黎元洪当上了湖北军政府都督，李可鑫获委军事参谋官。黎元洪当选中华民国临时副总统后，又保送李可鑫到京师军官学校进修。1913年复以官费保送留学日本东京早稻田陆军学校。

李识荆的长孙李延祚（名良相）1937年考取北京大学，后进黄埔军校学习，先后参加抗日战争中的"桂南会战""长沙会战""湘西会战"，由副官升任副师长。

## 2. 红色家族的中洞村贝家

黄姚镇中洞村原名恭洞村，村民大部分姓贝。咸丰年间，广东省揭阳县坪上镇湖光村人贝盛杰跟随伯父贝仕荣来到中洞村经商开店，商号鸿兴。鸿兴店先设在客塘圩，后迁至巩桥圩。贝盛杰共娶了两房夫人，生了三个儿子。鸿兴商号生意兴隆，贝家人丁兴旺。到贝盛杰儿子这一代，贝家已分别在中洞村和客塘圩宝洲寨各建了一座客家围屋。到民国初期，宝洲寨的贝姓家族又建起了一座由30多间房子构成的大型客家围屋，形成一个寨子。中洞村贝家也发展成为当地的望族。贝姓家族诚信经商，逐渐走出黄姚，有的到梧州广州经商，有的到八步公会经商，还有的到了海外。2016年贝氏宗祠"清河堂"重光之时，从广东、广西、浙江、北京、河北、河南、宁夏、海南、湖南、香港以及海外等地回到故土寻根问祖的贝氏后裔多达4000多人。

中洞村贝氏家族还有着光荣的革命历史。1946年，隐蔽在黄姚中学的中共地下党员陈大良、杨汉成、姚大年等人为了发展革命队伍，以教师家访的方式到中洞村发展了贝德璋、贝乐清为中共地下党员。这两人与地下党员、中洞村教师贝朝准一起又发展了贝荣状、贝美英、贝自奋等10多名地下团员。1947年春，中共黄姚中学地下党支部再派范克武、黎永彪二人到中洞小学任教师，在中洞村发展的地下党员，建立起地下党组织。

1949年7月，地下党员贝朝匹将中共桂东地工委副书记吴赞之同志秘密接到中洞村指导工作。8月，在前中共黄公区地下党领导人黄传林、叶剑夫、谢盘石等人影响下，中洞村秘密成立了客塘武工小组，参加武工小组的人员有：贝宗海、贝英民、贝竞文、贝光、贝自奋、贝树业、贝朝民、贝一光、贝裕光、贝朝选、贝朝铮、贝钝民、贝涤生、贝朝铭14人，并选举贝宗海为组长。以后又发展了贝荣丛、贝正民、贝持平等人。中洞村的贝进平购买10多支步枪献给武工小组。武工小组成立后，利用贝光、贝自奋在中洞任教之便，晚上到中洞贝美英家刻印各种宣传资料，印好后由贝朝铭、贝一光取回小组，再分派组员到篁竹、东岭、白鹤塘、对步、巩桥、茶埠、冲尾、对门山、客塘等地散发、张贴。9月，正式改编为中洞武工队，11月编入贺钟昭边第七游击大队。

## 3. 满门儒士的沙棠底林家

林廷干原居广东省南海，幼年时随长辈于清代顺治年间移居昭平县。他聪颖殊绝，童年时即入平乐府学补廪，康熙乙酉岁中拔贡。林廷干与原妻生三子：林之桂、林有声、林之梅。

林廷干十分博学，又善作文章，特别精通诗文中的音韵之学。幼时，在县学考试中常常获得冠军。康熙十分注重民族地区的教育发展，鼓励地方官民创办义学、私学、社学等各类学校。当时黄姚地区的文化里、宁化里、招贤里等三里地区既无人办校，也少有人家愿意遣送子弟入学。林廷干生平喜好在治学方面提携后进，在政策的鼓励下，他决心开办学校作为自己的职业。清康熙三十八年（1699年），从广东南海携林之桂、林之梅二子来到昭平县招贤里的樟木林读书岩开办私塾。其妻和次子林有声则留在广东老家。

康熙四十四年（1705年），林廷干考得乙酉岁科拔贡，应邀到文洞开办私塾，于是从樟木迁到黄姚沙棠底定居。沙棠底村的伍氏为大家族，赏识林廷干，许配女儿为林廷干续妻。得伍家资助，林廷干遂择地建成两进三开间的青砖瓦屋一座，门前还设有拴马石柱，今易为程氏宅基。林廷干与续妻伍氏生有二子：林之梧、林之桐。

各子随父苦读。其中三子林之梅字燕夫，在清朝康熙四十七年（1708年）戊子科乡试中考得第十三名，中了举人。林之梅中举后，先是在家办私塾。后应留在广东南海县的二兄林有声之邀，携子孙返回故里定居。58岁居官，雍正八年（1730年）选授贵州省遵义府绥阳令。下车伊始，他就非常关心百姓疾苦，重视教育，为地方培养人才，并且捐俸兴建义学，同时倡修桥梁。在林之梅的推动和影响下，不知不觉间，绥阳县便形成了"教化行而风俗美"的俗尚，老百姓为此称道不已。不久，他改任余庆县令。绥阳县的百姓都舍不得他走，于是就在绥阳衙署的门楼上挂了一只官靴，写上林之梅的名字，祝愿他此去平步青云，官运亨通。并将其事迹勒石刻碑，以作纪念。任余庆县令至69岁时，上峰给余庆县摊派军需任务，林之梅不忍加重百姓负担，以此延误日期，被罢职南归。致仕后，他在广东老家潜心撰著制义古文及诗词，合为《雪亭诗草》三卷。至74岁时寿终。

林廷干四子林之梧字圣夫，于清雍正元年（1723年）中癸卯科拔贡，乾隆五年（1740年）授广西思恩府迁江县（今广西来宾市）教谕。他授课注重联系实际，不喜浮华，迁江一带的文风一时为之改观。当时的广西潘姓学使极为重视他，他要告老辞职时，连续上了三次辞归请示方才获得应允。回到黄姚老家后，恰逢昭平县令钱兆沣在黄姚兴办社学，他便受聘出任社学主讲，授徒不辍，继续为黄姚地区培养人才，县志称"里中缙绅，尽出其门"。他还捐资重修黄姚古镇北面的锡巩桥。林氏一族在黄姚地区享有崇高威望，乡邻但有争斗，只要他居中调解，没有得不到解决的。他去世之后，黄姚地区但有争斗的，无不追忆他。[858]

林之梧生二男二女，长子林作屏，次子林作楫。后来，林作楫也考中了举人，做了江西省安远县县令。林之梧为了纪念父亲林廷干在穿岩洞办学之举，特邀石匠镌刻其父办学期间题写的明志诗于洞壁之上，诗作道："十年吾道未曾南，暂向传经在此岩。如何劈山开手段，直扶天柱并肩担。"

林作楫字济客，一字济川或巨川，号沙棠，生于清康熙六十年（1721年）

---

[858] 〔民国〕《广西省昭平县志》，中国方志丛书第21号，成文出版社1966年影印，第110页。

七月初五。他自小勤奋，孜孜不倦，18岁中秀才，补县学生员。24岁"食在忾宫墙"。乾隆年间[859]，28岁的他从桂林秀峰书院毕业，于乡试中考得庚午科第18名的好成绩，顺利成为举人。清代乡试将第七名之后的举人统称为文魁，中举之后由官府奖给20两牌坊银、一套顶戴衣帽、一块匾，匾额须悬挂住宅大门之上。至今，黄姚沙棠底林作楫旧宅大门上仍挂着这块"文魁"匾额。从匾额上可以知道，它是由当时的"钦命兵部持（侍）郎巡抚广西等处地方提督军务兼理粮饷院右副御史"舒监临颁发的。中举后，林作楫在家乡黄姚开办私塾。他品性恬淡，循循善诱，是时黄姚樟木一带名士多出其门。他生平善吟咏，通音律，也乐乎山水。闲暇时，常与朋戚或弟子听泉看石，吟诗作联。至今黄姚的亭台楼阁多有他的留诗。乾隆三十七年（1772年），51岁的林作楫携兄林作屏远赴江西省都昌县、分防县、南康府出任参军。第二年被提升为江西省章州府安远县知县。任职县令时，多有善政。他特别重视教育，大兴义学，增加安远县的办学经费用以奖赏优绩学生，资助士子参加乡试和会试的盘缠。他还扶善锄奸，惩治贪腐，严禁苛征杂税。有一年，安远大旱，禾苗焦枯，百姓饿殍盈途。他果断开仓救济，同僚劝他按规定先奏请朝廷，然后才开仓。他说："安远去京城往来至少一个多月，等到皇上御批下来，这里恐怕剩下的人不多了。还是救人要紧，一边开仓一边火速上报吧。"有奸臣趁机诬告，说林作楫"私开国库，欺君冈上"，引起一场风波，险些遭灭顶之灾。好在查清了缘由，朝廷不仅不怪罪他，还认为他担当有为。然而正当朝廷准备擢升他时，他却积劳成疾，于乾隆四十三年（1778年）十二月初五病故于任上，享年58岁。林作楫两袖清风，死后连棺木都没钱购买。共兄只能取来干芦苇，决定编成草棺。当地乡绅士民闻讯后悲痛万分，纷纷解囊相助，最终购得内外厚漆的木棺。百姓们还精心制作了万民帐、万民袍（官服）、万民伞相赠，以颂其德其政。最后，由其兄作屏扶柩归乡葬于黄姚古镇北边白山村十里坪的牛岩山。[860]

林作楫是黄姚历史上科举成就最高的人士之一，在黄姚留下较多逸闻趣事和墨迹，遗作有《子华代于齐一节》《安远署中百花亭题词十首》《送陆邑侯》等，对兴隆黄姚文化作出过重要贡献。他一方面致力于诗联创作，用诗歌楹联来赞颂家乡的山山水水。如今，在黄姚古镇的东门楼、黄姚古戏台、兴宁

[859] 乾隆年间：成文出版社1966年影印的民国二十三年版《昭平县志》第130页载，林廷干于乾隆庚子年即乾隆四十五年中举。但林家族谱载，林作楫在乾隆四十三年去世。林作楫的《文魁》匾也记载林作楫于乾隆三十七年往江西赴任。说明林作楫中举时间在乾隆三十七年之前。

[860] 〔民国〕《广西省昭平县志》，中国方志丛书第21号，成文出版社1966年影印、第130页。

庙等处仍然留有他撰写的对联，文明阁和《昭平县志中》[861]则保留有他的诗歌。另一方面他又致力于收集黄姚地区的历史文献和人文典故。清乾隆年间编修《昭平县志》时，他为志书提供了大量黄姚的相关资料。今天人们仍能透过方志了解乾隆及其之前的许多有关于黄姚的历史状况这得感谢他。此外，他还对清代中期黄姚地区的民族文化习俗[862]及民族分布[863]做了记录。

　　沙棠底林氏从开基祖林廷干开始，即家学渊源深厚，子孙一门尽是文人，给黄姚地区振兴文风作出了表率。黄姚原本是一处军事屯兵之所。尽管从珠三角一带迁入黄姚的广府人和从桂西北迁入的壮族都有浓郁的向儒情结，但囿于战乱、朝代更迭和家园初创，康熙之前的黄姚民众，其人、其财、其物都无冗余以支撑其兴办教育，发展文化。经林廷干桃李茂荫，黄姚忽如一夜春风，士子林立。凡他门下学子皆彬彬有文雅风，黄姚地区的旧俗也为之一变，由过去疏于教育到后来文风鼎盛，人才辈出。此后，黄姚从一个偏僻的营所，迅速成长为昭平县的文化次中心，终于跻入了桂东地区的文化前列。因而，林廷干在黄姚办学对兴隆黄姚文风具有划时代的意义。林廷干办学的穿岩至今仍然保留，只不过现在人们更喜冠以"读书岩"之名。

---

[861]　本诗见载于成文出版社1966年影印的民国二十三年版《昭平县志》第202页。

[862]　〔民国〕《广西省昭平县志》，中国方志丛书第21号，成文出版社1966年影印，第143页。

[863]　〔民国〕《广西省昭平县志》，中国方志丛书第21号，成文出版社1966年影印，第118页。

# 第八章

读/懂/黄/姚
DU / DONG / HUANG / YAO

# 建筑规划

　　开埠之前，今黄姚古镇的土地上分布着一些村庄，如沙棠底村、山根村、云根村、牛脒（舌）寨等。明代万历四年（1576年）开埠以后，黄姚的建设开始按照城镇布局来规划。清代康熙至嘉庆时期，大量广东资本进入广西开发圩市带来了巨大商机，以经商为主的广府人和以务农为主的客家人大量进入广西，也给广西带来巨大的人力资源，再加上康熙以来对广西民族地区强有力的系列改革所带来的社会稳定，都使得黄姚驶入迅速发展的快车道。黄姚的街巷架构、古镇的建筑范围在康乾时期基本定型。道光之后由于鸦片战争、太平天国运动、会党组织在农村地区的涌现，内忧外患使得黄姚的建设基本停滞。整个清朝咸丰年间和民国的抗战时期，黄姚较大规模的基建新修和维修项目完全停顿，古镇找不到咸丰以后的大型项目建设功德碑。新中国成立后到改革开放前夕，黄姚居民仍然主要使用历史遗留下来的传统建筑。改革开放后，黄姚居民大都转移到古镇外围的新街建房筑居，而且新街建筑不再使用青砖、青瓦、石柱、木梁等传统建筑材料，代之而起的是钢筋水泥。建筑形制也不再采用坡屋顶，而是改为筒子楼。

　　黄姚地处亚热带季风区，空气湿润，为应对此气候，黄姚传统建筑无论私宅、神庙、宗祠均是室内高敞、空间通透，有较强的通风隔湿效果。在建筑材料上，青砖、小青瓦、青石、木檩、木椅子板和石灰砂浆等使用最为广泛。青石建材全部开采自古镇内的一座石山。这座山上的石头自然分层，容易加工成材。由于长期开采，这座石山一共被挖成塘基头和高塘两个大坑。后来人们把这两个大坑打通，就形成了今天古镇内吴氏宗祠前的南塘。

黄姚古镇全景俯瞰

在古镇方圆3.6平方公里的范围内，保留至今共有主街道8条、支巷15条、传统建筑和构筑物面积共计79000多平方米。在八条主街中，以龙畔街、中兴街和平秀街建设时间最早，它们至迟在清顺治年间已经铺砌石板。最宽的迎秀街均宽约为5米，最窄的羊巷宽不到2米，各主街累计长度约2500米。

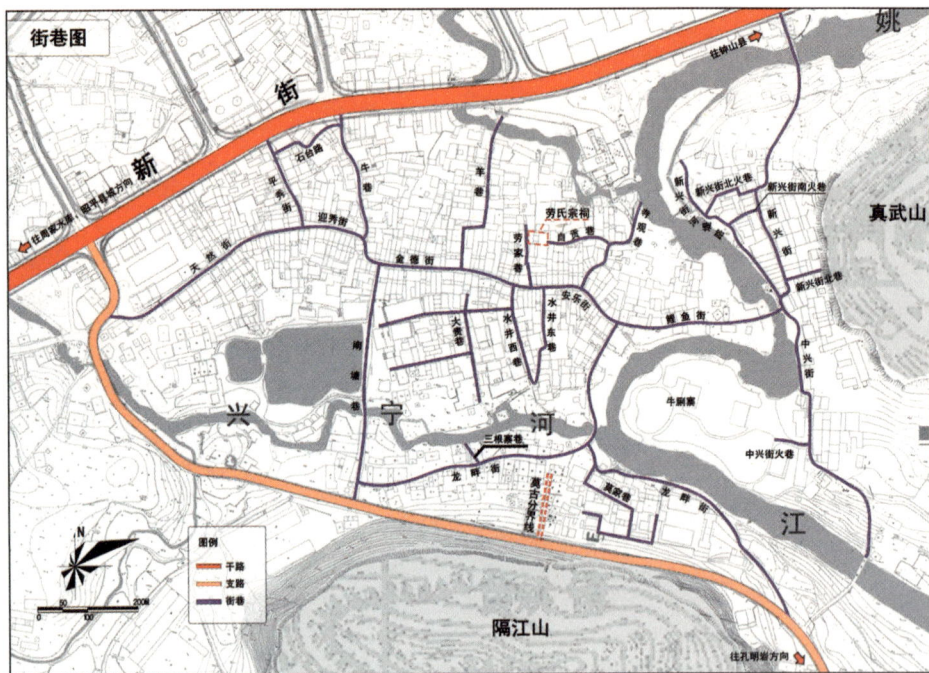

黄姚古镇街巷图

# 一、建筑分区

黄姚古镇的街巷都是顺应地形走向建成，小珠江（锡巩水）、宝珠江（铜钟水）、兴宁河、姚江四条小溪和隔江山、真武山两座石山把古镇分割成东区、中区和西南区三个部分，古镇的传统建筑主要集中在这三个区域，在区域外围则只有一些零散的宗祠和神庙。

黄姚古镇的建筑集群是在历史的发展过程中逐渐完善的。明代，黄姚的主要功能是屯兵，其建筑集群均按照屯堡的理念进行规划设计。这种规划要求背山面水，四周环境相对封闭。因此明代的黄姚古镇主要是东区和西区。其中东区背靠真武山，面临宝珠江，建起了牛脷寨和中兴街。西区背靠隔江山，面临姚江，建起了云根寨、茶山根和龙畔街。中区由于无山可凭，明代主要用作寺庙、戏台、圩市等公共活动场所。清代康熙之后，由于黄姚社会趋于稳定，黄姚的主要功能从屯兵转向屯田与屯商，对地形的防御要求有所松懈，中区逐渐发展成为民居集聚的街巷。

尽管三个区内的古建群分布复杂多变，但由于黄姚街的居民以广府人群为主，所以，古镇内街巷结构的基本样式仍然是典型的岭南篦式形态，就是每一片区域都有一条主街，就像篦子中间的主心骨。两旁是巷子，就像篦齿。民居主要排列在街巷的两侧。为了方便民宅群的内部交通，主要街巷两侧的民宅还被一些支巷分割成若干个小区域。街与巷的关系就像树枝，街是主干，巷是杈枝。街与巷全部都是"丫"字形交叉，所形成的路口也都是三岔路口，整个古镇内未见有十字形路口。

古镇内的街巷路面、台阶均以石板错缝铺砌。石板路的两侧都设有暗沟，与民宅内的天井相通，将雨水和生活污水排入河道。古镇的石板路面并不设置排水口，一是依靠石板间预留的缝隙将部分路面雨水导入暗沟。二是把路面设置成一定的斜面，将雨水往地势相对较低的一端导排。由于规划合理，古镇内的街巷从无积水。

# （一）东　区

东区位于古镇的东侧，地势东、北高而西、南低。西临宝珠江和姚江，东依真武山。共有中兴街和新兴街两条主街，还有新兴街北巷、新兴街南巷、中兴街火巷三条支巷和一条河堤路。早期东区内还有牛脷寨。其所处之地是一座突出于姚江中的半岛，地形像是牛的舌头，粤语称舌为脷，故而得名为牛脷寨。今人因"牛脷"谐音"刘李"，有称其为刘李寨的。还有人认为牛舌之名不雅，改称其为"龙舌寨"。牛脷寨也是黄姚古镇内历史比较悠久的聚落，相传在元末明初时，寨中已有姚、黄、刘、李、邓、邹、孟、蒙八姓人家，还有一条商业小街。

新兴街

　　清嘉庆元年（1796年），黄姚洪灾，牛腩寨地势较低，受灾严重，此后合寨逐渐外迁，东区仅保留中兴街。清代咸丰前后，原居住于余庆一门至新兴街门这一区域的客家人全部外迁，梁姓人氏来到这里建起了一条新街道，因建筑年代较迟，遂名"新兴街"。从此，就形成了东区由南北走向的新兴街和中兴街两条主街共同构成的局面。这两街道首尾相连，只是同一条街上的南北两个分段。其中新兴街在北，梁姓居民集居于此，北到余庆一门，南到梁莫二姓隔断墙的北墙。而且，新兴街又分两段，北段北起余庆一门门楼，南到新兴街门（史称上水闸门）。这一段新兴街主街是畅通的，由北向南可以通达。这一街道的北端还设有新兴街北巷、新兴街南巷二条东西向的火巷，用于隔断火路，防止火灾，同时方便新兴街北段居民到宝珠江取水。每个巷口设门楼一座。在新兴街北段西侧的宝珠江岸旁还设有一条南北向的河堤路，与新兴街平行。河堤路北端设门楼一座，南端设闸门两道。新兴街南段北起新兴街门，南到梁莫二姓隔断墙北墙。这一段新兴街并无主街，主要由隆安大院、梁端章大院两个院落组成，两个院落互相隔断，并不直接交通。只是各有一条东西向的小巷进入院中，两个巷口均设有门楼。中兴街在南，北到梁莫二姓隔墙的南墙，南到东门楼，街内居民均姓莫。据清乾隆二十五年（1760年）昭平知县陆焞编修的《昭平县志》载，中兴街的莫姓先祖莫汴雄明正德年间从广东高明县迁到黄姚镇真武山下定居。因此，中兴街的莫姓人家也是现在黄姚古镇内各姓氏中较早迁入的一支。街的南段有一条中兴街火巷通往牛胭寨，巷口设门楼一座。中兴街西北面设有水闸门一座（俗称下水闸、水闸），是居民前往新兴街和中区的主要门楼。在南端有东门、东门二道门二座门楼，是中兴街通往护龙桥的主要出入通道。东区街巷两旁的民居有一到五开间的，一般以两进为多，大户人家也有三进或四进的。如新兴街的郎官第，共五开间四进深。一般民居都不用柱子承重，而是把檩条直接架于墙上，为硬山搁檩结构。只有郎官第天井两侧的走廊使用檐柱。除郎官第和梁端章旧居之外，墙头都不饰壁画，显得较为素雅。东区内重要的建筑有郎官第、隆安大院、东门楼等。

中兴街梁莫两姓分界墙南石墙

# （二）中　区

位于古镇中部偏北地区，这里是宝珠江、小珠江和兴宁河之间的三角洲地带。这个区东到宝珠江，西到兴宁河，北到新街，南到兴宁庙、接龙桥。中区是黄姚古镇面积最大，建筑群落最多的一个区域，区内有古戏台、宝珠观、郭家大院、准提阁、安乐寺、三星门楼等大型建筑。

中区内共有5条东西走向的主街，它们首尾相连，从东向西分别是鲤鱼街、安乐街、金德街、迎秀街、天然街。还有自贡巷、宝珠巷（寺观巷）、羊巷、牛巷、大贵巷、南塘巷、水井西巷、水井东巷、劳家巷、平秀巷10条支巷。

安乐街

安乐街的得名源于街上有一座安乐寺，有安居乐业之意。嘉庆元年（1796年）黄姚大水，鲤鱼街上的商铺遭受洪水袭击，倒塌不少，商户逐渐由鲤鱼街向安乐街转移。从此，安乐街成为黄姚古镇重要的商贸地段。它东起永安门，西到与水井西巷交叉口。街内有自贡巷、宝珠巷、水井东巷、水井西巷、劳家巷五条巷道。其中自贡巷从劳氏宗祠东侧起，向东经高士其寓所南侧折向南面，至自贡巷北门楼与宝珠巷相接后转向西南，直到自贡巷南门楼与安乐街相接。宝珠巷呈东西走向，东起亦孔之固门楼，西到自贡巷北门楼。劳家巷从劳氏宗祠西侧起，向南与安乐街相接。水井东巷和水井西巷均位于安乐街南面，它们分列东西，均北与安乐街相通，南到仙人古井。

金德街修建于安乐街之西。街之得名源于传说，有两种说法，其一是这条街上有户姓麦的人家在建房挖地基时，挖得一罐黄金。其二是在这条街上刚建成新屋的一户古姓人家其子古知翰金榜题名，成功考中武举。人们认为能得黄金或者能入金榜，都是长期修德的结果，故名"金德"。金德街中有较多的莫姓住户，这一支莫姓迁入黄姚的第一代先祖名叫莫绍举，他于明末从广东高明县迁来。

金德街东起金德街、安乐街、水井西巷三条街巷交接口，西到金德门。街内有羊巷、大贵巷、南塘巷三条巷子。羊巷位于金德街之北，北起三星门楼，南与金德街相交。大贵巷位于金德街之南，因巷子建成时巷内住户古家有人考中举人而得名，由北巷和南巷两条小巷组成一个丁字形巷道。其中北巷呈东西走向，与金德街平行，巷子东起水井西巷，西到南塘。南巷呈南北走向，北与北巷相交，南到仙人古井。南塘巷北与金德街相交，向南经过南塘、福德桥后，到达龙畔街的最西端福凝龙畔门楼。

金德街

金德街羊巷

　　迎秀街东起金德门，西到太平门。在街北有牛巷和平秀巷两条南北走向的巷道。平秀巷北到黄家宗祠，南与迎秀街相交。牛巷北到西门楼，南与迎秀街相交。历史上，从昭平县城方向来到黄姚的人们都是从西门楼进入古镇。相传迎秀街建成典礼时，恰好有人考中秀才从县城回来，从此，人们就以"迎秀"作为街名。

迎秀街

　　天然街东西向，东起太平门，西至接龙门楼。天然街西头的接龙楼外有一座天生桥，当地人称之为"天然桥"，故而人们也以"天然"二字作为这条街的街名。天然街自太平门至通往郭家大院的郭家巷一段沿街民居保护较好，郭家巷到接龙楼一段间插有一些水泥楼。

天然街

鲤鱼街位于中区最东端，主要住着古、莫、劳三姓人家。东到带龙桥，西到永安门楼。因街内有奇石像鲤鱼而得名。鲤鱼街北侧传统民居保存齐全，南侧民居因清代嘉庆元年（1796年）和光绪年间多次洪水被毁，至今未恢复。鲤鱼街西端与龙畔巷相连。龙畔巷南北走向，北自永安门与鲤鱼街、安乐街相交，形成三岔路口，南到兴宁庙。

鲤鱼街

# （三）西南区

位于古镇西南方向，由北部的龙畔街和西部的连理街两个片区组成，分别环绕在隔江山的北侧和西侧。其中连理街因历史风貌破坏较为严重，保存古迹不多。北侧的龙畔街片区北到兴宁河和姚江，南到隔江山，东到守望楼，西到福凝龙畔门楼。龙畔街所在区域历史上也称山根寨。这个村寨相传始建于明朝天启年间，又叫云根庄小寨，由于寨中建有一座名叫印堂社的社坛，有时候人们也用"印堂社"来称呼这片区域。现在，龙畔街的住户有莫、覃、吴、阮、古、郭6个姓氏。但在历史上，龙畔街的街民只有古、莫两姓。据仙山宗祠这一支莫氏族谱记载，龙畔街莫氏先祖莫鼎于明末天启年间在桂东经商，他很喜欢黄姚这个地方。无奈当时世乱，只好返回广东老家高明。后来，桂东社会形势有所好转，他于是又与表亲古含真、古泰真两兄弟结伴于明崇祯十年（1637年）再从广东高明县古劳村迁入山根寨居住。古、莫两姓人都在黄姚的隔江山下建立村寨，其中古姓居住在兴宁河上游，叫山根上寨。莫姓在下游，叫山根下寨。如今，上下寨石板街串联在一起通称龙畔街。这条街总体呈东西向，共分两段。另有莫家巷、山根寨巷支巷两条。其中龙畔街东段东起守望楼，西到新安门，这一段民居建筑全部分布在街的南侧，重要的民居有司马第、仙山公祠（莫氏宗祠）。南侧的民居群中有莫家巷一条，巷道曲折，且有多条支线连接这一片区中的各座民居。巷口北端通过莫家巷门楼与龙畔街相交。龙畔街西段东起新安门楼，西至福凝龙畔门楼，这一段的南北两侧均有民宅分布，其中比较重要的民宅是天祐古公祠。在古公祠的东侧有两道矮石墙，为莫古两姓住址分界线，也是古代上下山根寨的分界线。至今，石墙东侧居民仍然主要姓莫，姓古的则主要分布在西侧。龙畔街西段北侧有一条山根寨巷，巷子南接龙畔主街，北经山根寨门楼与跳桥相接，越过兴宁河可至仙人古井。

莫家巷

# 二、民　宅

住在人们的生活中占据重要地位，"衣、食、住、行"是人生四大事。上古时期人们甚至要对住宅进行祭祀。《礼记·典礼下》称："五祀，户、灶、中霤、门、行也。"可见人们对住宅条件的改善极为重视。黄姚的古建筑中以民宅最多，原有384座，但由于历史原因，有的已经塌损，保留至今仍有255座。

| 黄姚现存传统民居在各街道的分布表 | | | |
|---|---|---|---|
| 街道名称 | 青砖房数量 | 泥砖房数量 | 合计（单位：座） |
| 迎秀街 | 28 | 12 | 40 |
| 天然街 | 19 | 12 | 31 |
| 金德街 | 51 | 11 | 62 |
| 安乐街 | 46 | 8 | 54 |
| 中兴街和兴新街 | 16 | 15 | 31 |
| 鲤鱼街 | 10 | 5 | 15 |
| 龙畔街 | 16 | 6 | 22 |
| 共计（单位：座） | 86 | 69 | 225 |

## （一）传统民宅的平面布局

黄姚民居有直进式和院落式两种不同平面布局，以直进式为多，院落式仅有隆安大院、梁端章大院、郭家大院、仙山公祠四个院落。

所谓直进式就是民宅的全部建筑都布置在一条直线上，房屋空间的扩大主要依靠增加进深来解决。直进式民居往往窄面阔而大进深。黄姚开始立镇的时候，同时扮演营堡、商埠、里镇治所三个角色，兼顾屯兵、屯商和行政三项职能。随着时间的推移，到清代中期，屯兵职能开始弱化，兵户变成了商户。所以清代中期以后，黄姚居民大部分以经商为业，或者经商兼地主。只有少部分人是仅以收租为生的单纯地主。从这时起，大纵深而窄面阔成为黄姚民宅的主要平面特征。窄面阔使得长度有限的街巷其两侧住户都可以拥有一间铺面，而大纵深又使得每间商铺都能囤积足够多的货物。为此，尽管古镇内各户居民的财力不同，在古镇内拥有的土地面积也各不相同，但是大户人家不能在古镇内挤占小户而无限扩张门面宽度，其住宅铺面最多只能有三至五个开间，以此保证小户民宅的铺面至少有一个开间。黄姚民宅的进深都很大，至少有二进，最多的可达五进。绝大部分的黄姚民宅还都带有后院。

　　直进式民宅的平面功能分工明显，二层以上的楼层住人和储谷。底层前座一般堆放散存的交易品，布置成商店。中后座厅堂一般用作客厅，餐厅、厨房或神堂。厅堂两侧的箱房堆放库存品。后院安置厨房、厕所、洗澡间、动物圈养间、杂物房等附属空间。黄姚所有民宅的后院一定留有后门和侧门。后门与后街相通，方便进出。侧门与邻宅相通，主要是为了防匪，一旦发生匪乱，可从这道门进击或退守。

黄姚民宅中的侧门

黄姚民宅中的后门

　　黄姚的院落式民宅平面形制不固定。其中梁端章大院是一座四合院，四周是房屋，且每边的房屋形制不一，中间是露天广场。隆安大院由两座三合院并列，共同使用同一面看墙合成一个大院。郭家大院类似贺州的庄园式民居，由三列直进式房屋及屋列之间的走廊共同组成一个大院落，中间一列是主间，两侧的屋列是附间，主间屋列的正中间设有天井，两侧附间的屋列将正中间设为过廊与天井相连，使得大院的正中间成为公共活动空间。仙山公祠是一个四合院式的建筑。北面为正门，共三开间。南东西三面各有一溜房屋，中间为露天晒坪。

　　黄姚所有民宅的前后进之间都设有天井。天井的四周布置走廊、厢房和半敞式大厅，居者足不出户，即可舒展视野，观赏天象，领略季节的变化之美。在延伸视觉空间之外，天井还有采光的作用。明清之际，玻璃珍贵，普通百姓使用不起，一般家庭内宅的窗户采光效果不佳，这时候，从天井漏进的阳光也就成了内宅的主要光源。此外，天井还有排水的作用，前厅、后堂和左右两廊的瓦面雨水汇入天井，再从天井边的水口排出。古人认为，民宅天井是家庭聚财之地。《八宅明镜》："天井乃一宅之要，财禄攸关。须端方平正，不可深陷落槽，不可潮湿污秽。"[864]《相宅经纂》又说："凡第宅，内厅、外厅皆以天井为明堂，财禄之所自出也，阔狭得中，而团聚方正，则明堂吉，而财丰矣。"[865]黄姚民俗中保持了这种观念，民宅中的天井都做得端方平正，且均用石板铺砌，方便日常维护打扫。为了"聚财"和"肥水不流外人田"，甚至将两侧走廊的瓦坡做成向内的单面坡。有的走廊瓦顶虽然是双面坡，但内坡往往大于外坡，以便让瓦顶的雨水尽量流入天井。天井边壁上的排水口多设计成铜钱样式，水从钱口中滚滚而出，象征"财源滚滚"，也象征"福在眼前"。有的人家还会在天井中安放水缸储水，用于防火。

黄姚几乎每座民宅内都设有一个祭祖用的神台，神台一定设在厅上，但具体是设在前厅、中厅还是后厅，没有定制，只是根据各家习惯自行决定。在黄姚的民俗中，忌讳"穿堂风"，即忌讳风从前座大堂直穿而过到达后座大堂，认为这样会吹走财气。所以许多民宅前座都设有中门。中门是一堵墙，两侧开门，中间一般设有神台。如果前座的中门前设有神台，中座和后座往往不设中门。如果神台设在后座大厅，前座或中座大厅一般会设置中门。神台亦称太师壁，上面一定要摆设亡故先祖的牌位，也有的是天地君亲师一起祭奉。例如黄姚仙山公祠的祭祖台就设在前厅，称为"钜鹿堂"，就是以河北省巨鹿为堂号，以此纪念司马第莫姓房主的祖源发祥地。

黄姚民居对内开敞，对外封闭在门墙之内，自成天地，厢房的正面都朝向天井或厅堂，对外开的窗很小很高，其内院安静，私密性高，空间完整，能加强家庭成员之间的亲密度。

## （二）传统民宅立面

黄姚民宅层高绝大部分是两层楼。清代等级制度森严，规定六品以下官吏及平民住宅的正堂只能使用悬山顶或硬山顶。悬山屋顶利于防雨，硬山屋顶利于防风和防火。黄姚民宅大都连墙邻屋，临街而建，且居民大多从事贸易，民宅商居混用，宅中储蓄货物较多，防火是第一要务。而且历史上，黄姚并无高官，故而黄姚民宅未见有歇山顶，以人字形硬山顶为多，只有小部分于新中国成立后建成的私宅才使用悬山厅。屋脊常常用叠瓦、砖或灰沙压脊。屋顶前

[864] 〔明〕顾吾序著，陈明、李非注译：《八宅明镜·卷上·天井》，华龄出版社，2006年，第90页。

[865] 高见南：《相宅经纂·卷三·天井》，育林出版社，1999年，第18页。

后两坡靠正脊处较陡，近檐处较缓。瓦顶之下不设天花板，方便空气流通和采光。一楼和二楼之间只用楼板隔断，楼梯一般设在后座或厢房。

民国之前建成的民宅墙体都使用青砖，新中国成立初建成的坡屋顶民宅有少部分使用泥砖墙。比邻而居的街坊其相邻的两座单体建筑有的使用同一个山墙，形成连墙房。

在梁架结构上，黄姚的绝大部分民宅都采用搁檩结构，檩条搁于山墙的墙体中，室内不使用柱子和梁。梁柱的减少既对防火有益，又具有用料少、占地少、方便施工等特点，符合"上栋下宇，以待风雨，盖取诸大壮"[866]的建筑特征。"栋"为屋顶部分，"宇"为屋顶之下部分，"取诸大壮"指减少柱子扩大了内部的可利用空间。也有少部分的大户人家和绝大多数的公共建筑使用穿斗式或者穿斗与抬梁混合结构。

文明阁主殿穿斗抬梁搁檩混合结构

黄姚民居当街的前座正墙上一侧开大门，另一侧开小窗。如是以经商为业的人家，一般会将小窗改城埠窗，方便交易。

---

[866] 高见南：《相宅经纂·序》，育林出版社，1999年。

# 三、门　楼

在《现代汉语词典》中，门是"房屋及其他建筑物的出入口"。楼是"两层以上的房屋建筑"。黄姚古镇的门楼是指管控街道、巷子或院落出入口的建筑物，可以是一层，也可以是二层以上，共有35座。

| 序号 | 名称 | 地点 | 时代 | 层数 | 称谓意寓 |
|---|---|---|---|---|---|
| | | | 黄姚街巷门楼一览表 | | |
| 1 | 东门楼 | 中兴街南出口 | 清初始建，乾隆年重修。 | 2 | |
| 2 | 中兴街二道门 | 牛俐巷进入中兴街出口 | 明代 | 2 | |
| 3 | 水闸门 | 中兴街北出口 | 清 | 1 | |
| 4 | 梁端章大院门 | 梁端章大院出往宝珠江边 | 清 | 1 | |
| 5 | 隆安大院门 | 隆安大院出往宝珠江边 | 清 | 1 | |
| 6 | 新兴街北火巷门 | 北火巷与河堤路交接口 | 清 | 1 | |
| 7 | 新兴街南火巷门 | 南火巷与河堤路交接口 | 清 | 1 | |
| 8 | 新兴街河堤路北门楼 | 河堤路北端 | 清 | 已毁 | |
| 9 | 新兴街河堤路南门楼 | 河堤路南端出口 | 清 | 已毁 | |
| 10 | 新兴街河堤路南二道门 | 河堤路南门北侧 | 清 | 已毁 | |
| 11 | 新兴门 | 新兴街南出口 | 清乾隆 | 2 | |
| 12 | 余庆一门 | 新兴街北入口 | 清 | 2 | |
| 13 | 新兴街二道门 | 余庆一门南侧 | 清 | 1 | |
| 14 | 永安门 | 安乐街与鲤鱼街交界处 | 2000年代重建 | 1 | |
| 15 | 守望门 | 龙畔街东入口 | 明 | 2 | |
| 16 | 新安门 | 兴宁庙背龙畔街中入口 | 明 | 1 | |
| 17 | 古井门（又称仙人门） | 水井东巷、水井西项南出口大门，临近仙人古井 | 清 | 2 | |
| 18 | 大贵巷西门 | 吴氏宗祠旁，大贵巷西出口 | 清 | 1 | |
| 19 | 西门楼（西顾延禧门） | 平秀街北出口 | 清乾隆三十年（1765年） | 2 | 向西望去喜庆绵延 |
| 20 | 太平门（升平门） | 迎秀街与天然街交接处 | 清 | 2 | |
| 21 | 亦孔之固门楼 | 安乐街宝珠巷东出口 | 明万历 | 2 | |
| 22 | 自贡巷北门楼 | 自贡巷与宝珠巷交接处 | 清 | 已毁，仅留门槛石 | |
| 23 | 自贡巷南门楼 | 自贡苍与安乐街交接处 | 清 | 已毁，仅留门槛石 | |
| 24 | 三星门 | 羊巷北出口 | 清 | 2 | 祀福禄寿三星 |
| 25 | 接龙门 | 天然街西出口 | 清 | 2 | |

| 26 | 金德门（集福门） | 南塘巷与金德街交界处，南塘巷北出口 | 清 | 已毁 | |
| 27 | 南门 | 南塘巷与福德桥交界处，中区南塘巷的南出口 | 清 | 已毁 | |
| 28 | 福庆门 | 迎秀街牛巷北出口 | 清 | 已毁 | |
| 29 | 大新门 | 平秀巷与迎秀街交接处，是平秀巷的南出口 | 清 | 民国间已拆毁 | |
| 30 | 福凝龙畔门 | 龙畔门与南塘巷的交接处，是龙畔街的西出口 | 清 | 1956年拆毁，今无存 | |
| 31 | 山根寨门 | 龙畔街山根寨巷北出口，是山根寨巷与姚江的交接处 | 清 | 一层 | |
| 32 | 近安门（劳家巷门） | 劳家巷与安乐街交接处，是劳家巷的南出口 | 清 | 已毁 | |
| 33 | 锡巩门 | 新街锡巩桥旁 | 清 | 修新街时拆毁 | |
| 34 | 莫家巷门 | 莫家巷与龙畔街的交接处，是莫家巷的北出口 | 清 | 已毁，仅留门墙 | |
| 35 | 天然门（接龙门二道门） | 天然街西段，接龙门东 | 清 | 2 | |

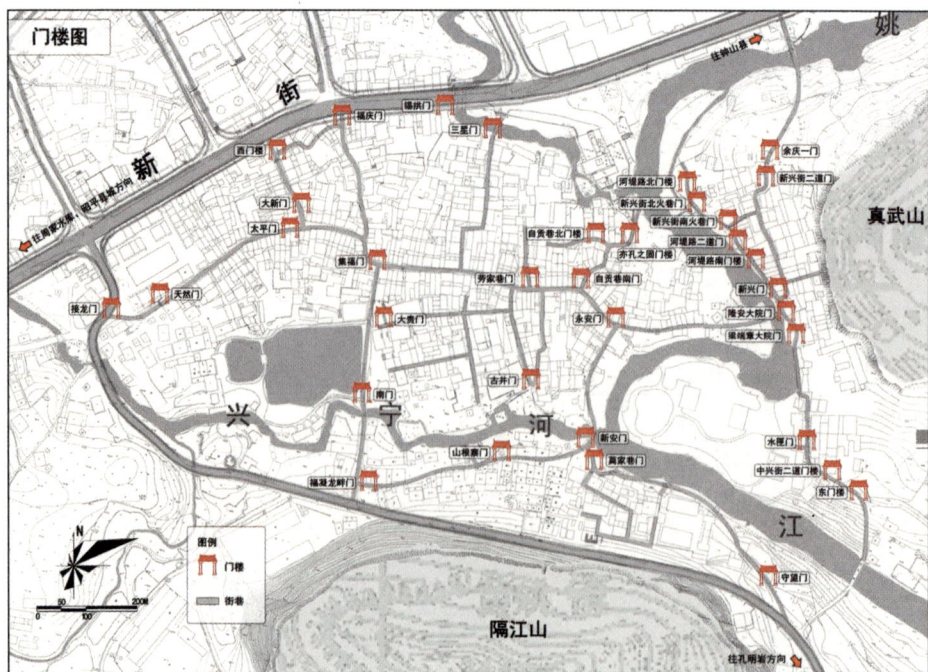

门楼分布图

# （一）门楼的功用

门楼不仅具有防御作用，还在交通、堪舆、体现门内住户精神面貌等多个方面有着不可替代的功用。黄姚古镇内凡街巷的出入口均设置门楼。

## 1. 彰显街巷住户的集体形象

门楼往往体现门内住户的身份、地位和文化涵养。透过门楼，能看到门内主人的思想、人品和社会地位。《黄帝宅经》称："宅以门户为冠带。"这里，宅可以是私宅，也可以是同一街巷的全体住宅。无论入户、入巷，还是入街，首先都要经过门楼，因此门楼就是门内住户的脸面。俗话说："佛靠金装，人靠衣装。"为了体现门楼内街巷居民的集体追求、公共形象和共有的精神面貌，人们往往会对门楼进行装饰，尽量让它显得宏大辉煌。因此，民谚所谓"十分造宅，七分造门"并不是浮夸。黄姚对门楼的主要装饰手法一是在门楼的门框上普设楹联，有灰塑联、木牌联、题壁联等。有些小门楼由于门内巷子的住户不多，难于众筹巨款设置永久楹联，也会书写红纸联张贴。二是门楼都造得比较高大，大多是二层楼高。三是比较坚固，底层多为石块砌成。也有用三合土夯筑而成的。

## 2. 门楼中轴线方向严格遵循堪舆要求

在传统民俗中，门楼事关门内住户的福祸吉凶。《阳宅十书》就说："大门吉，则全宅皆吉矣。"为了严格按照堪舆要求选定门楼方向，黄姚古镇所有门楼的中轴线都不与门后街巷的中轴线方向完全一至，而是有较大偏差，而且为了给门内住户共同祈福，门楼附近往往设立神庙或社坛，供奉护佑本街本巷居民安宁的社神和土地神。例如接龙门旁有接龙社、新安门旁有兴宁庙、西门楼旁有西宁社、三星门外有吕公社、水闸门外有会龙社、新兴门外有东社等。

## 3. 满足防御要求

门楼地处街巷的出入口，是街巷交通的核心关隘。关闭并守护好门楼，将盗匪拒之于门外，就是对门内居民的最好守护。主街门楼的外墙上一定开设枪眼。且楼前地势开阔，便于瞭望，二层楼的前墙上也一定设置瞭望孔，方便望远预警。

为了加强门楼的防御功能，二层高以上的门楼其底层多数使用较大的石块砌筑，只在二层之上才用青砖。仅有一层高的门楼其正墙或者门框往往会增加厚度，砖砌的二层高门楼其底层亦是如此。

在主要担任古镇对外交通功用的大型门楼附近一般都设有二道门，如接龙楼东有二道门天然门，其中天然门先建，后来扩建城墙时，又增建接龙门。东门楼的西侧也有中兴街二道门。二道门是为了防止大门楼被敌方攻破而加设的第二道防线。

## 4. 满足交通要求

门楼行使着控制街巷进出的职能。街巷居民通过门楼外出，一是要尽快走上交通要道，所以，黄姚主街的门楼如三星门、西门、亦孔之固门、东门、守望门、自然门等大门楼其门前一定与大道直接相连。二是要通往可以获取生活用水的地方。黄姚古镇内的居民生活用水，主要来自仙人古井、龙泉井、锡巩井、南塘旁的石泉井（今称桂花井），各街巷为了方便取水，都尽量在通往井泉的方向设置门楼。如龙畔街的新安门、鲤鱼街的永安门、安乐街劳家巷的近安门都是朝向仙人古井方向。而金德街南门的设置则更是为了方便天然街、迎秀街、平秀巷等地居门前往石泉井取水。

## （二）门楼平面的基本特征

黄姚门楼均一间一进，平面布局上有一字形、H形和四方形三种型制。

## 1. 一字形平面

这是在两座建筑之间的过墙或者街巷围墙上直接开门，并在门顶上加盖瓦顶的一种建筑式样。由于只有一面墙，墙基平面就像"一"字，故名。

这种门楼不用作古镇对外交通，不设于主要街道的两端，只是设在次要的巷口末端，方便镇内居民日常往来。这种门楼的建筑构架较为简单，高仅一层，基本不担负防御功能，门楼使用石质材料的较少，主要是青砖墙。这类门楼甚至有些不设枪眼。一字形门楼屋顶均盖小青瓦，有的以挑手出檐，也有的不出檐，檐口与墙头基本持平。

## 2. H形平面

这是在左右两道山墙之间设一道正墙，并在正墙上开设大门的一种建筑形式。由于正墙与两道山墙之间的平面像"H"，故名。与一字形门楼一样，这种门楼也主要用于街巷居民的内部交通，高仅一层，防御能力弱，门墙厚度不大，使用青砖、夯墙甚至泥砖建成，大多不设枪眼和瞭望孔。门楼屋顶盖小青瓦，多使用悬山顶，直接用山墙搁檩出挑，正墙前后设有檐阶。

## 3. 四方形平面

这是一种由前后两道檐墙和左右两道山墙围合成一个四方形，且前檐墙开设大门的建筑形制。其中后檐墙的中间段被严重省减，仅在靠近两侧山墙的地方保留一段不超过50厘米的墙壁。这种门楼绝大部分用于对外交通，往往设于主街的外出口，以大门为界，门内是主街，门外是大道。这种门楼担负极强的防御功能，高都是两层。屋顶盖小青瓦，使用人字形硬山顶或镬耳形硬山顶。楼面以原木为梁，木板铺面。楼面以下的底层多用巨石砌筑，外墙上设有枪眼。大门都是两层，一层栅栏门，一层大板门。楼面以上的第二层楼其正墙上设有枪眼和瞭望孔。二楼的四面墙均用青砖砌成。

这类门楼还担负休闲功能，低层靠山墙的一面往往设有条形石凳供人休憩。也有少部分设于街巷之内的四方形门楼，用于对内交通，门的内外对接的都是街巷，但街内门楼少设枪眼。

# （三）重要门楼介绍

## 1. 西门楼

西门楼又名西顾延禧门，坐南向北，位于平秀巷北端，是中区经平秀巷进出西北方向的重要交通口，门的南侧是西宁社。占地面积58平方米，四方形平面布局，共两层，人字形硬山顶砖木结构。上层为瞭望楼，设有瞭望孔，前墙设枪眼。下层为通道，前墙设有拱形大门。为了壮大门楼的外观气势，在楼顶北面的瓦坡上增加一道镬耳形女墙。

一字形平面门楼鲤鱼街永安门

H形平面门楼梁端章大院门

四方形平面门楼中兴街东门楼

西门楼

三星门楼

亦孔之固门楼

## 2. 三星门楼

三星门楼位于金德街羊巷北面，是羊巷的北出口。四方形平面布局，占地面积21平方米，面阔3.5米，进深6米，高7米，共两层。屋顶盖小青瓦，以青砖压脊。相传门楼建好后，即将竣工庆典，项目理事会的头人梦见了福禄寿三星，于是就将门楼取名为"三星楼"，寓意福星高照，事事顺意。门楼的底层为通道，大门开于城外一面。大门外附设有栅栏门。二楼楼桁为原木，用木板铺设楼面。二楼正立面方向中间开设有一瞭望孔，两侧为竖排的长条形枪眼。光绪年间重修时，由黄姚书法家林贡廷在门额上题书楷体"三星楼"三字。

## 3. 亦孔之固门

亦孔之固门人字形硬山屋顶，共两层。楼高8米，宽4米，四方形平面布局。底层为通道，用于通行，用巨石砌置，门开于面向城外的一面，大门外再设栅栏门。二楼用于守望站岗，四面墙壁用青砖砌成，正立面方向中间设一瞭望孔，两侧为竖排的长条形枪眼。瞭望孔和枪眼均用青石凿成，外小内大。楼桁为原木，用木板铺置楼面。亦孔之固门虽然只有"一孔"之大，却是"一夫当关，万夫莫开"的雄关。

## 4. 接龙门

接龙门位于天然街西端，是中区西面的总出口，因地接接龙社而得名。四方形平面布局，二层砖木结构，硬山瓦顶。底层为通道，门开于城外一面。大门外设有栅栏门。二楼楼桁为原木，用木板铺楼面。二楼正立面方向中间开一瞭望孔，两侧为竖排的长条形枪眼。

## 5. 守望楼

守望楼位于龙畔街东南端，是姚江南岸从东面进入黄姚古镇的唯一进出口，也是古镇最重要的门楼之一，民国以前镇上曾安排专人在这座城楼上打更、守关。门楼高二层，硬山顶，四方形平面布局。底层为通道，门开于城外一面。大门外设有栅栏门。二楼楼桁为原木，用木板铺楼面。二楼正立面方向中间开一瞭望孔，两侧为竖排的长条形枪眼，背立面设有栏杆。

# 6. 永安门

永安门设在安乐街与鲤鱼街、龙畔街的交接处。一字形平面，一层高，硬山瓦顶，主要用于古镇中区的内部交通。

# 7. 东门楼

东门楼位于中兴街东南面，是姚江北岸从东面进入古镇的唯一出入口。东门楼建于清朝初年，乾隆年间和清代晚期都曾重修。四方形平面，共二层，硬山顶。

接龙门楼

守望楼

永安门楼

东门楼

# 四、桥 梁

　　宝珠江、小珠江、兴宁河、姚江四条河流从北向南贯穿黄姚古镇，使得古镇内河溪密布，往往需要桥梁联结街巷之间的交通。据统计，黄姚古镇内共有桥梁15座，其中利民桥和锁龙桥建于新中国成立后，采用混凝土和石块构建，为现代桥梁。其余13座均建于民国前，为近代或古代桥梁。

　　清朝乾隆之前，黄姚的桥梁一般都是使用木梁，如重修前的带龙桥、三星桥等。也有直接使用天生桥作为桥梁的，如天然桥。从乾隆开始，黄姚古镇内的桥梁都改用青石建造。青石即青白色的石灰岩，硬度不大，易于雕凿，但其表面易被磨蚀。为防雨天路滑，工匠们常在桥阶和桥面铺石上凿出凹痕，制造糙面。黄姚的石桥分为石跳桥、石板桥、石拱桥、天然石桥、石坝桥五种类型。

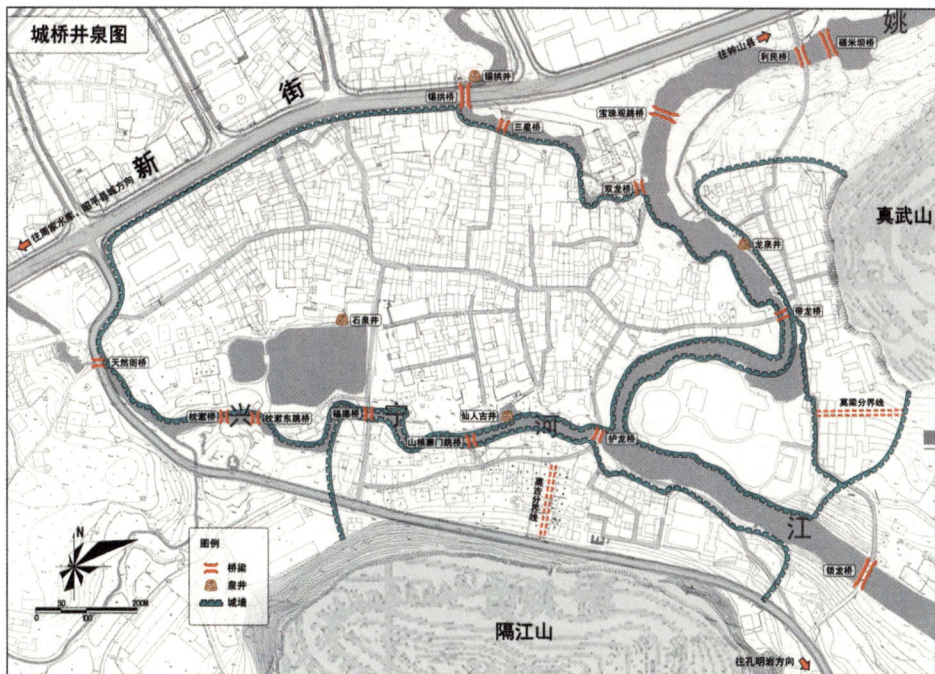

黄姚古镇城桥井泉分布图

## 黄姚桥梁一览表

### 跳墩桥（石跳桥）

| 序号 | 名称 | 位置 | 时代 | 形制 | 所跨河流 |
|---|---|---|---|---|---|
| 1 | 宝珠观跳桥（玉梳桥） | 宝珠观前 | 早期由乱石组成跳磢。清嘉庆十六年（1811年）改成柱石跳磢。 | 共31石磢 | 宝珠江 |
| 2 | 枕漱东跳桥 | 龙畔街枕漱桥东 | 明代 | 共14跳磢 | 兴宁河 |
| 3 | 山根寨门跳桥 | 龙畔街山根寨门楼前（仙人古井西） | 待考 | 共13石磢 | 兴宁河 |

### 平板桥（石板桥）

| 序号 | 名称 | 位置 | 时代 | 形制 | 所跨河流 |
|---|---|---|---|---|---|
| 1 | 枕漱桥 | | 清康熙之前 | 单跨石板桥 | |

### 坝梁桥（石坝桥）

| 序号 | 名称 | 位置 | 时代 | 形制 | 所跨河流 |
|---|---|---|---|---|---|
| 1 | 碾米坝桥 | 利民桥东北 | 已毁，时代不明 | 坝上加跳磢为桥 | 宝珠江 |

### 天然石桥（天生桥）

| 序号 | 名称 | 位置 | 时代 | 形制 | 所跨河流 |
|---|---|---|---|---|---|
| 1 | 天然桥 | 天然街西端 | 清代开始利用为桥 | 以双跨天然石拱为桥 | 兴宁河 |

### 石拱桥

| 序号 | 名称 | 位置 | 时代 | 形制 | 所跨河流 |
|---|---|---|---|---|---|
| 1 | 带龙桥 | 鲤鱼街东端 | 明代万历年始建，初为木板桥。清乾隆二十三年（1758年）重修为石拱桥。 | 双拱石桥（双拱互不相联） | 宝珠江 |
| 2 | 双龙桥 | 佐龙祠旁 | 清乾隆五十三年（1788年） | 并列双拱单跨石桥 | 小珠江 |
| 3 | 锁龙桥（回龙桥） | 东门楼前姚江上 | 新中国成立后 | 混泥土石拱桥 | 姚江 |
| 4 | 护龙桥 | 兴宁庙前 | 清乾隆庚午年，即乾隆十五年（1750年） | 单跨石拱桥 | 兴宁河 |
| 5 | 利民桥 | 黄姚中学大门南 | 新中国成立后 | 混泥土石拱桥 | 宝珠江 |
| 6 | 三星桥 | 三星门前 | 乾隆五十二年（1787年）始建，初为木板桥。嘉庆十一年（1806年）改为石拱桥。 | 单跨石陡拱桥 | 小珠江 |
| 7 | 锡巩桥 | 新街，三星门西北。 | 清康熙前后 | 单拱石桥 | 小珠江 |
| 8 | 福德桥 | 龙畔街福德祠西侧 | 清代乾隆四十五年（1780年），道光十四年（1834年）重修。 | 单拱石桥 | 兴宁河 |
| 9 | 黄琪埒桥 | 连理街东侧 | 待考 | 单拱石桥 | 兴宁河连理街支流 |

# （一）石跳桥

宝珠观石跳桥

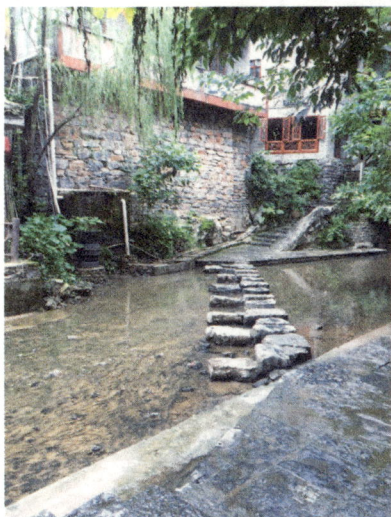

山根寨门跳桥

石跳桥也称汀步桥，简单易建，是一种古老的桥梁建筑形式。黄姚石跳桥以位于宝珠观东侧的石跳桥规模最大。按鱼跃龙门岩石上的摩崖《嘉庆十六年（1811年）重砌珠江石跳碑》记载，此桥原本由随手堆放的乱石构成。直到清嘉庆十六年（1811年），才由黄姚街绅劳千显、莫启祥等人捐资，使用量身打造的凿制料石修建。

桥跨宝珠江东西两岸，长19米，由三十一个步磴组成。每一个步磴均由石灰岩整石凿成，为上小下大的石柱，一半埋于河床之中，一半露明于水面。露明高度

60厘米至70厘米。碇步露明部分的横截面边长在40厘米至50厘米。每个步碇的间距按行人步长确定，相隔50厘米至60厘米。全部步碇呈一字形排列，既利人行，又不影响泄洪。温玉一般的水流从步碇之间流过，恍如梳子梳玉，又称玉梳桥。

山根寨门跳桥虽然规模不及宝珠观跳桥，但每一个跳碇都设有上下两阶，方便往来人员相向而行。其桥墩设计的合理度较宝珠观跳桥要高。

# （二）石拱桥

古代黄姚的石拱桥一般选择江面较窄的地方建造，跨度不大，全为单拱。带龙桥虽为双拱，但两拱并不联结，而是各设桥台，两拱分设。券拱石有四方形、长条形和楔形三种型制。其中券拱顶端的券石大多为楔形石，特别是龙口石一定做成楔形。券石均无榫卯，通过摩擦力互相连接成弧形或半圆形拱圈。为了增加券石之间的摩擦力，券石外表的六个面都凿成糙面。民国前建造的拱桥券石间无灰浆勾缝。新中国成立后建成的拱桥券石间采用水泥砂浆勾缝。券拱有坦拱和陡拱两种类型。一般地，河床到桥面距离较浅的桥拱矢高小于拱圈半径，为坦拱桥，如佐龙桥、带龙桥等。河床到桥面距离较高的多建成陡拱桥，桥拱矢高往往大于拱圈半径。券拱的结券方法全为交联砌筑，券石与券石之间错缝结砌。券拱之上无护拱石，拱顶直接铺置桥面石，拱肩两侧设撞拱石。为了减轻桥身的承重负担，设有台阶的拱桥其撞拱石墙内多不填土，直接铺设桥阶石。新中国成立后建成的两座现代拱桥其拱肩上均增设副拱，以减轻桥的自重，同时增加泄洪能力。

为了防止桥面石移位，维持桥身的整体性，增加桥的牢固度，带龙桥的桥面石之间使用腰铁和石灰砂浆进行连接。其他近代之前的拱桥其桥面石仅使用石灰砂浆勾缝。桥面两侧均设护栏石，护栏不高，一般在50厘米左右。

黄姚为喀斯特岩溶地区，河床及河岸有非常牢固的磐石基础，除两座现代桥梁之外，近代之前的拱桥其起券石之下均不建金钢墙，而是直接利用天然磐石作为桥墩的基础。物尽其用，充分表现了黄姚工匠们对自然资源的利用能力。

黄姚地势并不平坦，担负古镇内部交通功能的桥梁不需要行驶车辆，如带龙桥、护龙桥等，其桥头一般设有台阶。而担负古镇对外交通的桥梁如三星桥、天然桥、护龙桥、利民桥等为方便车辆进出，桥面均与路面持平，桥头不设台阶。

为了防止洪水对桥台形成直接冲刷，桥台两侧均设有雁翅石墙，雁翅之外

护龙桥与真武亭、兴宁庙的组合

　　黄姚古桥的桥身本体修饰较为简约，券脸石、龙口石均平素无纹，护栏石之上不设望柱和栏杆，护栏两端不设抱鼓石，整个桥身罕见刻花构件。但在桥面之上或者桥头处往往建有廊亭作为装饰。如带龙桥、护龙桥等古桥的桥上都曾经设有桥廊或桥亭，可惜这些桥上建筑现在已全部塌毁无存。黄姚古镇河溪环洄，往往出门即需过桥，因此，许多大桥旁都有门楼。如锁龙桥头有东门楼、三星桥头有三星门楼、利民桥头有余庆一门、护龙桥头有新安门楼等。另外，桥梁也是道路上的隘口，是必经之地，为了增加社庙信众的数量，人们还会把社庙设置于桥头。而为了让人们在祭拜社庙时能够遮风挡雨，社庙前又一定设有亭子。如带龙桥头有见龙祠亭和东社，双龙桥头有佐龙祠亭和佐龙社，天然桥头有天然亭等。而且，桥亭中还放置有石坐栏，给行人提供休息之便。桥头亭、桥头庙和桥头门楼的柱上多设楹联，额枋上多悬挂牌匾。匾联由文人墨客以书法、石刻或灰塑的形式制成，其内容大多抒发关于黄姚自然风光、历史典故、人文习俗的雅怀遣兴。这种桥、亭、庙、联的组合使得黄姚形成了"有河就有桥，有桥就有庙，有庙就有亭，有亭就有联"的独特风貌。因此，尽管黄姚拱桥桥身本体几无装饰，但却往往成为黄姚古镇内重要的景观地。一些拱桥如双龙桥还附带有桥头碑，这种桥碑一般设于桥的一端，用青石雕成四方形碑柱，柱上盖着用石头刻成的攒尖式屋顶。碑文镌刻于方柱之上，一般记录建桥或重修的年代与修建过程。由于碑顶大而碑身小，形如钉子，百姓也俗称桥头碑为桥钉。民俗中桥钉有稳固桥身的寓意。

## （三）平板桥

黄姚的平板桥只有一座，位于兴宁河上游的农趣园西南，横跨在亭子溪上。这是一座单跨桥，桥台建于两岸，桥梁由两条约长6米的条石并排辅成。相传此桥是由几名寡妇捐资所建，故而又名寡妇桥。清朝康熙四年（1665年），昭平知县陈定国视察乡情，认为桥名不雅，遂在桥西北石壁上题书石刻"枕漱"二字，并将桥名改为"枕漱桥"。

## （四）桥梁介绍

### 1. 三星桥

三星桥

跨于小珠江上，连接羊巷三星门楼和新街。原为木桥，清代嘉庆十二年

（1807年）在街民古业显、莫家成、郭世昌等人的倡议下，大家捐资改为单跨石拱桥。桥长11.4米，宽2.1米，高3米。桥跨以两岸的自然磐石为金钢墙，桥拱自石基上直接起券。拱跨小于矢高，为陡拱桥。桥拱圈由料石交联砌置。

## 2. 带龙桥

带龙桥

　　明代万历年间，在副榜邓太和的倡议下始建，初为木梁桥。清乾隆二十三年（1758年）乡贤古知先组织重修，改为石拱桥，并在桥上增建带龙楼一座。带龙桥东西走向，位于宝珠江中的一处礁石滩上，连接鲤鱼街、中兴街、新兴街。礁石滩有大小两个凹槽，自然地把宝珠江分成两条水道。依据地形，带龙桥被建成双孔石桥，每一桥孔各跨一个水道，其中东桥跨大于西桥。但两个桥拱并不互相接邻，而是各依礁石为桥台，分建成两个单拱石桥，桥与桥之间由道路联结。枯水期，河水从东桥流过。只在丰水期，西桥拱下才有水流。所以当地百姓也称东拱为"水拱"、西拱为"旱拱"。两桥的拱圈均由料石交联砌置，桥跨均小于矢高，为陡拱桥。东桥的桥面和桥阶有腰铁连接。带龙桥东西两桥总长22.7米，宽3米，东桥拱直径约5.6米，西桥拱直径约3米。东西两桥均不设金钢墙，直接在礁石上起券。

## 3. 护龙桥

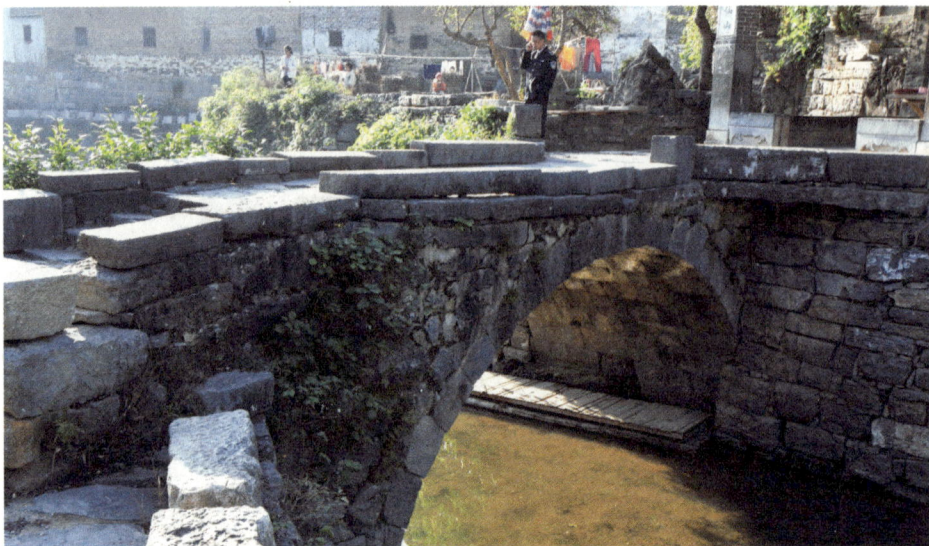

护龙桥

　　单跨石拱桥，南北走向，跨于兴宁河上，又名护龙桥。清乾隆十六年（1751年）由邑庠古权倡建。连接龙畔街和安乐街。桥跨以两岸的自然基石为台基，桥拱自台基上直接起券。拱跨小于矢高，为陡拱桥。桥拱圈由料石交联砌置。桥面东西两侧设有条石护栏。桥宽3米，高2.9米，桥跨6米。连同引桥，桥总长共12米。

## 4. 天然桥

天然桥

　　跨于兴宁河之上，《昭平县志》[867]载：天然桥"石巩天成，双虹并挂"。可知天然桥是利用石灰岩长期被流水溶蚀而成的天然石拱为梁而建成的桥梁，且为双拱桥。但新中国成立后由于改造公路，原有的天然石拱已被水泥和料石砂浆覆盖，而且露明的部分只能看见单拱。在天然桥原有基础上新建的公路桥其桥拱架于天然的石台之上，桥拱圈由规整的料石交联券成。桥肩和桥面由料石和乱石组合使用，石间勾缝较大。现如今的天然桥，桥高约2米、长3米，且桥跨大于矢高，为坦拱桥。桥底左侧水潭为制作黄姚豆豉的埠头，据说只有在此洗制的豆豉才最为正宗。文人雅客至此，每每勃发诗情。清光绪年间，本地秀才郭臣诗云："虹腰小小本天然，斧凿神工不记年；造化由来心最巧，却从石窟放清泉。"如今，天然桥旁还建设有天然亭，依然风华秀美。

## 5. 福德桥

福德桥

　　位于南塘巷与兴宁河交接处，南北走向，是黄姚西区与中区之间相互交通的重要隘口，因靠近福德祠而得名。"福德祠"是壮族对土地庙的称呼。由此可知，黄姚文化融合有壮族文化。原桥长10.4米，宽3.4米，高4.65米。1982年把南塘巷拓宽为公路，福德桥随即被加宽2米。福德桥的桥拱南侧基本没有人工砌筑的拱圈，而是以自然突出的岩石为拱，使得全桥大约只有1/3的拱圈为人工砌造。

---

　　[867]　〔民国〕《广西省昭平县志》，中国方志丛书第21号，成文出版社1966年影印，第54页。

# 五、宗　祠

　　黄姚古镇是一个多姓氏和睦相处的地方，元朝末年在今古镇域内的居民已有八个姓氏[868]，明朝万历年间，麦、杨、周、陈、张、岑、苏、蒙、李、阮、任、宾等姓迁入[869]；明天启至清乾隆年间，古、莫、劳、林、郭、梁六姓迁入；如今黄姚街民共有36个姓氏。[870]当一个姓氏逐渐发展成一个人口较多的家族，在中国的传统社会中自然就会生长出宗族势力。宗族是一种以血缘关系为纽带，以父系家族为脉系，体现家庭、房派、家族等宗亲间社会结构关系，并具有一定权力的民间社会组织。[871]中国古代宗族势力十分强大，正所谓"千年之冢，不动一坏；千丁之族，未尝散处；千载之谱，丝毫不紊"[872]。在这种宗族观念的影响下，本着"社则有屋，宗则有祠"[873]的原则，黄姚古镇有实力的各个家族均努力建设祠堂。传之今日，古镇内仍然保存有宗祠十一座。古镇外邻近村庄内保持有宗祠四座。

### 黄姚古镇内宗祠一览表

| 序号 | 名称 | 分布地点 | 建成时间 |
|---|---|---|---|
| 1 | 吴氏宗祠 | 金德街 | 明末 |
| 2 | 仙山祠　（莫姓仙山公支） | 龙畔街 | 明末清初 |
| 3 | 古氏宗祠 | 新街 | 1708年 |
| 4 | 梁氏宗祠 | 中兴街 | 康熙 |
| 5 | 郭氏宗祠 | 南塘西 | 1739年 |
| 6 | 劳氏宗祠 | 安乐街 | 乾隆 |
| 7 | 莫氏宗祠 | 牛巷东 | 明末 |
| 8 | 林氏宗祠 | 金德街 | 道光 |
| 9 | 天祐古公祠　（古姓天祐公支） | 龙畔街 | 嘉庆 |
| 10 | 黄氏宗祠 | 迎秀街 | 1938年 |
| 11 | 叶氏宗祠 | 连理街 | 1948年 |

[868]　广西昭平县政协：《梦境黄姚》，广州旅游出版社，2006年，第19页。

[869][870]　程瑜：《黄姚古镇》，北京：知识产权出版社，2008年，第114页。

[871]　沈克宁：《乡土环境中的几个文化问题》，《建筑师》1994年第56期，第54-60页。

[872]　沈超：《徽州祠堂建筑空间研究》，合肥工业大学，2009年。

[873]　〔清〕程庭：《春帆纪程》，广文书局，1962年，第4535页。

## （一）黄姚祠堂的堪舆特点

祠堂是以宗族血缘为基础用于祭祀先祖的场所，在古代，它的建立对敬宗睦族，增强宗族的向心力和凝聚力，确保宗族兴旺发达具有重要作用。[874]作为供奉祖宗的公共场所，其在堪舆学上往往具有明显的优越性。在黄姚民俗中，宗祠的最佳位置是"后靠山前临水，左右有山相拥"的地形，如古镇中的梁氏宗祠对联就讲道："前临珠水后倚武峰人才辈出歌祖德，左握天马右掌金瓶富贵绵长颂宗功。"在这里，珠水是指宝珠江，武峰是指真武山，天马是指天马山，金瓶是指金瓶山，这正好满足了宗祠的最佳堪舆要求。有些祠堂前面如果没有天然的溪河经过，为了满足堪舆要求，甚至人工开挖池塘，如黄姚的郭氏宗祠，门前就有人工池塘。

## （二）黄姚祠堂的空间特点

祠堂是公共建筑，在百姓心中有着庄严神圣的地位。黄姚的祠堂不仅建筑风格与住宅不一样，而且在体量上往往更显宏大。一般地，各宗祠占地面积都在400平方米以上。

黄姚民宅普遍采用人字形硬山屋顶，而祠堂大多使用镬耳硬山顶，仅少部分使用人字形硬山顶。镬耳顶高出瓦面较多，比人字形硬山顶更显高大，这使得祠堂建筑比普通民宅在外观上要雄壮许多。

黄姚祠堂前檐出檐比一般民宅要宽，使得前檐廊较许多民宅更显宽阔。黄姚民宅前檐廊基本不使用檐柱，而祠堂却普遍使用檐柱，檐柱有木质的、砖砌的，甚至还有造价不菲的石柱。

清代对各阶层臣民所建祠堂的规模有详细规定："品官于居室之东建家庙，一品至二品官庙五间，中三间为堂，阶五级；四品至七品官庙三间，中为堂，阶三级；八品、九品官庙三间，无堂，阶一级。奉高、曾、祖、祢四世，每年四季择吉祭扫。庶士、庶人于正寝之北为龛，也祭高、曾、祖、祢四世祖先。"对于出仕而在籍的举人、贡生其建立家庙的规制则是："在籍进士、举人以七品官，贡生以八品官资格建立家庙。"[875]但黄姚的祠堂建设并不严格按照朝廷规制，而是按照当地流行的模式。通常由主座和副间两部分组成。主座

---

[874] 沈超：《徽州祠堂建筑空间研究》，合肥工业大学，2009年。

[875] 贡坚、郭珩：《祭祀制度与祠堂建筑》，《山西建筑》2008年第12期，第75至76页。

是祭祀、聚餐的场所，全部采用三开间二进深。前后座之间有天井，天井两侧有走廊联通前后座。供奉祖宗的神龛称为寝堂一律设于后座。传统上寝堂都使用满堂龛，即神龛高度一直延伸到瓦顶，分上下两层，下层为台摆放祭品，上层为龛摆放神像。后来由于损毁，有的宗祠没有按照原样恢复，一般只做成半堂龛。这种半堂神龛高度只有一层，龛内安放祖宗神位，祭品另外设台摆放。副间一律建在主座的侧面，主要用作厨房和储物间，储物间所存之物只限于祭礼上使用的一些家什。祠堂大门前的台阶级数因地势而定，大门门槛距地面越高的其台阶级数越多，其中天祐古公祠5级，劳氏、郭氏宗祠一级，林氏二级。

## （三）黄姚祠堂介绍

### 1. 梁氏宗祠

梁氏宗祠

梁氏迁入黄姚的第一世祖是梁广豪、梁广益、梁广壁三人。他们于清代顺治年间从广东新会县龙溪市（今佛山市古劳镇）古劳村迁入。到清代康熙年间兄弟三人才组织创建了梁氏宗祠。迄今繁衍25代，后裔450人。

梁家宗祠位于新兴街北，坐东朝西，背靠真武山。主座为三开间二进深的硬山顶建筑。中间是天井，天井的四角各有一根立柱支撑，两边是走廊连接着前庭和后庭。走廊的两侧是碑廊，碑上刻着重建祠堂的碑记和管理祠堂的机构简介。后庭正中间供奉着梁氏历代先祖之位，牌位的上方挂有一幅"教子朝天图"，图为梁氏后裔梁成溶所绘。墙体为青砖清水墙，梁架为穿斗式。山头为镬耳形。瓦面盖小青瓦，瓦头筒瓦和滴水盖绿色琉璃瓦。

梁氏原来散居于古镇内各处，清代中晚期才靠近宗祠居族而居，进而形成街道。相对黄姚的其他街道，梁氏聚居的这条街兴起时代较晚，故名新兴街。

据《元和姓纂》记载："梁，嬴姓，伯益之后，秦仲有功，周平王封其少子康于夏阳，是为梁伯，后为秦所灭，子孙以国为氏。"故而周代梁王嬴康是梁氏的受姓始祖。到东汉时，居住在安定（今甘肃省平凉西北）的梁姓得到了极大的发展，于是梁氏就以安定为郡望。今黄姚梁氏宗祠的堂号仍为安定堂。

## 2. 郭氏宗祠

族谱记载，黄姚郭氏受姓源于周王室的姬姓。周武王封其叔姬仲在东虢，周文王之弟亦封在虢，周平王又封姬仲后裔在虢地。今陕西仍有北虢、东虢、西虢等地名。"虢"音"郭"，虢国臣民及其子孙便以郭为氏。唐代名将郭子仪英

勇善战、平定了安史之乱，使唐朝转危为安。唐王加封其为"汾阳郡王"。为纪念这位荣耀的显祖，郭氏取堂号为汾阳堂。

郭子仪第三子郭晞后裔为躲避北方金兵战乱于南宋迁到广东高明县黄坑镇松柏乡。清朝顺治年间高明县松柏乡人郭维壹之子郭廷佐西游，迁到黄姚东门内寄居。后来，在天然街筑墙建宅。郭廷佐名金鲸，字聚祯，号载福，生于清顺治九年（1652年），卒于乾隆四年（1739年）。八十一寿辰时，亲友题赠对联："存仁载福寿，厚德聚祯祥。"至今已经繁衍十四代。

郭氏宗祠位于黄姚街西南方向的南塘西侧，坐西朝东，前与吴氏宗祠隔南塘相对。由广东西迁进入黄姚的第二代祖郭正已于清乾隆四年(1739年)组织创建，1928年、1996年重修。

族人每年清明节和农历八月二十三日在宗祠举办春祭和秋祭活动，秋祭更为隆重。

主座三间两进。与其他宗祠不同，郭氏宗祠前后进之间没有天井，只有一块空地。

宗祠为镬耳硬山顶，青砖清水墙。从外表看，共有二层楼高。但室内并无楼面，内空只有一层。盖小青瓦，瓦头原为石灰膏，无滴水。现瓦头改为绿色琉璃瓦。前檐廊有砖砌檐柱，1996年在檐柱上加贴红色瓷砖。

## 3. 黄氏宗祠

据族谱记载，黄姚街的黄氏先祖于清嘉庆年间分别从广东、福建迁来，到黄姚有二百多年历史，至今已繁衍16代人，目前古镇中有黄氏人口200余人。

宗祠位于迎秀街牛巷西北侧，兴建于民国二十七年（1938年），占地面积

黄氏宗祠

550平方米，为院落式建筑。主座三间两进，镬耳硬山顶，青砖清水墙。前座檐廊以两幅砖墙代替檐柱。主座前为院落，院前有门楼。门楼青砖青水墙，人字形硬山顶，盖小青瓦。瓦头原有作法不明，现使用黄色琉璃瓦。民国时，黄氏宗祠曾作为中共地下党的卫生所使用。新中国成立后，曾一度改为仓库。

## 4. 劳氏宗祠

族谱载，劳氏受姓始祖是西汉时南越王赵佗之季子赵森罕。赵佗是河北真定（今正定）人，秦代时曾任南海郡龙川县令，后为南海尉。秦末，他在岭

劳氏宗祠

南建立了南越国。汉高祖十一年（前196年），赵佗接受朝廷招抚，被封为南越王。西汉吕后主政时，赵佗自称为"南越武帝"，并发兵进攻今湖南境内的"长沙国"。吕后死后，到了汉景帝时，赵佗在儿子森罕的力劝下再次归附汉朝。在这次赵佗附汉事件中，森罕劳苦功高，被汉景帝赐姓"劳"，封地山东崂山。从此，其后裔以渤海及河北之间为繁衍发源地。清代雍正、乾隆年间，劳宜濯、劳宜汶、劳宜洒、劳宜惠兄弟四人从广东鹤山县古劳村迁来黄姚定居。

乾隆二十年（1755年），黄姚街的劳氏四兄弟率子侄修建祠堂，以祭祠父亲劳三昌。劳三昌字敷巧，故而劳家祠也称敷巧公家祠。

劳氏宗祠位于安乐街劳家巷，三间两进，镬耳硬山顶，青砖清水墙。前座正立面外墙在原清水墙之上加批一层假清水。二层楼高，但无楼面，盖小青瓦，无瓦头，无滴水。正脊以垒叠竖瓦压脊，垂脊以砖和灰沙压脊。前檐廊以斗形挑手出檐，无檐柱。宗祠前座檐廊的墙头上保存有较多的壁画，在黄姚各宗祠中其保存的古代壁画最多。

# 5. 林氏宗祠

黄姚林氏共有四个分支，其一是黄姚镇春圃村的林奕鹏支系。林奕鹏，号云程，是福建林氏始祖林禄公的后代林应通公的第八代孙。他于清嘉庆末年携子由广东东安（现郁南）县迁居黄姚新浦桥（即春圃村）开基立业。其二是黄姚镇白山村林应通支系。这一支

林氏宗祠

的远祖籍在福建莆田县兴化府乌石乡，后迁广东阳山县、云浮、佛炉等地。再迁广东省郁南县大寨沙冲。本支第十世祖林汝鸿于清晚从大寨沙冲移居黄姚镇白山村，至今已有140多年。其三是黄姚街林天佐支系。林天佐为三世祖林锡印的后裔，他从广东省鹤山县古劳村移居黄姚镇已有260多年。其四是黄姚镇沙棠村林怀芳支系，林怀芳从广东省南海市官瑶（龙眼塘瑶头村）移居黄姚镇沙棠村沙棠底小组已有420多年。

林氏宗祠坐落于金德街三星楼之南，始建于清代道光年间。宗祠占地面积约3000平方米，有大门、庭院、宗祠主座、厨房等建筑。主座前的庭院用三合土夯成晒坪，晒坪上用小石块拼成"民国五年二月"字样，说明宗祠在民国年间曾经维修。主座共三间两进，后座为宗祠正堂，正堂上方有"忠孝"两字，两侧是"双桂发祥，九牧流芳"八字。正中供桌上摆放着历代祖先牌位，牌位正上方是风云际会图壁画。

宗祠的前后两主座均为镬耳硬山顶，青砖清水墙。因为后期重修，青砖墙上还喷有石灰层。宗祠前后两主座均二层楼高，但无楼面。前座屋顶盖小青瓦，瓦头为绿色琉璃瓦，正脊以绿色琉璃瓦铺装，前檐廊上设两檐柱，檐廊较宽敞，檐柱下用棱形石柱楚垫支。后座正脊平铺一层小青瓦，其上再用两行竖瓦压实。

黄姚林氏以"宗孝"为堂号。林氏族谱称，林氏的受姓始祖是比干之子林坚。比干是商代贤臣，西周周武王有感于比干的忠直而为比干铸铜牌诗表；北魏孝文帝为比干立牌，以长诗褒扬；唐太宗追谥比干为"忠烈公"，并下诏尊比干为"殷太师"，刻碑树牌，林姓奉赖依奏；宋嘉祐六年（1061年），金紫光禄大夫侍御史林悦乞归祭扫祖墓比干，仁宗皇帝见之惊奇问曰："卿可殷太

师苗裔，家秉可行见乎？"林悦即取家谱敬奉。仁宗皇帝阅后数日，御笔大书"忠孝"二字于谱首，并盖上"皇帝玉宝"大方章，同时赐诗两首。从此宋仁宗御笔的"忠孝"二字世世代代悬挂在林氏宗祠里，"忠孝堂"也就成为林氏的堂号。

## 6. 吴氏宗祠

吴氏宗祠

宗祠位于金德街，与隔江山相望。族谱记载，黄姚吴氏先祖吴正星于康熙初年由福建迁到黄姚东门楼一带的牛腩寨经商，致富后在此成家安居，娶妻陈氏，育有一子，取名吴嘉兆。吴嘉兆成年后，结婚多年却未有生育，于是在牛腩寨择一处叫"五龙聚穴"的宝地修建祠堂，祭祀先祖。祠堂建成后，吴嘉兆与妻子接连生育五子。这五子成人后，勤勉耕读，有的经商富家，有的考取功名入仕。从此，家道兴旺，富甲一方。家道兴旺后，吴嘉兆又在牛腩寨购买宅基地，修建华堂。接着吴嘉兆后裔捐出宅基地和华堂，联合钟山、贺县、平乐、富川、昭平、苍梧等八县吴姓人家共同修建了吴氏宗祠。随着吴嘉兆去世，吴家败落，吴家许多人外迁离开黄姚，只有第三子吴师强的部分后裔留在黄姚古镇，牛腩寨的吴氏宗祠也逐渐荒废。民国时期，富罗、公会、黄姚吴氏后人从郭家购得金德街土地再建吴氏宗祠。直到今天，为了答谢郭姓人家的大力支持，每年农历十月十九日祭祖时，吴姓人家都要腾出四桌酒席宴请郭姓家族代表。

黄姚吴氏宗祠现在是昭平县附近各支吴姓的总祠。这间宗祠占地面积500多平方米，共三间两进，镬耳硬山顶，青砖清水墙。前檐柱为青石柱。后座为祖堂所在，祖堂神龛顶上挂有吴氏始祖遗像，下面摆放着吴姓历代先祖牌位。祠内有壁画四十八幅，其中47幅是民国时期流传下来的，一幅是近些年新绘的。吴氏宗祠也是黄姚古镇内壁画较多的一座建筑。1944年秋，广西省立艺术馆疏散到黄姚时，曾在吴氏宗祠开课培训群众，开展抗日宣传活动。已故著名戏剧艺术家欧阳予倩和现代知名画家蔡迪之、易琼等人也曾以此为工作室。1983年，昭平县人民政府将"吴氏宗祠"公布为"广西省艺术馆旧址"。

## 7. 天祐古公祠

在黄姚建立宗祠的古氏共有两支，一支是天祐公支，一支是凤信公支。明天启年间，古氏从广东迁来，先在黄姚隔江山下建山根寨上寨，后来又陆续到鲤鱼街建街。康熙四十七年（1708年），由古氏第29世太公古齐治和古纲伦共倡在隔江山[876]下的亭子溪[877]边建成都禄公

天祐古公祠

祠，又名凤信公祠。乾隆五十九年(1794年)，古氏家族提议在宝珠观北侧树林新建一座规模庞大的凤信公祠，即现在的古氏宗祠。原先在亭子溪边的凤信公祠由天祐公的后裔出钱承接，更名为天祐公祠。

天祐古公祠为二层楼三开间二进深建筑，建筑面积约200平方米。硬山顶结构。垂脊为灰沙脊，正脊为叠瓦脊，墙为青砖清水墙。大门处有两层踏步。底层踏步共五级，上层踏步共二级。每年的祭祀日是正月初四。

## 8. 古氏宗祠

明末清初的天启至顺治年间，广东新会古劳村有许多古氏人家迁往黄姚，从目前黄姚周边各地的古氏族谱可知，至少有古含真、古泰真兄弟，古直我、古灿我、古明我兄弟，古国一、古汝波（又名浩波）七人。到清康熙十四年（1675年），

古氏宗祠

又有古国一胞弟古国茂携子古盛、孙古威从古劳迁来。后来，古泰真一支迁往昭平县城和恭城龙虎关、钟山清塘等地。古国一后裔中，一支迁昭平县走马镇西坪街，一支迁昭平县马江街。古汝波这一支迁往平乐县榕津、二塘等地；古国茂、古盛、古威等人迁昭平县城。迄今黄姚古镇内的古氏主要是古含真的后裔。随着古氏族人在黄姚不断开枝散叶，康熙四十七年（1708年），人们推选古

---

[876]　隔江山：又名火焰山。

[877]　亭子溪：又名兴宁河。

纲伦、古齐治两人为首领，组织捐资建立古氏祠堂。迁到黄姚的古氏都有一位共同的先祖：古凤信，他是第一个率领黄姚古氏的先祖从广东梅州搬迁珠三角的人，因此这座初建的古氏宗祠也称凤信公祠。又由于古凤信字都禄，有时，人们也称凤信公祠为都禄公祠。凤信公祠坐落在古镇宝珠观北侧的新街上，面积700多平方米。宣统二年（1910年）公祠曾作为黄姚街子弟学校。抗战时期，桂北行署曾借用为临时办公地。1943年又曾借用为黄姚中学。因历史原因，公祠后座及两边的厢房全被拆毁，只剩前座和两条石柱。1992年7月27日，台湾宗亲古子隆（35世）一行5人从荔浦到黄姚观光拜祖。当晚，由古子隆倡议，族人开会同意，将凤信公祠更名为广西古氏宗祠。1993年农历八月初七开始动工重修，新修后的宗祠建筑面积1000余平方米，主座有前后两进，两侧有厢房。

黄姚古氏宗祠亦称"新安堂"。新安堂的得名源自北魏吏部尚书、宰相古弼。他世居代州（今山西省代县）。《魏书·地形志》载："代州有新安郡。"古弼在新安郡子孙繁衍，成为当地旺族，后世遂以"新安"为堂号。

据黄姚古氏族谱记载，凤信公这一支古氏的唐代开基祖是古云应，他于唐宪宗元和五年（810年）以明经荐任江西省洪州（今南昌市）通判，此后，举族南迁至赣南。古云应后裔分支由赣南迁广东省增城，再迁梅县。九世祖古宗悦生四子：凤仪、凤信、凤仁、凤俊。十世祖古凤信也生四子：提纲、提纪、提领、提袖。凤信公于北宋咸淳年间举家由梅县迁居韶关南雄府保昌县沙水村珠玑巷，再迁广州府新会鹤山古劳村。

黄姚古氏宗祠的祭祖时间是每年十月十八日。祭祀礼仪是每年一小祭，三年一大祭。由于黄姚古氏宗祠的重修资金主要由台湾古氏宗亲筹集，所以，凡大祭之年，台湾和广东宗亲必派代表前来参加祭祀盛典。此外，每逢节日和大年初一，黄姚街古氏各家各户要先到祠堂祭祖，然后方可回家开宴。婚礼当日，一对新人也要到祠堂祭拜先祖。

## 9. 叶氏宗祠

叶氏宗祠

位于黄姚古镇连理街西端沙塘底村。祠址于民国二十五年（1936年）选定，民国三十七年（1948年）建成。这座宗祠由广东梅州迁入黄姚的叶姓筹建。由于广东梅州的叶氏开基祖是叶大经，故而原名大经公祠。

1982年冬重修时，更名为"叶氏宗祠"。2003年祠堂再修，将小青瓦改为绿色琉璃瓦。2011年拆除厢房，修建宗祠横屋。至此，宗祠占地面积380平方米，建筑总面积462平方米。祠堂的平面布局为三间两进式结构，前座之是天井，天井四周有回廊通道，前后有石阶与前后座庭相连。

据族谱记载，叶姓发源于河南南阳叶县，为南阳望族，故南阳堂是叶氏宗祠的堂号。贺州叶氏凡属广东梅州开基祖大经公后裔的，大部分来自广东梅州、河源、惠州和珠三角地区，少数来自江西赣州、吉安等地。今黄姚街的叶氏为广东南海开基祖正简公后裔，这支叶氏亦是叶大经的后裔。于道光二十年（1840年）自广东郁南县南江口镇双冲村迁居黄姚。每年农历十月二十七日为叶氏黄姚宗祠的冬祭日。

## 10. 莫氏宗祠

据族谱记载，黄姚莫氏于明代中期开始从广东高明县古劳村分批迁入，其中十世祖莫宗瑜于明正德间迁到黄姚时定居于中兴街东门口，十四世祖莫绍举于明末迁居黄姚鲤鱼街，十五世祖莫鼎元于清初迁入黄姚山根寨居住。莫氏宗祠位于黄姚新街北侧，始建于明朝

莫氏宗祠

末年，迄今已有300多年的历史。抗日战争时期，救亡运动的学生军以及省艺术馆、《广西日报》昭平版报社部分职员都曾在该祠堂居住。莫氏先祖非常重视对族人的教育，族谱上共记载有族规两篇，分别是《家训四章》和《家规八条》。

## 11. 仙山祠

仙山祠是黄姚街以莫廷相为家祠始祖的莫氏祠堂，又称廷相公家祠。莫廷相，字宜君，号仙山，生于雍正年间。育两子，均有功名。其中长子莫家成为贡生，次子莫家曾是把总。

仙山祠位于黄姚镇龙畔街东端，与司马第相邻。祠堂地势较高，有石阶和街面相接，新中国建立之初，曾被用作黄姚粮所。

# 六、神　庙

神庙是指祖先崇拜之外对其他神祇进行祭祀的场所。迄今，黄姚共保留神庙29座。对于黄姚，这些神庙表现了以下几个方面的价值：

一、黄姚祖庙宝珠观是古镇发祥的重要物证。始建于明代嘉靖三年(1524年)的宝珠观是黄姚第一座有明确纪年的建筑。明代黄姚街建立的宗教建筑还有吕公社、西宁社、东宁社、兴宁庙四座社庙。这些寺庙和社祠所举办的佛事弘法、春秋社日、三月三庙会等活动给黄姚带来了连续的商机，加快了人们向黄姚的聚集，使得黄姚在开埠之前已经成为圩市，进而成为当地经济文化的重要一极，这为宁化里设治黄姚和小营驻扎黄姚打下了良好的前期基础。

二、神庙是古镇重要的公共休闲场所。人们不仅可以不分宗族、不分社区广泛参加神庙所举办的活动，而且神庙的殿堂及其周边的广场、树荫等设施和绿植也为公众的聚会、休闲、游览等活动提供了空间。例如兴宁庙，其檐枋上挂着"且坐喫茶"匾，这说明兴宁庙曾是人们品茶休闲的活动场所。黄姚街民很早就注意到了神庙在公共活动中的空间意义，在规划神庙时对公共活动场地的设置作了充分的安排。在宝珠观，不仅开辟了广场，还修建了戏台，使得戏台及其广场至今仍是黄姚举办节庆活动的重要场所。文明阁的一些碑文中还明确强调了神庙的观光功能，《重修文明阁记》就称："少约朋侪，来此游览，相与流连，风月啸歌怀抱。盖自少而壮百老，每一过焉，乐而不能去。是山林朋友之乐，造物亦既与之。"[878]

三、神庙是黄姚街民实施公共社交的重要场地，为处理街巷之间的公共事务提供了空间。黄姚的神庙大都位于风景名胜之地，又宏大壮观，凡重要人物到访黄姚，耆老乡绅们都会把贵宾带到神庙，一边游览，一边开展公关。一方面借此获得外部力量对黄姚公共利益的支持，另一方面展示黄姚的精神风貌。同治四年（1865年），昭平县令张秉铨到黄姚督催科赋，黄姚街的李秉绅、梁广信、劳锡畴、林上清、古之愚、古绍德等一干绅士就引领张秉铨到文明阁聚谈[879]。康熙四年(1665年)，昭平县令陈定国到访黄姚，黄姚生员邓口宗则培同陈县令畅游聚仙岩神庙。[880]

[878]　《民国七年（1918年）立"重修文明阁记"碑》，碑存文明阁。

[879]　《同治四年（1865年）张秉铨撰文明阁五古并序碑》，碑存文明阁。

[880]　《清康熙四年（1665年）陈定国题游聚仙岩并跋摩崖》，摩崖现存聚仙岩内。

| 序号 | 名称 | 地点 | 始建年代 | 所拜神祉 | 保存情况 |
|------|------|------|----------|----------|----------|
| | | | | 黄姚古镇宗教建筑一览表 | |
| 1 | 宝珠观 | 宝珠山畔 | 明嘉靖三年（1524年） | 南海观音、真武北帝 | 今存 |
| 2 | 兴宁庙 | 龙畔街东北 | 明万历 | | 今存 |
| 3 | 文明阁 | 天马山 | 明万历 | 文、武二帝，魁星 | 今存 |
| 4 | 水口祠 | 东门 | 明万历 | 无考 | 1915年被水毁无存 |
| 5 | 安乐寺 | 安乐街 | 清代顺治元年（1644年） | 明代千户李道清 | 今存 |
| 6 | 大圣祠 | 黄姚街西枕漱桥旁 | 清代顺治 | 无考 | 1976年拆毁，今无存 |
| 7 | 西宁社 | 西门内 | 清代康熙 | 五谷神 | 民国时拆毁，已恢复 |
| 8 | 佐龙祠 | 佐龙桥南 | 清代乾隆二年（1737年） | 神龙 | 今存 |
| 9 | 接龙祠（又名接龙社） | 天然街接龙楼附近 | 清代乾隆二十六年（1761年） | 神龙 | 1930年拆 |
| 10 | 准提阁 | 宝珠观北侧 | 清代乾隆 | 准提菩萨（千手观音） | 今存 |
| 11 | 回龙庙 | 古氏宗祠西 | 清代乾隆 | 神龙 | 1922年水毁无存 |
| 12 | 福德祠 | 隔江山下 | 清康熙二十九年（1690年）始建 | 福德公（土地爷和土地婆） | 1957年拆毁，今已恢复 |
| 13 | 福庆祠 | 福庆巷（即牛巷） | 清代嘉庆 | 土地神 | 民国时拆毁无存 |
| 14 | 护民祠 | 东门楼外 | 清代嘉庆 | 土地神 | 民国时拆除 |
| 15 | 吕公社 | 三星桥畔 | 清代嘉庆 | 土地神 | 今存 |
| 16 | 见龙祠 | 带龙桥东北 | 清代道光十年（1830年）重修 | 神龙 | 今存 |
| 17 | 护龙祠 | 古镇西南 | 清代道光 | 神龙 | 1929年拆建关区小学，今无存。 |
| 18 | 南蛇出洞井水观音 | 中兴街水闸楼北宝珠江边 | 无考 | 观音 | 民国时拆除无存 |
| 19 | 印塘社 | 连理街 | 无考 | 土地神 | 无存 |
| 20 | 聚仙岩 | 隔江山东北山腰上 | 清代康熙之前 | 八仙 | 无存 |

| 21 | 会龙社 | 中兴街水闸门外 | 清代嘉庆十一年（1806年） | 社神 | 今存 |
|---|---|---|---|---|---|
| 22 | 东社 | 见龙祠旁 | 光绪三十二年（1906年）重修 | 合祀社神与龙神 | 今存 |
| 23 | 龙畔街码头水观音 | 永安门外龙畔街码头东北宝珠江边 | 无考 | 观音 | 今存 |
| 24 | 锡巩井水观音 | 锡巩井西坡小珠江边 | 无考 | 观音 | 今存 |
| 25 | 三星桥码头水观音 | 三星桥头小珠江边 | 无考 | 观音 | 今存 |
| 26 | 鲤鱼潭码头水观音 | 亦孔之固门外河滩上宝珠江边 | 无考 | 观音 | 今存 |
| 27 | 鲤鱼街古家后院码头水观音 | 亦孔之固门楼东南侧宝珠江边 | 无考 | 观音 | 今存 |
| 28 | 双鳄迎宾码头水观音 | 龙畔街双鳄迎宾石北姚江边 | 无考 | 观音 | 今存 |
| 29 | 莫家码头水观音 | 龙畔街莫家大院北侧姚江边 | 无考 | 观音 | 今存 |

## （一）选址特征

神庙比宗祠更具公共性，项目建设、财产分配、祭祀典礼等运营活动全部由不分姓氏的民间团体而非血亲的宗族势力掌管，参加神庙活动的人也不仅仅只有宗亲而是更加广大的人群，因而神庙所提供的服务也具有比宗祠更大的广泛性。而且黄姚古镇为多姓杂处之地，祠堂所无法提供的各姓之间相互交流以及处理街巷内部公共事务的空间在神庙中则会得到满足，因此，神庙的选址较之宗祠更加强调公共要求，其选址活动往往有地方贤达参与。这些在地方上有着一定威望的乡绅们从满足公共利益出发，以"趋吉避凶"为主要指导思想，以厌胜、补缺、象形等手法，结合山形地势、水源环境，对神庙的选址、朝向、奉祀的神灵以及周边建筑进行规划，以此祈祷神灵护佑古镇兴文运、收财气、获福报、镇邪煞。从现存的神庙看，古镇神庙的选址具有三个特征：

一、神庙坐落与庙中所奉神祇所主管的职能相关。如北帝主管北方，祭祀北帝神的宝珠观就布置在黄姚的北边。龙神和水观音都管水，佐龙祠、见龙祠等各个龙祠和观音社（水观音）就全部布置在桥头或码头的水畔。

二、黄姚乡绅认为，佳山秀水可以乐神，《道光庚子年（1840年）黄可学撰重建文明阁碑》[881]称："盖以钟灵毓秀，瑞启文明□，藉神之□爽以锡福于无疆也。"故而古镇的一些大型神庙往往分布于风景名胜区，如宝珠观，前临真武山，后界宝珠山，东南西三面环水；再如文明阁，背靠天马山，前临姚江，山水俱佳。

三、将神庙布置在交通要冲之上。要想神庙香火旺盛，就需要吸引信众。而为了方便信众祭拜，黄姚的许多神庙都会设置在桥头、门楼、集市等交通要道旁，或人群聚集处。如安乐寺，就位于商贸繁荣的安乐街上。

## （二）所反映的民间信仰

在清康熙之前，黄姚主要是屯兵之所，卫屯的军士以两广为多，亦有来自长江以南各省如福建、湖南、江西等地者，并且多有流动和轮换。康熙、乾隆以后，又有大量广东商人和手工业者迁入。这使得黄姚成为人口来源多元地区。因此，黄姚民众的神灵信仰比较复杂，民俗上存在宗教崇拜、神仙巫术崇拜、自然崇拜、先贤崇拜和祖先崇拜等多种信仰。除祖先崇拜活动设于宗祠之外，其他崇拜的祭祀活动都在神庙中开展。

宗教中的佛教和道教对黄姚民间信仰有非常大的影响。一方面，人们常常用传说来附会佛道故事。如八仙在聚仙岩相会传说，就是用传说来附和道家故事；另一方面，民间的信仰活动常常是道儒结合。如文明阁中所祀主神为道教中的文武二帝，但阁中的驻持人员却是僧人而非道士。《道光庚子年（1840年）黄可学撰重建文明阁碑记》[882]就明确指出，当时在重修文明阁时一并修葺了僧舍："僧舍厨房，无不具□。"再如宝珠观，以观名之，本应为道家场所，但观的附庙准提阁，却又以佛教中的"准提"命名，而且观中所驻的人员也是僧人。《嘉庆十八年（1813年）重建宝珠观准提阁碑》[883]的作者昭平县正堂周兆培就说他曾在宝珠观向僧人打听过一些事情："嘉庆十七年冬，余因公下乡，偶寓于此。见其墙垣屋壁，又复不整。询之僧人，云系丙辰年被大水。"再有就是，黄姚的一些神庙中，佛道之神往往合祭于一殿之中。如宝珠观同时置放佛家的观音和道家的真武神像。

---

[881]　《道光八年(1828年)吴志修宝珠观捐田碑》，碑存宝珠观。

[882]　碑存文明阁。

[883]　碑现存宝珠观。

在自然崇拜方面，黄姚信仰中更多体现于对山、水、石的崇拜。在山的崇拜上，真武山、隔江山、天马山、旗鼓山、金瓶山（洒壶山）、蚌山、螺山、宝珠山等古镇周边的诸多石山均被神话并加以膜拜，最终形成了以真武山、宝珠山、隔江山三座石山为核心的圣山崇拜，而且，黄姚对山的崇拜还具有分区的特点。古镇共有东中西三个区，每区选出一座圣山，每座圣山引入一个神祇。其中东区以真武山为圣山，以真武帝为神。中区以宝珠山为圣山，因宝珠山山形像佛莲托珠，于是引入佛教中的观音为神祇。西区以隔江山为圣山，引入八仙为神祇。但是在三座圣山之中又以真武山影响最大，三个区的人们都引为保护神。

在对水的崇拜方面，一般将河流神化为龙，而且龙也可以转化为社神。其中宝珠江的龙神在见龙祠中祭奉，并成为东区的社神，为此东宁社就与见龙祠合署为同一祠庙。小珠江的龙神在双龙祠中祭拜，兴宁河的龙神在接龙祠中祭拜，姚江的龙神在护龙祠中祭拜。

在石的崇拜方面，主要是膜拜象形奇石。黄姚属喀斯特溶蚀地貌，古镇内有很多奇形怪状的石头。只要是丛生的石块景象漂亮或者单块的山石外形像某种物体，人们一般会把它称为生根石加以保留。同时，每逢初一、十五或者年节之时，都会到这些被称为生根石的地方烧香祭拜。黄姚知名的生根石有亦固之门外的禹门石、带龙桥旁的南蛇出洞石、永安门外的鬼头墩石丛、兴宁庙旁的自然门石、守望楼外的地福石、鲤鱼街的鲤鱼石等。

黄姚街对神祇的祭祀活动一般融会于节庆活动之中。春节的正月初一至元宵节举办鱼龙灯节，朝拜宝珠观；清明扫墓祭祖；三月三祭福德祠和真武神；端午节放柚子灯，祭孤魂野鬼；七月初七中午到仙人井挑水贮之，称为圣水，晚上祭七仙女为儿女乞巧。而且，节庆活动中最为隆重的祭祀是游神，以鱼龙灯游巡街巷、柚子灯漂游姚江最为热闹。古镇各庙坛中所祭神祇有以下几类：

## 1. 龙

在黄姚民俗中，神龙给予古镇一切祥瑞，是福瑞保障神。见龙祠楹联："见隐显微一甲咸蒙保障，龙盘虎踞千秋共仰英灵。"认为龙能保平安；佐龙祠对联："佐起文明新运会，龙扶博厚铁山河。"认为龙能保江山稳固，国运昌盛；回龙庙对联："自古神灵凭地胜，而今人乐藉年丰。"认为龙能保丰收；接龙社对联："天然培地脉，龙接护民庐。"认为龙能保民宅安稳。

## 2. 社

《辞源》认为"社"有三种含义：一是土地神，二是祭祀土地神的场所，三是古代地方行政单位。在黄姚，社神是某条街道或者古镇内某个片区的保护神，祀于社庙之中。黄姚古镇中原来共有土地庙8座，分别是西宁社、东社、会龙社、接龙社、吕公社、印塘社、福德祠、福庆祠。现在除印塘社和福庆祠已消失外，其他六座土地社庙都还有遗址保留。黄姚的土地神又有"福德正神""土地公""土地爷"等称谓，是一方土地的守护神，掌管丰收、平安和财运等。通常，土地社庙为单开间的小庙。

## 3. 水观音

观音是佛教传说中的神祇，法像是慈悲为怀的女菩萨形象，深受民间喜爱。黄姚的水观音都用石板雕刻观音像，并在石板上刻上"阿弥陀佛"四字，立在水边。凡水井、码头、水潭边均立有水观音。一是祈求风调雨顺，无水旱之灾。二是祈愿人们在行船、放排、游泳、捕鱼、摸螺等水上活动时，不会溺亡。

三星桥头水观音雕像

## 4. 北　帝

北帝神原称玄武大帝。宋真宗大中祥符五年（1012年），为避宋圣祖皇帝赵玄朗名讳，改称为真武大帝。也称北极玄天上帝、北极荡魔天尊。道教认为他是统治北方的大神，五行中北方属水，所以，真武神又是能统领天下水族的水神。黄姚祭祀真武帝的场所有二，其一是宝珠观，其二是兴宁庙。真武象征四象中的玄武，而宝珠观前的真武山远看形如蛇龟相缠，有如玄武。恰好宝珠观大门正对真武山，故而北帝神祀于宝珠观中。兴宁庙正对真武山，所以，人们也将真武帝祀于庙中。相传，北帝诞日为三月初三，黄姚民众会在这一天到宝珠观和兴宁庙参拜。

## 5. 准 提

准提菩萨又称准提观音、准提佛母。她的造像有二臂、四臂、八臂、十八臂、八十四臂等多种，名间又俗称"千手观音"。黄姚的准提法像原供于准提阁中，民间称为"七手八脚"，现在已废。

## 6. 武 帝

祀于文明阁。武帝又名关武圣帝，即关羽。明代开始被称为"关圣帝君"，从此成为"武圣人"。清代康熙年间正式尊关羽为"武圣"，民间称为"武帝"。一般在县城以上的城区多设武帝庙祀之。

## 7. 文 帝

祀于文明阁。文帝又名文昌帝，是主管考试、命运，助佑读书撰文之神。是古时读书人祈求科名时最为尊奉的神祇。科考时代，把每年农历二月初三日设为文帝诞日，黄姚的童生、秀才、廪生、贡生、举人以及私塾老师到这一天都要前往文明阁祭祀。

## 8. 魁 星

魁星原为古代天象二十八星宿中奎星的俗称，因道教将其定为主宰天下文运的大吉星，故名文魁星。宋代以后，文庙学宫中都奉有魁星神像。明清时期因科举兴盛，建立魁星楼的习俗流传至乡里。顺应这一民俗，黄姚人于清代道光二十年（1840年）在文明阁中兴建魁星楼。

## 9. 先 贤

先贤指在历史中真实存在，对地方历史进程作出重要贡献的人物。其死后被人们立祠奉祀，逐渐神化成为神祇。黄姚小营千总李道清是黄姚唯一的先贤神，祀于安乐寺。

# （三）布　局

　　尽管黄姚古镇居民有36个姓氏，周边村寨还有壮族、瑶族和客家人，但古镇中的大姓如古、莫、劳、林、郭、梁、杨等均移民自珠三角，因此古镇中的神庙建筑主要由广府人主导，其建筑格局主要呈现岭南广府特色。黄姚神庙从外形上大至分为半围合、全露明、洞屋合用、全围合四类，而且不同类别的神庙建筑担负的职能各不相同。

## 1. 半围合类神庙

　　这类神庙殿堂空间极小，仅能安放神像，祭祀活动有的在露天的空坪中举行，如吕公社；有的在四面无围墙的凉亭中举行，如佐龙祠、见龙祠、兴宁庙等桥头庙；有的在其他非庙的空间内举行，如家庭中的神龛，神龛仅用于摆放神牌，祭神活动只能在家庭的厅堂上开展。半围合类神庙兼具建筑和神龛的特点，大部分拥有神庙建筑的外观形态，但是取消了供人活动的室内空间，将神庙最小化，使之成

半围合类的神庙西宁社

为仅能栖神的龛室。共有三种类型：一种是附庙，是依附于大型神庙的小庙。作为大型神庙的附属建筑，多建于大庙之侧，例如兴宁庙的附庙八仙庙位于龙畔街，背靠隔江山，而隔江山上有聚仙岩，相传是八仙会聚的地方，所以，龙畔街的百姓尊隔江山的山神为社神。于是就在兴宁庙的西侧建一座附庙，内画八仙醉酒图，以此来供奉八仙。另一种是设置在家庭内部的神龛，一般供奉先祖和天地君亲师；还有一种是独庙，是独立设置的小神庙，通常位于古镇内的街巷道旁、桥头或道路交叉口，成为街巷的建筑小品，如佐龙祠、兴宁庙等。独庙建筑比较简单，通常为一间一进，也有多个开间的。其内设神像或神牌，外设香炉或供台。独庙的建筑为砖石结构，屋顶和墙体多用石材仿照砖木建筑进行雕刻。如果独庙位于桥头，有的供奉两位神祇，一是龙神，一是社神。如见龙祠，祠内既供宝珠江中的龙神，同时又供奉东区的社神，故而见龙祠也称

东社。有的只供奉一位神祇，如吕公社，社庙内只奉土地。为了场面宏观，独庙还常常与凉亭相结合，在神庙之旁再设凉亭。凉亭与神殿之间可远可近。近的可以庙亭互相紧靠，如佐龙祠与佐龙亭。远的则亭庙相隔一两百米，如见龙亭与见龙祠。亭庙类建筑多设于桥头路旁，有的凉亭为路中亭，有道路从亭中穿过。有的为路边亭，亭子建于路的侧旁。这种桥、亭、庙、路相结合的建筑形制也是黄姚建筑最具特色的地方，使得"有桥必有亭"成为黄姚景观的重要元素。

## 2. 全露明的坛类建筑

这类场所神像都是露天安放，祭拜活动也在露天举行。黄姚的全露明宗教建构筑物一是社坛，二是水观音。"社"本意为土地之主，引申为土地之神或土地主权的象征。立社祭祀早在先秦时代就已经成熟，《周礼》"二十五家为社，各树其土所宜之木"。此后历朝历代，从城市到乡村、从官方到民间，社祭活动长盛不衰，成为古代祭祀的重要组成部分，并且发展出完善的礼仪规制。明代洪武年间，社祭活动被正式纳入官方规定的祭祀制度，《大明会典》："凡各处乡村人民，每里一百户内，立坛一所，为祀五土五谷之神，专为祈祷雨旸时若，五谷丰登。"[884] 作为宁化里的治所在地，黄姚古镇历史上的人口也基本上在百户之上，但是整个古镇并非是一个单一的社会组织，不同街区、家族的人们可以根据需要结成相对紧密的社区关系，于是不同的社区就会建立自己的社坛。因此，黄姚历史上有社坛多座，保存至今的仍有西宁社、吕公社、印塘社、会龙社、东社、福德祠6座社庙。其中，西宁社和会龙社为全露明的坛类建筑。

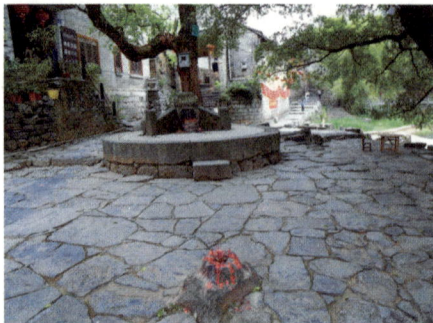
全露明的会龙社

黄姚的社坛在形制上由石主、香炉、坛面、坛基、坛壁、扶手等组合而成，此外不再设神像。坛壁、坛基和扶手构成了一个半围合的空间。其中石主、香炉和坛面是社坛的三个核心构件。石主是一方石块，多树在坛的中间，其上雕有神祇名或碑文，石主之前安放香炉。

[884] 〔明〕李东阳等：《大明会典》卷九十四《群祀四·有司祀典下》。

黄姚的水观音保留至今的共有8处，绝大部分的水观音都是全露明的，仅有锡巩井水观音安放在一个神龛中。

## 3. 洞屋合用类神庙

这是利用天然溶洞作为主要祭祀空间，仅在溶洞内外根据条件和需要添建一些人工建筑作为辅助空间的一种宗教场所。神庙中的神像有的由人工雕塑而成，有的是因为洞中天然岩石的外观类似某个神像而被供奉。溶洞壁一般有摩崖石刻。如聚仙岩，全部祭祀场地都在洞中，仅在洞门处设有人工砌造的庙门。

## 4. 全围合类建筑

这类场地不仅将神像置于建筑内，人们的祭拜活动也都在建筑内部举行。在黄姚，拥有这类建筑的神庙都属于大型庙宇，共有四座：宝珠观、文明阁、准提阁、安乐寺。它们的主座都是三开间，多一进或者二进，未见有三进以上者。每座神庙都有头门、前殿、侧廊、天井（庭院）、后殿（寝殿）、附殿等设施。也有个别建筑如宝珠观使用照壁和戏台。

宝珠观墙门式头门

## （1）头门

头门也称"山门""横门"，是指进入庙中的第一道门，是神庙正式的入口处。凡建筑坐落于古镇之内的庙宇，头门一定安排在临街的一侧。其中宝珠观的头门设在钱兴广场南侧，准提阁的头门面向新街，安乐寺的头门濒临安乐街。这种临街的头门其中轴线往往与殿堂中轴线垂直。黄姚众多庙宇中，建筑坐落于古镇郊外的只有文明阁一座，文明阁的头门设于天马山麓，是沿着山路进入文明阁的第一座建筑物。

安乐寺门楼式头门安乐寺门楼式头门

头门有墙门、廊门和门楼三种样式。其中墙门是在院落围墙上开的门，如宝珠观的头门。廊门是在走廊上开的门，如准提阁的头门。门楼是专设一座建筑用于开门，如文明阁头门。门楼一般为硬山顶，一层，一间一进。利用两侧山墙和中间的正墙承重，大门开在中间正墙处。

## （2）后殿

后殿又称寝殿，是安置神像、放置贡品和祭拜神灵的殿堂。廊门式的神庙因头门设在前后两座殿堂之间，进入头门之后，两座大殿分列左右，难分前后，此时以设置神位的殿堂为后殿，不设神位的为前殿。后殿三面围合，正面向天井开放，以廊庑连接前殿。后殿内部空间联通，中间不设隔墙，以梁架、柱子和山墙共同支撑屋顶，屋顶形制有人字形硬山顶、马头墙、镬耳顶等，式样较多。后殿的后墙不允许开设门窗，因为民俗认为这样做会泄漏财气。如后殿之后设有庭院，需通过天井旁的侧门及门外走廊进行交通。

## （3）前殿

对于有两个进深的建筑物，凡后殿之前的殿堂称为前殿或者前座。前殿左右是山墙，前面正墙开设大门，且与前院联结。后面向天井开敞，并通过天井及两侧走廊与后座联通。前殿不安置神像，仅用于举办活动。

## （4）侧廊

侧廊又称"廊"或"庑"，设置于天井两侧，用以连接前后殿。侧廊的屋顶有单坡、悬山和卷棚等形式。但不管是哪一种屋顶必须有一个瓦面的屋檐水流向天井，以形成四水归堂，满足民俗对"聚财"寓意的要求。

## （5）庭院

庭院包括前后殿之间的天井、前殿与照壁之前的露天门坪、后殿与后围墙之间的露天空间都属于庭院，它由殿堂、侧廊、围墙、照壁等设施合围而成，具有采光通风的功用，也可用于公共聚会。

## （6）附殿

附殿又称"旁殿""偏殿"，一般设于主殿之侧，主要用作厨房和储物间。

## （7）照壁

照壁又称影壁、树、屏、萧蔷、罘罳等。有木、砖两种材质结构，最早出现于西周[885]，特别流行于明朝。其功用一是屏蔽宅门，防止外人直视屋内，保护隐私；二是防止"邪气"入侵，民间传说魑魅魍魉只会走直线，在

宝珠观照壁

大门前加装照壁就可以把它们挡住，且与大门上的照妖镜相得益彰。前殿的中门往往也具有影壁的作用。在黄姚的民宅中，由于家家都设有中门，所以影壁不见民宅，仅见于神庙。

[885] 杨鸿勋：《西周岐邑建筑遗址初步考察》，《文物》1981年第3期，第23–33页。

宝珠观戏台

### （8）神台

神台是庙中安放神像的地方。如果主座只有一进，神台紧靠主座后墙。如果主座有两进，神台紧邻后座的后墙。黄姚庙宇中所供奉的神祇往往有主神和副神之分。主神安制于神台上最正中的位置，副神安置于主神之侧。

### （9）戏台

刘熙《释名》称"台者，持也。言筑土坚高，能自胜持也。"台的作用是支撑、抬高。戏台是流传时间最长的台类建筑。戏台在发展之初只是露台，后来为了避风挡雨，在露台上增建屋顶，成为舞亭。而后戏台建筑逐渐完善。从明代开始，戏台分为前台和后厢两部分，中间用屏墙隔断。屏墙可用砖砌，也可用木板拼接而成。屏墙左右各开一门方便前台与后厢的交通。前台用来表演，后厢用于演员更衣化妆。后厢的两扇山墙上各开一门与登台阶梯相连，供演员上下戏台使用。戏曲的伴奏居于前台后方的屏墙前。

黄姚仅有古戏台一座，始建于明代嘉靖三年（1524年）。清乾隆、道光年间及其之后多次重修，占地面积95平方米。它位于宝珠观外的东北角上，是宝珠观的附属建筑。这座戏台坐东朝西，前为广场，后濒宝珠江。每年春节、三月三、庙会及其他重要节庆时，古镇都要举办庆典活动，这时就会请来戏班登台表演。戏台平面呈"凸"字形。前台较窄，其前面和左右两侧不设围墙，只有承重柱，状如凉亭，可以透视，使得三面均可观戏。前台的后面是屏墙，与后厢相连，方便演员登场和退场。前台面阔三间，一进深，长5.2米，宽8.3米，其中明间宽5米，面积43.2平方米。石砌台基高1.64米，檐口高5.26米，至屋顶总高约8米。前台的台基之中据传安置有水缸，用来扩音，能增加演员脚步声的响亮度。

黄姚古戏台的后厢四面合围，后墙和左右两侧山墙用青砖砌成。前墙稍间用砖砌。明间下部用木板隔成，上部用枋条制成方形格和棱形格透窗。面阔三间，宽12.6米，其中明间宽5米。进深1进，长2.5米，面积31.5平方米。

黄姚戏台使用檐柱承接挑梁出檐，挑檐的檐口使用飞檐，使得屋顶越是接近檐口，其瓦坡的坡度越是趋缓，便于瓦顶的雨水在下排之时飞得更远，更好地保护檐柱不被雨水淋湿。这种通过使用飞檐来形成上陡下缓屋顶的历史十分久远，在两千多年前的先秦古籍《周礼》中就有描述："上欲尊而宇欲卑；上尊而宇卑，则吐水疾而溜远。"[886]黄姚戏台装饰较为精美，立面分为三段，上段是瓦顶，中段是柱架，下段是台基。各段的装饰除了服务于审美之外，还着重宣扬忠孝节烈的高尚品格、长寿和谐的吉祥祝福、戏台的功用和戏剧的价值。

前台的上段瓦顶为单檐歇山顶，盖小青瓦。正脊用佛山造琉璃脊塑制安，正中间为宝珠，两端为博古。垂脊翘角，末端装琉璃狮子。戗脊亦翘角，末端装琉璃鳄鱼。瓦檐口使用绿色琉璃瓦。檐口下装雕花檐板。后厢屋顶为人字形硬山顶，盖小青瓦。正脊为灰塑舟形脊，脊身塑草龙，脊两端翘角。垂脊为灰塑，上脊端装琉璃鳄鱼，下脊端素角。稍间前檐口用雕花檐板装饰。山墙檐口下设黑色垂带。

中段装饰亦多，前台天花板用彩画装饰，绘"双凤奔月图"。梁架使用雕花拱背抬梁，多雕成如意云头。稍间前檐柱头加装鸡冠形鳄鱼撑拱，正间前后檐柱均加挂木质对联牌，柱下设雕花石柱础。后厢稍间前屏墙头饰壁画，稍间拱门头挂"飞燕""惊鸿"雕花木匾。正间屏墙用透窗装饰，且透窗上悬挂"可以兴"木匾。南北稍间的窗额上分别绘有彩色壁画"古松寿鹤图""梅花鸟语图"。

下段石台基做成须弥座形制，台基及其上面的石柱础雕刻有武松打虎戏剧故事图和一些动物花草图。

---

[886]　林徽因：《林徽因建筑文萃》，北京理工大学出版社，2009年，第11页。

# （四）神庙介绍

## 1.宝珠观

宝珠观

宝珠观的抬梁结构

宝珠观位于古镇东北部，因建于宝珠山旁而得名。前临姚江，皎月悬空的夜晚，寺殿与真武山一起倒影江中，如梦如幻，"古刹夜月"曾是黄姚八景。它始建于明嘉靖三年(1524年)，清乾隆九年（1744年）、嘉庆、道光、光绪二十年（1894年）和民国多次重修，占地3666平方米，建筑面积1370平方米。民国五年（1916年），黄姚遭受特大洪灾，宝珠观中的菩萨被洪水推走，大门前两尊千斤重的石雕狮子也被推移到十多米外。和尚走了，寺观逐渐荒废。此后，庙观建筑被用作黄姚区、黄姚镇政府办公场所。

宝珠观建筑群由主座和附座两部分组成。附座位于宝珠观南侧，共有5间。坐南朝北，为二层悬山顶砖瓦房，用作僧舍、储物和厨房。附座与主座之间有露天的走廊。

主座坐西朝东，共三间两进，瓦顶盖小青瓦，檐口盖琉瓦。第一进即前殿为马头墙式硬山顶，穿斗式结构，正脊饰佛山公仔。第二进即后殿为镬耳硬山顶，抬梁结构，进深三间，面阔三间，檐廊有卷棚。瓦顶正脊饰佛山造琉璃脊塑。

前后殿之间是天井，天井的南北两侧有过廊。前殿之前是一块空旷的平地，平地的东、南、北三面用砖墙围成一个院落。围墙为硬山顶清水墙，盖琉璃瓦，墙上镶有许多事关黄姚历史的明清碑刻。北围墙上开圆形头门。南围墙连接附座的东墙。西侧与主座前殿檐廊相连，前殿檐阶外安放一对石狮。东围墙上设有照壁，照壁上灰塑一圆形宝镜，镜侧楹联对宝镜用作仙凡两界交流媒介的功用做了说明："窥透灵山千叠嶂，别开兜率一重天。"宝珠观前院的北墙外是广场，广场东侧设有戏台作为观的附属建筑，凡观中举办活动都在戏台上组织演出。

宝珠观中供奉北帝、如来、观音，是道、佛合一的寺观，以每年农历三月初三北帝诞为庙会。1944年日军入侵广西，桂林沦陷，何香凝、欧阳予倩、高士其、梁漱溟等大批爱国人士疏散到黄姚，并在宝珠观内开设黄姚中学。其中主座和宝珠观北侧的准提阁用作教室，附座用作钱兴和一些民主人士等人的办公兼起居室。1945年，以钱兴为书记的中共广西省工委亦转移黄姚，在宝珠观内开展地下工作。为纪念这一段历史，1984年，中共广西壮族自治区委员会把宝珠观及准提阁建筑群定为广西省工委旧址。同年，中共梧州地委组织对旧址的修复。1986年7月，作为中共广西省工委黄姚旧址纪念馆对外开放。馆内陈列有省工委革命活动情况及民主人士在黄姚的爱国活动情况。1994年，宝珠观被列为自治区级文物保护单位，1995年12月又被公布为广西壮族自治区爱国主义教育基地。

## 2. 准提阁

准提阁位于宝珠观北侧，由东西两厢加一个天井组成。两厢正面相向，其中，东厢坐东向西，西厢坐西向东。每厢面阔5间，深一进。厢房均青石基础，青砖清水墙面，墙头搁檩，人字形硬山顶，清水屋脊，屋顶盖小青瓦。瓦檐下的外墙头装饰白色灰塑挂镜线带。

准提阁

每厢都是两层楼高，上下两层后檐墙上各开五窗，窗页均为双扇格扇窗，窗框顶部加弧拱形窗檐。东西两厢上下两层的前檐均设檐廊，使用檐柱承接檐檩出挑。南北两侧是天井旁的过廊，南廊围墙上有门与宝珠观主座相通，北廊围墙上有门通往戏台前的钱兴广场。1944年，何香凝疏散到黄姚时曾借居于准提阁，现在已将阁址改为何香凝事迹展示馆。

## 3. 安乐寺

安乐寺位于黄姚安乐街上，清顺治年间始建，共前后两进，坐东朝西。寺内祀明代万历年间黄姚籍千户李道清，他曾在黄姚地区率兵平乱，保一方平安。按照《礼记·礼法》规定，能够成为人们祭祀对象的先贤必须至少具备五

安乐寺中的李道清雕像

项条件中的一项，即"夫圣王之制祭祀也：法施于民则祀之，以死勤事则祀之，以劳定国则祀之，能御大灾则祀之，能捍大患则祀之"。在黄姚民众心中，李道清是属于"能御大灾""能捍大患"的人物，故而立庙以祀。

## 4. 见龙祠

见龙祠

见龙祠位于带龙桥西北侧，面向姚江，背靠新兴街临姚江一面的陡坡。由一座神祠和一座四角亭构成。四角亭为单檐歇山顶，四角由砖柱支撑，柱下有方形柱楚。屋顶盖小青瓦，檐口用绿色琉璃瓦。歇山的山头外侧塑浮雕蝙蝠。垂脊脊头饰龙头。亭南有五级青石踏步，亭北与一小路相连，亭东设神祠。

神祠是在一座石台上安设的三个龛，龛顶用小青瓦盖成单面坡屋顶。祠屋建筑较神亭矮，青砖清水墙体。中龛供奉龙神，北龛是东社庙，供社神。南龛的进深不如北龛、中龛，龛壁上立有道光和光绪年间捐修神祠的功德碑。神龛下的石台基用青石质的条石砌成，台的正中间设一壶门。

神祠中有碑刻6通，分别是乾隆五十九年（1794年）的"永垂不朽"碑和"重建祠貌"碑，道光十年（1830年）的"祠亭碑"，光绪二年（1876年）的"重修碑"，光绪三十二年（1906年）的"重修东社见龙祠堂碑"，光绪三十二年（1906年）的"重修一甲东社见龙祠各善信捐款芳名"碑。

## 5. 水观音坛

锡巩桥水观音

古镇中所有的码头旁均设水观音坛。在一块四方形的石块上，将一面磨平，上刻观音佛像，佛像旁刻"南无阿弥陀佛"六字。然后将石碑立于码头、水井、水潭、桥头边，并在碑前开辟一片小平地硬化，用于祭拜，祈佑水上作业的人们平安无事，常年风调雨顺。黄姚的水观音石碑都不大，一般高不到60厘米，宽不过40厘米。

## 6. 兴宁庙

兴宁庙位于龙畔街兴安门外，背靠隔江山，面向真武山，始建年代不明，清乾隆二十年（1755年）重修。庙前是护龙桥、兴宁河、姚江。由仙山祠和真武凉亭组成。真武亭是歇山顶四角亭，每边宽5.1米，建于一石砌台基之上，沿台基东西两侧各设一长条形围栏。北面亦设有围栏，但不完整，中间分断

兴宁庙

为大门。南面不设围栏，以利亭子与神祠连接。围栏也可当座凳使用，供人休憩。亭的四角立砖柱，柱下设柱楚，柱上架梁。梁架上盖小青瓦，瓦顶正脊饰佛山脊塑，瓦顶四角用莲花斗出挑。

亭南为仙山祠，由主殿和附殿两部分组成。主殿在四角亭的正背后，宽5.5米，深3.3米，为硬山顶小屋，依靠清水墙承重。从真武亭到主殿共有四级踏步，主殿祠内设一砖台，台上供奉真武神像。神像前摆放一张四脚桌，桌上放一石制香炉，用于烧香。主殿东西各有一附殿。东附殿称鼓乐亭，与主殿紧邻，亭内存有大量碑刻。举办庆典活动时，鼓乐手就安排鼓乐亭中。西附殿隔新安门而建，内供神像，并饰八仙过海图壁画。

## 7. 文明阁

按照明清风俗，祭祀文昌帝和文魁星的场地要求坐落于人口聚居区南面的水口处。遵循这一民俗，黄姚用于祭祀文武二帝和魁星的文明阁就建在了南面文明峡的姚江水口。它位于天马山西麓，为旧黄姚八景之首。始建于明万历年间，民

文明阁主殿

国前曾经历清乾隆四十五年（1780年）、道光十年（1830年）、同治九年（1870年）及1926年四次重修。原有山门、不更亭、步云亭、豁然亭、福禄亭、土地祠、惜字炉、天然图画厅、财神殿、不夏亭、桂花亭、大堂正殿、魁星楼等单体建筑。山门上的"文明首第"四个字由抗战时期流落黄姚的《广西日报》（昭平版）[887]总编辑莫乃群于1986年7月1日所题。

文明阁具有浓郁的儒家色彩，是在兴科举、重文教的社会背景下，为争一方科第风水而兴建的。抗战时期，这里曾设置为医院，接纳前线输送回来的伤员。

现在全文明阁仅有惜字炉和供奉关武帝的大堂正殿较好保存，其余的在1980年以来的历次维修中改动很大。惜字炉由基座和炉身两部分组成。基座石制，形如须弥台。炉身是状如四面坡顶的凉亭，亭身西侧开有一圆形炉门，南侧开有一拱形炉门，用作燃放香纸蜡烛。文明阁上有较多石碑，为黄姚保存了较多史料。

## 8. 接龙祠

接龙社

接龙祠又称接龙社，位于天然街尽头，由社亭和社坛两部分组成，乾隆二十六年（1761年）始建。民国二十九年（1940年）兴办新式学堂，原社坛和社亭均被拆除，其建材用于建造关字区中心校。2009年农历十二月重建。新建的社亭为歇山顶四角亭，亭上悬挂"接龙社"牌匾。亭的左右设有石板凳，供居民和游客休闲歇息。社坛在社亭之后，一开间一进深，左、右、后三面设砖墙，正面无墙。神台紧靠后墙而设。

---

[887]　《广西日报》〔昭平版〕：1944年8月，一批民主爱国人士从桂林疏散昭平。为坚持敌后抗战，陈劭先、欧阳予倩、张锡昌〔中共党员〕、莫乃群、千家驹、胡仲持、徐寅初、周匡人等组成报社社务委员会，推选陈绍先为主任委员〔后由欧阳予倩继任〕，莫乃群任总编辑兼发行，徐寅初任经理。1944年11月1日出版第一张报纸。1945年1月昭平告急，报社迁移至黄姚，于3月5日复刊。直至1945年9月30日停刊，共发行出版295期报纸。报社的黄姚旧址位于平秀巷四号，为一厅4房二层楼民宅，砖木结构，坐东向西，占地面积120平方米。

# 七、街区规划与布局特征

黄姚为岩溶峰丛地区，地貌复杂多变，山岭、坡地、平地、谷地、河流、溶洞、田园、天生桥、井泉比邻而处。特别是纵贯古镇的兴宁河、珠江、小珠江，两岸奇石蜂聚，丘峦密集。复杂的自然环境在为古镇建设提供不可复制的景观禀赋之外，也给黄姚的建筑布局带来不少难题，例如：山坡高低造成的地基不平，乱石参差造成平整地基的造价过高，地下溶洞造成的地基不稳，河水分割造成的无法联片居住且交通不便，河水涨落造成的水患灾害等，无法逐一枚举。因此，如何化害为利，变劣为优，是黄姚建设者必须深虑的问题。

黄姚自明万历四年（1576年）开始设镇，至今已有400余年，在这漫长的历史过程中，黄姚所担负的功能不断变化，从最初的屯兵之地发展到后来的聚民、商贸、行政之所，其建筑空间必定要能够支撑居民所开展的各种活动，这包括居住、祭祖、宗教、交通、文娱、贸易、作坊生产、公共安全、公共资源获得与使用等。那么，如何让有限的空间支持不断变化的复杂活动，提高空间利用效率，也同样是黄姚古镇规划布局中的一个难题。

黄姚是一个有着一定人口规模的集镇，历史上，古镇的常住人口大约2000人，而遇到庙会、年节和重大活动时，古镇每天需要容纳的人口超过1万人次。如何通过空间布局，在有限的空间内有序引导人流集散，防止因阻塞造成的各类事故，是古镇规划所要解决的又一难题。

从街巷及建筑所呈现的总体风貌看，黄姚作为镇一级的建制，其规划布局无疑是成功的，不仅主街串联支巷，支巷衔接宅院，整个古镇的建筑布局井井有条，而且建筑与山水互为映衬，如诗如画，享有多项荣誉：国家4A级旅游景区、全国特色旅游名镇、中国历史文化名镇、中国最美十大古镇、中国最具旅游价值古城镇、央视财经频道2018年度魅力小镇、美国有线电视新闻网"中国最美五大水乡"之一。黄姚古镇规划布局的成功源于它遵循了以下几项原则：

## （一）遵循勘舆理论 满足精神文化需求

为了让建筑与周边的自然环境相匹配，在道家风水理论的影响下，黄姚的先人们根据山形水势，发展出了一套勘舆理论。就是先把需要保护的山、水、石、植被等自然因素赋予不同的风水意义，从而使其进入保护体系，建立一套自然环境的保护体系名目。接着借助勘舆之说形成村规民约，建立一套处理建

（构）筑物与自然山水关系的基本法则，指导人们在实施建筑过程中做好规划布局，谋划好具体的保护措施。黄姚的这种地脉文化不仅使得古镇的历史风貌达到了自然与人文相互协调的理想状态，美化了古镇居民的传统人居环境。而且这种地脉文化还经历一个变迁的历程，从明代万历成为乡镇级建制以来即开始自然山水的神化进程；到清代乾隆年间经过黄姚名人林作楫的大力弘扬，和一大批地方名绅的共同努力，黄姚地脉文化中的保护对象和保护法则基本成形；到了清晚期，人们进一步强化了自然审美在建筑规划中的引领作用，使得神化在保护自然环境中的作用被逐渐弱化，人们更加愿意出于审美原因而非风水原因对自然环境采取保护行动。

在地脉文化的形成过程中，人们首先是认定了一批龙迹，就是把一批山水神化为与龙有关的圣地。这包括：把黄姚周边的九条山川认定为陆路龙脉；把宝珠江、小珠江、兴宁河、姚江认定为水路龙脉；把山上的植被想象为龙鳞；把真武山想象为龙穴。神龙和龙气从陆路龙脉汇聚到龙穴，再经水陆龙脉出发到古镇的各条街巷，给古镇居民降瑞送福。龙神经过陆路龙脉来到龙穴真武山之前，还要受到欢迎，于是人们又把龙脉之畔的一些零星山峰想象为迎接神龙进入古镇的献礼，如酒壶山、金瓶山、银瓶山等石山是盛酒待龙的酒壶和茶壶，旗鼓山是迎接神龙的彩旗和锣鼓。祥龙带来的瑞气进入古镇之后，不能让它外泄，必须好好保留，于是又把文明峡想象为留住龙气的门户。龙神带着福气进入古镇后，经姚江流到文明峡，会被文明阁镇锁。如此，神龙就会继续留在古镇中护佑人们。从真武山通向古镇的道路、桥梁也是神龙进入古镇要使用的龙路和龙桥，是引导神龙和龙气进入街巷的必经之途，于是各街巷的人们千方百计修筑通往真武山的道路，在桥头建立龙祠。

然后是建立了一套处理建筑工程与自然环境间关系的基本准则。这包括为了处理建筑与龙脉、龙穴、龙气等龙迹间的关系，而对阳宅、阴宅、道路的走向分别提出一系列要求，即建筑物如何靠山临水以获得防御空间和取水方便；如何利用山体与建筑的屏隔功效防止寒潮的进入；如何保护龙鳞（植被）以保护地下水源不断流；如何选择坐向以获得良好的景观；如何规划道路，以方便神龙带着福气进入街巷；如何选址以获得良好的发展机遇等。

到清代嘉庆至道光时期黄姚街的地脉文化达到了一个高峰，并开始外溢。这时，人们不仅认为黄姚的风水能够萌庇黄姚老街，而且还能够庇护街外的周邻乡民。于是参与捐资以实施黄姚风水地脉项目的人员已不仅仅局限于黄姚老街，而是逐渐扩展到了周边的乡镇，甚至于昭平县城。如文明阁重修工程，其参与捐资的人员就分别来自宁化里、见龙里、文化里三个乡镇。保存在文明阁中的道光庚子年（1840年）所立《重建文明阁碑记》其捐款名列分为前后两部分，前段为黄姚街民捐款名列，后段为周边村落乡民捐款名列。这些名单涉及宁化里、文化里、见龙里三里共二十个村寨，即仁会寨、玉笋山、西坪、石塔圩、白眉山、旺头山、苦竹寨、崩江、新丰寨、古洞、北黎、虎（竹）寨、茶埠寨、猪头岩、罗望洞、客堂圩、见肚寨、东坪、蜂门、黄屋社。此后，直到清代同治年间，黄姚地脉文化所延及的区域已经扩及邻近的贺县部分乡里和整个富群江流域。《重建文明阁碑记》称："尝考县志，昭之凝化里控贺联富，与文化绣壤相错……所以妥神灵者于斯，所以培风水者亦于斯！从兹以后农桑偏植于郊原，商贾安集于墟市……斯阁之建，固凝里文运之隆替所攸关也。"这清楚地说明，文明阁的建成，攸关到贺县及整个富群江流域农桑的丰收、商贾百业的安集和文化的兴隆。

随着时代变迁，到清朝光绪之后，黄姚古镇已有部分先进人物开始对风水之说产生怀疑。针对同一件事情，他们提出的意见往往会与深信风水的人完全相悖。现存于宝珠观的《光绪二十年(1894年)重修宝珠观壁背并通宝珠山碑》对这时期黄姚百姓关于风水认知的变迁有比较详细的记载："风水之说，岂可过泥，又何必尽非？……考本境祖庙宝珠观，九曲朝堂……先乡辈亦虑河涨，冲激照墙，因增砌数尺以广余囗。时喜谈风水，家遂有填实不美之论，其后不旋踵，而地方果有不测之虞。是风水似不可尽非也！……乡中父老集众聚金，审慎重修。"从碑文所述可知，黄姚一些深信风水的人为防宝珠观照壁被河水冲垮，决定拓宽河旁防洪堤。但另外一些不信风水的人认为拓宽河堤会影响美观，于是反对。这种争论导致增建河堤的议项被长期搁置。可是，不久之后，黄姚街发生一些"不测之虞"，于是信风水的人就又跳出来主张要填实宝珠观前后的大小珠江河岸。但不信风水的人仍然认为大小珠江河岸风光是自然所赐，一旦破坏无法重现。而加固河堤是人力所为，可以通过变通，达到既加固防洪设施又不破坏自然景观的目的。双方互不相让，最后只好采取折中的办法"审慎重修"，这样既保护了宝珠观的"风水"，又不破坏河岸的自然之美。

综观黄姚的勘舆学说，龙脉、龙穴、祖坟（阴宅）、民居（阳宅）、娱神礼器等是最为重要的几个地脉要素。

# 1. 龙 脉

在黄姚人的观念中，龙脉就是神龙行走的通道和轨迹，这种脉迹必须是条状的，所以只有山脉、山川、河流等带状的地形才能称为龙脉。这些龙脉都必须通向真武山，因为真武山是龙穴，是神龙聚集的地方。黄姚的水路龙脉共有四条，分别是宝珠江、小珠江、兴宁河和姚江。其中，以从真武山脚流出的宝珠江最为重要，因为龙神都从真武山出发进入古镇。被公认的陆路龙脉有两种说法，有人认为是九座山峰，即酒壶、真武、鸡公、叠螺、隔江、天马、天堂、牛岩、关刀九座石山，这些山峰连绵起伏宛如一条条游龙，从四面八方向真武山聚集，民间称之"九龙聚穴"。但这一说法矛盾重重，其一，既然真武山是龙穴，就应该是真武山之外的九条龙向真武山聚集。但此说同时把真武山也列为龙脉。其二，无论是从现场考察来看，还是从卫星地图上观看，所列举的九条山脉其地势并不指向真武山。为此，又有了第二种说法，即九条龙脉是古镇周边九条呈凹形的谷地及其两侧的山岭所共同组成的脉形地貌。一是马鞍山谷地，它是马鞍山山脉从西北向东南延伸至真武山的谷地；二是白猪塘谷地，它从白猪塘经平心村西侧到达真武山；三是玉泉洞谷地，它从玉泉洞经白山村东侧到达真武山；四是金瓶谷地，它从金瓶寨与珠塘岩之间向东越中学背旗鼓山后，沿姚江折向西南至真武山；五是勒竹谷地，它从勒竹村向西南经金鸡山北侧到达真武山；六是金鸡谷地，它从金鸡山与天马之山间到达真武山；七是天马谷地，它从天马山与螺山之间沿姚江逆行至真武山；八是隔江山谷地，它从石钳口穿蚌山与隔江山后沿姚江北折到达真武山；九是银壶谷地，它从银壶寨经黄屋社和旁山北侧到达真武山。

## 2. 聚龙穴

真武山位于黄姚街东北方向宝珠江的东岸，是黄姚宗教体系中的祖山，黄姚人所认定的九条陆路龙脉都以它为核心，向四周散发。人们认为，黄姚街之所以兴盛，就是因为龙气沿着龙脉聚集到了真武山，然后从水路进入古镇，降福人间。所以，《严禁真武山碑记》就称："盖黄姚之东，有名山为号曰真武……且前有石拱，名曰带龙，结自明季永固，来兹聚秀凝奇，发祥呈瑞，四境居民，藉斯以荫邑，谨保障一方而已哉。"

## 3. 祖 坟

黄姚人又称祖坟为阴宅。在地脉文化的指引下，黄姚街上的各个家族为了获得好的风水，保佑自家兴旺，常常将祖坟选择在龙脉中气场旺盛的地方安葬。是否是好的风水，要适合三个标准：

一必须土地肥沃，适合农耕，确保丰收。《牛岗坪禁碑》[888]在论述牛岗坪的风水时就说："窃思牛岗之坪，原系龙脉风水所关，又系牧羊之地。春来田野遍耕，牛马无寄足之区。籍此地以为抚之原则，春耕有赖，国赋从出。"

二必须是交通咽喉。《天溪凹禁山碑》[889]在谈及这里的风水时，明确指出："严禁风水龙脉。山场土地□后至天溪凹一带之山，乃□头、虎头、沙棠三寨。虎□山龙脉喉咽所关之处……即天溪凹之山，三村喉咽，岂可伤哉？"天溪凹位于黄姚西侧，之所以成为理想的祖坟茔地就是因为它是三村往来的枢纽。

三必须得到佛道之佑，能吸纳福气。道光年间的古氏、莫氏都将祖坟修建于古镇南面的天马山脚，而且还要让祖坟向北以朝向真武山和宝珠观。认为这样，祖坟就能够吸纳真武山的龙气、得到宝珠山佛莲宝珠的映照。

根据以上条件，黄姚老街西侧龙脉特别是十里坪、天溪凹，南面的文明峡和天马山南侧的山麓水畔等地方都是黄姚人理想中的阴宅选址地，适合于安葬祖先坟茔。所以在黄姚西、南两侧山岗岭坪之上常可见明清古坟。乾隆初年，黄姚豪族林氏就将祖坟选葬于十里坪。十里坪在清代康熙乾隆时期称为牛岗坪，位于黄姚古镇西北部，马鞍山(东潭岭南峰)南麓，在马鞍山至真武山的龙脉之上，是兴宁河的重要集雨区，而且马鞍山南为宁化里，北为二五都、凤律洞。三里赴县纳赋必经此道，这也是一条聚财之路，自然是理想的风水之地。

而为了保护祖坟风水，人们就一定会尽力保护祖坟周边的自然环境，严禁开挖。林氏族人于清乾隆四十五年(1780年)在牛岗坪立下的禁碑，就严禁外人在牛岗坪开挖种地。《牛岗坪禁碑》称："今春合议，复立严规。嗣后倘有不遵乡约，仍往侵占耕种锄挖，任从牛马践踏餐食，斥辱不得恶言詈骂。如是逞刁，众议扭禀鸣官究惩，绝不徇情。"同样，在天溪凹栽种也被认为是对风水的破坏，《天溪凹禁山碑》称："迩来年湮世远，多有贪利之徒，藉耕久为业主，甚迳驱古冢为平地，以至栽植遍壤，几若□近要地。无知者在此锄挖以伤阴阳气脉。"

## 4. 娱神礼器

黄姚民俗认为，要像迎接贵宾一样举办欢迎仪式，才能引导祥瑞之气沿着

---

[888]　〔民国〕《广西省昭平县志》，中国方志丛书第21号，成文出版社1966年影印，第110页。

[889]　天溪凹禁山碑：乾隆六十年（1795年）立碑，现存于宝珠观。

龙脉汇聚真武山。而且福瑞之气进入古镇各街市以后，也要像贵客一样尽情挽留。为了引进并留住瑞气，人们又把一些自然山石和人构建筑想象为娱神的礼器。这包括三个方面：

一是迎福之器，就是把神龙迎到真武山汇聚的器具。一般分布于龙脉附近，因为龙是从龙脉上过来的，龙到了福气也就到了，所以迎龙的礼器要分布在龙脉的必经之途。为此，酒壶山被想象成了盛装美酒迎接祥龙的酒瓶，旗鼓山成了欢迎瑞龙进入古镇的彩旗和锣鼓。天马山成了各路神仙进入古镇的坐骑。清乾隆二十一年（1756年）所立《严禁真武山碑记》就记载了黄姚乡绅们关于龙脉上的礼器荫护黄姚四境的看法和评价："盖黄姚之东，有名山为号，曰真武，由其龟蛇并见而得名者也。况金瓶、文明，左右侍卫。旗鼓、螺星，镇锁水口。天马、御屏，障列离宫。日月依肩而出，绿水绕足而旋。"

二是引领和护卫之器。神龙和福气都是大人物，其出场必须要有盛大场面，需要有人在前面开路并作护卫。把祥龙从真武山聚龙穴引入古镇街市的礼仪也必须隆重。为此，就建带龙桥把龙气带入街市，建佐龙桥和护龙桥护卫龙气，建见龙祠让龙神登场现身。

三是留福之器。龙气从真武山进入黄姚古镇之后，会向四周散逸，这就必须要有一些屏挡之物，把福气留在古镇内。恰好，故镇四周有一些山峰，即东有真武山，西有隔江山、蚌山，北有酒壶山、旗鼓山、马鞍山，南有天马山、天堂山和螺山。这些山体从四周护住福气不让它逃逸，就把龙气一直保蓄在古镇之中。群山合围，使古镇有了一个藏风纳气、相对封闭的小环境，使黄姚成为桃花源般的理想境地。特别是南面，因姚江水向南流，龙在水里顺水下游，福气更多会从南面散发，故而南面必须要有一座门，能够把风水关在古镇中。而南边文明峡的天马山、天堂山与螺山正好隔着姚江耸立东西，就像是一扇大门在南边关住了姚江的水口。

## 5. 民 宅

人们起居生活的民宅亦称阳宅。经过长期观察和对生活经验的总结，黄姚街民对阳宅的选址总结出了四句口诀，即"阳宅需教择地形，背山面水人称心。山有龙来昂秀发，水须环抱作环形"。

所谓背山，即是枕山，就是民宅选址时，只要条件允许，就尽量让房屋的背后靠着一座山峰。古镇周围群山耸立，酒壶山、真武山、鸡公山、蚌山、宝珠山、螺山、隔江山、天马山、天堂山、牛岩山、关刀山等石山挺拔高耸，他们既是欢迎祥龙进入古镇的礼器，又是挽留福气长聚古镇的屏护，背靠了这些山峰就是背靠了福气，就拥有了"人杰地灵、财阜民兴"的靠山。而实际上，背靠石山是为了使街巷和民宅有一个相对封闭的小环境，更利于躲避天灾人祸。

所谓面水就是民宅或街巷的大门前要尽量靠近水源。人们认为水有"荫地脉、养真气、聚财富"的作用。笔直的河道水势较急，易造成灾难。弯曲的河道水流平缓，更益于日常生活。所以民俗认为，只有弯曲环抱之水才能聚集福气，故而"水须环抱作环形"。很多时候，人们还会将屋前所临之水想象为一池墨水，有了墨就要有著文的案台和搁笔的笔架。为此，在屋前所临的山水中最好能有一座小山作为房前案山或笔架山，即有一座小山与房屋隔水相望。这座小山如果只有一个山峰称为案山。如果有多个山峰，形如笔架则称为笔架山。案山和笔架山的体量要小于屋背的靠山，因为门前之山过于高大会给人一种压迫感。这种山水环绕房屋前后的环境，实际上既是人们出于对安全感的渴求而希望得到一个相对封闭的环境空间，也是为了方便取水满足生产生活之需。

所谓龙的秀发是指山上的林木植被。黄姚虽然雨量充沛，但地下是石灰岩溶蚀地貌，暗河遍布，泥土无法藏水。导致黄姚成为旱灾较为严重的地区。为了解决生产和生活用水所需，建立民宅、村落或者街巷时，不仅必须选址植被丰茂的地方，而且还要保护好山上的植被。因为只有这样才可以涵养水源。

## 6. 风水之说对黄姚规划的影响

黄姚的风水理论从它形成之初就一直指导着黄姚的城镇规划。这种影响主要见于以下几个方面：

### （1）影响街巷走向

为了方便祥龙带来的福气从真武山进入到各街各巷，每条街巷都会尽力修筑通往真武山的道路。黄姚八条主街分列三大区域，其中东区的新兴街和中兴街位真武山麓，中区的鲤鱼街、安乐街、金德街、迎秀街、天然街五条街首尾相连，街口均指向真武山，且经过带龙桥和宝珠观跳桥有道路与真武山相连。中区各街的南北两侧还分布有一些南北向的巷子，不能直通真武山，不能直接引入真武山龙气，于是人们千方百计修筑迎福专道通往真武山。这条专道进入中区的入口选在羊巷的北门楼即三星门。在门楼旁立有"鼎建三星桥碑"[890]，碑文记载：从康熙至嘉庆持续近百年，巷中的绅士古会宇（祖）、古业显（子）、古士新（侄）、古士扬（孙）一门三代人接力筹资修筑巷口通往真武山的道路。西区龙畔街是东西向的，主街街口无法指向真武山，于是人们就在街的中间开了一座新安门，门前设立兴宁庙和仙山祠，不仅面对真武山，还直接在祠庙中供奉真武神。

### （2）促成一些公共设施的选址与落成

九龙汇聚龙穴真武山后从水路进入古镇需要带路，于是人们就在宝珠江上建带龙桥。嘉庆十一年（1806年）立《鼎建三星桥碑》就说："带龙入市，四面桥路，靡不康庄"。真武山西南面的宝珠山及其附近的其他山峰如同佛家的宝珠莲花，有了佛莲宝珠的簇拥，又有龙气的聚集，黄姚街自然与众不同。于是人们就在宝珠山前建宝珠观；"龙脉"作为福气进入黄姚的通道，备受当地居民的关注，因此镇内建有多个保护"龙脉"的祠——护龙祠、佐龙祠、回龙庙、见龙祠、会龙祠；黄姚南面文明峡虽然有天马山和螺山耸立于姚江东西两岸就像一道大门，但毕竟中间有姚江江流，是一个无法弥补的缺口，很容易让龙气逃逸。为了强化文明峡作为风水门的关锁之功，人们便广筹巨资在天马山上建起了文明阁，借用神庙来镇锁风水。关于文明阁对镇锁风水的作用，《道光庚子年（1840年）黄可学撰重建文明阁碑记》中有明确记载："阁处黄姚东南方，坐巽向乾，气象开阔，岩壑耸翠，俨若画图。故前人建阁于此，洵一方之巨镇也……所以妥神灵于斯！所以培风水者亦于斯！"说明文明阁对黄姚风水有着巨大的镇守作用。

### （3）促进一系列自然奇观的保存 为小镇增添了系列特有的景观小品

在黄姚的地脉文化中，凡是形状奇怪的石头都是上天赐予人们的礼物，它们深深地根植于地下，是根苗壮实的象征，人们称这种石头为生根石。保护好它们，整个古镇的房子就根基稳固，人身、事业就平安无险。为此，凡是珍稀的石头都被黄姚民众刻意保留。鲤鱼街的盘道石鱼挡在了街路中间，但因为它外观像是一条鲤鱼，修街辅路时，这块石头就不被允许凿掉，即使人们在这里必须要绕行。双龙桥旁的禹门石形状像鱼，旁边的古榕树根弯曲像龙门，从外

---

[890] 鼎建三星桥碑：由黄姚街府庠生古士扬于嘉庆十一年（1806年）撰立。

观形象上阐释了鲤鱼跳龙门的传说。为此，无论修路还是架桥，这方禹门石也不能被破坏，必须完好保留。

### （4）促成人们对自然环境的保护 确保秀颜天成的古镇风貌

山林植被是龙身之鳞，要保护龙脉汇聚龙气，确保"人杰地灵""财阜民兴"，就必须保护龙脉上的林木山石。为此，必须严禁开山取石，严禁采伐林木，严禁胡乱开挖山地。所以黄姚不仅古树名木多，山林植被亦保持了很好的覆盖率，到处青葱欲滴；民宅要环水而居，这就要求不能随意把水道截弯取直，尽量保持溪流自然的弯曲形状。为此，人们在建造房子的时候，只能让街巷随着河道的走向而曲拐。黄姚的许多街巷都不是一条直线，经常作"之"字形拐弯，在很大程度上也是适了这种风水要求。而这种弯曲状的街巷布局又使得黄姚多了一种曲径通幽的意境。人们在街中穿行，如果不拐弯走到下一个路口，永远不知道前面是什么风景。

为了对自然环境实现常态化保护，历史上，黄姚街民还拟定了许多保护条款，并在保护对象附近树立石碑，广而告之。现存于黄姚街宝珠观的乾隆六十年（1795年）《天溪凹禁山碑》是一通为了保护黄姚西边三寨风水龙脉而立的公约，碑文开篇称："立严禁风水龙脉。"接着公布了违规开凿山石的处罚办法："嗣后本境诸色人并三楚石匠人等再行恃强，仍在此处开挖起石凿碑……勿怪经鸣九甲绅老，即并向起石之人理论，公罚公究。"

现存于新兴街门楼旁的清乾隆二十一年（1756年）所立《严禁真武山碑》其碑文明确了对真武山的保护条款："藉斯以荫邑，谨保障一方而已哉……向因私砍以经议罚，是以合排绅耆，惜纤费鸠工勒石，大彰严禁口后……"现藏于黄姚文明阁中的乾隆三十年（1765年）所立《禁山石碑》其碑文则公告了对天马、天堂、螺山等地的保护规定："嗣后不拘来人、本地，敢在此三山采石，罚银三两六钱。不，则鸣官究处。"

## （二）遵循实用要求

事实上，一切建筑规划其最初的目的都是为了解决实际需求。人们对居住地的功能要求是复杂的，诸如方便生产、方便生活、丰富文化、坚固安全、舒适便捷等都是规划所需要考虑的。黄姚最初是兵营和宁化里驻地，接着又成了一个商埠和聚民的小镇，每一种建制对街区的功能都会提出特别的要求。这使得黄姚规划布局除满足遮风挡雨等基本人居需求外，还必须满足居住防御、商贸、交通、行政等特有需求。数百年来，黄姚工匠与名绅、风水师、士子、住户等各色人士广泛合作，通过将民居、街巷、道路、桥梁、宗祠、神庙、井泉、门楼等建构筑物与山峰、河流、田园、树林、石块等自然景观的有机组合和合理布局空间，让古镇收到了街巷机理张弛有度、整体风貌简约美观、对实际需求功能支持强劲等方面的效果。

## 1. 功能布局对居家舒适度的提升

黄姚是多雨地区，住宅必须通风干爽，排水流畅。在古代没有电源，人工采光不易的情况下，民居建筑还必须能够充分采集自然光以保证室内照明。黄姚也是人口密集的圩镇，街坊都比邻而居，为将火灾损失度控制到最小，住宅又必须防止火灾蔓延。

### （1）采光

建筑的采光功能主要依靠窗口和天井。无一例外，黄姚民宅建筑前后墙体均开设左右对称的窗口。为了防盗，底层窗户往往使用槛窗，即在窗的中间安装密而粗的木栅栏，有条件的家庭在木栅栏后还加装铁条。二层以上的窗户民间俗称"漏窗"，其对牢固度的要求相对较低，更多强调能够让室外的阳光漏进室内。

民宅上的槛窗

司马第二楼漏窗

街上民居由于左右两侧与邻家共墙，不能开设窗口，仅仅依靠前后墙的窗户透光仍显黑暗，距离窗口较远的地方亮度更显不足，于是就由天井来弥补缺陷。有了天井的光源，堂屋和厢房要敞亮得多。

## （2）通风

为了在室内形成有效的回风对流，黄姚民居建筑都充分考虑遮阳与通风，以有效改善住宅微环境，使其适合夏热冬冷的气候条件。在室内平面的纵向总布局上，一律采用厅堂—天井—厅堂在一条直线上的布局方法。在横向布局上则要求厅堂两侧厢房的前后窗户也在同一条直线上。最终促使空气在卧室—天井—卧室和厅堂—天井—厅堂两条通透的交叉走廊中对流，形成回风。夏天闷热，风从天井吹向厅堂，再由厅堂传入卧室，给屋内带来凉风。冬天时，当天井在阳光照射下温度升高，热空气不断上升，风从室内流向室外，不断排出室内冷气，透入室外热气。

## （3）防火

黄姚建筑密集，街巷两旁的民宅均为砖木结构，容易遭受火灾。为避免火势蔓延，民宅统一设立人字形硬山顶，将墙头的木檩密封于砖墙内。

每栋民宅内都开设天井，将房屋分为几个小区，即使某个单元失火，在天井的隔离作用下也可以让其他单元暂时避免火灾。有些天井内还设置有储水池和石水缸。储水池也称太平池，石水缸又称"太平缸"，都有储备消防用水的功用。

街道两旁的民宅每隔一定距离还建有细长的巷道，又称"水巷"或"火巷"，既是隔火廊道，一旦发生火灾，可以将火势控制在最小的范围内。又是取水通道，不仅满足日常取水之需，亦方便取水救火。

## （4）排水

天井收集的雨水和日常生活中产生的污水都要从室内排出。黄姚排水系统比较完善。民宅的室内暗道一端连通天井旁的排水口，一端连着街巷的排水沟，这些纵横的沟道顺着地势将雨水和生活废水直接排入河内，即使大涝，民宅和街巷依然干爽。

## 2. 建构布局满足贸易活动的需求

黄姚最早的商贸活动可上溯到黄姚祖庙宝珠观的建成。由于宝珠观的庙会活动带来了商机,黄姚逐渐成为富群江上游的货物集散地。在桂东地区,凡客船停泊的地方称为码头,凡货船停泊的地方称为埠。黄姚的姚江虽然无法行船,但古镇聚集了一批称为"黄姚担"的挑夫来实现货物转运。所以,早在明代万历四年（1576年）成为宁化里治所在地时,黄姚就已经被称为"埠",《昭平县志》就载："小营,在宁化里黄姚埠。"[891]

民宅上的埠窗

至迟在清代,黄姚已经是天天圩。也正因为没有固定圩日,于是人们就说黄姚"贸易无圩却有圩。"[892]黄姚也没有单一承担市贸功能的专用场地,街巷中每家每户都开门做生意,圩市与住宅相混合,是一种寓贸于居的集市形式。有些人家的商铺还与手工业结合,发展出豆豉、黄皮糖、黄精酒、蜜饯、果脯等产品的制销业,所以黄姚的贸易也被描述为"权衡非市如归市"[893]。

正因为黄姚是富群江上游地区重要的贸易集市,黄姚古镇大到总体布局,小到单间独户,都必须保持集镇的空间格局,满足集市贸易的需求。为此,黄姚8街15巷两侧的民宅一律大门面临街巷,而且进深大都在两进以上,罕有一进的。第一进用来做铺面,是实现交易买卖的场所。第二进和第三进做仓库,是存货的地方;所有的民宅都做成两层楼高,第一层用于经营,第二层用作住家,同时在二层临街一侧张挂招牌广告,也会更加显眼一些,更加容易招揽顾客;许多人家的门口还设有埠窗,这种窗户开得很大,窗叶是可以随意装上或者取下的拼板,只要有需要,就把窗叶取下,在窗下支起货摊进行交易。

### 3.规划布局充分满足防御需求

黄姚设里以来,经历了明末至清初和清末至民国两个大的动乱时期,其防匪、防兵、防盗等任务都很重,而且,黄姚古镇首先是基于黄姚小营这一军

---

[891]　〔乾隆〕《昭平县志》卷2。

[892][893]　此诗作者李作霖,其生平参考注释845。

事与防御功能而发展起来的。早期，黄姚作为街镇其功能更多是为军事屯兵服务。也正是因为屯兵的需要，黄姚古镇的防御任务较之周边地区的其他圩镇有过之而无不及。为了强化防御功能，黄姚古镇不仅强化了城墙、门楼等防御设施的建设，也优化了区位选址。

万历年间广西巡抚杨芳所纂的《殿粤要纂》[894]记载，黄姚在明万历时又称黄窑小营，属松柏巡检司管辖。《昭平县志》又载："小营，在宁化里黄姚埠，明末时……千户李道清率官兵扎营于此，至今壁垒犹存，依稀可见也。"[895]清代的《光绪二十七年(1901年)新筑石墙上下闸水闸更楼碑志》亦记载："庚子，时事艰难……迭奉书，谕筑堡以守卫地方。是岁秋闰八月戊申，合我梁族，坚筑垣墙，自宗祠山脚起，至东门坊山脚止。"这些史料说明，从明代黄姚小营开始，到清末、明清两个动乱时期黄姚都实施了城墙建设工程。从实地调查看，黄姚三区无山可凭的地方都修筑有城墙。其中东区东以真武山为墙，北、西、南三个方向建人工石墙；西区南以隔江山为墙，东、北、西三个方向建人工石墙；中区四周建石墙。由于黄姚的行政建制只是里镇一级，还不到县级，没有办法修建大规模的城墙，因此，与县级以上城市的城墙相比，黄姚的城墙显得比较简陋。其墙头一律不设女墙，也没有相互贯通的墙头，不能直接在墙头上遂行作战任务，仅是利用石墙的陡直和高度来增加敌方越墙入镇的难度。有些地段甚至利用民居建筑的后墙来作为城墙。

在门楼建设上，由于门楼是街巷的出入口，对于门内居民，门楼的安固与否事涉福祸利害。因此，凡是用于古镇对外交通的门楼，均与城墙相联结。凡是用于古镇内部交通的门楼则一定与街巷两旁的民居屋墙相联结，以便组成一个个不同的闭合空间。

黄姚古镇中区城墙三星楼段

从区位选址上看，黄姚古镇的三个区都最大限度地使用自然的山体和河流作为防御屏障。东区背靠真武山，以山为城墙。前临宝珠江，以江为护城河。左右两端以门楼为隘口，形成

[894] 〔明〕杨芳:《殿粤要纂》卷2《昭平县图》，广西民族出版社，1993年，第234页。

[895] 〔民国〕《广西省昭平县志》，中国方志丛书第21号，成文出版社1966年影印，第56页。

一个合围的屯堡。西区背靠隔江山，以山为护墙，前临兴宁河和姚江，以江为护壕。左右以守望楼和福凝龙畔门楼为隘口。中区地形开阔，无山可峙，但东面、南面、西面、东北面分别有小珠江、宝珠江、兴宁河、姚江等河溪环护，仅在西北面的天然街和平秀巷这一较小面积的区域无险可守，成为黄姚古镇防御最为薄弱的地方。为此，人们不仅在这里修筑城墙，还修筑了更多的门楼。人们把平秀巷和天然街分成数段，在段与段的交接处遍设闸门。一旦有敌入侵，将闸门放下，可成功实现分段防患。故而，天然街、平秀巷也是黄姚地区门楼密度最大的街巷。黄姚8街15巷总共有门楼35座，而天然街和平秀巷却拥有四方形平面的门楼5座，其中天然街有天然门、接龙门、升平门3座门楼，平秀巷有西门楼、大新门2座门楼。天然街、平秀巷的街区面积约占黄姚8街15巷总面积的8%，但门楼数却占总数的14%。也正是因为有了四面环卫的城墙、密集的门楼、三面环水的天然护壕等优势，历史以来，黄姚最为重要的行政机构即宁化里的衙署黄姚官局才会选址在中区的鲤鱼街上。

安乐街的挡马街

为了方便商贸交通，总体上，黄姚的街道是趋直的。但有些地方为了适应地形，只能适当弯曲。而街道的两个端口却弯得特别厉害，甚至呈"之"字形弯曲，已经超过了适应地形的需要。这种"之"字形街道，在黄姚方言中有一个专用的名词，称为"挡马"，就是挡住马匹的意思。因为动乱时期，劫匪横行，为了防止他们飞马进出镇内，快速转移，于是就刻意加大街道两端的曲度，以迟滞劫匪行动。黄姚的这种"之"字形街道建筑方式在贺州的其他地区也长期存在。早年，俞大猷作为总兵曾率兵在昭平一带平定府江动乱，后来，他被调往沿海抗倭，还把贺州的这种挡马街巷建筑办法带到了东南沿海。至今，在东南沿海的古镇古村中亦时常可见这种挡马街。

# 八、建筑审美与艺术

　　黄姚街的古建筑群以其文化品位高，历史遗产保留完整，建筑物与所处环境和谐得体而成为一处全国知名的人文景观。历来人们对黄姚古镇的美景都赞不绝口，自古有"瑶池第一洲"[896]和"黄姚文物冠南洲"[897]的美誉。

　　黄姚风貌在审美成就方面的取得得益于清代以来文人深度参与古镇规划。康熙五十年（1711年）改革科举，允许壮族参加科考，当时以壮族人口为主的古镇给了文人无上地位，官宦、士绅利用修撰乡约乡礼、建祠堂、立族规、筑祖坟、建族产、修族谱、创办书院兴族学、撰写碑文、主持和参与高等次公共接待等一系列活动掌握了黄姚的话语权，并进而利用这一权利深入地参与到黄姚的建设规划，努力将黄姚建设成为一个符合国家正统秩序，符合文人审美意识的唯美空间。这让黄姚景观始终散发着文人笔墨的优雅。

　　从现存的鼎建和重修建筑的碑刻看，在黄姚的每一次建筑活动中，无一例外，人们最关心的就是建筑的风水与审美两件事，而且，更多的时候人们对美景的追求更甚于风水。《道光庚子年（1840年）黄可学撰重建文明阁碑记》中，对重建文明阁的目的有很清楚的记述，碑文开篇即称："阁处黄姚东南方，坐巽向乾，气象开阔，岩壑耸翠，俨若画图。其西北，溪流汇于阁前，潆洄淳蓄，灞渚水深千尺。"在这段50个文字的描述中，介绍风水的仅有"坐巽向乾"寥寥4字，其余的都在介绍文明阁的方位和景观。其后，在碑文的结尾部分，对重修文明阁的意义作了概述："从兹以后，农桑遍植于郊原，商贾安集于墟市。而且清淑之气，萃为人文，将见步蟾宫。题口塔，必有魁梧杰出，后先辉映，而为王国之桢者，则斯阁之建，固凝里文建之隆替所攸关也。岂第供骚人逸士游览登临而已哉？"即文明阁修好后将发挥两大作用：一是士农工商可以获得神灵之佑。二是骚人逸士可以登临游览，欣赏美景。这又进一步指出了人们追求建筑审美的目的：一是娱神，二是娱人。

## （一）黄姚八景

　　从明万历颁旨全国城镇选定八景以来，黄姚一直有命名八景的传统，就是

---

[896]　瑶池第一洲：出自清代僧人直翁所作《咏文明阁》诗。

[897]　黄姚文物冠南洲：出自黄姚乾隆年举人林作楫所作《带龙楼》诗。

从山水、古树、史存、天象交织而成的各种景观中筛选八个最具代表性和典型性的景点，用作黄桃的景观标志。但由于朝代更替，不同时代所选定的黄姚八景内容不尽相同，历史上，黄姚曾有三次八景荐选活动，第一次选出的八景是"黄姚归市""宝刹晚钟""珠江夜月""真武屏障""金瓶叠翠""天桥天然""文明高朗""蝉岫观涛"；第二次是"珠江夜月""宝刹晚霞""天然风光""游岩仙迹""文明晴岚""螺岫秋云""龙楼春潦""盘道石鱼"；第三次是"天然桥畔""生生穿岩""睡仙奇迹""螺山掩水""枕漱亭桥""盘道石鱼""上岸石龟""下山石蛇"。这些景观无不带有文人诗画的气韵。

时至今日，传统的黄姚八景大多已经残废，已然不能成为如今黄姚景观的代表。但是，随着黄姚旅游业的不断兴起和人们对黄姚本土历史文化自豪感的不断增强，人们对荐选黄姚新八景的呼声也日益增强。为了满足这一文化需求，促进黄姚古镇文化旅游业的发展，2019年开始，黄姚管委成立了八景荐选工作小组，开展黄姚新八景的认定工作、荐选工作小组通过实地考察、查阅史料、召开座谈会、采访居民等系列调研活动，本着有利于宣传、服务条件成熟、景观特色浓郁、文化底蕴深厚、历代文人多有吟咏等标准，形成了黄姚新八景推荐方案。随后，黄姚产业区管理委员会在经过组织专家评审会、发布信息公示后，最终确定了新八景。

## 1. 带龙映月

带龙桥由明代副榜邓太和捐资始建，乾隆二十三年（1758年）黄姚乡绅古知先重修。古代，黄姚人把汇入黄姚街的河流称为龙，而带龙桥恰好把珠江和小珠江这两条龙带入黄姚街，给黄姚街民带了祥瑞，"带龙入市，靡不康庄"是黄姚先民对带龙桥的颂歌。

带龙桥四周怪石嶙峋，争奇斗巧；桥四周的姚江两岸，老房古树相互掩映，敞抑有序。带龙桥为双拱桥，桥身娇小，与桥头的小石峰互为衬托，桥形胜甲一方。明月夜于桥上观景，天上的明月、半月形的桥拱、两岸的山石古树连同老屋一起倒映在江中，随着波光的起伏变幻出一幅幅神奇的画卷。到带龙桥观景，再忙碌的人也会停下脚步，轻读带龙桥东北侧见龙祠上的各种联对，感受古人在桥上的所思所想与所叹："开拓四壁凭看石，闲对中流为听泉""坐久不知红日到，闲来偏笑白云忙""画意诗情山色里，天光云影水声中"。

## 2. 兴宁秋韵

兴宁庙位于黄姚街西侧石溪（兴宁河）与姚江交汇处，始建于明代万历年间，庙前有小巧别致的护龙桥跨越石溪，连接一条南北走向的石板路。无论石溪还是姚江，两岸均是怪石成簇，修竹成林。在兴宁庙附近的姚江和石溪河段，石岩突然变得十分密集，奇石蜂聚，或大或小，或宽或密，或高或低，或斜或正，堆叠出形态各异的多重丘峦。

而山石之上披挂的翠藤青树，或盘根遒枝，或参差披拂，更为兴宁风光增添了不少风姿。"襟带河山，形胜甲出"是清代黄姚举人林作楫对兴宁庙的描述。"山峙水停鱼鼓浪，春华秋实鸟争鸣"是黄姚贡生莫官生对此景的赞美。

到了秋天，姚江两岸的桂花渐次开放，桂花的清香弥漫远近，沁人脾腑。光滑的石板路反射着太阳的暖晖，映照四周瘦水、瘦石、瘦树、瘦藤和金色的桂花，衬托兴宁庙的朴拙，构造出一幅清凉却温暖、清瘦却妩媚、沉静却灵动的和谐画卷，让人忍不要停下脚步，怡享娴静。

古代的黄姚人，闲来无事，就会到这里摆一张小桌，汲几壶溪水，支一个火炉，烹著煮茶，闲话红尘万象。此情此景，正应了兴宁庙真武亭上的对联："别有洞天藏世界，更无胜地赛仙山。"林作楫举人为兴宁庙叹茶活动所书"且坐喫茶"匾被列为"中华名匾"。现在，人们的生活节奏已然加快，但仍有不少游客愿意停下脚步，在这里寻古访幽，探问黄姚先人的叹茶心境。

## 3. 龙门胜景

宝珠潭的西南侧有一天然奇石形似鲤鱼，踊跃向前。鲤鱼的前面是一株古榕，古榕的树根盘屈遒劲，其中一枝树根呈圆拱状弯曲，就如一扇大门。石上的鲤鱼仿佛是要越门而过化身为龙。于是人们形象地称这一景观为鱼跃龙门。那株根若龙门的古榕也被称为龙门榕。龙门附近聚集了大量自然人文胜景，有清秀的真武山、古拙的宝珠观、小巧的佐龙桥和佐龙祠、清澈的宝珠江，古刹、古桥、古亭、古树凝结出龙门的别样景观。是黄姚"凝奇聚秀"景观特色的集中体现。

北面是宝珠观，因观前有小墩圆净如珠称宝珠山，宝珠观因此得名。宝珠观历史悠久，始建于明代，是黄姚古镇发祥开埠的重要史存；清代黄姚地区已经成为昭平县的副中心，为了管理黄姚片区，昭平县设樟木分司于宝珠观准提阁中；民国十七年（1928年）关区第一高级小学校设于樟木分司衙署旧址中；

抗战时期，何香凝、欧阳予倩、千家驹等人主持创办的黄姚中学设址于宝珠观中；宝珠观北面的钱兴广场还是中共广西省工委迁址黄姚开展革命工作的红色纪念地。

宝珠观东北侧配有一座古戏台，单檐亭阁式木石砖瓦结构，古朴典雅。戏台上"闻其声乐则生矣，不妨既竭耳力；观其色人焉瘦哉，正须继以心思""锣鼓喧天，管弦悦耳，共庆清平乐；霓裳漫舞，羽曲高歌，齐呼可以兴"等联对和题刻耐人寻味，被编入《中国戏曲志·广西卷》。

东侧的宝珠江对岸是真武山，山形远观如蛇缠龟。传说龟蛇是真武的变相，真武山由此得名。真武山山形奇特，从不同角度打量，显现不同的概貌，从迎秀街往东看，它像童子合十拜观音。从郭氏宗祠往东北方向看，它像是一支文笔。从高处俯瞰，周边有九条谷地如九条龙身，互拥真武山为龙头。民间传说，这里是九龙结穴之地，黄姚所有的祥瑞之气均由真武山发起并由带龙桥带入古街，清乾隆黄姚士子古峻称："黄姚之东，有名山曰真武……发祥呈瑞，四境居民，藉斯以荫邑，谨保障一方而已哉！"自古以来，人们十分注重真武山的环境保护，山上不许开挖动土，山麓四周附近建筑如宝珠观、黄姚戏台、石跳桥的建设都受到严格规划，其高度、体量、形状、颜色必须与真武山自然风貌相互协调。清光绪年间，黄姚街民对兴修真武山西侧宝珠观防洪堤甚至展开全街大讨论，认为即使是修堤也必须保持美观，不能过分开挖山石。真正体现了黄姚人"天人合一"思想。

宝珠江和小珠江从西北、东面和南面三面环抱龙门，江水清澈，如清波泻玉。龙门西北侧的双龙桥石拱横跨于小珠江上之上，桥头建有佐龙祠，清秀古朴。

黛墙灰瓦、小桥流水、奇石古树等大量景观在不大的空间里汇聚在一起，形成了黄姚龙门不二的景观特色。古刹、古桥、古亭、古树相映成趣。诗人墨客至此，总要开襟吟咏，尤以清代光绪黄姚秀才莫义甫的诗作描述得最为贴切："闲僧缓缓画桥归，树色苍茫朝夕晖；锦绣河山无限好，落霞孤鹜一齐飞。"

## 4. 文明晴岚

文明峡是黄姚古镇南面委身于天马山螺山之间的一条峡谷，清澈如玉的姚江贯穿峡谷南北，倒映两山。其中螺山位于文明峡之西。秋日云高，天空湛蓝，登临螺山，可见东边山脚的姚江江水清如白练，宛如碧带。天马山位于峡谷之东，上建有文明阁，飞檐翘角，红墙绿瓦，掩映在碧树丛中。这里怪石嶙峒，古树成荫，石径通幽，古刹静穆。

向北远眺，可隐隐望见黄姚古街鳞次栉比的瓦顶掩映在深绿的竹树丛中，不由得让人遐想那些屋檐底下的人正在发生怎样的故事。向南向西展望，可见金黄的稻田和绿树簇拥的村庄中不时有农人行走其间，荷锄把镰，丰收季的田园景色尽收眼底。所以，清代诗人直翁描绘螺峰秋景时就说："胜地重登又几秋，螺峰四面伴岑楼；山明水秀成佳景，不亚瑶池第一洲。"

在黄姚的民俗中，文明峡是攸关黄姚隆替的风水宝地。民谣称文明峡："姚水深千尺，濠梁扼两山。里门无闭处，峻岭自相关。"认为文明峡东西两峰就像关门之锁，恰好在南边的街尾锁住了黄姚街的祥瑞之气，使其不至外泄。峡东的天马山上有文明阁，始建于明代。清代文人黄可学在撰写《重建文明阁碑记》时说："农桑徧植于郊原，商贾安集于墟市……斯阁之建，固凝里文建之隆替所攸关也。"这些再次说明文明峡在黄姚先民意识中的风水地位。

除了深厚的历史文化，文明峡最美之处更在于它欲晴非晴时于雾中所显现出来的朦胧之姿，登临文明阁可尽览文明峡"川分双岸断，峰锁一溪湾"的绝世风光。这种诗中有画、画中有诗的胜景使得历史上的许多文人士子来此登高作赋，临流咏诗。至今文明阁中仍保留大量古人吟咏的书法石刻。如唐代文豪韩愈的"鸢飞鱼跃"，清代贺州籍翰林刘宗标的"小西湖""仰高"等。

# 5. 东潭日出

东潭日出

东潭岭位于黄姚古镇西南方十二公里左右，因为地处昭平县的东部并且山顶有水潭而得名。海拔700多米，到东潭岭露宿，可夜看星空、雨观云海，更有山下四季常绿的茶园。从东潭岭上鸟瞰整个黄姚古镇，一览众山小不再是泰山独有。而众多的俯瞰大景中，尤以远眺古镇日出为最美。先是古镇从黎明的微曦中苏醒，栉次瓦顶和参差石山共同构成画风独特的天际线，灿灿霞光在天际线之后将古镇民居和峰丛石山烘托成朦胧剪影。继而太阳不断攀升，晨光益加明亮，原来暗藏的景物不断显现，古镇剪影中不断增加山外山、楼外楼，此情此景就像是一首诗："远上一片寒山，山下几户人家。到得人家尽处，还是山接天涯。"最后，一道红日穿云破雾，喷薄而出，停歇在真武山的山头之上，好像一盏高高挂起的大红灯笼把整个古镇照亮，此时古镇上苍幽的街巷、袅袅的炊烟、早市的人流、突兀的山峰、宁静的小溪与红日霞光一起交织成一幅动静相宜、光影互映、层次丰富的唯美画面。

东潭岭上，不同季节的早晚时间，雾色深浅不同，云絮形状各异，加上古镇饮烟的形状、浓淡变化无端，田野和山岭植被颜色四季各异，每次到东潭岭游历，都会遇到不同的景致，收获不同的感悟。东潭岭上百看不厌的古镇日出吸引着无数游客摩肩接踵，来发现、来偶遇、来体验、来遐思。

## 6. 姚江春泛

姚江春泛

姚江由北而南贯穿黄姚古镇后，南行6公里进入古镇南面的笔头村白石寨，这里是典型喀斯特地貌，河流两岸分布着清秀的山峰、平整的田园和翠绿的竹丛。河面上不时有古朴的小桥飞架。

河岸人家村前稻桑，屋后桃李，南亩种豆，北亩种瓜，织就了一幅鲜活的田园风光，极好地阐述了田园牧歌的诗画意境。而农田作物的四季轮换又带来田园风光的四时变化，由春及冬，或蓑笠带雨，农人归田；或菜花烂漫，蜂蝶送香；或庄稼成丛，一片碧波；或稻田金黄，秋风送爽。登高而望，姚江婉如玉带蜿蜒在白石寨中。无论是江中的竹筏漂流还是江岸的自行车骑行，在这里都是田原观光的绝佳胜地。

## 7. 仙殿花海

仙殿花海

仙殿顶位于黄姚古镇西面，因清朝康熙元年（1662年）在山上建有一座仙女庙而得名。每年农历七月初七当地的百姓会蜂拥到仙女庙前采集溪水，用于贮藏或直接饮用。相传这时候饮用仙殿顶的溪水女孩儿会变得美丽能干。将这种溪水贮于家中，不时饮用还能治病。

仙殿顶海拔1200米，也是昭平县的最高峰。非常适宜只在海拔500米以上山间环境生长的杜鹃花。每年5月杜鹃花盛开，漫山遍野。火红的花簇如同波峰相接的浪潮，在碧色中涌动，景色十分壮观。而且花潮时间较长，可延续整个五月。

仙殿顶山上不仅地貌复杂、溪流潺潺，而且古树参天，在原始的森林植被中，生长有大量华南珍稀树种，便于开展林业科普、丛林探险和深入观光等旅游活动。

元旦过后，高海拔导致仙殿顶的气温较四周要低许多。整个秋冬季节，仙殿顶上都呈现雾凇景象，到处冰挂晶莹。在华南，下雪是罕见天气，而仙殿顶却能在秋冬之时为人们提供冰雪风光。

## 8. 五指奇观

五指奇观

　　五指山位于黄姚古镇东北面约10公里的界塘村，在一座泥山上发育出五座石灰岩孤峰。从西南面的山麓远眺，五柱石峰高耸入云，像五根手指头撑开手掌正在梳理着游云流风。从东北面的山脚远眺，有三座石峰隐埋于地下，只可见一大一小两柱石峰，像蟹钳，又像剪刀，它们对天耸立，像是要裁剪蓝天白云，十分神奇。

　　五指山四周自然景观优美。西南是下垌水库，鱼虾肥美。西面是一望无际的土山，长满了松林。东北面有一个古寨，叫五指寨，寨的四周都是山，寨前是一块百来亩的平地，被村民开垦成了田园，房前屋后种满了枇杷、黄皮等水果。古寨不大，但像世外桃源。古寨东边一座石山，山上有三座像蜡烛的石峰，又名蜡烛山。蜡烛山的山腹有一座溶洞，名叫出气岩。岩洞内曲径通幽，有清泉。泉水潺潺流入洞前的水库，从不干涸。洞内还有一个大厅，厅高约10

米，宽敞无比，可容纳约五千人。大厅连着两个叉洞，左叉洞通往五指山底部，尾部有个小出口，直到地下河，似无尽头。右叉洞略爬坡10多分钟路程有一个出口，直通悬崖陡壁，且洞口前横亘有一块巨大的石头。洞口周围荆棘丛生，极为隐蔽，20世纪60年代号召"深挖洞，广积粮"，解放军曾入洞修整，扩容可纳一万多人。出气岩冬暖夏凉，长年恒温20℃左右。明万历三年（1575年）至二十六年（1598年），今钟山县同古乡和平村的壮族头人黎福庄、黎天龙父子以此为大本营，据险起事。乾隆二十五年(1760年)《昭平县志》记载："五指山在县东北宁化里樊家上屯众山中，……岩口四围陡壁仅一线可通，一夫扼之则万人莫过……诚要地也。"

## （二）黄姚的审美特征

"有山必有水，有水必有桥，有桥必有亭"是黄姚古镇风貌的独特气质。古镇在审美上的最大特征是人工的建构筑物与周边自然环境的完美融合。每座单体都不宏大，略显青秀小巧，恰好与周边纤秀的石丛峰林相一致。建筑的主色调都是青砖灰瓦，也与四周的黛色山石及绿色植被相匹配。

黄姚古镇的山水与建筑

## 1. 天际线在简单的重复中获得简约之美

黄姚街的总体风貌所呈现出来的美观不是依靠单家独户的院房来完成，而是通过街巷民宅与自然环境的共同组合来实现。黄姚街的天际线除天空、山岭外，还有屋顶，即街巷两侧建筑的屋檐、山墙、封火墙、屋脊等上端部分所形成的边缘线。就局部的某一个街巷区间段来看，每一条街巷两侧的民宅绝大部分是二层楼，罕有其他层高，邻屋之间瓦面的垂直高差变化较小；建筑的屋顶统一盖小青瓦，瓦面形态与色泽基本统一；民宅屋顶绝大部分是人字形硬山顶，民宅与民宅之间屋顶的脊线整齐划一，整条街的屋顶只是一种屋顶形制的不断重复与延伸。这使得黄姚的天际线所呈现出来的形态规则而简单，营造了强烈的序列感和空间上的连续感。

龙畔街简约屋顶

但是从古镇的整体上看，在连续且统一的区间天际线之外，又存在着变化。一是屋顶形态会有适当变化，在街巷之间的转折处或者四周边界往往点缀神庙、宗祠、门楼、戏台、桥亭等公共建筑的镬耳顶、马头墙、歇山顶，这些屋顶与民宅的人字形硬山顶在外观上有较大的区别。这使又得黄姚街的天际线在静态的重复之后获得了变化的动态美。二是黄姚街的屋顶形态常与建筑的功能相搭配，歇山顶只用于戏台、凉亭等具有透视感的建筑，人字形硬山只用于住家气息最为浓郁的民宅，镬耳顶、马头墙等高大屋顶只用于神庙、宗祠和重要门楼，用来衬托这些建筑的宏大。不同功能的建筑实行分区选址，这使得具有相同功能的区域具有相同的屋顶天际线。这种因不同功能在不同区域采用不同形制屋顶的做法，使得黄姚天际线的变化富有强烈的节奏感。此外，黄姚街的建筑物都是根据地貌因形就势建筑起来的，随着地势的起伏，同一街巷的不同段落，或者是古镇中的不同区域就会高低不一。这又使得黄姚街的天际线获得了高低错落的参差美。

## 2. 色块朴素淡雅

黄姚的建筑装饰风格简约淳朴。建筑色彩上很少用浓郁艳丽的色彩，较多使用灰、白、绿等冷色作为色彩基调，这使得建构筑物的外观透着一种淡雅别致的风格。

屋顶铺装以朴素无纹的灰色小青瓦为主，少用甚至不用色泽浓艳的琉璃瓦。檐口处，大多只用素色的灰沙瓦头来压实瓦口，只有一些大户人家和公共建筑，才使用具有雕花图案的琉璃瓦。

民宅屋顶无论正脊、垂脊都基本不做装饰，只用披水砖或瓦块压脊，只呈现白色或者灰色。桥亭、戏台、神庙等公共建筑的正脊、垂脊、戗脊的脊端会略做翘角，呈灰白色，有的屋脊也使用佛山造彩色琉璃脊塑装饰，但用量较少，不做繁杂堆砌。

黄姚古镇的灰白苍翠色块特征

瓦檐下，绝大部分私宅檐板都是无纹饰的素面木板，只有少部分的大户人家和庙观、戏台、凉亭、祠堂等公共建筑才采用雕刻有图案的花板。山墙出檐的地方凡是以挑手承檩的，檐下均不设墀头。私宅挑手极其简单，一般为素面木枋，以红漆罩面装饰。公共建筑和大户人家也有用莲花斗来做挑手的。如果山墙出檐处以叠砖砌制挂镜线，则叠砖之下会设墀头。墀头俗称"腿子"，它

新兴街郎官第山墙上的墀头

是山墙两端檐檩以外的部分。黄姚街的山墙在后檐一端多不设墀头。前檐端的墀头装饰素雅，一般用青砖雕成一个方形龛，龛边饰白色，龛底以蓝色或绛色为底色，底色之上设灰塑图案。

梁架上，除神庙、宗祠、戏台等大型公共建筑使用雕花彩色驼峰和梁枋外，民宅一律采用砖墙搁檩，檩条及其上面敷设的桷子板都是原木色，绝少实施彩装。

## 3. 多种园林造景手法交互使用

黄姚的自然景观无疑是美的，但自然景观如果不加修整，就会显得杂乱无章，为了人文建筑与自然景观匹配，黄姚人在营造景观的过程中，采用了许多园林造景手法。

带龙桥头的束景

一是束景。就是在一堆杂乱的山石林木中通过构建规整的人工工程来对零乱的自然景观进行约束，使景观从无序走向有序，最终使荒芜成为景观。束景工程最常见的是道路，如带龙桥、护龙桥，桥头两端是杂乱的山石、树木、河岸，为了约束好这些自然风貌，就在杂乱的山石之间修筑一条规整的道路，架设一座规整的桥梁，让规则的人工建构物穿行在不规整的山石林木之间。如此，被道路和桥梁约束了的乱石就成了美景。

二是造景。一些大户人家为了让室内获得园林式的感观，往往想尽办法造景。如郭家大院，将庭院设在整座建筑群的正中间，庭院的四周设立了四个圆拱门，南侧拱门由61块砖券成，称太阳门，北侧拱门用62块砖券成，称月亮门。借着拱门弧线与天井、厅屋、小巷等空间的远近与虚实组合，在方寸之间营造出了复杂的变化。

郭家大院的圆拱门造景

三是借景。为了将室外景致借入室内，建筑中往往设置天井、漏窗、庭院等，借此把室外景观漏入室内，延伸室内的视线空间。除了应用漏景手法借景之外，还常常利用衬景手法来借景，就是让景观相互映衬，相互借取。双龙桥、带龙桥和护龙桥这三个点都是黄姚的景观代表。如果只有桥和路，由于这些建构物都只在地面延伸，景观未免显得平面化。为了让景观在高度上能够立起来，人们就在桥头设立较高的凉亭和半高的神庙，如此从亭到庙再到路桥就取得了一个三跌式高差，形成了参差错落的美感。

兴宁庙桥亭互相借景

　　四是收景与放景。就是既通过视通廊来延伸视线，又通过屏障隔断来遮挡视线，借由视线的放与收，完成近景与远景的转化，形成景观的变化美。黄姚许多桥头的神庙都设在凉亭之后。亭子四周是通透的，亭子的前面一定有很大的空间可以放眼瞭望，让观者尽情地欣赏黄姚"气象开阔，岩壑耸翠，俨若画图"的无限风光。亭子背面的神庙是半围合式的，庙的背后一定有一面高墙遮挡视线，引导人们随着视线的收聚而凝集心思，将注意力都集中到对神功的敬仰之上。

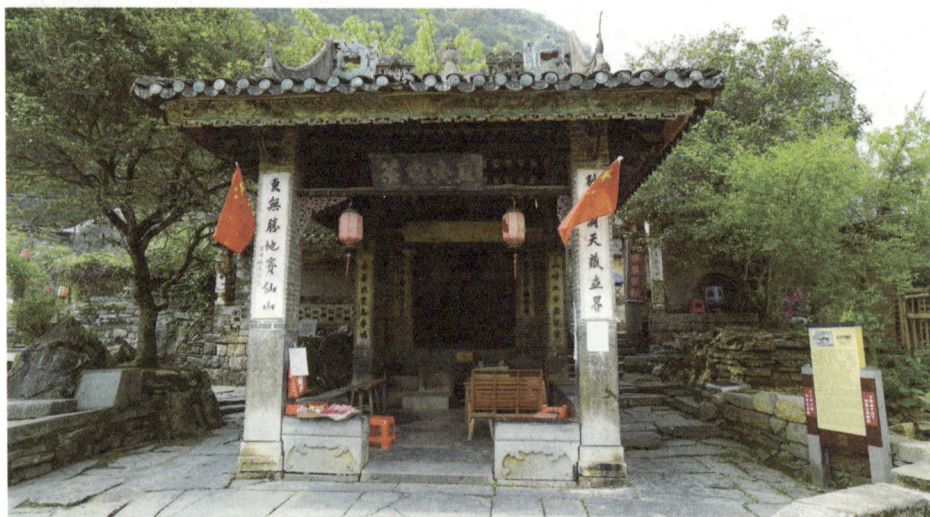

兴宁庙的收景与放景

　　五是留景。在平整建构筑的基础地面时，不是把所有高出地面的山石都去掉，而是根据审美需要有所保留。即凡是外观形象奇特的石头，都要加以保

留。如鲤鱼街街面的鲤鱼石，尽
管这块石头影响了街道的交通，
但因为这块石头长得极像鲤鱼，
十分传神，人们就不仅把它保留
了下来，还用"鲤鱼"作为街道
的名字。

龙畔街这块像乌龟的石头被特意保留在路边

　　六是合理安排建筑间距的
疏密变化。一方面，在布局整个
古镇的平面空间时，人们把宽朗的休闲空间和密集的生活起居空间作了有效分
割，充分利用公共的休闲空间来营造景观氛围。宝珠江、小珠江、姚江、兴宁
河四条江流南北贯穿古镇，河流两岸的河谷地段山石突兀，流水淙淙，自然景
观极佳。为了留住这些美景，即使建房用地十分紧张，人们也不把街巷建设在
这些景观赋高企的地段，而是把它营造成为整个古镇的公共庭园。这些地方的
建筑特别稀朗，只用道路、桥梁、亭子等具有透景效果的建构筑物进行点缀，
用以强化景观。而河谷外围景观禀赋较为一般的地区人们就用来建造密集的住
宅，并形成街巷。另一方面，对一些建筑群或者某一小区、社区等局部空间的
安排，同样要求疏密有致。例如宝珠观，凡是庙堂、僧舍等密闭式建筑都集中
在西南角，而空旷的广场则放在西北边和正北边，空旷的前院放在东南边。最
后在东北侧设立一座有透视感的戏台，用以呼应正北与东南两个空旷的开阔空
间。这使得宝珠观的360°平面从西南顺时针向东南发展时呈现出密集—疏旷—
半密集—疏旷的变化秩序。

宝珠观前疏密变化

# （三）装饰的艺术风格

尽管黄姚的总体风貌简约朴素，但在门窗、屋顶、垂带、柱楚、檐板、屋脊、挑手、梁枋等局部地方，往往会根据建造者的财力作精心装饰。黄姚居民以广府人居多，建构筑物的总体布局、走向、形态均按广府人的建筑形制来确定，总体风貌呈现出广府村镇的聚落特征。街巷布局按篦式结构来组织，综合应用人字形硬山顶和镬耳屋顶，追求相对高敞的室内空间，使用佛山石湾窑烧制的陶塑作为脊塑，在宗祠中绘制广府人特有的教子朝天（风云际会）图壁画。但黄姚的建造工匠从石匠、木匠到泥瓦匠又主要来自湖广地区，因此一些微观上的装饰构件如门窗上的雕花图案形态、用红色与金色搭配的髹漆方法、轧瓦脊的叠瓦手法及其装饰图案等艺术手法又往往体现出湘南特征。

宝珠观屋顶上的佛山造陶脊塑

## 1. 屋顶装饰

歇山式屋顶数量较少，仅见于龙祠、戏台和部分门楼，是一种高等级的屋顶形制。屋顶四面放坡，屋脊有正脊、垂脊和戗脊。这类屋顶的正脊有陶塑和灰塑两种，多素平无纹，少数正脊中心饰鳌鱼或宝珠。垂脊及戗脊多平素，少部分置走兽或博古。

佐龙祠上层歇山与下层四坡屋顶组合

金德街悬山顶民宅

悬山顶常见于小型泥坯墙民宅，少部分青砖墙民宅也有使用。其特点是瓦面悬于山墙之外，保护山墙不受风雨侵蚀。悬山屋顶正脊和垂脊素平，屋顶在山墙方向的两端檐下多设博封板以保护檩头。檐口处理简单，无瓦当滴水，仅用草筋与石灰膏伴料压实瓦口。悬山顶建筑的墙体构造简单，有墙外抹白灰的，也有的裸坯。

硬山顶普遍应用于民宅、宗祠和神庙。其特点是檩条被封砌在山墙之内，山墙高于瓦顶。压在山墙顶上的垂脊形态多样，根据垂脊的形态变化，硬山屋顶又可分为人字形顶、镬耳顶、马头墙三种。硬山顶建筑的正脊多平素，也有使用博古脊和龙舟脊的。

人字形硬山顶是因山墙上的垂脊随着屋顶两坡相交成"人"字形而形成的一种硬山屋顶。"人"字形山墙一般高出瓦面30厘米以上，两条垂脊的上部相交于山墙的顶端，形成一个近似三角形的立面。有的正脊与垂脊相连，有的正脊与垂脊完全脱开，成为飞带式垂脊。如果屋脊是灰塑的，屋脊的形制变化多样，但垂脊的样式与正脊的风格相统一。当正脊是船形的龙舟脊，垂脊的整体轮廓是一条曲线，尾端向上高高翘起，且有精美的脊饰。当正脊是博古脊，垂脊的末端不做翘角，以龙尾纹收束。当正脊素平无纹，则垂脊亦是平素，末端仅做成平素的小翘角，或者以斜直的尖尾结束。如果屋脊是使用竖立或者斜立的小青瓦叠砌而成的轧瓦脊，正脊大多平直无纹，也有少部分正脊的正中心使用瓦片造型，垒出一些花样。垂脊一般为一条斜直线。

无论轧瓦脊还是灰塑脊人字形硬山顶建筑，普通人家对山墙墙头不做装饰。财力充沛的住宅、宗祠、大型神庙等建筑常则在山墙的外墙头设置一条黑色或者白色的倒 V 字形垂带。垂带也叫搏风带，其宽度是檐口瓦底至挂镜线之间的距离，一般在50厘米至80厘米之间。财力特别富足的人家，山墙内外两面都作垂带，外墙垂带内装饰草龙，内墙垂带内以壁画为饰。

镬耳顶山墙垂脊中心部位弧曲高耸，两端弯曲上翘，外形酷似鼎锅（镬）的两只耳朵，故而得名。镬耳墙顶部一般高出正脊1米以上，火灾时能够将上窜的火苗隔断在固定的空间内，防止火焰向邻屋蔓延，于装饰之外，还具有防火功能。也有说鳌鱼好吞火、喜降雨，因此这种能防火的镬耳墙又名鳌鱼墙。镬耳山墙装饰丰富，气势恢宏，能增加建筑的高度，衬托建筑的威仪，故而仅用于宗祠、神庙和门楼等宏大建筑，普通民宅无一使用。镬耳顶垂脊多以琉璃瓦铺设排山沟滴，排山沟滴与山墙的外墙体交接处设黑色"几"字形搏风带，带内饰灰塑白色草龙。

马头墙如同镬耳山墙一样，也是防止火灾的一种重要墙体，是封火墙的一

劳氏宗祠正脊使用轧瓦脊

龙畔街人字形硬山顶民宅

古氏宗祠镬耳顶

宝珠观的马头墙

种。其垂脊外形呈阶梯状，从顶端向下共三层。每层墙顶挑三线排檐砖，上覆小青瓦。马头墙外墙檐砖之下随着墙顶的形状走势在墙头至挂镜线之间设黑色搏风带，搏风带内饰灰塑白色草龙。马头墙墙顶尾端有青瓦起翘，从高远处俯视，这种墙头仿如头颅高昂的骏马，故而称为"马头墙"。又因三层屋檐的马头墙共有五道瓦顶，酷似五座山峰，也称"五岳朝天"。

## 2. 前座檐廊装饰

前座檐廊是第一进大门至檐口滴水的通廊。除凉亭、戏台等穿透式建筑外，黄姚的民宅、宗祠、庙宇、门楼等围合式建筑都设前座檐廊。前座檐廊是在大门前展示屋主面貌的场所，代表着建筑使用者的脸面，其装饰的精彩程度能够体现出屋主的社会地位和财力。因而人们对前座檐廊都尽量装修，以达到光宗耀祖的目的。

### （1）前座檐廊的四种形制

前座檐廊由瓦顶、梁架、檐柱（挑手）、门墙、山墙、檐阶等基本元素组成。黄姚街的前座檐廊形制较多，共有挑檐式、柱檐式、墙檐式、挑檐与墙檐组合式四种。不同形制的前座檐廊其元素的组合方式不同，呈现出不同的外观风貌。

挑檐式：前座的瓦坡顶挑出于正大门的门墙外，在大门口形成一个狭长的外廊空间。檐廊的地面一律以青石铺成檐阶。对于开间较多，或者两面山墙之间跨度较大的檐廊，往往在大门两侧的墙顶各设一组木质挑手出挑；对于跨度较小，或者只有一个开间的檐廊多不设挑手，而是将山墙向门墙外延伸，直接用山墙搁檩出挑。这类建筑的门墙墙头有的平素，有的用壁画装饰，挑手多做成斗形或莲花形。山墙顶部位于檐廊内侧的一面有的用壁画装饰，有的平素。山墙前端顶部的墀头有砖雕、灰塑和彩画等多种装饰形式。民宅大门门框多为木框，有功名的人家常在门头上悬挂匾牌。大门一般为大板门。二楼多为栅栏式木窗，窗栏较粗，利于防盗。一楼多为埠窗，埠窗板可方便摘取和安装，利于贸易。宗祠神庙的大门或为木框，或为石框，大多采用大板材的合扇门。宗祠神庙的门额多悬挂祠或庙的名字匾，两侧门框安置对联。对联可用木、石制成，也可用灰沙塑成，还可以是用书法写成。

柱檐式：少见于民宅，多用于宗祠和神庙，这种形式的檐廊使用的时间延续较长，从始建于明代嘉靖年间的文明阁到始建于1938年的黄氏宗祠，都是使用柱檐式檐廊。

柱檐式檐廊在大门两侧各使用一根檐柱承接檐梁（挑梁）帮助瓦顶出挑，挑梁之上承接梁架。梁架往往使用垫木、童柱、拱背等构件抬梁。其中拱背雕刻精美。檐廊上的出檐梁架与建筑室内的主体梁架不一定连续，檐廊梁架也不及室内主梁架精致。檐柱有石柱、木柱和砖柱三种。其中黄氏宗祠的砖砌檐柱最为简约，只建一面砖墙，下开拱门以方便交通，墙顶省却了梁架，直接以砖墙承接檐檩出挑。

墙檐式：这类檐廊门墙与瓦檐口基本齐平，檐廊的空间十分狭窄，基本不能发挥廊的作用。

挑檐与墙檐组合式：檐廊次间外墙与檐口齐平，正间门墙向内凹，仅有正间出檐。正间檐廊的瓦顶依靠次间的两个山墙出挑。由于正间的开间小，正间前檐下往往不施挑手。这种檐廊的构架显得稳重简洁，但壮观效果不及柱檐式和挑檐式。

### （2）前座檐廊的门墙装饰

在前座檐廊的构成元素中，以门墙的功能最多，因而门墙上开设的各种设

鲤鱼街挑檐式前檐廊民宅

龙畔街莫氏民居中的柱檐式前檐廊

鲤鱼街墙檐式民宅前檐廊

挑檐与墙檐组合式檐廊民居

施也较多，有方便人员出入的大门、采光的窗口。为了让这些设施为整个前座檐廊增彩，也同样精心装饰。

黄姚民居的窗页装饰上，普通人家只是用木板做成无纹饰的素面窗扇，大户人家则会将木质窗扇镂雕成漏窗。部分清代中晚期之后建造的民宅，在二楼会使用无釉的涩胎陶窗。这种陶窗颜色灰白素雅，但雕花精美，窗花内容多为蝙蝠、铜钱等吉祥图案。

私宅和重要门楼的正大门一般设双重门，外层为栅栏门，栅栏用圆木制成，可以推拉，主要是防止内层大门打开后歹人闯入居室。内层为板门，木板既大且厚，有较好的安全防护作用。大门门扇一般不作雕饰，仅在门扉上设置铜辅首，显得简洁大气。民宅、祠堂、神庙等建筑的室内如厢房、厅堂、卧室等处的门扇或为板门，或为格扇门。室内板门的门板较正大门的要轻薄，也不装饰铜辅首，仅安设铜或铁质的锁扣。格扇门较为精致。门扇从上到下依次设抹头、格心、涤环板和裙板。其中抹头、涤环板、裙板多用阴刻花草装饰，也有的裙板采用减地浮雕装饰。格心一律采用漏雕装饰。门上装饰的图案种类繁多。常见拐子纹、灯笼纹、步步锦等。涤环板和裙板的雕刻图案以植物为主，有松、竹、莲等。

封檐板，即檐口遮挡桷子板板头的木板，既用于防止雨水侵蚀桷子板，又用于装饰檐口。黄姚建筑檐板的装饰十分简约，绝大部分都只是一条平整的木板，无刻花。郭家大院[898]虽是大户，但檐板上的刻花只是简单地用几片草叶纹通过反复连续形成花带。宝珠观堪称黄姚最为弘壮的建筑，其封檐板要么素无纹，要么只是在板上绘制简单的花带。真正使用雕花板作为檐板的，仅见于司马第和黄姚戏台。戏台的檐板由上部浮雕和下部镂雕两个部分组成，镂雕上雕刻的内容是招财进宝。就是把一条龙保持龙头，龙身变幻成扭曲的藤蔓，藤上长着一串串硕果，这些果实或为铜钱，或元宝。浮雕部分所雕刻的内容有牡丹和蝴蝶组合成的"花蝶庆春图"，有梅花喜鹊组合成的"喜上梅梢图"，有莲花与鹭鸟组成的"一路连升图"，有狮子与球组成的"欢乐年华图"，在这些主图中间，还点缀有蝙蝠、鹿、蜻蜓、蟋蟀、兰花等寓意吉祥的动植物图案。司马第封檐板的构成与戏台的相似，上为浮雕部分，下为镂雕部分。雕花图案同样为花鸟瑞兽，其中有代表多子多福的石榴，代表长寿的菊花，代表富贵的牡丹。

黄姚戏台封檐板上招财进宝图和花蝶庆春图

## （四）装饰手法

应用在黄姚建筑上的传统装饰手法较多，除刷漆的因为漆色脱落，不能反映漆饰原貌之外，其他如木雕、石雕、垒砖、叠瓦、灰塑、壁画、陶塑等手法制作的构件至今仍有较多的实物保存，使得人们仍然可以得窥全貌。

---

[898] 郭家大院：位于天然街，坐西向东，为黄姚郭家六世祖郭际康之长子郭敬璋于道光年间出资所建，大院布局方案由郭敬璋专程回到广东高明县老家考察一个月定下。

# 1. 木 雕

这是对木质构件进行雕刻的一种装饰手法。在传统民居中，木雕构件主要应用于封檐板、梁架、门、窗、神台和家具。木雕分为大木雕刻和小木雕刻两大类。大木雕指对梁架、檩枋等主要起承重和加固作用的构件所进行的装饰雕刻。这类雕刻由于材质粗大，且都架于高处，适于远望，只需要做大块面和大线条加工。小木雕刻指对门、窗、家具等非承重构件和生活用具所进行的装饰雕刻，这类雕刻由于适宜近观，雕刻时需要做精细加工。木雕工艺又分为线雕、混雕、隐雕、剔雕和透雕等手法。

安乐街民宅二楼透雕阳台门屏

混雕也称圆雕，是一种完全独立的立体雕刻手法，可全角度观赏。隐雕与剔雕类似于浮雕，强调起伏和层次关系。线雕也叫线刻，有阴雕和阳雕两种方式，但由于雕刻之后还需彩绘，而彩绘之后阴雕效果不明显，故采用阳雕较多。浮雕按雕花对象突出基地的高度分为高浮雕、浅浮雕和薄浮雕。

# 2. 灰 塑

这是一种传统的建筑外墙装饰工艺，主要采用石灰、稻草、麻绒、糯米粉、蔗糖、铜线、铁丝、铁钉、颜料等材质在屋脊、墀头、漏窗或外墙的墙体上进行塑造。用灰塑制作的屋脊具有较好的防水、防潮效果。灰塑构件分圆雕式装饰和浮雕式装饰两种。其中圆雕式装饰先要使有铜丝或铁丝制成骨架，并用钉、卯、榫、绑等办法固定在墙上，然而再批灰塑形，加彩装饰。一共需要经过题材设计、骨架制作、草（纸）筋灰批底、批纸筋灰、批色灰、上彩、养护七道工序。制作浮雕式装饰往往不使用铁丝和铜线制作骨架，而是根据需要在一些特别突出的部位先于墙上打钉，以墙钉为骨架，然后批灰塑形。灰塑作品题材十分广泛，有动物、植物、戏剧、神话传说、吉祥图案以及符传统价值观，具有教化意义的人物、历史典故等。但无论是什么题材，除装饰审美外，还同时包含有吉祥、祈福、避祸、教化等方面的寓意。

### 3. 陶　塑

即是用陶质材料雕塑而成的具有艺术造型的建筑构件，主要应用于漏窗、排山、滴水、屋脊。陶塑构件有两种，一是原色烧制而成，即素烧。另一种是胎上施釉，釉色多样。滴水、排山、漏窗均单色釉，以绿色、酱色和黄色为多。脊塑根据需要，可以是单色釉，也可以是彩色釉。黄姚古建筑上使用的施釉陶塑构件均产自广东佛山，也称"佛山公仔"，以单件为主，多件连续使用的仅见于古戏台、兴宁庙、宝珠观的正脊。不施釉的涩胎陶塑构件仅见于二楼以上的花窗。这类涩胎陶花窗造型精致，但由于陶质材料容易脆裂，防盗性能较弱，仅应用于二楼或者二楼以上。

### 4. 石　雕

黄姚建构筑物上广泛使用石质材料，桥梁、墙基、台阶、街巷路面等全部使用凿制的石块建成。这些石质建材有的不雕花，仅用作建筑材料，装饰

兴宁庙墙上的灰塑塑鱼装饰

安乐街素烧福寿纹陶塑花窗

新兴街圣旨府琉璃釉陶花窗

古戏台柱楚石上的浮雕麒麟

性不强，也称料石。也有一些石构件是需要进行艺术装饰的，主要见于大门的门槛、门枕、门框、柱础、枪眼、地漏、拴马石、小神庙的屋顶、护阶石等地方。其中柱础形式较多，有鼓墩式、仰覆莲式、瓜棱式等多种。柱础之上多为线刻图案，浮雕图案较少。枪眼造型符合用枪需要，外小内大，有葫芦形和长条形两种。

## 5.壁　画

壁画是高档的装饰艺术，仅见于宗祠、神庙、戏台等公共建筑和一些财力雄厚或者拥有功名的富贵人家墙头处。财力和社会地位一般的人家其私宅不做壁画装饰。

无论檐墙还是山墙，也无论外墙还是内墙都可装饰壁画，一般是前座壁画最多，色彩也最丰富，越往里进，壁画越简单。

郭氏宗祠镬耳山墙上的垂带画

劳氏宗祠墙头框式壁画子房受书图

黄姚的壁画分两种形制，一种是垂带画，即只在外墙垂带（搏风带）内制作壁画装饰。垂带画的内容和色彩都比较固定，色彩上都是黑底白画，后期修建时也有改成白底白画者。画的内容一律是草龙，草龙可以弯曲扭结成不同的形态，也可长短不同，而且草龙可以是画的，也可以是灰塑的。另一种是框式画，绘于垂带之外的墙头上。制作框式壁画时先在墙头至挂镜线之间批灰，批出一个绘画带。然后对灰带进行规划，分划成若干个区域。每个区域用线条框定，可以框成长方形、圆形、三角形、异型等种形状。每个画框中分饰不同内容的画图，画图可以是水墨的，也可以是彩色的，以彩色者为多。尽管画图内容各不相同，但同一批灰带上的各幅画图其线条粗细、色彩浓淡会互相关联，使得整个灰带上的画面统一风格，不至突兀。

框式壁画内容广泛，有人物故事、山水风景、吉祥图案、花鸟虫鱼等。一方面着笔于世俗生活的表现，用纵放的笔墨塑造农夫、渔人、牧童等基层民众的生活形象，再现市井生活形态，充满生活情趣。另一方面又刻意强调人们对趋吉避凶和美好生活的企盼，有着美好寓意的神话故事、戏文故事、瓶花博古、佛教八宝、道家暗八仙、吉祥图案、祝福语句，以及传说中具有神力的人物和吉祥动植物，如福、禄、寿三星，鹿、龙、金蟾等题材占比较高。此外，文人画在黄姚壁画中亦占有较高的比例，这类壁画强调笔墨情趣、追求形式美，并注重诗书画三艺结合，壁画题款直抒心意。

有的画框中不一定作画，但会写上书法作品。书法内容往往为诗词或对联，其来源较为广泛，有的抄录古代著名诗文，有的出自碑帖，有的源自民间流传的醒世名句和家训，还有的是屋主人所作的自题诗文。

## （五）装饰纹样的寓意解读

黄姚建筑的壁画、木雕、石雕等艺术构件的装饰内容十分丰富，它们是建筑艺术的重要表现形式，蕴含了人们对生活的美好愿望和期盼，是意识形态、历史、民俗文化的重要载体，反映着人们的精神诉求和思想情感，极大地丰富了建筑的表现手法。美国美学家苏珊·朗格说："艺术中使用的符号是一种暗喻，一种包含着公开的或隐藏的真实意义的形象。"[899]在政治、经济、文化的影响以及民俗风情的驱动下，黄姚建筑的艺术图案已经从传递信息、沟通情感这种单一的功能发展成具有深厚人文艺术价值的文化符号。不管是壁画还是雕塑，也不管是题款还是垒砖叠瓦，表现的艺术形式可以不同，但建筑图案都不仅仅只是审美的艺术作品，更是人们寄托美好愿望和思想情感的载体，流露出人们对未来的憧憬，对未知世界的向往和追求。透过图案蕴意的解读，能够勾勒出一幅巨大的社会文化网络，从人生哲理到家国情怀，从赞美大自然的造化之美到对生活的热爱，从价值观的教化引导到对未来的期待，在图案中都有体现。

---

[899] 苏珊·朗格著，滕守尧译：《艺术问题》，中国社会科学出版社，1983，第134页。

## 黄姚建筑艺术图案及其寓意一览表

| 类别 | 序号 | 图案名称 | 谐音 | 意寓 | 备注 |
|---|---|---|---|---|---|
| 动物 | 1 | 蜂 | 封 | 分封 | 常与猴合用，表"封侯" |
| | 2 | 喜鹊 | 喜 | 有喜事 | |
| | 3 | 鹿 | 禄 | 俸禄高 | |
| | 4 | 猴 | 侯 | 有社会地位 | 常与蜂同用，表"封侯" |
| | 5 | 蝠 | 福 | 有福气 | 两只寓意"双福"、五只寓意"五福临门" |
| | 6 | 鱼 | 余、裕 | 宽余、充裕 | |
| | 7 | 猪 | 珠 | 珠光宝气 | |
| | 8 | 羊 | 祥、阳 | 吉祥 | |
| | 9 | 狮 | 事 | 辟邪镇宅，护佑平安 | 大狮和小狮组合谐音"太师少师"。狮子戏球寓意"喜乐年华" |
| | 10 | 鸡 | 吉 | 吉祥 | |
| | 11 | 鸡冠 | 官 | 职位升高 | |
| | 12 | 鹌鹑 | 安 | 平安 | 常与瓶子连用，表平安 |
| | 13 | 鹭鸟 | 路 | | 常在莲下，一只鹭鸟时意"一路连升"，二只鹭鸟时意"路路连升" |
| | 14 | 鹤 | | 长寿、富贵 | 清一品官员服装补子纹饰为鹤，鹤又称一品鸟。图案一只鹤仰颈朝天称"一品当朝"，象征富贵。南方工匠见鹤的机会不多，常把鹤画成鹭 |
| | 15 | 龙 | | 吉祥幸福、避灾避火 | |
| | 16 | 凤凰 | | 高雅、富贵、美丽；爱情纯洁，婚姻美满。 | 凤凰与牡丹组合，意为"富贵" |
| | 17 | 麒麟 | | 早生贵子、子孙贤德、多子多福 | |
| | 18 | 雀 | | 爵 | |
| | 19 | 鹰 | | 英雄 | |
| | 20 | 马 | 马上（即刻） | 忠孝 | |
| | 21 | 貔貅 | | 双角者名天禄，寓福禄<br>单角名辟邪，寓镇宅<br>无角寓意招财 | |
| | 22 | 龙头鱼身 | | 鱼化龙 | |
| | 23 | 鼠 | | 多子 | 十二生肖中鼠称为子鼠 |

| 类别 | 序号 | 名称 | 谐音 | 寓意 | 备注 |
|---|---|---|---|---|---|
| 植物 | 24 | 枣 | 早 |  | 与花生桂圆连用，表"早生贵子" |
|  | 25 | 莲 | 年、连、廉 | 高洁 |  |
|  | 26 | 桂（桂圆果） | 贵 | 富贵 |  |
|  | 27 | 松 |  | 长寿 |  |
|  | 28 | 柏 |  | 长寿 |  |
|  | 29 | 灵芝 |  | 长寿、吉祥 |  |
|  | 30 | 桃 |  | 长寿 |  |
|  | 31 | 冰梅 |  | 高洁 |  |
|  | 32 | 缠枝莲 |  | 情意缠绵 |  |
|  | 33 | 竹节 |  | 有节操 |  |
|  | 34 | 石榴 |  | 多子多孙 |  |
|  | 35 | 卢草 | 胪 | 科考成绩好 |  |
|  | 36 | 花生 | 生 | 生子 |  |
|  | 37 | 橘 | 吉（黄姚方言） | 吉利 |  |
|  | 38 | 佛手瓜 | 湖广方言"佛"与"福"谐音 | 五福 | 佛手瓜有五指 |
|  | 39 | 穗 | 岁 | 丰收 |  |
|  | 40 | 宝相花 |  | 吉祥美满 |  |
| 天象 | 41 | 云 | 运 | 运气好 |  |
|  | 42 | 祥云 |  | 长寿 |  |
| 物件 | 43 | 瓶 | 平 | 平安 | 常与鹌鹑连用，表"平安" |
|  | 44 | 镜子 | 静 | 平静 |  |
|  | 45 | 钟 | 终 | 终生 |  |
|  | 46 | 壶 | 福 | 多福 |  |
|  | 47 | 法轮、盘肠、宝伞、宝瓶、金鱼、法螺、白盖、莲花 |  | 佛家八宝，寓有佛在此，佛神保佑 |  |
|  | 48 | 剑、檀板、箫、渔鼓、葫芦、花篮、荷花、芭蕉扇 |  | 暗八仙 | 以八仙所用之器寓八仙在此 |
|  | 49 | "乾""坤"卦纹 |  | "乾"为天，"坤"为地，寓刚柔相济，万物相生 |  |

读懂黄姚

| | 50 | 万字纹（卍） | | 吉祥和幸福无限绵长 | 卍字纹寿字纹组合，称万寿，与福字或蝠纹组合称万福万寿 |
|---|---|---|---|---|---|
| 几何图案 | 51 | 云、水纹 | | 免于火灾 | |
| | 52 | 喜字纹 | | 禧 | |
| | 53 | 铜钱纹 | | 发财 | |
| | 54 | 云雷纹（回纹） | | 富贵不断头 | |
| | 55 | 卷草纹 | 草龙 | 平民通过努力也能晋升为官宦 | |
| | 56 | 博古纹 | | 曲折多拐，象形龙，龙能克火，防火灾 | |
| | 57 | 绶带纹 | 寿 | 绶带鸟，又称寿带鸟，寓长寿。绶带亦官印系带，以此寓功名富贵 | |
| | 58 | 寿字纹 | | 长寿 | |
| | 59 | 太极图 | | 祛灾避祸、化凶为吉 | |
| | 60 | 富贵不断纹 | | 富贵长久 | 以较多木条按一定形状如棱形、方形、回形或异形组成穿透的图案，且任何一根木条须与其他一到多根木条交接，意寓连绵不断 |
| 组合 | 61 | 满雕牡丹 | | 富贵满堂 | |
| | 62 | 蝙蝠、鹿、瓜藤 | | 福禄绵绵 | |
| | 63 | 五只蝙蝠 | | 五福捧寿 | |
| | 64 | 五瓣梅花 | | 福禄寿喜财五福 | |
| | 65 | 成群蝙蝠在云中飞舞 | | 万福流云 | |
| | 66 | 荔枝、桂圆、核桃 | | 连中三元 | |
| | 67 | 人物骑在马上迎面逢猴 | | 马上封侯 | |
| | 68 | 公鸡与鸡冠花 | | 官上加官 | |
| | 69 | 鱼、鼠、葡萄、葫芦、石榴、莲实与藤蔓缠绵 | | 子孙绵延，人丁兴旺 | |
| | 70 | 四季花、桔子、磬 | | 四时吉庆 | |

| | 71 | 喜鹊落在梅枝上 | | 喜上眉梢 | |
|---|---|---|---|---|---|
| 组合 | 72 | 喜鹊戏狮子 | | 喜事将近 | |
| | 73 | 五只老鼠 | | 五世（五鼠）其昌 | |
| | 74 | 松、梅、竹 | | 岁寒三友，气节高尚 | |
| | 75 | 二只螃蟹在卢丛 | | 二蟹（甲）传胪 | |
| | 76 | 鸭子莲花 | | 宝鸭（甲）穿莲 | |
| | 77 | 三羊 | | 三阳开泰 | |
| | 78 | 公鸡在牡丹中打鸣 | | 功名富贵 | |
| | 79 | 鹤、鹿、松 | | 鹤鹿同春 | |
| | 80 | 鱼与莲藕 | | 年年有余 | |
| | 81 | 老鹰立于石上 | | 英气大夫 | |
| | 82 | 苍翠宽大的芭蕉叶 | | 苍大叶谐音"创大业" | |
| | 83 | 梅、兰、竹、菊 | | 四君子，寓风雅高尚 | |
| | 84 | 铜钱与蝙蝠 | | 福在眼前 | |
| | 85 | 蝙蝠、寿桃、鹿 | | 福寿禄 | |
| | 86 | 锦鸡花卉 | | 锦上添花 | |
| | 87 | 貔貅踩球 | 球谐音求 | 有求必应 | |
| | 88 | 貔貅滚鼓 | | 财源滚滚 | 无角和双角貔貅寓财 |
| | 89 | 金鸡、桂树 | | 金鸡报喜 | |
| | 90 | 玉兔、松树 | | 玉兔迎春 | |
| | 91 | 蜂或者枫、印、猴 | | 封侯挂印 | |
| | 92 | 瓶中有莲 | 湖广方言，"瓶"与"品"谐音 | 一品清廉 | |
| | 93 | 教子朝天图（风云际会） | | 在难得的好时机适时相遇，常喻时机巧合 | |
| | 94 | 禹门、波浪、鲤鱼 | | 鱼跃龙门 | |
| | 95 | 子房受书图 | | 诚信、忠厚、孝道 | 典出张良尊重老者而获授书终成良将的故事，在劳家祠堂 |
| | | | | | |

# 1. 寓意手法

黄姚建筑艺术图案共分写实和暗寓两类。其中写实类图案内容以民俗故事为主，采用"形写实，意写事"的手法描绘神仙故事、神话传说以及经典戏曲中的刀马人物，只要是熟知故事的人都能看懂画图。另一种是暗寓，就是通过象征、谐音、借代、比喻四种手法，将一些在音、形、义三方面互有关联的事件进行联系，产生新的意义。这种联系可以是单个事物的意义转化，也可以通多个事物组合来完成转化，最终达成思想和意愿的表达。

在暗寓的四种表达手法上，谐音手法使用最广，因为实物的名称最容易转化为与之谐音的字，如"莲"谐音"年"，鱼谐音"余"，于是莲花、莲叶、莲藕等实物的物语就变成了"年"。同样，鲤鱼、桂花鱼、鲶鱼等游鱼的物语也就变成了"余"。再把这些通过谐音转化而来的物语组合使用，就会得到语句。如在画图中画上一片莲叶，一枝莲花，一条鱼，便形成"年年有余"的祝福。黄姚地方方言是广府话，故而建筑图案的谐音物语有着强烈的广府色彩。例如，一只大狮子带着一只小狮子，在粤语中"大"念"代"，客家语中"大"念"太"，所以在混合了粤语和客家方言的黄姚，"大狮小狮"就被谐音成为"太师少师"。再如"雀"在广府语中与"爵"谐音，所以当雀鸟与猴子、鸡冠花组合成图案时，就表达"高官厚爵"的意思。黄姚位于南岭地区，特产丰富，人们在把实物转化为语言的过程中，往往使用熟稔的特产。如当地常见的"桂"会被用来表达"贵"，于是"桂圆"果就是"贵子"的象征。

借代手法主要应用于表达宗教意义。如八仙传说中每位仙人都有一样独具的持物，即汉钟离持宝扇、铁拐李持葫芦、吕洞宾持宝剑、篮采和持花篮、张果老持渔鼓、韩湘子执箫、曹国舅持檀板、何仙姑持荷花。但图案中，艺人们往往不画八仙人物，只画暗八仙所使用的持物，以此来借代八仙。佛教八宝亦是使用八种佛家崇尚的实物来借代佛神。

比喻往往借用可直观的事物来描述无法用形象直接表达的思想和情感。例如"多子多福"这是传统上十分流行的思想，但是这个概念没法直接图示，于是就用子实很多的水果如石榴、葡萄，繁育后代旺盛的动物老鼠等来表现子多。再用"葫芦""蝙蝠"等谐音"福"，将这些事物有机组合成图案就含蓄地表现出"多子多福"主题。

象征手法多用应用于对高尚品行的宣扬这一主题。由于在传统的伦理道德上，许多事物都被授予了特有的意义，而且这种特殊含义广为人知，在社会上已经达成了全民共识。因此工匠们就自然地借用这些具有特殊含义的实物载体来象征品行、道德、修养等概念。例如梅兰竹菊在传统文化中被称为"四君子"，一直是高洁品行的代名词，因此，匠人很自然地就应用这四种植物来象征建筑所有者的崇高道德和高洁品行。

## 2. 图案表达的主题思想

尽管同一时代同一地域的人们其审美取向具有时代的共同特征，但由于建筑艺术图案样式必须充分反映房屋所有人的意愿。房主的个人诉求由房主的学识、职业、年龄、社会地位、家庭角色等多个因素来决定，不同的人其心中所盼是各不相同的。因此，黄姚建筑构件的装饰图案内容十分复杂。有的盼望人丁兴旺，于是装饰中所强调的主题就会是多子多福；有的人建房装修是为了子嗣新婚之用，祈盼一对新人如同鸳鸯，喜结连理，早生贵子，于是装饰题材就往往是鸳鸯戏莲；从事商业职业的人期望获取丰厚的商业利润，生意兴隆往往成为他们的诉求；有儿郎子弟是读书士子的，或者家族中是书香门第的，科考成功，取得富贵功名，也就成了他们的心愿；有着深厚文化修养的儒师或者宗族长老盼望弟子或族人后裔修身养性，为此，代表品行高洁的四君子和岁寒三友等图案就常会出现在学馆或宗祠。信奉佛道的信士喜欢使用佛道图案，一方面祈佑，另一方面也是为了弘扬宗派之说。此外，趋吉避凶、平安幸福、天下太平、风调雨顺、种族繁衍、健康长寿、时来运转、万事遂心等各种美好愿望也都会展现。综合地看，黄姚建筑艺术图案所表现的主题主要包括以下几个方面：

### （1）对儒、佛、道等宗教文化的阐释

儒家文化是我国传统文化的主体，它用"仁、义、礼、智、信"等价值观构建社会秩序。尊崇儒学，获得儒界认可，就能进入社会主流，成为权贵阶层。故此"子房受书""教子朝天"等宣扬儒学内容的图案在黄姚的建筑艺术图案中占有较高比例。

道家关于乾坤阴阳相生相克的世界观、佛教关于人生转世轮回的哲理思想在明清时期的黄姚获得普遍认同，为了警示世人和教育子女，宣扬佛道思想的图案如佛家的宝相花，道家的乾坤卦象图等常常出现。再有就是，在道学中奇数代表阳，有阳刚之意，能克阴邪，故而黄姚的建筑艺图案中多用奇数。如代表富贵的牡丹花多为一、三、五枝，代表福的蝙蝠多为五只，称为"五福"。

### （2）对美好生活的追求

对美好生活的追求是每个人的最大心愿和盼望，这种心愿在建筑艺术图案中尽管内容极多，但都是在纵向和横向两个维度上来祝福。纵向维度沿着时间轴来展开，人们一方面祝福未来，例如祝福长寿、企盼好的年头等。另一方面又宣示家族、族庭及个人在过去和现实生活中所得的重大成就，并以此来达到光宗耀祖的目的。例如有的家族在门头上悬挂"举人之家""模范长留""司马第"等横匾来宣示在科考和社会地位上所取得的成就，有的人家把家中的太师殿做得精雕细刻、金碧辉煌来歌颂祖功，还有的人在家门口安置旗杆石、抱鼓石等展示所获得的荣誉。横向维度主要沿着从家到国这一空间轴来展开，就是人们不仅关心自己、家庭、宗族、社区，还关心整个国家，祈盼国运宏祚，表现了浓郁的家国情怀。例如《松龄鹤寿》《梅开五福》《麒麟送子》是对个人、家庭、家族、社区的祝福，宝珠观古钟上的"丰调雨顺""国泰民安"等祝福则是对国家的关切。

### （3）对神灵等虚幻世界的敬畏和祈佑

对世事无常的担心，对不可控力量的无奈，对未来的深切关注，使得人们在科学知识欠缺的情况下，总是虚幻出神仙世界来掌管未来。既然祝福都是对未来避凶趋吉的祈盼，是向不可控力量的祈福禳祸，人们在祝福的意愿中就不可避免地添加一些对神灵崇拜的内容。为此，黄姚的建筑艺术图案中常可见到貔貅、龙、凤等神话图案。

### （4）对自然和人文风光的赞美与欣赏

除教化与祝福外，对建筑进行装修最为直接目的还就是为了赏心悦目，为了追求美的享受。为此，人们常常把自己最为熟悉的自然和人文当中的美好事物进行艺术再现。历史上，我国的文人在诗、文、画、戏等许多方面都对自然和人文风光作了大量艺术塑造，这使得工匠们在创造建筑构件的艺术图案时不仅有丰富的作品可以借鉴，也有许多成熟的表现手法可供利用。故而在黄姚的建筑艺术图案中，人们不仅可以看到花、鸟、虫、鱼、山、水、树、石等自然景象，也可以看到戏曲故事、历史典故、民间传说、生活生产场景，如《画松图》《子房受书图》等。

# 3. 黄姚典型艺术图案的介绍

## （1）龙

是中国人想象出来的美好产物，是吉祥之物。多在民居门楼中的屋脊、山墙垂带、墙面等处出现。以龙纹为题材的图案有夔龙纹、螭龙纹、拐子龙及其他简洁的龙纹图案，龙的题材象征着"吉祥、幸福、精神和力量"。

## （2）凤凰

有百鸟之王之称。它在中国传统建筑装饰中具有很重要的地位，是人们崇尚的神物，是高雅、富贵、美丽的象征，有着"百鸟朝凤"的说法。凤凰与牡丹组合的装饰图案多寓意为"富贵"。凤凰也用来比喻爱情的纯洁和美满。

## （3）麒麟

雄性为麒，雌性为麟，是祥瑞之物。它的形象像鹿，身有鳞甲、狼蹄、马背、牛尾、独角。民间有麒麟保佑早生贵子、子孙贤德的说法，素有"麒麟送子"俗语。常在门楼的墀头、壁画、柱楚、窗花上出现，表达人们祈求多子多福的强烈欲望。

## （4）狮子

佛教对狮子很是推崇，"普贤菩萨骑白象，文殊菩萨骑青狮"。人们认为狮子具有辟邪镇宅之功效，能保佑平安。

## （5）岁寒三友

指松、梅、竹三种植物，它们因为在寒冬依然翠绿如常，常被用来寓意高尚气节。"宁可食无肉，不可居无竹"这是著名文豪苏东坡所写，表明了文人的纯洁高尚。梅花傲立寒冬，顽强的意志力使人不得不佩服和敬仰。松树一直以来都是长寿的象征，有"寿比南山"之意。

## （6）蝙蝠

是中国人普遍认为的吉祥物，常用在壁画、封檐板等屋檐下的装饰构件中。两只、五只蝙蝠的图案寓意为"双福""五福"；铜钱与蝙蝠搭配的图案寓意"福在眼前"；蝙蝠、寿桃、鹿组成的图案寓意"福寿禄"；四只蝙蝠代表"四方来福"；五只飞舞的蝙蝠代表"五福临门"。

### （7）鹿

鹿是民间传说中的瑞兽，具有吉祥幸福的含义。古民居装饰中经常以鹿谐音"禄"，象征高官厚禄。以鹿与鹤组合在一起的"鹿鹤同春"图案寓意幸福和长寿。

### （8）鹤

在民间，鹤一直是吉祥之物，是长生不老的仙禽。五只鹤组成图案寓意"五福临门"。松与鹤组成的图案意寓长生不老。

### （9）卷草

即《论语》"山节藻悦"中的藻纹。在黄姚的建筑图案中，一般将藻纹刻画成水草纹。或者以水草为母本，通过抽象变体形成一种装饰图案。在垂带、封檐板的垂边，或者一些碑头上，藻纹也被刻画成草龙的纹样。装饰在外墙垂带的草龙纹常用灰塑制成，只有极少数是绘制的图案。装饰在内墙的草龙则一律画成壁画，画的地仗通常是黑色，画的本体使用白色，黑白对比强烈。

### （10）博古纹

因造型酷似博古架而得名，在壁画、脊饰、木雕梁架、石雕构件上均可能出现，造型曲折多拐。

### （11）教子朝天图

这是广府人建筑专用的一种壁画，多绘制于宗祠、粤东会馆、龙母庙等建筑中。黄姚的教子朝天图仅见于祠堂大门门头的内壁处。这种壁画一定在白色的地仗上绘制两条墨龙，此外不着半点儿其他颜色。但龙的造型一定气势磅礴。题名为"风云际会"或"教子朝天"。"风云际会"指在难得的际遇下适时相遇，比喻时机巧合。教子朝天源于《三字经》典故："窦燕山，有义方。教五子，名俱扬。"窦燕山先是为富不仁，一直无子。后幡然悔悟，广结善缘，其妻连生五子。燕山身传言教，培育儿子们的品德修养，五子先后登科，当时人称"窦氏五龙"。祠堂中绘教子朝天图既是教化族中长辈要重视教育，也是诚勉晚辈修身立德，努力成才。

宝珠观柱础暗八仙宝扇图

宝珠观柱础上的佛教宝相花图案

宝珠观柱础鱼跃龙门图

新兴街圣旨府一生福禄图壁画

西宁社石雕构件上的草龙图

郭氏宗祠山水人物图壁画

司马第门阶护阶石上的双凤朝阳图

司马第阶护阶石上的狮子麒麟望月图

佐龙亭天花板上的四方来福图

龙畔街莫氏民宅上的草龙纹

劳氏宗祠中的教子朝天图

黄姚古戏台正脊两端所使用的博古纹脊塑

# 九、结束语

黄姚古建筑群是南岭地区明清古镇的建筑代表，保存完好，规模较大，颇具岭南特色，表现出了以下六大价值：

一是南岭地区传统文化的重要载体。黄姚古镇早在宋代之前就已开始设村，明代中晚期成为昭平县东北部、富川县西南部、贺县西北部的圩镇中心。既是富群江上游重要商贸集散地，也是连接贺江、思勤江、桂江三个水系陆路交通的重要节点。到清光绪二十四年（1898年），这里成了管理今昭平樟木林、巩桥、黄姚、凤凰四个乡镇的关区治所在地，古镇当中积淀了深厚的南岭文化特质。后来，由于公路运输的发展，桂东地区对接桂林、梧州和粤港澳等地的交通干道改道，这里区位优势顿失，成了偏居一隅的世外桃源。正因为外界干扰较少，大量传统文化从建筑到民俗都保存得较为完整，这使得黄姚古镇成为打量南岭地区明清文化的重要窗口，理所当然也就成为区域传统文化的重要载体。

二是岭南独有的"东资西市"经济活动重要见证物。明代中晚期以来，由于反对改土归流和土地兼并，萌渚岭山区中的广西富川、钟山、贺县、昭平，广东怀集、连山等县与府江沿岸的平乐、蒙山、荔浦等县，瑶壮民族起事不断。社会的剧烈动荡导致大量资源闲置。至清代早期，经过广西巡抚鄂尔泰的大力整顿，广西的众多山区和桂江流域迅速进入稳定的发展期。大量的广东资本和人力资源进入广西与广西资源结合、广东与广西两省的市场被快速打通，广西出现了一波圩镇建设高峰。在这一历史机遇下，黄姚古镇完成了由乡村聚落向圩镇发展的历史任务。现在，因东资西市而出现的大量广西圩镇和集市要么完全被现代化城镇所取代，要么已经没落重新成为村寨。而黄姚从建筑规制、集市布局再到居民所从事的主打产业商贸服务等都还保留原态，黄姚对见证"东资西市"这一历史经济活动具有不可替代的作用。

三是领略南岭民族地区明清文化风骨的殿堂。长期以来，古代的朝廷官府都十分注重利用儒学对南岭民族地区实施教化，力图把这些地区的民众拉入儒家所构建的社会和文化体系，以此维护文化与思想的一致性。宋元之前，朝廷更多采取的是羁縻政策。明清开始，对民族地区的教化得到了加强，儒家文化与南岭地区的各种民族文化深度融合，并使得儒学文化成为南岭地区的主流文化。这种融合了的文化在如今黄姚街的古建筑群中可以得到深度解读。在由农耕经济向商贸经济过渡的过程中，黄姚完成了由村寨向城镇的转变。黄姚民居也由满足遮风避雨栖身宿命的简易实用型建筑，向既满足栖身立命要求又满足精神文化需求的高档舒适型生产生活场所过渡。既为了宣示儒家文化思想，满足社会教化之需，又为了精神层面的享受，黄姚古建筑群大量使用文化艺术构件，阐述人们对社会共同价值目标的追求，彰显人们的审美趋向。壁画、楹联、牌匾、石雕、灰塑、木雕、砖雕等各种装饰构件在为古镇增光添彩的同时，也无一不在向人们显示明清时期人们的价值观。许多人家门头上悬挂的牌匾，它们有的表现了主人家的显赫家世，如中兴街郎官第"圣旨"匾，通过把主人获得皇帝赐予的奖励圣旨悬挂门头，来向乡邻示范如何忠于职守。再如鲤鱼街古家的"直道可风"牌、龙畔街039至040号莫家的"模范长留"牌等，则是在表现主人的儒雅胸襟。

四是广府文化在桂东地区的脉延。黄姚古镇的居民都是"广府人"，使用"广府人"方言。至今黄姚街居民的许多生活习俗和所从事传统产业仍然保持明清时期珠三角地区的历史遗韵，鱼龙舞、柚子灯、豆豉制作、黄精酒制作等无一不从珠三角地区传入。这使得黄姚文化的最基本底色就是广府文化。后续黄姚文化的历史演进都是在广府文化这一背景下逐渐展开的，因此发展古镇的过程就是积淀广府文化厚度的历程。在广府文化的影响，黄姚的建筑选址讲求四面有山，村前有水，并能凿井的地貌环境；建筑布局讲求门楼控制巷子，巷子控制住户，住房后一定设祖宗牌位，以祭拜自家五代以内的祖宗。如果同姓的族人多，还会在住家之外另设祠堂祭拜共有的远祖；民居大部分采用硬山顶连墙式的"广东屋"式样，规划十分严整，灰瓦顶、青砖墙、黑石门墩、原木色门窗、青石板街道、搁檩硬山式民居结构等元素合成为黄姚民宅的主基调，给人一种素雅简约的感觉。只要经济条件允许，黄姚建筑的屋顶装饰构件都尽量采用佛山瓷塑。

五是岭南地区明清建筑系统的重要组成部分。黄姚古建筑群是明清两代岭南地区村镇建筑技术的群体总汇，其所使用的建筑材料，建筑工艺，规划理念不仅烙上了"广府人"的文化特色，还统一于其所处的明清时代特征。宋人周去非在《岭外代答·卷四》中说："广西诸郡，富家大室，覆之以瓦，不施栈板，唯敷瓦于椽间。仰视其瓦，徒取其不藏鼠。日光穿漏，不以为厌也。下民垒土墼为墙，而架宇其上，全不施柱。"黄姚的古建筑保留了书中所描述的古代岭南人家包括富家大室和小室民居两种砖瓦建筑的全部特征。如瓦房的瓦顶下不设泥沾背，瓦面漏光，一般的小式民居都不使用柱子承重等。随着其他地区古建筑群的大量消失，黄姚古建群的完整保存，也就成为明清时期中国岭南地区民居建筑的杰出例证。

六是城镇规划的典范。黄姚建筑一律经过严密的规划设计。道光庚子年（1840年）清军将领陈洪镛到黄姚公干，为了邀请他给重建文明阁、新建魁星楼、并建亭台等公共项目题字，黄姚绅士莫育亭、古述堂两人向他出示了规划设计方案"黄姚重修文明阁小引"。按陈洪镛的记述，小引对文明阁的"其地之名胜，阁之兴废，靡不毕载"[900]。说明当时对基建项目的规划设计要先研究选址地的名胜风光和项目的建筑历史。小引还注明，对文明阁的建设必须要"文心墨池"，说明规划设计方案必须既要有审美立意，又要符合施工要求，一定用心规划。而为了让规划和设计方案尽可能做到完美，项目组织者还会通过广泛听取公众意见的办法来优化和完善方案。

现存的黄姚碑刻反映，人们在计划建设项目时主要从以下几个要素来思考：

1. 凡维修工程，一定尽量遵循历史原貌。《道光二十三年（1843年）重建兴宁庙碑》在交代维修兴宁庙的原因时说："玉阶云亭，形咸失故。"也就是说人们重建兴宁庙的动因是因为庙貌陈旧，已不如旧岁辉煌。接着又说维修方案是"其上下基址，率由旧制，神座比前拓深一尺有奇，以便安设宝龛"，就是说兴宁庙主体工程上下基址部分均严格修旧如旧，唯一改变的只是根据安设神龛的需要把神座拓深了一尺。《光绪十七年（1891年）重修兴宁庙碑》也称，人们在重修兴宁庙时坚持了"仍其旧制，创以新模"的维修原则。《光绪三十二年（1906年）重修东社见龙祠碑》又说，人们对东社和见龙祠进行的维修是"堂基仍旧，实惟水涧楹联而石之，取一劳永逸之图"，就是总体风貌不变，唯一改变的是把水涧的楹联改用石材。

2. 凡项目建设一定强调建筑与环境之间的和谐共美。在黄姚的项目规划中，人们往往同时把化人、娱神和美化自然三个目标设定为项目任务。以《乾隆五十年（1785年）文明阁祀田碑》为例，其碑文指出，当时人们向文明阁捐献祀田的目的共有三个。一是"置祀田以为居僧飧餐之具，俾朝夕得以盖祀神明而茶烟不辍……由是玉盏长明，龙涎高炷；二帝之声灵远播"，这是为了敬神。二是"使客玩游于斯，靡不登高作赋、临流咏诗。诚见诗中有画，画中有诗"，这是要通过建设美好的环境景观，引人入胜，让人们在山水之中获得作赋咏诗的灵感，自我升华。三是"而名山胜概，宁有穷乎？……是姚山之毓秀何穷！"这是要为黄姚的自然景观增彩添色，使之毓秀无穷。特别是在追求环境的自然美方面，黄姚的规划设计者有着极为严格的要求。凡是古镇内具有景观意义的天然山石都必须以"生根石"的名义进行保留，严禁建筑施工对其破

---

[900] 道光庚子年（1840年）陈洪镛撰重建文明阁新建魁星楼并建亭台碑。

坏。例如鲤鱼街的鲤鱼石、带龙桥的鼋头墩石、守望门的地蝠石等都在这一朴素规划思想的指导下得以保留。而且为了达到天人合一，黄姚古镇的整体规划还成功引入了园林化设计理念，讲求收放结合，曲径通幽和画龙点睛等布景手法，收到了在有限地域内造出无限景观的效果。整个古镇被建成一个放大了的园林。在发展城镇的同时也保护了环境，让自然山水为古镇增姿添彩。书法家王玉池的题书"得山川清气，极大地大观"就是对黄姚园林式景观的盛赞。协调城镇化发展过程中人与自然的矛盾，在今天还仍然是一个十分复杂的课题。而黄姚古镇在这其中所取得的成功无疑将为今天的城镇规划提供宝贵的经验，具有极强的科学价值。

3. 在筹办基建项目之前，一定要对项目作事前勘测。《同治庚午年（1870年）立重修文明阁客厅碑》称，之所以要对文明阁客厅进行重修是因为"本街文明阁鼎建已久，历来屡加修葺，弗能经久不敝，有栋折榱崩之虑"，碑文还同时进一步指出，造成文明阁客厅破敝的原因除历史久远外，还有树木侵蚀、雨多积水、蚁虫啮咬等。这说明规划人员对项目进行了认真的前期勘探。

4. 精心计划整个工程项目的经费开资和所需人工。绝大部分黄姚的工程类功德碑都说，人们在实施项目之前要"鸠工庀材"，其中"鸠工"就是聚集工匠，"庀材"就是组织材料。如《民国七年（1918年）立重修文明阁碑》："用是，联我同心，慨然倡首，按户签题，大款云集。鸠工庀材，甫阅月而百废俱兴。"说明人们是先组织募捐，等到"大款云集"筹集到了经费后，才开始根据经费多少"鸠工庀材"组织材料和人工。

5. 详细规划平面布局。从单体建筑到建筑群落，人们在实施规划的时候，都会根据需求，提前作好平面布局。《民国七年（1918年）立重修文明阁碑》称，文明阁是一个建筑群落，各单体建筑的保护情况各不相同。其中"其尚存者则豁然亭、福缘台、魁星楼也""其不存者，则信笔、拔秀、不夏、桂花、步云诸亭也""而又创建山门，所以引人入胜"，说明人们在事先已对平面布局上的各重任务作了分解，其中存者维修，不存者原址恢复，尚有缺漏者进行新建。

6. 实施项目之前，会通过长期观察和调研，明确项目需求，规划项目功能，并且根据功能确定项目规模和工程类型。宝珠江（铜钟水）跳桥原本始建于明代，最初由乱石堆砌成跳磴。但人们在长期的使用过程中发现乱石高低不平，跳磴与跳磴之间的距离长短不一，用于堆叠跳磴的石块大小不一，极易被大水冲走，被淤泥覆盖，造成通行不便。《嘉庆十六年（1811年）重砌珠江石跳碑》称："闲者聚石为倚，古今所以通往来也。独奈工程浩大，同人之艰，不若柱石中流便而且捷。以是见得珠江石跳沙流淹没，每于春夏之间，行人有褰裳之苦。"发现这一情况之后，人们便重新修建石跳桥。通过设计，人们按照人的步伐平均长度来设定跳碛之间的差距，把跳碛石凿成石柱，下半截深埋于河滩中，稳固桩基，上半截露明于水面，且跳碛顶面凿平。通过这一改造，跳桥的通行度得到了极大的提高。所以，《嘉庆十六年（1811年）重砌珠江石跳碑》又说："从此徒行可通渡，免致叹于苦匏矣。"

# 后记

邂逅黄姚那是2002年的事。当时，我正在组织贺州市第一个全国重点文物保护单位临贺古城的保护规划编制及其南城墙的维修。时任广西文物保护中心主任的古建专家张宪文到贺州主持这两项工作。期间，我们谈到了贺州的古城、古镇保护问题。他说，临贺古城的文化底蕴虽然深厚，但保护的完整度不如黄姚，而且黄姚很美，极建议我到现场去看一看。我当即就有了要去黄姚的冲动。

然后，囿于缺乏交通车辆、山路难行等各方面条件，一直不能成行。直到六年后，也就是2008年，昭平黄姚古镇文化旅游有限公司组织编制《黄姚国家历史文化名镇保护与综合建设项目可研报告》，其中有一个《环评报告》的子项目需要我协助，实地考察黄姚的心愿这才终于达成。第一次到黄姚那是当年11月下旬的一个上午，古镇刚刚苏醒，薄薄的晨雾尚未散尽，草叶上还挂着一层白霜。青砖灰瓦拥着翠树黛山慵懒地晒在微暖的秋阳下，房顶的炊烟婀娜地升向明净的天空，在晨光中妩媚。街上的石板路光滑锃亮，反射着秋阳，使得整个古镇就像镀了一层金光。僻静一些的地方，路面和菜园的石墙上还不时伸出一些野菊，开着黄色的花，飘着清幽的香。突然就想，如果这是雨巷，不知会不会遇着戴望舒笔下结着丁香一样的姑娘……

第一次黄姚之行给我留下的印象极为深刻。与此同时，关于黄姚的一大堆问题也都涌向了脑海：历史上，是什么人给黄姚做的规划，让黄姚的街镇与周边的山水结合得如此完美？经历了近代史上如此多的波折，在全国绝大多数古城古镇古村都在不断消失时，是什么力量让黄姚至今完整保存？黄姚人经过了什么样的努力才能够积累起巨额财富，用以建造规模如此宏大、做工如此精巧的古镇？黄姚与贺州周边古镇古村在文化上有哪些异同？尽管问题提出来了，但由于这些年所经历的俗事太多，也就一直分不出精力去对黄姚的历史之谜做深入探查。

恰好2019年底，黄姚获得了一次申报全国5A级景区的机会，需要撰写申报材料一份，制作时长12分钟以内的推荐视频一份，制作时长10分钟以内的推荐简介PPT一份。黄姚景区通过市文旅局把这三份材料的文字撰稿任务分派给了我。任务虽然很重，却只有不到两个星期的时间。好在，平时对黄姚的文化认知有过一些积累，通过近半个月不分晨昏的努力，最终还是按时完成了写作，而且不辱使命，所撰写的材料都通过了国家文旅部组织的专家评审，黄姚景区也顺利进入国家拟批5A景区的预备名单。按照5A景区创建常例，景区进入预备名单后，还需要经过两年以上的提升与建设，只有通过了终极评审才会最终获得"5A"殊荣。而为了迎接创"5A"景区的最后大考，广西黄姚古镇旅游文化产业区管理委员会主任汤松波先生找到了我，希望我能帮着写一部书，对黄姚的历史与民俗文化作一次完整的归拢与梳理，便于指导黄姚的导游讲解、项目建设规划、对外宣传推介及后续的文创开发。

汤松波先生是全国知名的诗人和音乐词作家，也是广西首批文化名家，对于文化，无论是传承还是创作都有独到的见解和极高的品鉴能力。接到他的邀请，我不免惶恐，害怕自己的学识和能力无法胜任他的期望和要求。但后来又想，自己常年在市博物馆工作，保护传承贺州文化，挖掘贺州文化底蕴，讲好贺州故事，本来就是自己义不容辞的使命和责任。最后，在反复的权衡之下，使命感战胜了自卑感，于是就不揣浅陋，把这个任务接了下来。

俗话说，一个篱笆三个桩，一个好汉三个帮。好在，我周围聚集有一批志同道合的学人。为了写好这本书，我邀请了杨志贵、陈继任、罗瑛、古冬凑、常凤云、刘贤约等人一起组织了一个写作团队。杨志贵曾经是昭平县的宣传文化干部，对历史文化又十分着迷。通过长期深耕，他掌握有大量的昭平文史资料，负责第四章《史料与典籍》的撰稿。陈继任是一位中学教师，十余年来，一直沉迷贺州地域文化研究，此前，已经查阅了大量明清时期有关于贺州历史的文献资料。罗瑛也是一位学校教师，曾经与我合作贺州美食著作的撰写，这个过程中，又被丰富的民俗文化所吸引，一直以自己的视角打量并深研贺州民俗。常凤云是一位自由撰稿人，热衷于采访，只要确定了采访主题，就会想尽一切办法，寻找一切可能的采访对象，刨根问底，挖地三尺，尽可能多地挖取有价值的线索。古冬凑先生原是黄姚中学的教师，对黄姚有着深厚的情感，已经执着于黄姚文化的研究多年，成果丰硕。刘贤约是黄姚管委会的一位青年才峻，对黄姚文化有深刻的认知，对黄姚文化的发展有自己独到的思索。我们这个团队组建之后，与黄姚管委主任汤松波同志、黄姚管委负责文化行政工作的邱少宗局长、昭平县文物管理所派驻黄姚省工委旧址管理所的负责人黄应化同志经过几次研讨，确定了《读懂黄姚》这本书的主要撰稿方向：一是把黄姚发展历程中的每一次转折都放在相应的时代背景中去释读，以帮助读者站在历史的高度解剖黄姚各个不同时期的历史断面。二是尽可能多地收集黄姚的史证资料。因为，如果不是旅游开发，作为一个乡镇，黄姚能够被保存的历史资料顶多也就是昭平县志中的寥寥几句。也正因为如此，如今在开发和推介黄姚时，人们已经感受到了史料的严重不足。为此，本书就应该尽力搜取碑刻、题壁、志书、手抄、族谱、人物访谈等资料，努力使其成为后续利用的工具。三是把黄姚的历史和文化现象放到当地的自然环境中去阐述，尽力梳理文化与自然之间的关系。四是从交流融合来解读黄姚文化。黄姚人口的文化背景十分复杂，历史上有瑶、壮等民族人口。清代以后，广府人和客家人从不同地方迁到黄姚古镇及其周边乡村。来自不同地方的人们有着不同的文化习惯，当他们都汇聚到一个地方和睦共处时，文化的交流和融合就随之开始。黄姚的文化恰好经历了这样一个流变，如果不从融合与交流角度去审视，许多现象都无法理解。

此外，我们还做了撰稿任务的分工，由刘贤约负责第一章《历史沿革》；常凤云负责第二章《自然与环境》；杨志贵负责第四章《史料与典籍》；陈继任负责第五章《文化与文艺》；罗瑛负责第六章《民俗与美食》；古冬凑负责第七章《教育与人物》；我则秉笔完成第三章《社会变迁》和第八章《建筑规划》。

我们的目标并不高远，但实施起来却困难重重。一是历史遗存时代断定难。大到一个街区，小到一座单体建筑，由于经过不断的翻修，同一个遗存中混入有多个年代的文化信息，面对这样的复杂情况，我们不敢武断其具体年代，只能尽量清楚地交代其翻修过程。二是统一标准难。对同一个地名，在采访不同的对象时会给出不同的称谓。例如牛腩寨，同时还有龙舌寨、刘李寨的称谓。再如羊巷，还有杨巷、潘家巷等称谓。当一个地方的地名称谓太多的时候，人们在定位具体的地理坐标时往往会有无所适从之感。三是历史信息补缺难。黄姚的许多碑刻记录了大量的历史事件和历史人物，但由于史料欠缺，对这些人物的生平和事件的背景往往难于还原。例如，文明阁《道光三十年（1850年）招敬常撰登文明阁游记碑》中有"偕李晏亭三兄、罗应谷大兄同登文明阁"一语，其中的李晏亭、罗应谷就身份不明。历史上黄姚的一些商铺号往往称"××记"，但有些人物的名字也是"××记"，例如《嘉庆十八年（1813年）重建宝珠观准提阁碑》中就有"周全记"这个名字。同样，由于史证缺乏，也一直无法辨清这是商号名还是人物名。面对这样的问题，我们只能通过聚集相同要素的史证，使之尽可能完整地形成信息链。也正因为困难多多，加上我们的水平有限，文中出现错误在所难免。企盼方家不吝指教！

胡庆生

2020年9月